Detlef Opitz

Klio, ein Wirbel um L.

Detlef Opitz

Klio, ein Wirbel um L.

Roman

Steidl

1. Auflage Februar 1996

Buchgestaltung: Detlef Opitz, Gerhard Steidl
Umschlag: Gerhard Steidl unter Verwendung
einer Reproduktion von AKG, Berlin
Zeichnungen: Klaus Killisch

Satz, Lithographie, Druck: Steidl, Göttingen
Printed in Germany
ISBN 3-88243-388-4

Für Kathrin

Weiterdank gilt

Georg Bensch

Gerhard Wolf
Rainer Kirsch

INHALT

ERSTES BUCH

ZWEITES BUCH

Eine permanente Durchdringung von Gewalt, Demagogie und Kitsch nebst einigen bescheideneren Posten Kunst, Geistesgeschichte und barmherzigen Getues – oder wie auch immer man 2000 Jahre Christentum zusammenbringen mag.

R. Lopez, Eisenbahner

Wohl siehst du, daß du Braut bist und daß ER mit dir und allen Geschöpfen vermählt ist, und nicht etwa mit dem Ringe aus Silber ist er dir angetraut, sondern mit dem Ringe aus seinem eigenen Fleisch. Siehst du jenes süße Knäblein – wenn es beschnitten ist, dann gibt es gerade so viel Fleisch, als es für den Umfang eines Ringes bedarf.

Katherina von Siena, Heilige

Du sollst kein Buch schreiben, ehe du nicht den Furz einer alten Sau erlauscht hast, vor der du den Mund weit auftun und sagen sollst: Dank dir, schöne Nachtigall; höre ich hier einen Text, der für mich gemacht ist?

M. Luther, Ketzer

Zu entscheiden, was einen marginalen Platz verdient und was nicht in einer solchen Aufzeichnung – das Ungeheuer müßte noch geboren werden.

A. Abteuff, Friedellant

ERSTES BUCH

PROLOG

Wohl wahr: über nichts redet es sich flüssiger als über Einsamkeit. Einsamkeit ist wie die Einstiegsdroge eines jeden Gespräches, zumindest mit jemandem wie Herrn Leumull.

– Ich bin in schwerer Not & Pein, sagte ich zu Beginn unserer Freundschaft einmal halb im Scherz, halb betrübt, und obwohl er das berüchtigte Zitat Johann Tetzels vermutlich nicht kannte, verstand er doch ziemlich gut, was ich damit meinte. Oder weil er es nicht kannte? – Egal.

Worüber auch immer wir sprachen in den nächsten zwei Jahren, Herr Leumull verstand alles. Fast alles. Auch wenn es nicht direkt mit Einsamkeit zu tun hatte. Es war sein Beruf, zu verstehen. Und vor allem zuzuhören. Nur mit dem, wenn ich es einmal so sagen darf: ›Historischen‹, da haperte es manchmal ein bißchen. Aber dafür hatte er ja mich.

– Ich würde mich gern mit Ihnen unterhalten, waren seine ersten Worte an jenem Dienstag morgen des Jahres '89. Ich erinnere mich daran, als wäre es erst gestern gewesen, wie er, ganz außer Puste von den vielen Treppen, vor meiner Wohnungstür stand, verzweifelt nach Luft rang & hinzufügte: – Leumull, mein Name, Doktor Leumull.

– Aber bin ich denn krank? Oder verrückt, fragte ich, nachdem in mir eine gewisse Konfusion über den unverhofften Besucher abgeklungen war (denn ich hatte selten Besuch bekommen in den letzten Monaten). Aber Herr Leumull versicherte, daß so was doch gar niemand glauben würde, er am allerwenigsten. Aber ob es für mich nicht vielleicht ganz schön sein könnte, jemanden zum Reden zu haben, rein fachlich, verstehe sich, über Luther zum Beispiel & solche Sachen.

Daran fand ich nichts verdächtig, am rein fachlichen Reden über Luther. Um ehrlich zu sein, es war mir ein Vergnügen. Und anfangs war Herr Leumull ein aufmerksamer Zuhörer:

Aufklärung war. – Verklärung. Wer heutzutage noch über Martin Luther schreiben zu müssen glaubt, über den Vater des Vaterlands, der ist selber schuld! Der Wahnsinn liegt auf der Hand. Ich schätze, die Bibliothek über den Menschen Martin Luther dürfte der Kubikmeterzahl zweier geräumiger Einfamilienhäuser entsprechen; Literatur aller Art, jene schön- bis geistige Vollwertkost also, wissenschaftlicher Aufstrich und erbauliches Etepetete über die ganze Reformationsgeschichte – oder wie man bezahlt wird: über die frühbürgerliche Revolution, die teutsche Renaissance, die Neue Zeit –, würde womöglich die Bahnhofshalle einer mittleren Kleinstadt überfordern; des Meisters eigene Schriften einschließlich des ihm mehr oder weniger wohlwollend Untergejubelten, Flugschriften, Pamphlete, Pasquille, könnten vielleicht in einem Lastwagencontainer Platz finden. Es wird immer mehr.

Allein die Sintfluten von Druckbogen auch nur flüchtig zu lesen, die anläßlich der pro Halbesjahrhundert mindestens drei großen Jubiläen des Kolkrabens allerorts erscheinen, ein sinnbildliches Landunter verursachend, wären mit Sicherheit anderthalb Dutzend Menschenleben erforderlich. Und, um den Gedanken mit der raffinierten Adaption Müntzers zu Ende zu bringen, der sich selbst als eine Art göttlichen Telegrammboten entgegenstellt, als fettes Grünzeug schleppende Taube: in die Arche ist er doch nicht zurückzukriegen, zu vergegenwärtigen, wie es so fein heißt![1]

1. Annotat: »Das Alte Testament in letzter Vernehmung«, Charles McKeath.

Was also bringt einen halbwegs anständigen Abendländler dazu, sich um Martin Luther zu bekümmern? Es gibt doch nix zu entdecken mehr, alles ist bereits gesagt; plus noch viel mehr.

Und wenn man's trotzdem thut? – Gehässig, wie ich von einem entsprechenden Quantum sekundärer Lektüre geworden bin, werden mußte, soll mir doch erst einmal jemand beweisen, daß unser Held (ich soll noch nicht urteilen: daß unser liebenswerter, sprachgenialer, revolutionärer, reformatorischer, lautenspielender, sich empörender, gerechtigkeitssinnender, edelmütiger, unerschrockener, zukunftweisender, aber auch: unser bösartiger, gefährlicher, ketzerischer, abtrünniger, inkompetenter, volksverhetzender, sich in unzüchtige Protzerei ergehender, charakterloser, anmaßender, dreister, daß unser bauernderber, erzgesunder, naturverbundener, frohgemuter, geradliniger, aber auch unser paranoider, syphilitischer, exaltierter, nierenkranker, psychopathischer Held) tatsächlich 1483 die Düsternis der Welt erblickte, einer bergmännischen Welt. Meine schwarzgläubigen Neigungen nicht leugnend und zugleich auf den verrückten und ergo heiligen Martin verweisend, welcher einmal einen fröstelnden Bettler traf, wütend sein Schwert zückte, damit die kalten Lüfte attackierte, fortfolgend sich überaus grimmelig gebärdete, endlich seinen Mantel entzwo schnitt, um dem Bettelmann, dem längst das Frösteln anderswoher kam, eine Hälfte abzugeben, kaufe ich den 10. November als Geburtstag des Martin L. ja noch ab, und satt und friedfertig nach gutem Essen habe ich auch an dem verkündeten Jahr nichts auszusetzen, doch macht es mir an schlechteren Tagen nichts aus, zu behaupten, unser Mann sei erst im Jahre '84 geboren worden. Und dies auch zu belegen.

Aber so ergeht es nun mal unsereinem: Vergnügen und Verhängnis liegen allzu traut beieinander! Einfamilienhäuser,

Bahnhofshallen und Lastwagencontainer voller Bücher – so einfach ließe sich das Paradies möblieren, die Hölle aber für den, der es nicht vermag, achtundneunzig plusminus drei Prozent des Materials schnödlichst und meschant links liegenzulassen, sich statt dessen ganz auf die verbleibenden Kilogramm zu conzentrieren, aufs Wichtige! – Ich Höllenkind!

Und vorab noch sei gestanden: von all den wievielen Prozenten auch immer war mir das Teuerste das, was das Freudsche Jahrhundert als Pathographie kreierte – und zwar ohne alle Wenn & Abers, soll heißen: so unkritisch es nur ging –, und, hier besonders zu würdigen: die Tischgespräche, ein küchenlateinundkothendeutsches Querfeldaus, das man heute »Diglossi« nennt, jene niemals versiegende Quelle also, der etwa die gleiche literarische Qualität anzuerkennen ist wie den Schöpfungsparodien des Alten Testaments: großartig –!

Gewiß doch sind die Tischreden im Laufe der Zeit gehörig verstümmelt worden, Pietät–Konfession–Geschmack, man kennt die Gründe, nichtsdestotrotz befand ich mich in reichlichster Gesellschaft, denn sie wurden schon immer gern und von allen herangezogen, wenn es etwas zu beweisen galt, insbesondere Fußnötiges der Geschichte. Egal, ob ein wie auch immer geschulter Pathograph, ob Geschichtsinterpreten beliebiger Brötchengeber, ob ein oberchristlicher Festtagsredner oder bluß Politikersweine: sie alle betonen zwar zimperlich die Zweifelhaftigkeit der Quelle, aber bedienen sich ihrer in der Regel, was das Zeug hält. Das geht so mit den Tischreden, mit Luther: jeder nimmt sich, was er braucht.[2]

So hanebüchen die Geschichten auch immer sein mögen, so protzig, unwürdig, exaltiert – ich habe nichts daran auszu-

2. Annotat: »Vom Reuen derer es mit Luthern halten«, Köln 1733.

setzen. Im Gegenteil: je unmöglicher, desto lieber ist mir der ganze Wust. Auch die feinsinnigeren Vorwürfe marschieren mir flott am Anus vorbei, meinethalben an einen der späteren Kumpane und Aufnotierer des Geplänkels, er habe unlutherische Worte und Wendungen gebraucht, darumb müßte es in dem phänomenalen Wörterbuch der Brüder Grimm als Quellenangabe statt Luther/Tischreden öfter einmal Aurifaber heißen ...

Was soll's? Zu vermuten ist sowieso, daß die lyrisch-homiletische Getragenheit gernzitierter Luthertexte ein sprachritueller oder richtiger: ein sprechritueller Luxus späterer Zeiten geworden ist, dieses »ziehet und vermehret«; Luther, der sich gern einen alten Bauern schalt, was er freilich niemals war, dürfte in viel knapperen und vulgäreren Formen gesprochen haben, als es uns die Aufzeichnungen – sie sind von keinem der Tischgenossen mehr ursprünglich erhalten – weismachen mögen. (»Will Frau nit, kummpt Magd.« So etwa, nicht dieses gesalbte »Kommet ihr Kindlein und höret«.)

Und notiere, was ich zu sagen vermag. – So pflegte der bereits einigermaßen senile Luther die Gespräche bei Tisch zu eröffnen. Und ich, dem man eine gewisse Senilität zumindest noch nicht ansieht, ich kann das ganz gut verstehen, weiß ich doch, wie schlimm, wie schmerzlich es sein kann, wenn einem die schönsten Wendungen zu ungünstigen Gelegenheiten einfallen. (Was sie erfahrungsgemäß immer tun.) – Melanchthon hingegen äußerte sich in einem lateinischen Distichon gegen den, der in den dreißiger Jahren damit begonnen hatte, die mehr oder minder bedeutenden Sprüche, Weisheiten und Sentenzen des Meisters aufzunotieren: Es ist nicht gut, o Cordatus, jedwedes in seine Notizen zu schreiben, lieber soll man manches auch mit Schweigen übergehen können.

Das zu Luther. Der Text wird noch anderes daherreden.

Es nahm mich sehr für Herrn Leumull ein, daß er nie einen Kittel trug. Ich glaube auch nicht, daß ich andernfalls jemals frei genug gewesen wäre, so forsch drauflos zureden, wie ich das eben getan hatte. Leumull gehörte zu jenen seltenen Menschen, mit denen man schon nach kürzester Zeit der Bekanntschaft bereit wäre, Pferde zu stehlen.

Von kräftiger Statur, an den Schläfen schon ergraut & mit einem ebenso grauen, aber um so kräftigeren Stalinbart unter der etwas zu spitz geratenen Nase, entsprach er genau dem, was man einen gutsituierten Mann in den besten Jahren nennt. Man könnte auch sagen: einer noch von der alten Schule, den man als Jüngling, wie er selbst einmal das Humanistische seiner Erziehung umschrieb: in Latein unterrichtet hatte, später in anderen Dingen, und der seither in einem zerschlissenen Ledersessel residierte & sich, so mochte man meinen, vom frühen Morgen bis zum späten Abend Geschichten anhörte – traumhaft.

Rechts des mahagonifarbenen Schreibtisches, einer mit tausenderlei Papieren überfrachteten Antiquität, an der sich, versteckt, ein Klingelknopf befand – die Bibliothek. Wann, wenn nicht bei diesem Anblick, sollte man das Wort ›auserlesen‹ benutzen dürfen? Neben einigen goldbeschrifteten Werkausgaben & einer medizinischen Enzyklopädie hatte sich hier der komplette Thieme/Becker eingefunden, darunter alle sechs Bände Vollmer, ein alter Brockhaus komplett, zwei komplette Meyers, anderthalb Meter der broschürten Gröhndahlschen Weltgeschichte & zum krönenden Abschluß die vollständige Sophienausgabe – da durften einen schon einmal ein paar stille Schauer des Neides überkommen.

Unabhängig davon aber liegt mir viel daran, eines vorab noch einmal zu betonen: wenn ich auch manchmal im Spaß sagte, Leumull hätte mich verhaftet, Leumull persönlich, so will ich damit keinesfalls behaupten, ich wäre gezwungen worden, hier zu sitzen & mit ihm zu sprechen. Nein, ganz im Gegenteil: ich fühlte mich geehrt. Und war dankbar. Von ganzem Herzen dankbar dafür, endlich jemanden zum Reden gefunden zu haben, jemanden, mit dem ich die Dinge erörtern konnte, die mich seit langer Zeit verzehrten. Ich hatte einen Punkt in meinem Leben erreicht, an dem es mir egal geworden war, ob mein Gegenüber Krankenschwester Elvira, Schwiegermutter Erna, Streifenpolizistin Susi oder Herr Leumull hieß. Hauptsache, es gab jemanden, der zuhörte, Hauptsache, ich hatte endlich einmal Gelegenheit, so richtig aus dem vollen zu schöpfen, nämlich aus meinen Manuskripten vorzutragen. Und als ich zu Beginn unserer Freundschaft sagte, ich sei in Not & Pein (Leumull mochte sich gedacht haben: ein Spinner, der so daherkommt), so hatte ich damit natürlich schwer übertrieben. Aber es war vielleicht geeignet, meinen Gesprächspartner zu rühren. Anders gesagt: ihn aufzubauen. Manchmal muß man auch mal zu unorthodoxen Mitteln greifen.

Unsere allererste Sitzung endete damit, daß Herr Leumull mir Vorschläge für die Modalitäten der weiteren Zusammenkünfte machte. Unter anderem bestand er darauf, die ›Stunden‹ jeweils auf fünfunddreißig Minuten zu begrenzen, angeblich weil er darüber hinaus nicht für seine Konzentrationsfähigkeit bürgen könne & es doch schade wäre, wenn ihm allzu große Teile meines Vortrags durch die Lappen gingen.

Zwar war mir eine so starre Regel eigentlich nicht recht, auch hatte ich meine Zweifel an der vorgetragenen Begründung, doch was blieb mir wohl übrig, als sie zu akzeptieren? Vielleicht stand ja auch nur die vorsichtige Ermahnung dahinter, mich nicht mit langen Vorreden aufzuhalten, sondern statt dessen auf die eigentliche Materie zu sprechen zu kommen. Jedenfalls sicherte ich ihm zu, gleich bei unserer nächsten Zusammenkunft den Einstieg ins Jahr 1517 zu suchen, wobei er aber nicht befürchten müsse, sagte ich, die zum Teil hochbrisanten Ereignisse vor dem Jahre siebzehn würden in unseren weiteren & weiteren Begegnungen nicht ebenfalls gehörig erörtert werden.

Daraufhin huschte ihm ein leichtes, zufriedenes Lächeln übers Gesicht, und er versprach, sich seinerseits auch noch einmal ein wenig in die Geschichte einlesen & die eine oder andere Wissenslücke schließen zu wollen – eine Formulierung, die mich seit jeher befremdet. Ich stelle mir dann »Wissen« als eine imaginäre, an einigen Stellen unterbrochene Linie vor, in einer Gestalt also, die doch eher der Unwissenheit zukommt. Ich finde, es sollte »Wissenslücken öffnen« heißen.

Geschicht auch etwas davon man sagen möcht/ sihe/ das ist new? Denn es ist vor auch geschehen jnn vorigen zeiten/ die vor vns gewesen sind.

Prediger Salomo

... wie auch vnter euch sein werden falsche Lerer/ durch welche wird der weg der warheit verlestert werden/ vnd durch geitz mit ertichten worten werden sie an euch hantieren/ vnd jr verdamnis schlefft nicht.

Die Ander Epistel Sanct Peters

Was eigentlich passiert war, bekommt jedes Schulkind Pi mal Daumen eingebleut; es wäre darum viel zu öde, tügendliche Pennälerklugheiten wiederzukäuen. Ich werde mich in Zurückhaltung zu üben haben, auf vieles verzichten müssen und mir nur hin und wieder das Vergnügen gönnen, die Geruhsamkeit, aufs Längstbekannte zurückzugreifen; und das, um nur recht franc&frey die Bahnen entlang zu hecheln.

Im Frühjahr begab es sich also, daß Herr J. Tetzel nach Halle kam, Ablaß zu verkaufen. Sò.

Freilich kam der auch schon anderswo her und kam der auch noch anderswo hin, ich will meinen Lokalpatriotismus – wie alle beßren Provinzler es heißen – nicht überstrapazieren, aber Halle war ein ganz besonderer Happen. Die Residenzstadt und vormalige Zierde des hanseatischen Bundes galt ihrerzeit als eine der schönsten Städte teutscher Landen. – Bei[3] Johann Tetzel jedenfalls finden sich genügend Hinweise darauf, wie heftig ihm die Schönheit der Stadt ans

3. Annotat: Karl V. schwärmt von Florenz!

Gemüth pochte, Hinweise etwa der Art, daß er in Fischweibermanier ausrief, er hette solch Gnad und Gewalt vom Bapste, wenn einer gleich die heilige Jungfrau Maria hette geschwecht und geschwengert, so kündt ers vergeben, wo derselbe in den Kasten leget, was sich gebühret.

Oh, muß das ein Treiben gewesen sein in der Stadt, als der dicke Dominikaner aus dem benachbarten Leipzig unter vieltönigem Glockengeläut, in prächtigstem Pomp und mit stattlichem Gefolge von Mönchen und Priestern und Sündern durch das mittelalterliche Halle rauf zur Martinskapelle zog, wie er dort den Trägern der goldbeschlagenen Kreuze und der überlebensgroßen Figurengruppen Einhalt gebietend seinen Baldachin absetzen, die fassungsvermögenden und Vermögen fassenden Truhen aufstellen, einige Händevoll ehrfurchtserheischender Reliquien ausbreiten, das nötige Instrumentarium bereitlegen und Weihrauch räuchern hieß, mit einem geschulten Blick den ordnungsgemäßen Zustand der Ablaßbriefe und Kruzifixe, der Siegel und Weihrauchgefäße begutachtete, am schön im Wind stehenden Labarum sich erfreute und gleichzeitig seine Stimme präparierte, indem er ein langgezogenes, weithin vernehmbares, bis tief in die Stadt hinunter, bis noch tiefer hinunter in die Salzwirkersiedlung schallendes, das Glockengeläut noch übertönendes, seine Stimmbänder rauf und runter tollendes »a« sang, diesem gewissermaßen bereits liturgisch anmutenden »a« noch die Vokale »e«, »o« und »u« nachgab und sie in variierenden Tonhöhen untereinander vermengte, worauf die verschieden schwer mit Schuld beladenen Hallenser sich bereits in mohammedanische Gebete verwikkelt sehen mußten, bald aber erlöst und erleichtert wieder aufatmen konnten, weil der sehr rot und sehr golden gekleidete Dominikaner sich jener Muezzin-Pose bewußt wurde und nun fast etwas zu eifrig seine beiden empfindsamen

Hände in Höhe des Bauchnabels gegeneinander preßte, um ein Gebet, ein eindeutig christliches Gebet zu rezitieren, dann endlich seinen kompetenzträchtigen Blick auf der nun beinahe unschuldig dreinblickenden Menge ruhen ließ, gleichzeitig in tiefer, tiefer Würde die Arme gen Himmel erhob, Gottvater entgegen und dem nachgereisten Sohne und den vielen hundert Heiligen, die dort aufhältig vermutet werden, und mittels dieser Geste eine Veranstaltung eröffnete, die man sich übrigens getrost als ein Mittelding zwischen einer Billy-Graham-Show und einer Auktion im Fundbüro vorstellen sollte.[4]

Das war so recht was fürs Volk, und das Geschäft schien auch entsprechend gut gegangen zu sein, kein Wunder also, daß die Company einige Zeit in der Stadt verweilte, ehe sie gen Jüterbog oder wohin auch immer weiterzog. Der Zulauf war groß, sehr groß, und das lag nicht allein daran, daß die Halloren und Hallenser mehr Schuld auf sich geladen hätten als die Halunken anderswo in Teutschland, sondern vornehmlich auch an der nahegelegenen kursächsischen Grenze, hinter der Friedrich der Weise eifersüchtig und auf das eigene Geldsäckchen bedacht darüber wachen ließ, daß Tetzel und seine Schmiere bloß nicht hereinkämen. Diese gastierten also um so lieber und engagierter in kursächsischer Nachbarschaft, wo sie auf Grenzgänger hoffen durften, die herübergeschlichen kamen zuhauf, sich ihre Ablaßbriefe kauften vom Sauerabgesparten und wieder nach drüben retourkehrten.[5]

– Kommt einem doch irgendwie bekannt vor, so was, flachste ich vertraulich. Etwas humorlos hingegen wollte sich Herr Leumull für, wie er sagte: allzu platte Analogien

4. Annotat: G. Waiskolk über den Stadtgottesacker zu Halle & vier vermißte Frauen.

5. Annotat: Ein Totschlag, sein Ablaß, noch ein Totschlag.

nicht so recht erwärmen, dafür aber wissen, ob ich mich die letzten Monate über tatsächlich immer bloß mit der ›Historie‹ beschäftigt hätte oder manchmal auch noch mit etwas anderem nebenher, mit einer Freundin vielleicht oder womöglich mal ins Kino mit einem Freund.

– Historie! Ausschließlich mit der Lutherei! Nix anderes! antwortete ich & war nicht ohne einen gewissen Stolz dabei.

– Und wenn ins Kino oder anderswohin, fügte ich hinzu, dann sowieso nicht mit Kerlen! Daß das gleich mal klar ist. Es sei denn im Vollsuff, da weiß man nie so genau, wie's endet.

Natürlich war das zu erwarten gewesen, nur daß es so bald schon passierte: bereits seit der letzten Sitzung begann sich zwischen uns ein kleiner Interessenkonflikt abzuzeichnen, gewissermaßen eine leichte methodische Meinungsverschiedenheit über die Installierung unserer Freundschaft. Während ich die Beziehung zunächst noch primär auf die sachliche Erörterung der anstehenden Materie beschränkt wissen wollte, war ihm mehr & mehr auch am – ich will es einmal so formulieren: Zwischenmenschlichen gelegen, interessierte er sich schon mal für so komische Dinge wie mein Elternhaus, fragte nach der Sache mit dem Völkerball, nach der Anzahl meiner Geschwister & ob wir jeder ein eigenes Zimmer hatten oder alle fünf in einem.

– Wo leben Sie denn, fünf Kinderzimmer? Meine Güte. Bräuchte man ja glatt 'n ganzes Schloß für. Oder noch schöner: ein' ganzen Block. Und überhaupt hätte ich ja gern mal gewußt, was meine schwesterliche Bagage zu tun haben soll mit Tetzels wunderbarer Prozession rauf zur Martinskapelle?

– Man wird ja wohl mal fragen dürfen. Interessiert einen doch, mit wem man es zu tun hat, sagte Leumull & wandte sich zu unser beider Vergnügen wieder meinen Ausführungen zu, denen er lediglich anzumerken hatte, daß es ja vielleicht ein bißchen gewagt sei, bei aller dichterischen Freiheit ein bissel gewagt, dem Tetzel eine quasi moslemische Entgleisung zu unterstellen, ebenso der Vergleich mit Billy Graham, dem, er lächelte wissend: Maschinengewehr Gottes. Tetzel, das war doch was ganz anderes, eine ganz andere Zeit...

Aber wer und was war denn nun Johann Tetzel? – Ein Beuteldrescher, ein Talent, zweifellos, ein Meister seines Metiers, ein Virtuose unter den Säckelschneidern, der es einerseits, als er immerhin fast sechzigjährig nach dem schönen Halle kam, womöglich ziemlich leicht hatte, weil er aus einem nicht zu unterschätzenden Fundus an Erfahrungen schöpfen konnte, was den Ablaßverkauf betraf und andere Dinge, dem sich aber ins Gesicht auch schon schwerere Tage und Nächte gezeichnet hatten. Mißgünstiger Zungen wegen, so hieß es, war er in früheren Jahren seines Lebens einige Male in hochnotpeinliche Situationen, nämlich unter den Verdacht fortgesetzter Unterschlagungen und Veruntreuungen geraten, und namentlich in Innsbruck hatte man ihn gar einmal wegen fortgesetzten oder einmaligen, das ließ sich nicht ermitteln, jedenfalls wegen Ehebruchs zum Tode per Ersäufung verurteilt, dann aber – der rechtgläubigen Christenheit Lob, Dank und zum Wohlgefallen – zu lebenslanger Kerkerhaft begnadigt; naheliegend zu sagen: begnadet. Und im Loche, im tiefkalten, wäre er schließlich auch verblieben und krepiert, hätte nicht Albrecht von Gottesgnuaden und Brandenburg, der Ganovenfreund, Kunstliebhaber, Weiberhengst und für alle teutsche Zeiten bis zum frischesten Tag mächtigste Kirchenfürst, hätte nicht Albrecht mit so einem gewissen Instinkt geahnt, welch kostbare Haut man da schmachten ließ für fast nichts und fast wieder nichts, hätte er nicht Tetzels Begabung sehr wohl zu schätzen gewußt und von Kaiser Maximilian seine Freigebung und von Rom seine Absolution erlangt.

Und damit nicht genug: Papst Leo X., dem zugetragen ward, wozu sich dieses bedauernswerte Häuflein Dominikaner eignen mochte, wenn man ihm nur die Garderobe bißchen zurechtpolierte, Pffex Leo zeigte sich nicht engmütig und ernannte Tetzel zum apostolischen Kommissär und Ketzermeister in Deutschland.

Wie hernach sich also zeigte: eine sehr gescheite, eine – es kann gar nicht anders gewesen sein: unbedingt gottener Eingebung entsprungene Entscheidung. Dieser Mann, Sohn eines Leipziger Goldschmieds, war wie kein anderer mit Fähigkeiten versehen und Phantasie, den Leuten das bitterbegehrte Geld aus den Beuteln zu ziehen. Das also war Johann Tetzel, alias Dietzel, einer, der Karriere machte, ein Arbeiter, ein vortrefflicher Arbeiter. Sich auf die Ablaßbulle Sixtus IV. berufend und in aller christentümlicher Konsequenz, ließ er seine feile Fürsorglichkeit nicht etwa allein den von der Marienkirche bis zur Martinskapelle dahergekreuchten Sündern, sondern auch den längst mit Seel' und Leib und Haar und Haut über den Jordan dahingefleuchten elendigen Sündern a. D. teilhaftig werden: Hört ihr nicht eure toten Eltern schrein=/ und rufen: erbarmet euch mein=/ wir sind in schwerer Straf und Pein=/ errettet uns, werft in den Kasten ein![6]

Bei Gott, so sagte Johann Tetzel mit ein kleinwenig zu Kopfe gestiegenem Beruf/ungsethos zwar, aber sachlich absolut einwannfrey, bei Gott, ich möchte nicht tauschen mit Petrus im Himmel, denn ich habe weit mehr Seelen selig gemacht mit Hilfe vom Ablaß! Ich setze einen jeden wieder ein in die Gemeinschaft der Gläubigen und in die Reinheit, die er bei seiner Taufe hatte, wenn derselbe in den Kasten

6. Annotat: Ein Bübenstück, wie ein Märchen der Brüder Grimm.

legt, was sich gebühret im Namen des Vaters und des Sohnes und des Papstes und des heiligen Geistes, amen![7]

Im Grunde war das Ablaßgeschäft eine feine Sache. Und natürlich keine Erfindung des lutherischen Jahrhunderts. Doch nicht immer, seit die Kurie darauf verfallen war, war es in dieser verweichlichten, sprich: merkantilen Art abgewickelt worden, nicht immer hatte es genügt, einige Münzen ins geweihte Kästchen zu zählen, um dann munter und fromm fortzufahren in der Sünderey, es hatte auch schon Zeiten gegeben – und links zwo drei: à gauche deux trois: und hott und har und durch Luv und Lee: da durften die Bedürftigen, Verirrten, das versuchte und verderbte Schaffsfleisch, da sollten die Schänder krüstelicher Moral- und sonstwelcher Codices sich doch, bittschön, an den Fronten bewähren, den kreuzzüglichen – Deus lo volt –, da sollten die Sünder umb die Errettung ihrer Seelen und überiger Ursach wegen marschieren gen Jerusalem, hoch zu Rosse und flink zu Fuß, den ungarischen, dalmatinischen, den türkentückischen und allerlei sonstigen Ungemach widerstehend (ganz zu schweigen von Wetterns Eskapaden, von dürren Dürren und weißen Wintern), sengend und plündernd und mit roten Kreuzen an den Schultern und in schweren Kürassen sollten sie ziehen ins Land der Phililister, Gott und ihrem Seelenheil zuliebe nach Palästina, zum heiligen Grabe, das ihrer Präsenz so dringlich bedurfte; man spricht vom Kreuzablaß, und namentlich Papst Äugen der Dritte machte sich verdient im Ablaszen so himmlischer wie irdener Schulden.

Und zunächst vielleicht nur zögerlich, doch aber – man war ja auch nicht blöde – mit zunehmender Tendenz, christbürgerte es sich ein, denen, die momentan keine Zeit hatten,

7. Annotat: »Der unwürdige Helfer«, von Dettriech R. Opwalliger, Wien 1929.

sich ins glaubenskriegerische Zeug zu legen, die aber an selbigem sich auch nicht flicken lassen wollten, den Ablaß schlichtweg zu verkaufen, einfach so.

Wer verkaufen will, muß rechnen können: die ›umfassende‹ und, von schismatischen Querelen einmal abgesehen, alleinige Kirche hatte für alles ihre Männer, ihre Kompetenzen, eine davon hieß mit Namen Alexander von Hales, ließ sich aber von Freunden und Schülern »Unwiderlegbarer Franziskaner« nennen und hatte in scholastischer Sisyphuzzlerey wesentlich dazu beigetragen, den Ablaß als Übungsfeld der Grundrechenarten zu etablieren, oder anders formuliert, ihn dogmatisch zu begründen; inklusive der Ernennung des Papstes zum alleinigen Verwalter eines nicht unerheblichen Ablaßfonds aus den überschüssigen Verdiensten der Damen und Herren Heiligen.[8]

Reichliche 100 Jahre nachdem der »Doctor irrefragabilis« seine letzte und quasi ureigenste Quittung erhalten und sich empfohlen hatte, war es schließlich vollbracht, war die Lehre, und man darf vielleicht einmal das Wort Lehre durch ein anderes ersetzen: war die Rechnung auch kirchlich sanktioniert, die Rechnung über den gewonnenen, pietätvoller hieße es: ererbten Gnadenschatz; das Lexikon schreibt das Jahr 1349 und den Papstesnamen Clemens II., was aber falsch sein muß, wenn schon ein Clemens, so käme bestenfalls Nummer 6 in Frage.

Das Volk will betrogen sein, ergo sei's drum; was sonst hätte es auch ergetzlicher ding zu erwarten im Leben? Als Johann Tetzel und Crew in Halle und anderswo gastierten, war Europa, zumindest Teile davon, längst aufgebrochen aus dem mediävistischen Dunkel, dem Lichte der neuen Zeit

8. Annotat: Die 14 Notheiligen, ein katholischer Kalender.

entgegen, und in der Stadt der sieben Hügel zeichnete verantwortlich für den Zauber um den Ablaß der etwas adipöse zwar, aber liebenswerte, weil kunstbeflissene Papst Leo X., und in Deutschland der oben genannte auch adipöse zwar, aber auch liebenswerte, weil auch kunstbeflissene Kirchenfürst Albrecht.

Da – es muß ein Naturgesetz sein – alle ordentlichen Menschen ordentlicherweise an Geldmangel leiden und es sich für einen renaissancedurchtrunkten Mediceersproß, noch dazu als Papst, natürlich einfach schickte, statusgemäßen Hof zu halten, einige schöngeistige Laster zu kultivieren und bescheidene Zeugnisse seines Daseins auch im Stadtbild zu hinterlassen – bekanntlich mußte die St. Peterskirche schon und noch Generationen von Päpsten als Vorgebung zum Geldbeschaff' herhalten, seit Leos Vorgänger eigens zu ihrem Neuaufbau einen Jubiläumsablaß ausgerufen hatte –, so blieb auch diesem Petrusfortfolgeexemplar (»Pffex«) gar nichts anderes übrig, als wie auch immer die nötigen Mittel einzutreiben – der Zweck heiligt auch die Mittel der Pffexe. Ich kann und mag mir nicht eine zumindest maßvolle Sympathie für den Clou mit dem Ablaß verkneifen, allein, die mir in letzter Zeit gelegentlich traumgeilende Vorstellung: ich, der Papst!

Du Hirte, du Regent, du anderer Gott auf Erden – Leo X., vom Volk einst nicht überheftig geliebt, zu wenig Potentat, zu sehr Bonvivant, Genießer; von dem Deutschen zu Wittenberg (»quel litigioso tedesco«) sattsam geschmäht als Ausgeburt des Antichristen, als florentinisches Früchtlein, als besonders verwerfliches Exemplar der päpstlichen Zunft[9], von der katholischen und nichtkatholischen Geschichtsschreibung wegen mangelnder kriegerischer Ambitionen, allzu kümmerlich ausgeprägter Machtgelüste und

9. Annotat: »Engelsknöchel«, Thuli Emessaika läßt Dampf ab.

sträflicher Unbedarftheit in religiösen Dingen wenig ernst genommen; Leo Decimus, der Sonnengöttliche, der Bankier, der Dicke, der Verweichlichte, der Phlegmatikus, sò! Aber man muß einmal das andere Bild zeichnen, das Bild vom musischsten aller Pontifices, der 683 Menschen in seinem Hofstaat beschäftigte, das Bild vom, wie es immer so gerne heißt: Beförderer der schönen Künste, vom erlauchten Verfechter des neuen Geisteslebens, das den Menschen in den Mittelpunkt der Welt erhob, vom edelmütigen, auf Verständigung sinnenden Priester, der das Papsttum genoß, da es ihm von Gott verliehen war, der frank und frei erklärte, die Fabel von Christo habe doch dem römischen Stuhle schöne Summen Geldes eingebracht. Man muß zu würdigen vermögen, was das eigentlich meinte, eine neue Art zu leben, incl. zu herrschen vor allem, die sich so sehr unterschied von denen seiner Vorgänger, von der des kampfestollen Julius Zwei, des eigentlichen Begründers eines Kirchenstaates, von denen der chronologisch noch unmittelbar davor verzeichneten Statthalter, nepotische Ärmelkrempler, vornehmlich damit beschäftigt, Sinekuren zu besorgen für mitunter noch die letzten ihrer Kollateralversippten. – Hingegen Leo: man liste nur einmal die Namen der unter ihm geförderten Künstler, der Maler und Literaten, der Kompositeure und Schöngeister aller Couleur auf, man schaue es sich nur an, wie Freund Fettbacke als oberster Oberhirte der kristlichen Kristenheit statt auf Erhalt und Vermehrung des neuen römischen Imperiums zu halten, oder doch wenigstens in Sachen Theologie zu werkeln, sich viel lieber vergnügte in den Aufführungen frecher italienischer Komödien, beim Rezitieren lateinischer Hexameter über das Schachspiel, in Vorfreude auf den nächsten Karneval, beim Studium chirographischer Raritäten, beim Lustwandeln unter den Pinien zu Malliana, noch dazu in ziemlich weltlicher Kleidung, ja sogar mit Stiefeln an den Füßen soll er gesichtet worden sein; man muß diese dicke, verweichlichte, was heißt das anderes als: musische Natur des Renaissancepapstes zu schätzen wissen[10] – ähnliches wird auch vom zweiten Mann der Firma, von Kardinal Albrecht, noch zu vermelden sein –, dann erst und nur dann wird man auch verstehen, warum ganz weit weg, im kruden Deutschland ein gewisser Luder – diese frühere Schreibweise des Namens erscheint mir hier angebracht – schlichtweg als ein unnutz hauffen trekk zu gelten hat, der in der durch und durch irrigen Annahme, Gott vergibt und ableszt allzeit umbsonst die Sünde, den Ablaßstreit anzettelte, einen Streit, der sowieso nicht eigentlich das bißchen Kohlemachen meinte, also bestenfalls accessorischer Natur war, sprich: eine Provokation, ohne die – es wird einem doch gleich ganz warm im Bauch –, ohne die es womöglich gar keine Reformation gegeben hätte in »la rozza Germania«. Und dann später also auch keine italienische Gegenreformation! Mein Gott! (Womöglich würde angesichts des vielbeschworenen, gescholtenen, beklagten und genossenen moralischen Verfalls der alleinigen Kirche der ganze christliche Spuk heutzutage längst ausgespukt haben – eine ganz liebreizende Vorstellung.[11] Wie fuffzehn Tage nix als gottloser Sonnenschein!)

Es sind schon ganz andere Systeme wieder verschwunden aus dem Blickfeld der Geschichtsschreibung, zu Episoden degradiert. Und wenn schon unbedingt reformiert werden mußte: hätte sich Luther nicht anderweitig vergreifen können? Immer trifft es die Kunst zuerst, letztendlich!

Denn kaum begann sich der kleine und verzeihliche Schacher mit dem Überirdischen zu rentieren, kaum klingelten die Gulden und Dukaten, die Kreuzer, Märker, Thaler und Groschen, die Pfennige und Pfifferlings en masse in den verschnörkelten Kästen Johann Tetzels, und somit auch in

10. Annotat: »Luci ed ombre. Il Papa dei Medici«, Gian-Umo Cerbeto, 1879.

11. Annotat: Das Autograph des Friedrich Myconius aus Gotha.

Albrechts Schatullen und in Leos Kassen und in den Säckels Jakob Fuggers, dessen Familie wie in allen besseren Geldgeschäften der Zeit natürlich mit von Partie war und darum im wahrsten Sinne des Wortes eine Schlüsselfunktion innehatte im Unternehmen, kaum also kam die neuerliche Ablaßrunde ordentlich auf Touren, läpperte und schepperte sich einiges zusammen, plätscherte und tröpfelte es hinein in die guten Truhen, schon begann sich der gewaltige Aufwand zu amortisieren, schon überstiegen die Einnahmen erheblich die Gagen und Spesen der Akteure, noch hätte alles gutgehen können, noch zierten nur kleine Wölkleins das katholische Himmelblau, da kam, was kommen musst vnnd nicht anners kunndt: ein unterbelasteter Mönch mit seinen Geschriebsen dahergezänkt, um aus dem harmlosen, vergleichsweise regelrecht niedlichen Coup gleich eine so ungebührlich heftige Affaire werden zu lassen!

– Bei allem, was selbst mir heilig sein könnte: ich schwöre, konfessionell vogelfrei & Kathole schon gar nicht zu sein! Sympathisant allerdings aller erdenklichen Spielarten von Dekadenz! Heißblütiger Liebhaber krimineller Cabinettstückchen! Jedweder Missetat zugetan! Schurkenfreund! Ganovenverehrer!

Es schien mir erforderlich zu sein, Herrn Leumull einmal wieder etwas aufzumuntern, ihn gewissermaßen aufs neue in den Vortrag zu enfilieren. Er wirkte abwesend & gelangweilt. Doch offenbar hatte ich ihn fehl eingeschätzt:

– Schwitzen Sie manchmal? Ich meine, einfach so? fragte er.

– Bitte? Warum? fragte ich zurück & strich mir mit dem Handrücken über die Stirn. – Ob ich schwitze? Sie mein' wirklich, wie heißt das gleich? – Transpirieren? Ich schwitze doch gar nicht, wie komm' Sie denn plötzlich auf so was?

Doch Leumull bekümmerte sich nicht um meine Gegenfragen. Beinahe unverschämt, wie er sie einfach überging & fortfuhr:

– So plötzliche Schweißausbrüche? So was kennt man doch. Oder daß es einen auf einmal fröstelt?

– Tu ich nicht! Weder/noch! Niemals! gab ich, zugegeben, etwas ärgerlich ob des schroffen Überfalls, zurück.

Und schlußfolgerte, daß Herr Leumull mit seiner Rolle nicht so richtig glücklich war. Er war kaum mehr aufzuhalten in seinem Bestreben, mehr als nur mein Zuhörer zu sein, wollte wohl einen aktiveren Part übernehmen beim Aufbau unserer Beziehung, ganz clar. Irgendwo also verständlich, daß er es immer ungenierter darauf absah, meine privatesten Dinge zu durchleuchten. Schließlich war das sein Fach.

– Nein, ich schwitze selten, wiederholte ich in etwas versöhnlicherem Ton. Und wenn? wollte ich nachfragen, da erst registrierte ich dieses Zucken um sein rechtes Auge, ganz leicht nur, als wenn ihm eine Fliege über die Braue spazierte. Zumindest war mir der tic bisher nicht aufgefallen.

Scheinbar bemerkte Herr Leumull, daß ich es bemerkt hatte. Und möglicherweise war ihm das unangenehm. Warum sonst saß er so liederlich da, tat so, als müßte er gähnen, stützte den Ellenbogen auf der Tischplatte & den rechten Wangenknochen am Handballen ab, so daß das betreffende Auge hinter den Fingern verschwand? Und vor allem, warum vergriff er sich plötzlich im Ton & fragte so unaufgefordert wie unwirsch:

– Wie war das denn nun mit dem Völkerball damals? Sie erinnern sich doch. War nicht irgendwas passiert, was Merkwürdiges?

– Völkerball? Mit welchem Völkerball denn? – Ich konnte mich ganz & gar nicht daran erinnern, wann ich ihm jemals die alte Klamotte erzählt haben soll, wie ich einmal als Fünfjähriger beim Völkerball unrechtmäßig abgeschossen worden war & – ich hatte es ganz genau beobachtet & nie einen Zweifel: vorher war's Erde gewesen! Absolut Erde! – das überführte, aber ganz furchtbar rechthaberische Mitkind behelfs einer herumliegenden Schaufel ein wenig touchiert hatte, woraufhin meine Eltern mehrfach zur Polizei mußten.

Ob ich denn eigentlich noch wüßte, was aus dem Spielgefährten geworden sei, die Verletzungen vielleicht oder so? – Herr Leumull wollte einfach keinen Frieden geben & blickte mir grad so ins Gesicht, als müßte ich ihm jetzt unbedingt meine allergeheimsten Verfehlungen offenbaren. Aber erstensmal handelte es sich nicht um einen Spielgefährten, sondern genaugenommen um ein gemeines Luder von Spielgefährtin, zweitens, woher sollte ich denn das wissen, ich bin ihr nie wieder begegnet. Und drittens & überhaupt: kommt Zeit kommt Zwischenmenschliches, jetzt aber sollte doch, bitteschön, noch ein wenig gearbeitet werden: »Noch zierten nur kleine Wölkleins das katholische Himmelblau.«

Wobei man vorerst die oft geäußerte Annahme als irrig abtun kann, es habe dem feinmütigen, ja fast etwas eunuchoid wirkenden Papst Leo das im unwirtlich-teutonischen Norden ouvertürte Theologengewelsch sonderliche Sorgen bereitet. Zwar hatte er bald schon einiges Munkeln gehört über die Sache, aber genauere Auskünfte beispielsweise darüber, ob nun dieses Mönchenskind Wittenberg und die Stadt der Handlung Luther zu heißen seien, oder umgekehrt, die waren seinem tiarageschmückten Hirnkasten lange Zeit nicht abzugewinnen[12]; es bedurfte eines anderen großen Teutschmannes, ihm hier zu Clarheit zu verhelfen.

---

12. Annotat: Keine Anmerkung. Roman der Wende, für Gerda Alderfrau.

Wie auch hätte der Papst wissen, wer überhaupt hätte seinerzeit ahnen sollen, was – ich will meinen Scheffel nicht übers Licht stellen, mich nicht in falscher Bescheidenheit üben –, was in der Angst, eine blasphemische Untat zu begehen, bis zum heutigen Tage so deutlich noch niemand zu sagen sich traute, fast noch niemand, daß nämlich gar nicht eigentlich Lutherns Martin es war, sondern ein anderer, der hochgelehrte, fortfolgend zum theologischen Lieblingsgegner Luthers herabstilisierte Doktor Johann Eck aus Ingolstadt, der äußerst raffiniert und über subtile Kenntnisse der Psÿchologie verfügend einen der folgenschwersten Streiche gegen das katholische Weltsystem zu führen sich angeschickt hatte, gegen die römische Institution also mit allem, was dazugehört.

Luther, das Medium, das Werkzeug – Eck, der Meister und Führer, angetreten, den Klerus das Fürchten zu lehren, ihm zumindest einen gehörigen Denkzettel zu verpassen, dem gesamten Klerus, was der auch immer zu vergeben hatte an apostolischen und weniger unmittelbar apostolischen Jobs durch die Instanzen hindurch, angefangen beim Babste selber und den Kardinälen, Bischöfen, Prälaten, Nuntien, Legaten, bis hinunter zu den Kuraten und Prädikanten, den Dechanten, Kaplanen und und und, und dem allerletzten minderjährigen Meßdiener, so süß und blondgelöckt.

Über die, wenn man so will: heftigsten Jahre der Reformation, die Jahre zwischen dem mehr oder minder theatralischen Thesenanschlag, sofern selbiger überhaupt stattfand, und dem Augsburger Bekenntnis, ist schon viel Gutes berichtet worden. Allein über das, was Luther in dieser Zeit dachte und sagte und machte und nicht machte, wurden Bibliotheken vollgeschrieben. Und wie immer, wenn Historiker und Festredner in trauter Einigkeit vornehmlich an eine Person zu binden sich bequemten, produzierten sie eine Art Homunkulus, ein Monster, das in einem Elfenbeinturm fortwährend vor sich hin geschichtelt. Das Hohe Lied Luther (HLL), das nun schon einige Jahrhunderte über alle Marktplätze des Nordens gedroschen wird, schlägt zuweilen dermaßlich schräge Töne an, daß es erste Christenpflicht, aber auch das Vergnügen anständiger Menschen sein sollte, auch einmal anderen Zeitzeugen ein Ständchen zu singen und sie aus ihrem Chorjungendasein herauszuheben, ihnen einen gebührlicheren Platz unter den Solisten der Geschichtsschreibung zu erwirtschaften. Um es kurz, bescheiden und mit Hutten zu sagen: Ich hab's gewagt!

Eine meiner Entdeckungen ist Johann Eck, Professor zu Ingolstadt, von den Chroniqueuren gemeinhin als häßlich zeternder und geifernder Hanswurst abgetan, als Luthers unebenbürtiger Herausforderer sträf- und peinlich fehleingeschätzt.

Man verfolge die Wanderungen dieses propperen Gelehrten im oben genannten Zeitraum. Von seinen »Obelisci« des Jahres 1518 (die ersten ernstzunehmenden Entgegnungen auf Luthers Thesen waren zugleich auch die ersten Bekundungen, die die Thesen des Augustiners überhaupt ernst nahmen) über diverse Aktivitäten via Rom (die Denunziation Luthers, die Verbreitung der Bannandrohungsbulle und anderes mehr) und die Leipziger Disputation gegen Karlstadt und Luther bis hin zur »Confutatio« von Augsburg (Martin selbst durfte ja leider nicht teilhaben an den 1530er Ereignissen, hatte sich statt dessen mit dem Coburger, dem kleinen Reichstag der Schnepfen und Malztürken zu begnügen[13]); diesen aufopferungsvollen Schaffensweg des Johann Eck verfolgend, wird man eigentlich gar nicht umhinkommen, in ihm den heimlichen Ziehvater, einen Schrittmacher der neuen Bewegung zu vermuten, einen

13. Annotat: Luther auf Coburg, schwere Tristessen. Malztürken & verlöschende Schlangen.

wesentlichen Beförderer derselben, die ohne sein Zutun womöglich provinziell-medisantes Mönchsgezänk geblieben wäre. Somit ist es ja nur ein kleiner Schritt festzustellen: er war der Reformator, der heimliche zwar, aber wirkliche Reformator, und er war, gewiß, raffiniert genug, sich eines Werkzeuges zu bedienen fürs Grobe.

Um an den Schlaf der katholischen Welt zu rühren, mangelte es Eck nicht an Ideen, nicht an Streitlust und schon gar nicht an Motivation, nur war sein Temperament ungeeignet, die Sache selber durchzustehen, es fehlte ihm der cholerische Einschlag, den es unbedingt braucht für so'n Job, eine Mindestportion an Courage; nachweislich war Luther nicht das erste Medium, dessen er sich bediente gegen Rom, leider hatte ein früheres kläglich versagt.[14]

Eck war zu sehr Intellektueller, um nicht die ihm eigenen Grenzen realistisch einschätzen zu können. Und wenn er sie im Innersten auch als unbrauchbar erkannte, so war er doch allzusehr noch verhaftet den scholastischen Gebräuchen und Gepflogenheiten seiner Zeit, wußte also nicht nur, daß dem mit bibliophilen Gelüsten vollauf beschäftigten Florentiner Lebemann die Belange der Religion viel zu zeitvergeudend und darum egal waren, als daß es sich gelohnt hätte, den Weg durch die Instanzen zu gehen, Eck wußte vor allem auch, wie wenig es gebracht, wie lästig es geworden wäre, hätte er selbst in hochscholastischer Manier irgendwelche ketzerischen Meckerchens verfaßt und verbreitet, denen doch letztendlich das gleiche Schicksal widerfahren wäre, wie den zärtlichen Häresien so vieler Gelahrter der vorangegangenen Jahrhunderte; untern Sand gescharrt plus ruhet sanft, liebe Fleischs!

14. Annotat: P. Radarsch über den Ketzer R. Jednschnee & Maier-Eckius.

– Das reicht! Aus jetzt! Schluß! schrie Herr Leumull & schaute schon wieder auf die Uhr.

Ich aber liebe es nicht, unterbrochen zu werden, schon gar nicht in diesem Ton. Und schrie darum zurück. Es war ja nun wirklich nicht meine Schuld, wenn er die Zeit vergessen hatte! Und überhaupt durfte das noch lange kein Grund sein, ausfällig zu werden! Das kann doch keine gute Beziehung nicht werden, wenn man ständig die Uhr im Sinn hat!

Aber Herr Leumull meinte nicht die Zeit. Nebst dem bereits vermeldeten Zucken um sein rechtes Auge glaubte ich gewisse Anzeichen dessen zu bemerken, das (mit Verlaub, liebster Leumull) die Mediziner Dyspnoe nennen, als er sich heftig in die Lehne seines Sessels warf, inhalierte, soviel er kriegen konnte, und sogleich fortbrüllte:

– Eck, der Reformator! Warum denn nicht gleich der Papst selber? Aber zu Ursula Gesser, verstorben, ermordet, jawohl: ermordet im Alter von sechs Jahren, im Anschluß an ein Völkerballspiel, aber zu Ursula Gesser, da will Ihnen wohl gar nichts mehr einfallen, wie?

– Ermordet! Ist ja lächerlich! Außerdem fünf Jahre bloß, nicht zarte sechs, sagte ich, darüber hinaus schien es mir nun ratsam zu sein, meinem Gegenüber Gelegenheit zu geben, sich etwas zu sortieren im Kopf. So schwieg ich einige Minuten lang, reagierte einfach nicht auf seine ausdrückliche Aufforderung, »Stellung zu nehmen«. Mit dem Erfolg, daß er in der vermutlichen Annahme, ich schmollte, alsbald Strategie, Thema & Ton wieder wechselte, mir eine Zigarette anbot & erschreckend freundlich nun & mit einer Verwunderung, die ich freilich als geschauspielert erkannte, nachfragte:

– Mal im Vertrauen, meinen Sie das wirklich alles so, das mit Eck, oder nur aus Jux?

– Nönö, ich werd nicht meschugge, führte ich aus, nur langweilt mich die Mär vom Martin zu sehr, der sich ach so ärgern tat, wenn ihm seine Beichtlinge ihre frischerstandenen Ablaßbriefe vorzeigten. Läßt sich doch nix mehr draus machen, heutzutage! Muß man sich schon was beßres einfallen lassen!

Natürlich war ich mir der Unbedarftheit meines Hörers bewußt genug, ein Einsehen zu haben. So trug ich ihm nicht nur einige zusätzliche & prägnante Daten aus Ecks Biographie vor & berichtete insbesondere über dessen frühere Bemühungen, Reformation zu machen, sondern ich wies vor allem anhand diverser Sekundärliteratur nach, daß Ecks brisantberüchtigtes Eingeständnis, man könne den Wittenberger zwar mit den Kirchenvätern, nicht aber mit der Schrift widerlegen, zwar authentisch sei, aber nicht wie üblich erst ins Jahr 1530 datiert gehöre, sondern bereits in verlorengegangenen Aufzeichnungen zur Leipziger Disputation einmal vorkam.

Aber ich redete gegen eine Wand. Dieser Böotier wollte sich partout auf nichts einlassen. Erneut & mit verunglückter Ironie im Ton, brachte er sein Erstaunen zum Ausdruck über meine Sicht der Dinge & fügte hinzu:

– Und Luther, nichtwahr, der war genügend cholerisch, nichtwahr? Für den Job!

– Ja, sagte ich & verstand nicht sofort, worauf er hinauswollte.

– Wenn jemand, fügte er postwendend hinzu, während er in ostentativer Gebärde die Mappe auf seinem Schreibtisch zuschlug, in die er sich gelegentlich kleine Notizen machte, wenn jemand cholerisch ist, dann ... dann ... – statt aber fortzufahren im Satz, und ich ahnte sofort, was da hatte kommen & sich irren sollen, besann er sich abermals einen Augenblick lang & mahnte dann lediglich an:

– Und tun Sie nicht so, als wüßten Sie nicht ganz genau, was mit dem Mädchen damals passierte! Tot, jawohl! Weil Sie ganz genau gezielt hatten! Auf die Schläfe, jawohl, ganz genau!

– Das stimmt einfach nicht! Ich hatte nicht sehr gründlich gezielt, absolut nicht. Es handelte sich vielmehr um einen Glücks- oder sagen wir besser: um einen Verlegenheitstreffer, sozusagen. Und von wegen ermordet. Fahrlässig totgeschlagen bestenfalls, noch dazu bloß im Affekt, da kenn ich mich aus mit so was. (Und man möge eines nicht immer wieder unberücksichtigt lassen: der Ball hatte zunächst den Boden, dann erst mich berührt am linken Knie, ganz eindeutig; warum denn bloß bestand sie so hartnäckig auf »Abschuß«? Selber schuld – olle Ursel!)

Aber da Herr Leumull ja offenkundig die größten Probleme hatte mit meinen Ausführungen, bot ich ihm an, fortfolgend weitgehend auf die Hypothese zu Johann Eck zu verzichten; ein Opfer – gewiß. Und weil ich mich aber bis zur nächsten Sitzung gedulden sollte, so gab ich wenigstens noch eine kleine Vorstellung in Echomimie & schlug – überaus ostentativ – meine Aufzeichnungen zu für heute.

Also gut! Es hätte ein schöner Spaß werden können. Wenn es Magister Johann E. von Ingolstadt denn nun nicht sein, das Kraut der Spekulationen nicht ungejätet wuchern soll, ich aber trotzdem nicht gänzlich auf das Vergnügen verzichten mag, ein wenig nur zu ästeln im Dörrwald historischer Wertungen, bittschön, auch der Faulste hätte keine Not, sich in friedvoller Eile ganze Bierkeller anzulesen über die Reformatoren auch des vorlutherischen Jahrhunderts, über Männer, die das große Knäckerchen längst angefacht hatten, als da wären, um zunächst einmal nur tzwey Stücks aus teutschen Landen zu nennen, erstens: Johann Wesel, Verleumder des Ablasses als frommen Betrugs, Professor zu Erfurt, Prediger in Mainz und Worms, den, wenige Jahre bevor Luther das helle Licht der newen Zeit erblickte, mit aller Gewalt die Düsternis der mittelalterlichen Inquisition überkam, ihn zum Widerruf gewisser Schriften und Sätze zwang und alsbald hernach das Zeitliche segnen ließ in Klosterhaft, bloß weil er – Gourmet vermutlich – das geweihte Öl statt für diverse Sterberituale besser zum Backen und ähnlich sinnvollem Gebrauch empfohlen und dem Erfinder des Fastens unlautere Absichten unterstellt hatte, Petrus war Fischhändler; desweiteren zu vermerken wäre zweitens: Johann Wessel, nicht zu verwechseln mit Erstgenanntem, darum auch Gansfort genannt und Lux mundi von seinen Jüngern, der – dies hatten mehr oder weniger sattsam ja alle getan, was aber hier die Strafwürdigkeit aus apostolischer Sicht nicht mindern soll –, der auch schon die Unfehlbarkeit von Papst und Konzilien bestritten hatte und einiges mehr und dessen »Farrago«, seine Hauptschrift, nicht ohne Grund von Luther mit Vorwort versehen und herausgegeben wurde. Es geht von ihm der nach meinem Geschmack durchaus etwas zu süffisante Satz, man solle mit der Kirche, nicht an die Kirche glauben; Gansfort ist der Erfinder des Aperçus.

Nun mögen ja die Herren Theologen gelästert haben, soviel sie mochten, und geneuert und geneuert und geketzert und geketzert durch die letzten Jahrhunderte bis in die neue Zeitrechnung hinein, bis hin zum vorläufig letzten Streiter des hehren Haufens, aber wen interessierte denn das, wen betraf oder richtiger: wen erreichte das?

Man kommt nicht umhin an dieser Stelle, etwas ganz besonders zu erwähnen: ohne die Erfindung des guten alten Gutenberg (Johann H. G. v. S.) wäre das Leben des Vorzeigeaugustiners M. L. mit einiger Wahrscheinlichkeit ebenso gnadenlos verloschen, wie das Feuer verlosch zu Konstanz im tausendvierhundertundfünfzehnten Mai. Gewiß doch, wie hätte es auch jenem gut ergehen können, wie fein geruhsam und gotlich hätte auch das Leben des Jan Hus, des Stiefkindes der reformatorischen Geschichtsschreibung, verlaufen können, wäre der Buchdruck bereits 70 Jahre vor ihm ins Lettern geraten! Wir, Kinder oder mehr noch: Geschlagene des Informationszeitalters, wir vermögen uns einen Reim darauf zu machen.

Und noch vor Jan Hus ist der englische Theologe John Wiclif zu nennen, ein Meisterketzer und Bibelübersetzer, der, statt erst unergiebig über den Primat des Papstes zu debattieren, der Kirche gleich überhaupt kein Oberhaupt gönnte, der in seiner Radikalität später weder von Hus noch von Luther erreicht wurde und die Verwandlung der Abendmahlsspeise als unappetitlichen Unsinn abgetan hatte, als ebenso unappetitlich natürlich das Zölibat, der, aber es bringt ja nichts, hier ewige Listen zu verlesen, man halte sich einfach an die Vergehen Luthers und schlage überall noch ein reichliches Pfund drauf.

Wenn ich mir eben den Luxus erlaubte, mich nur auf den einen Vornamen zu beschränken bei der kurzen Aufzählung, so war damit vor allem eine notwendige Zäsur beabsichtigt, denn – »Gott-ist-gnädig« – es ließe sich die Auflistung vorlutherischer Reformatoren, Ketzer, Bibelübersetzer, Quergeister und Volksverhetzer in den mittelalterlichen Spätkrämpfen nahezu beliebig lang ausführen, ohne daß es dabei nötig würde, auch auf die Scholastiker zarteren Gemüthes zurückzugreifen, jene frechbraven Möchtegerns, die zwar auch ihre kleinen ungezogenen Texte verfaßt hatten, aber kreuzlos genug waren, selbige alsbald zu widerrufen, wenn nur die Kurie dies wünschte, um sich dann ins katholische Schoßmoos zurückzubetten und fromm und munter weiter zu theologeln. Es gehörte ganz einfach zu den Spielregeln der Scholastik, daß die Gelehrten ihre Lehren oder einzelne Sätze ihrer Lehren ohne das geringste Zögern widerriefen, sobald die Kirche sie als falsch erachtet hatte. Zudem ist es vermutlich ein Klischee anzunehmen, die Zeit der Scholastik, das sei eine Zeit der totalen Gesinnungsschnüffelei gewesen, in der jeder Furz einer Art Approbatie bedurfte. Von dem wenigen, das den obskuren Wächtern der reinen Lehre überhaupt zu Ohren kam, wurde viel mehr toleriert, als man vermuten möchte. Wichtig war immer nur die Anerkennung der Autorität, d.h. im Bedarfsfall: die Unterwerfung unter selbige, auch wider besseres Wissen.

Die aus den verschiedentemperierten Häresien geflochtene Leine also war lang, an irgendeine Stelle hineingewunden gehört Luther, Martin; der hatte Glück. Die Zeit war günstig, was natürlich nicht allein den Buchdruck betraf, sondern auch bestimmte politische Konstellationen. Die seit Jahrhunderten nach Mitteleuropa drängenden Osmanen beispielsweise haben am Gedeihen der Lutherschen Reformation weit größeren Anteil, als ihn sich die gesamte protestantische Geistlichkeit bis zum heutigen Tag erwirtschaftete. Sie beschäftigten Karl V. Wie auch die deutsch-französischen Kriege den Kaiser davon abhielten, sein Glaubensschwert zu führen.

Die Zeit also war günstig und, wenn man so will: gebar sich ihr Kind; so feiern wir es denn! – Neu war nichts von dem, was Luther an Gedanken und Ideen einbrachte, an Kritik und Protest – alles war irgendwie und irgendwo und von irgendwem bereits einmal gesagt worden; die vollständigen oder teilweisen Bibelübertragungen lassen sich gar nicht alle aufzählen, vierzehn komplette Übersetzungen ins Hoch-, dazu fünf ins Niederdeutsche waren es mindestens. Aber was nutzte die beste Bibelübersetzung, wenn sie nicht gedruckt werden konnte, wenn sie nicht an potentielle Bibelleser geriet? Luther hatte den besten Zeitpunkt erwischt, sein Verdienst ist es, ihn nicht vertan zu haben. Er war nicht das, was man einen Denker nennen könnte, er war nicht Philosoph, die Scholastik war ihm fremd und unheimlich, aber Luther war ein Mann der Tat, ein Gelehrter mit zuwenig Sitzfleisch, er war Organisator und vorzüglicher Pasquillant, vielleicht der wortreichste Satiriker, den die deutsche Literatur hervorgebracht hat, er war dazu geboren und erzogen worden, Macht zu erstreiten, und er war – Wanderer zwischen zwei Zeiten – Kämpfer geblieben, als er die Macht hatte, ein blinder, wütender, starrsinniger, gerechter, ungerechter Kämpfer bis an sein feistes Ende. Unsern täglich Streit gib uns heut' und morgen immerdar. Sein persönliches Glück war es, bis in seine letzten Tage hinein Opfer seiner zügellosen Streitsucht gefunden zu haben, die Katholischen und die Bauern im Großen und, gewiß, die Juden (Goebbels war ein Pennäler gegen ihn, eine dyslalische Anhäufung), und im Kleinen, indem er sich in Tausende Dinge einmischte, sich verzettelte, tausend ›tagespolitische‹ Händel führte, die meisten davon heute längst vergessen; von den Affairen des Kardinals und seiner Konkubinen bis hin zur Polygamie des späteren Verbündeten, des Landgrafen von Hessen, für alles hatte er – je nachdem – böse und gute Worte parat.

Und, wenn mir ein kleiner Vorgriff erlaubt ist, seine einzige Schuld, sein eigentlicher Fehltritt gegen die Sache war es, nicht zeitig genug gestorben zu sein! Im März 1522 etwa, nach dem Wartburg-Pathmos; oder nach Worms schon? [Siehe auch Anno 75.]

Die Zeit, wie gesagt, lief schwanger, hochschwanger, und gebar sich ihr Kind; so feiern wir es denn. Luthers Temperament bot für die ihm zugedachte Rolle beste Bedingungen. Ein Besessener des Wortes, Martin, der so lange nicht weiß, was er denkt, bis er es sich selbst sagen hört, der nicht weiß, wie fest er glaubt, was er sagt, bis ihm jemand widerspricht. Ohne das nach gutt vnd meniglicher kempff errungene Privileg, seine Exaltationen nach außen tragen, seine cholerischen Schübe abreagieren zu können, ohne die Möglichkeiten, seine inneren religiösen und nichtreligiösen Spannungen, seien sie gottgegeben, diverse temptationis im Unterleib oder nur lockere Schräubchen im Kopf, gewissermaßen in Produktivität zu transferieren, wäre er nach seiner, so heißt es: eisenharten Erziehung und der, wie noch zu sehen sein wird, nachgerade selbstmörderischen Askese im Kloster glattweg verblödet oder zum Massenmörder geworden oder ein dreckiger, verbitterter Mönch geblieben; wenn nicht betrüblicheres. Das – man kommt einfach nicht daran vorbei – wußte Eck, Johann!

... eyn Babst wer er gerrn wol wordn, der deudschn eign eyner. Wordn iz eyn Ausgebuert fonn Gotisgnuaden.

Bastian von der Wocceroden

Nein, natürlich nicht! Es war gelogen, einer Konstruktion geopfert, einem rhetorischen Hupferl. Sie mag schon immer gelagert haben an der Saalegrünemstrande, galt aber nie als eine Perle teutscher Landen, schon überhaupt nicht als Zierde des hanseatischen Bundes! [Und als Carlos Vunff auf der Giebichenstein weilte und von Florenz schwärmen zu sollen glaubte, mag er an welchen Dyskolien und Anfechtungen auch immer gelitten haben, dieser Vergleich ging nun mal nicht; die Perspektiven der Großen eben, die die Dinge aus der Entfernung betrachten, über sie hinwegschauen.] Die Stadt Halle war immer nur ein dreckiges Loch; von den Zeiten der ersten Solbrunnen an, nicht erst, seit die Chemieschleudern hier ansiedelten.

Man kann es nachlesen bei den Lokalchronisten über Generationen hinweg, den skatophilen Liebhabern, die allesamt ihren Flecken beschrieben und dabei zwischen Euphorie und Euphemismus schwelgend übereinstimmend das »kothige« im Stadtbild eingestanden, in einer Weise freilich, daß man wiederum nicht sicher sein kann, wie dieses »kothig« verstanden sein wollte. Halle – das schmutzigwarme, das elendigstolze, liebenswertkothige, ein sich verweigerndes Nest, Provinz.

Um so mehr muß es verwundern, daß der mächtigste Kirchenfürst im Reiche sich ausgerechnet hierselbst seine Residenz einrichtete, Stadtschreiber sprechen von seiner

Lieblingsresidenz, als nemblich ist der bereits mehrfach erwähnte Albertus von Gottes Gnaden, des heiligen Stuls zu Rom prister Cardinall, der heiligen Kirchen Magdenburg vnd Mentz Erzbisthofft, Churfürst, Administrator zu Halberstadt vnd Marggrav zu Brandenburg. – Man kann es auch kurz und mit Luther sagen: S. bischöfflichte Höllischkeit.

Inhaber zweier Pallien natürlich auch und Träger der Goldenen Rose! Als PG (= Primas Germaniae) *die* kirchliche Administration in Deutschland und Luthers bevorzugter Adressat.

Man darf, will man sich diesem etwas gewichtigen jungen Manne nähern, eines vorwegnehmen: alles, fast alles, was über seinen römischen Vorgesetzten gesagt worden war, das trifft auch auf ihn zu: Genießer, Bonvivant, Mäzen, Freund aller schönen Dinge incl. Frauen, ein vorzügliches, mit den Jahren speckig werdendes Vorzeigeexemplar jener Spezies im Übergang zur Neuen Zeit, die das Alte nicht mehr ernst nahmen, es verachteten womöglich, es verhöhnten, ihm einerseits in mancher Hinsicht längst entwichen waren, aber andererseits noch darin lebten, und zwar gut, und denen das Neue abging, wenn es zu spröd daherkam, zu krud, zu unmusisch, zu genießerfeindlich; Albrecht, der Humanist im Ornat, der Bönhas' unter den Humanisten, der Italiener in Halle, ein Cinquecentone, wie er besser nicht zu kreieren geht, ausgerechnet in Halle an der Saale; Gnägottnochmal! Und als er erstmals hier eintraf, stand die Stadt in ihrem fünfhundertundfünfundfünfzigsten Jahr, im Klimakterium seit zwei Jahrzehnten; die alternde Diva.

Anno 961 wird sie ein erstes Mal erwähnt in einer Schenkungsurkunde. Und zwar war Otto der Große so frey, das Gebiet einschließlich dieses Fleckens und der darauf befindlichen Noch-kaum-Stadt, wo einige Salzsiedler, die späteren

Halloren, ihr Wesen trieben, einem Kloster zu Magdeburg zu übereignen, aus dem kurze Zeit später das neue Erzbistum hervorging.

Somit war eine ziemlich glücklose Mundschaft gestiftet, denn die Stadt erwies sich als äußerst widerspenstige Gemahlin, als Emanze quasi zickigster Prägung, wenn nicht als frigid. Die Blüte ihrer Jahre, das ganze Mittelalter hindurch, kämpfte sie um ihre Unabhängigkeit, bot Jahrhunderte lang den jeweiligen erzbischöflichen Ehewirten = Inkassanten Stirn, Schild und, um im Bild zu bleiben: »cingucasti«, den Gürtel der Keuschheit – dieser Abschnitt kriegt bei den Stadtgeschichtseuphoren in der Regel rein quantitativ den Löwenanteil ab, bei manchen wird die mittelalterliche Geschichte der Stadt erzählt als die Geschichte ihrer Hauptmänner, die, wenn sie nicht gerade Krieg führten, so zumindest Mauern bauten und Türme –, hielt Dutzenden und Aberdutzenden Belagerungen stand und kürettierte sich immer wieder selbst, wenn doch einmal einer dieser Lüstlinge eingedrungen war, trat gar – und natürlich widerrechtlich und natürlich, um die Herren Ehegemahle nur recht sattsam zu düpieren – der Hanse bei, wurde darum und ähnlicher Verfehlungen wegen von Päpsten und Kaisern gebannt und in Acht genommen, bekümmerte sich aber wenig um die verschieden ernst gemeinten Bänne, Achten und Interdikte, begehrte nur immer und immer das eine, die städtische Freiheit, hätte diese auch beinahe geschafft, wäre nicht passiert, was passieren mußte bei so viel störrischer Männischkeit, wäre nicht der Hormonhaushalt aus den Bahnen, das Stadtvolk untereinander sich in die Triebigkeiten geraten: die sich vornehmlich aus den Pfännern rekrutierenden Patrizier gegen das nach Einfluß und Macht und Vormacht strebende Bürgertum; das Übliche in teutschen Städten zum Ausklang des 15. Jahrhunderts. Plebejers Erwachen.

Diese Streitigkeiten machte sich der eben amtierende Erzbischof zu Nutze, Ernestus aus dem Wettiner Haus, Herzog von Sachsen, der, wie schon seine Vorgänger, einfach nicht in die gut befestigte, will sagen: doppelt ummäuerte Stadt hinein konnte, wenn die drinnen das nicht wollten. Ein karrierebesessener Handwerker – ich weiß nicht mehr genau, welcher Zunft, Tuchmacher vielleicht oder Bäcker, jedenfalls eine räudige Bürgersau – verbündete sich heimlich mit dem Erzbischof, der gerade mal wieder die Stadt belagerte, das heißt, tat, was die, wie sagt man es doch gleich?: die Gewerbetreibenden eben tun: ließ sich einen Posten und einige zünftige Privilegien versprechen plus vorab ein wenig Kleingeld verabreichen, ersuchte also um Beistand, wie so was heutzutage heißt, und öffnete eines schönen Tages, eine düstere Nacht war's, den Söldnern des Bischofs das Moritztor. Und aus der Traum von Keuschheit und Freiheit. Während die Chroniken über das weitere Schicksal des verräterischen Krämers schweigen, es mag ihm widerfahren sein, was ihm zustand: alt und fett zu werden, vermelden sie am Rande ein wenig das Treiben der Besatzer, einige Vergewaltigungen, Brandschatzungen, diverses Getümmel & Gelümmel, und vermelden vor allem die bedeutend ernsteren Unternehmungen Ernstens, der im nordwestlichen Zipfel des Haufens die mit Recht so genannte »Zwingfeste auf die Städtische Freiheit« bauen ließ, welche ihn und seine Nachfolger ein für alle mal des leidigen Problems entledigen sollte, draußen vor dem Thore zu stehen. Was hier entstand, das war nicht einfach nur eine gewaltige Zitadelle mit bis zu vier Meter starken Mauern, sondern vor allem ein privater, allein von ihm kontrollierter Zugang zur Stadt.

Das Wort »Zwingfeste« mag vielleicht nicht die allerglücklichste und schon gar nicht die allerdiplomatischste création gewesen sein und vermochte womöglich auch noch späteren Generationen böses Blut zu machen, darum wurde das

Bauwerk recht bald nur noch benannt nach dem Schutzpatron des gesamten Erzbistums, nach dem dunkelhäutigen Heiligen – und wie alle Heiligen im Kopf verwirrten – Mauritius, in germanisierter Form selbstverständlich: Moritz: Moritzburg:[15]

Von Erzbischof Ernst wäre nichts weiter zu berichten. Bestenfalls ließe sich ein mißglücktes Attentat auf ihn nennen, in Szene gesetzt von einem städtischen Angestellten, einem Lehrer plus Kaplan namens Müntzer, Thomas. – Als der verhaßte Ernst dann doch endlich den Weg ging, von dem, sagt der geniale Rhoïdis, die Philosophen sagen, daß er der ebenste sei, weil man ihn mit geschlossenen Augen gehen könne, da hielt man das tagelang vor den hallischen Bürgern geheim. Man fürchtete den Ausbruch von Unruhen.

Der Nachfolger des Wettiners auf dem bischöflichen Stuel wurde – ich bin wirklich mittelkräftig abergläubisch – im Jahre 13 (d. n. Z.) Albrecht aus dem Hause Brandenburg-Hohenzollern. Da zählte der junge Mann ganze 23 Jahre, was einerseits aber nicht mitteilenswert wäre, auch andere Zeitgenossen anderer Stände und Interessen traten ihre jeweiligen Berufungen oftmals im zarten Knabenalter an, Melanchthon meinethalben, der spätere Praeceptor Germaniae, wurde 13jährig immatrikuliert in Heidelberg und konnte es sich 21jährig bereits leisten, eine Professur in Ingolstadt abzulehnen, was andererseits aber sehr wohl mitteilenswert ist, weil es als kirchenrechtlich zutiefst bedenklich galt und darum, wie sich zeigen sollte, von im wahrsten Sinne des Wortes Rechnung tragender Bedeutung war, zumal es bei einem Stuhl ja nicht blieb, sondern das darauffolgende Jahr auch das Erzbistum Mainz-Erfurt einbrachte und bald hernach sogar der Kardinalshut eintraf, nämlich

15. Annotat: »Merkwürdene Lebensbeschreibungen«, H.J. Vinndeisen, Darmstadt 1924.

1518, pünktlich zum Augsburger Reichstag, wenige Monate nach einem ersten ›Paukenschlag‹ eines Mönchleins zu Wittenberg: Nachtigall, siehst du mir grinsen?

Den Seinen, sagt man, gebe es der Herr im Schlafe. Weniger träge und vertrauensselig zeigte sich sein römischer Statthalter und hielt sehr eilfertig Hände, Truhen, Säckels und was noch alles auf; Albrechts Biographen vermerken einigermaßen grimmig neben einigen minderbedeutenden Taxen nicht nur die zigtausend Floren Annatengelder, sondern vor allem auch die noch weniger kleinliche Summe, die es für die päpstliche Dispenserteilung zu berappen galt, denn laut dem im Codex Juris Canonici festgeschriebenen kanonischen Alter war Albrecht für die erzbischöflichen Zeitvertreibs noch paar Jahre zu klein, ich glaube, mindestens 30 hätte er sein sollen.

Ach, schreibt in einem lateinischen Brief an einen Canonicus zu Gotha Bastian von der Wocceroden, ein ständiger Protokollant der Reichstage dreier Jahrzehnte, geheimer Schreiber Albrechts plus als Verfasser des mehrbändigen Passional II zu Unrecht in Vergessenheit geratener Literat, ach, wie sich doch alles verändert hat. Ein junger Mann, der kaum die Schule verlassen, wird in einem Jahr auf drei bischöfliche Sitze, und noch dazu auf die angesehensten, erhoben. Wundern würde mich ernstlich, wenn Leo ihm das Pallium übersendet. Das kostet doch nur.

Leo macht's und weiß, warum. Fugger macht's möglich und weiß auch!

Im Pallium also, dieser mit Kreuzen und Zierrat durchwirkten Binde, diesem Dessous pontifikaler Herrlichkeit, dieser vorweggenommenen und extravaganten Krawatte, dieser Stoff gewordenen Metapher schulterschlüssiger Verbindlichkeiten, diesem noch mal ein Zwanzigstel des Annatengeldes teuren Stückchen Tuch, dieser Insignie aus der Wolle geweihter Lämmer – ausgerechnet Lämmer –, liegt der Wolf des neuerlichen Ablasses begraben; jedenfalls aus deutscher Sicht.

Und zwar nicht gerade ein Wolf, aber, wie voller Akribie von der Wocceroden in Band 6 seines Passional II (das »opus obscenus«) vermerkte: eine giftige Spinne aus welch fernfremdneuen Ländern auch immer bestellt, war, weit ehe Mag. L. zu Wittenberg sich ins Gespräch zu bringen verstand, vielleicht die erste Kreatur des Herrn, die Freund Albrecht an die Haut sollte. Und ein Jud' war's – natürlich! –, der dem jungen Erzbischof oder dessen mitgereistem Bruder den zarten Sechsbeiner und zudem ein Fäßle liebvoll zurechtgepanschten Weines als Gastgeschenk zugedacht hatte.

An dem Wein starb aber weder Albrecht, der die Stadt noch gar nicht erreicht hatte bei Aufdeckung der ténébreuse affaire, noch ein Wolf, der nicht aufzutreiben war in hiesigen Breiten, dafür aber ein unschuldig herumstreunendes, elternloses Hundetier, das die alarmierten Sicherheitsbeauftragten zur Degustation des verdächtigen Tranks hinzugezogen hatten. Über den Verbleib der Spinne übrigens schweigt Wocceroden, eigentlich weiß man von ihr lediglich aus dem Geständnis des Missetäters. Ebenso unklar bleibt das Motiv der beabsichtigten Straftat. Man darf aber folgern, gerade aus dem Umstand, daß mit den beiden Brüdern immerhin zwei deutsche Kurfürsten Adressaten waren und ein Gelingen des Anschlags Folgen für die politisch-territoriale Konstellation in Deutschland gehabt hätte, daß Motive eher im weltlichen Bereich zu finden waren, was für Wocceroden, auf der Pirsch nach Stories fürs Passional, enttäuschend gewesen sein mag.

So geschehen im Jahre 1515. Albrecht schickte sich eben an, ›seine‹ Stadt erstmals zu besuchen. Und noch bevor er und sein Bruder hier eintrafen am Sonntag Rogate, hatten die, wenn es um Ordnung und Sicherheit geht und um

Juden: nicht eben kleinlichen Hallenser den getauften Pfefferkorn – nicht zu verwechseln mit einem gleichnamigen Proselyten zu Köln, der unlängst erst in Sachen Dunkelmann pp. von sich Reden gemacht und den Humanisten um Reuchlin versehentlich zu Publicity verholfen hatte –, den hallischen Juden Pfefferkorn also verurteilt und als Terroristen verbrannt. Ihm waren außerdem noch einige Punkte aus dem üblichen mittelalterlichen Strafregister nachgewiesen worden, als da sind: Diebstahl zweener stick zarter Christenkinder plus Verkauf derselben an die Juden, versuchte Bronnenvergiftung, und mehr denn tzwentzig Jahr Priester gewest, ohne ordiniert zu sein.

Diese criminalische und zudem noch jüdische Haut war noch gar nicht richtig zum Himmel hinauf geräuchert, die garstigmörderische Seele vielleicht noch gar nicht angelangt, wo sie weiterer thermischer Behandlung wegen hingehörte, schon waren die Bürger der Stadt dabei, ihren Erzbischof, den sie, anders als dessen Vorgänger, liebten zunächst, gebührlich weit vor dem Ulrichsthore zu empfangen.

Man kennt ja solcherart Zusammenrottungen aus der Literatur, aus den panegyrischen Œuvres der höfischen Belletristen, aus den Historienklamotten, den Schinken von Bizeps-sparet-nicht-noch-Anmut, von Hirnlos-doch-mit-Herz-und-Hand. Und ich mache keinen Hehl daraus, aus meinem infantil gebliebenen Herzen nicht die Mördergrube der Erwachsenen: mehr als die nüchternen Mitteilungen der Geschichtsbücher, mehr als die spröde Arithmetik historischer Prozesse, mehr als die angereicherten Spalten in heimatlichen Blättern liebe ich die Aufzählungen in den gemeinten Opera, die langen bunten Sätze der hoffnungslos antiquierten Schreiberlings, die oftmals mehrere Seiten umfassenden, ganze Kapitel andauernden, nach irgendwelchen verrotteten Pergamenten, nach Klosterakten, unförmigen Folianten gestalteten, aus den cachotigsten Archiven zusammengeholten wortreichen Illustrationen solch nebensächlicher Dinge, wie es der Festzug war, der an Rogate des Jahres '15 die Straßen der Stadt Halle passierte – was untertreibe ich? –, der die mit Fahnen und Emblemen, mit Girlanden und Heiligenbildern verzierten, die mit feiertäglich herausgepützeltem Volk, mit freigebigturpisen Puttanen, fidelvergnügten Krüppeln, glückseelsblöden Hungerleidern und absolut nervenden Bälgern, Bastarden, aber auch Würstchen, Gebäck, Met und Limonaden feilbietenden Marketendern gesäumten, die mit Teppichen und Rosenblüten, Panieren und den funkelnden Instrumentarien der Bürgerwehren geschmückten hallischen Straßen passierte unter dem Geläut der Glocken aller zehn Kirchen und neunundzwanzig Kapellen der Stadt, unter dem Geschmetter der Trompeten, Fanfaren, unter den Chorälen der Posaunen, den liturgischen Gesängen, dem Pauken der Pauken und Pfeifen der Pfeifen und womöglich dem Jubelballern des einen oder anderen Kanönchens; ich bewundere die Choreographien, die diese Schreiber sich ausdachten, verschlinge so gern ihre niemals zu opulent geratenen Schilderungen beispielsweise davon, wie der prächtig-gewaltige Zug an der Gertrudenkirche vorüberzog, von einer Meute spielender, tänzelnder, herumtürnender Kinder und, ganz aus der Fassung gedreht heute: einer Handvoll wahrhaftiger Idioten angeführt; sofort überschaue ich die ganze farbige Prozession: die berittenen, in Scharlach und Gold gekleideten Leibwachen des Bischofs, danach die gesamte stupidestolzundstattlichstur dreinblickende Salzwirkerbrüderschaft vom Hallmarkt unten und die feinsäuberlich formierten städtischen Gewerbeinnungen mit ihren kriegerischen Attributen, ihren Gerätschaften zum Hieben und zum Stichen, die so schön die Sonne fangen und so kämpferisch wirken, wie es irgendwie auch die Utensilien der niederen Geistlichkeit tun, eines ersten Schubes Klosterlinge in braunen, sackigen und schäbigen Kutten aus gröbsten Leinen, die schwere hölzerne Kreuze vor sich her tragen wie Bajonette und Fahnen und das Labarum gen Himmel heben wie Schutzschilde, Palladien, wider des Höllenfürsten Heerscharen; und den braunen Kutten folgen schwarze Kutten, und den schwarzen Kutten folgen weiße Kutten und denen noch einmal schwarze Gestalten, Gelehrte und Lehrer in Talaren, und mit silbernen Kreuzen auf den Brüsten und in schillernden Meßgewändern der höhere Klerus, lauter würdige spundeldürre Greise, denen es zukam, die Insignien zu transportieren, die erzbischöflichen und die kurfürstlichen, den goldenen Bischofsstab also und die purpurfarbene, mit farbigen Perlen besetzte Mitra, aber auch den Kurhut, das im wahrsten Sinne des Wortes fürstliche Schwert und auf einem goldbestickten, perlendurchwobenen Sammetkissen schließlich den mit weißem Hermelin besetzten rotsamtenen Kurmantel; ich sehe das alles, wahrhaftig – und trefflicher ließe es sich nicht in ein Wort bringen: eine Augenweide, auch die Meute der intimeren Dienerschaft und Truchsesse in ihren chic anzuschauenden scharlachroten, mit silbernen Borden abgesetzten Röcken, eine, wenn man so will: livehaftige zivile Pufferzone vor den professionellen Militärs, den einmal hundert, zweimal hundert, dreimal hundert und noch einmal siebenundzwanzig Rossen, vor den meergrün, den tschitscheringrün, den gift- und den frühlingsgrün gekleideten Reisigen der Grafen und Ritter und Gräfleins der Umgebung, vor den zur Feier des Tages geladenen Fürsten mit ihren noch mal ganz eigenen Gefolgsen, ihren in schwarze Seide gehüllten und hinter starke eiserne Brustpanzer verschanzten Mannen, und schließlich und endlich vor der Krönung des Aufmarsches, vor dem jungen, vierundzwanzigjährigen Erzbischof selber und dessen kurfürstlichem Bruder Joachim, vor Albrecht also, auf einem weißen stolzen scheubeklappten Gaule sitzend und nach rechts und links den bischöflichen Segen verteilend an die in reichlicher Menge an beiden Straßenrändern aufgebotene Claque, den Segen schenkend über die großen runden Hüte hinweg einiger Häuflein albern- und gelbbewamster, mit Hellebarden bewaffneter Trabanten, den Segen ausgebend unter einem prächtigen, von vier Rittern in spanischen Kostümen getragenen, anscheinend aus schierem Gold und Silber und sonst nur aus Smaragden und Rubinen bestehenden Baldachin hervor, einem Baldachin so prunkvoll, daß er, obgleich schon längst vorübergezogen, noch immer sein herrliches Licht aussendet auf die nachfolgenden Cliquen der höfischen und städtischen Notablen in schwarzen oder blauen Trachten, kurzen seidenen Mänteln, mit Degen, mit Baretten auf den Köpfen und schwarzen oder blauen Federn an den Baretten, die, kurzum, so reizend anzuschauen sind, daß es das Auge schmerzen muß, noch einen zweiten Schub narbiger und verkrätzter Klosterbrüder zu erblicken, elendige Mönche in elendigen schwarzen, von hellen Kordeln zusammengeschnürten Soutanen, die nicht einmal Schuhe an den Füßen tragen, nicht einmal grobe hölzerne Pantoffeln, widerwärtigste Monasten also, denen aber glücklicherweise und wie zur abschließenden Versöhnung, und wieder beritten und wieder scharlachrot und golden gekleidet oder auch in schwere Brünnen gezwängt, ein letzter Trupp erzbischöflicher Bodyguards folgt; ich liebe diese Aufzählungen, die Erfindungen seniler Autoren, die langen bunten Sätze, desweiteren bin ich glücklich über die Erfindung Amerikas, denn ich liebe auch Amerika, weil es Geld hatte, einen Ort zu erfinden, der Hollywood heißt, denn ich liebe Hollywood, das etwas erfand, das heißt close-up[16].

16. Annotat: »Cardinal Albrecht«, Armin Stein, Halle 1882.

Und ich liebte Herrn Leumull heute, der mich ausreden ließ, der mich erst jetzt unterbrach, um von den Leidenschaften zu sprechen, vor denen man sich manchmal schützen müsse, und von den Euphorien, vor denen man sich manchmal hüten soll, wenn sie zu stark »durchdrücken«, und von den, wie er das nannte: »offenbaren Schwankungen« meines Gemütes:

– Wer einmal so in Rage gerät & dabei beinahe das Luftholen vergißt, sagte er, der kann doch nicht zum anderen Mal dasitzen & bocken & dummtun & kaum ein Sterbenswörtchen über die Zunge kriegen. Eine sonstwie trübe Tasse – Sie letztens.

– Wie so 'ne zickige Jungfer, wa' – ich manchmal.

– Wie eine zickige Jungfer, Sie sagen es.

– Sag ich doch, sagte ich (& fand das lustig – pardon).

– Wie soll man denn das – mal so & mal so – unter einen Hut kriegen, solche Wechselbäder?

Ich war nicht sicher, ob das nun eben ein Kompliment sein sollte oder vielmehr ein nachgereichter Vorwurf wegen der letzten beiden Sitzungen, über die das übliche Dossier anzufertigen sich nicht gelohnt hätte. Denn da hatte ich, zugegeben: etwas egoistisch & meinem missionarischen Temperament untreu, die Unterrichtung einmal vorzeitig abgebrochen & einmal sogar ganz ausfallen lassen.

– Warum denn letztens die Eskapaden, fragte er auch schon.

– Eskapaden wohl nicht grad.

– Also warum denn?

– Darum.

– Na los . . .

– Einfach so, weil ich keine Lust hatte, Punkt. Einfach keine Lust nicht, null Bock, wie's so schön heißt.

– Und? fragte er. Haben Sie das öfter?

– Kann einem doch mal passieren, daß man keine Lust hat zu nix. So was kommt eben & geht & kommt wieder & geht wieder; was soll man lang & breit erst drüber schwafeln?

– Aber ist doch gut, wenn man drüber redet. Reden ist immer gut. Kann man immer schön alles rauslassen, was sich da in einem angesammelt hat, finden Sie nicht, gerade Sie?

– Nö, find ich nicht, ist mir aber eigentlich egal. Und übrigens, das würd ich ja gar nicht abstreiten: hin & wieder finde ich es ganz hübsch, wenn mir so zumute ist, so bißchen träurig sozusagen. Und wenn ich gar nicht genau weiß, warum. Das hat so was Gemütliches. Wie Weihnachten. – Stimmt es, daß an Weihnachten die meisten Suizide glücken?

– Ich darf doch bitten, entgegnete er. Man scherzt nicht mit so was.

– Aber es wird einen doch mal interessieren dürfen.

Leumull schüttelte nur ein wenig den Kopf, schob sich dann aber ein mildes Lächeln übers Gesicht. – Ich glaube, insgesamt war er heute sehr zufrieden mit mir. Kaum daß er mit dem Aufschreiben hinterherkam. Bezogen auf die roten Kapseln, die ich die letzten beiden Male schlucken sollte (er hatte sie »klitzekleine Muntermacher« genannt & das scheinbar für witzig gehalten), gab ich gleich noch eins drauf:

– Und Tabletten nehmen dagegen – eigentlich ist das doch Quatsch, nichtwahr; wenn man müde ist, dann muß man ins Bett. Und ist man träurig, soll man's genießen!

Aber so war er: da redete ich & redete ich & hoffte, daß er etwas kapierte, was aber tat er? – Als hätte ich ihn eben noch daran erinnert, griff er prompt in die Schublade seines Schreibtisches, um mir noch einmal eine Ladung anzubieten, die guten Blauen diesmal, oval, durchaus lecker anzuschauen. – Was in seinem Kopf manchmal ablief, das mochte verstehen, wer will, ich jedenfalls nicht:

– Kann man aufs vulgäre Essen doch gleich ganz verzichten, versuchte ich noch eine Sekunde lang mich zu wehren gegen das neuerliche Menü, gab aber sogleich klein bei. Es fehlte mir an Energie, erbauliche Gespräche über Sinn & Unsinn des Tablettenschluckens zu führen, die am Ende womöglich noch bei homöopathischen Alternativen anlangten & Amuletten. Solche Diskussionen sind was für die jungen Mütter in ihren albernen Folklorekleidern – gräulich. Und eingedenk des Vergnügens, das mir Herr Leumull machte, seit er sich von mir in Geschichte unterrichten ließ, und eingedenk auch der ganz besonders artigen Art, in der er heute mich hatte ordentlich zu Worte kommen lassen, wollte auch ich noch einmal schön brav sein & abermals fein meine Portiönchen nicht verschmähen. So schnell wird man sich ja wohl nicht gleich vergiften.

– Aber das ist das letzte Mal, vergaß ich nicht zu betonen. Einverstanden?

– Einverstanden.

– Sonst wird mir die Sache womöglich zu bunt im Bauch.

Noch während Herr Leumull höflich lachte, hielt er auch schon ein Glas Wasser bereit; ganz gentlemanlike heute.

Daraufhin war er zufrieden mit mir, so wie ich es war mit ihm; ein schöner Nachmittag.

Bleibt nachzutragen: ein Vierteljahrhundert später kehrte der Kardinal der geliebten Stadt wieder, und zwar endgültig und schlecht gelaunt, den Rücken zu, packte er seinen Kram, besonders sorgfältig einige Hucken voller Gebeine, Hautfetzen, Schweißtücher, Haare, Holzsplitter, ganze Leiber und was er an dergleichen Appetitmachern mehr angesammelt hatte, inclusive auch der Dösleins und Schächtelchen, der Schreine und Sarkophage, der Votivtafeln und Monstranzen und anderen Zubehörs, und schlich sich hinaus wie ein räudiger Hund, gescheitert mit so vielen hochtrabenden Plänen, als Unterlegener im aufgenötigten Clinch gegen die Konsorten zu Wittenberg, verschuldet, wie man verschuldeter gar nicht sein kann; als einer trabte er die Verliererstraße von dannen, der als stürm- und drängischer junger Kerl so viel gewollt hatte und der als alter, griesgrämiger und fett gewordener Mann zwar auf manch vergnügliche Stunde seines Lebens, aber auf so wenig Glück in seinen Unternehmungen zurückzuschauen vermochte. Die Geschichtsbücher verzeichnen ihn als Randfigur, als Episode, über die es bestenfalls zu witzeln gilt. Sie halten es mit Luther, bei dem es heißt: Unter allen möglichen gehässigen Namen hab ich ihn schon durchgehechelt und begehre kein anderes Trinkgeld, als daß er zornig auf mich werde und seine Gänsepredigt wider mich setze! – Wohlan, lüstet den Esel in der Moritzburg zu pfeifen, so lüstet mich zu tanzen, und will mit der Braut von Mainz noch einen Reigen umbherspringen, der soll gut sein zuletzt. Ich hab noch etliche süße Bützlein, die ich ihr noch gerne geben wollte auf ihr rosenrotes Mäulichen. Denn ich hab nicht vor, von dem verzweifelten Gottesfeinde und Lästerer zu Mainz zu schweigen in seinem teuflischen Mutwillen, den er für und für wider das Blut Christi treibt.

Er ging nicht freiwillig. Vielmehr kaufte die Stadt Halle sich los von ihm, voller Undank übernahm sie einen gewissen Teil seiner gigantischen Schulden und begehrte dafür, daß er endlich sich verpisse auf Nimmerwiedersehen; sie kaufte sich neu ein im Jahre '41, ließ sich einen Prädikanten kommen, wie die Katholen in tiefer Verachtung die Prediger der neuen Lehre nannten, Herrn Justus Jonas aus dem Lutherischen Klüngel.[17]

Zu den ehrgeizigsten Vorhaben des Kardinals hatte es gehört, eine Universität zu stiften. Wenn jedoch einheimi-

---

17. Annotat: Zwei Prediger aus Halle. Ganoven oder Märtyrer?

sche Chronisten vermelden, er habe hier in unmittelbarer Nachbarschaft zu Wittenberg eine Art katholisches Bollwerk installieren wollen, eine altgläubige Kaderschmiede, so ist das natürlich protestantisches Kampfgetose, Schwachsinn, wie jeder wirkliche Kenner der Albrechtschen Biographie weiß. Selbst den Vertretern dieser Ansicht bleibt nicht erspart einzuräumen, daß dem ersten Mann des deutschen Klerus nicht nur der Glaube zumindest so sehr egal war, daß er unter anderen Umständen genauso gut hätte Protestant werden können, wie er nun mal Katholik war oder richtiger: zum Katholiken aufgebaut worden war, zum katholischen Funktionär von Freund Leo, sondern daß ihm im Sinne der Humanisten durchaus auch an gewissen Reformen gelegen war, nicht gleich so heftig, aber immerhin. Das sind ja seit jeher die fähigsten Funktionäre, die das Wenigste mit der jeweiligen Sache am Hut haben, katholische Würdenträger mit dem Glauben, greise Sportfunktionäre mit dem Sport, sammetrote Politkommodale mit dem Kommunismus, Kulturobmänner mit Kultur.

Natürlich wollte Albrecht eine Konkurrenz schaffen zur Tochter Friedrich des Weisen, die ihrerseits ja auch nur in Konkurrenz zur Hohen Schule in Leipzig ins Leben gerufen worden war, aber man muß doch nicht jedes eitle Gelüst eines Potentaten zu einer sonstwie gearteten ideologischen Absicht erheben; die Beförderung von Kunst und Wissenschaft, so heißt es gern in den oben erwähnten alten Büchern, lag ihm ganz besonders am ganz besonders edlen Herzen. Gewißdoch: diesen Camembert haben sich die Fürsten dieser Welt schon immer gern auf die Hasenbrote schmieren lassen, aber wenn's doch im Falle Albrecht nun mal so war? Als Knabe durfte er miterleben, wie der große Bruder die Universität Frankfurt in Betrieb nahm. Ein feierlicher Akt, natürlich, doch muß hier nicht schon wieder der ganze Popanz von Glanz, Glemmer, Gloria und glücksel'gem Glotzen aufgelistet werden: er soll auf den Beobachter großen Eindruck gemacht haben, auf lüttn Albrecht also, der staunte und staunte mit weiten Augen und dann einem dreitägigen Fieber verfiel, wie Muttertier Margarete dem Vater Johann Cicero zur Kenntnis gab in einem Brief.

Es läßt sich der holde Plan, die gute Absicht, das eitle Unterfangen ja freilich auch viel einfacher erklären: Imagepflege. Einem sich gern mit Humanisten umgebenden renaissancegetönten Kunstmäzenen mußte es ganz einfach ein Anliegen sein, sich auch als Gründer einer Universität in den Annalen einen festen Platz zu erwirtschaften. Zudem ist es, das klingt schon wieder viel zu prosaisch, allerbilligste Spielregel der Macht, sich die Voraussetzungen zu schaffen zur Heranzüchtung eines eigenen intellektuellen Reservoirs. Sapienti sat!

(Und das ist das, was man Ironie der Geschichte nennt: 1535 erlangte Albrecht durch den Kardinal Campegius vom Papst das Recht, sein Neues Stift zur Universität auszubauen. Als später der erste Hohenzollernkönig in Halle eine Universität begründete, so hielt er es nicht für erforderlich, dieser Gründung die Genehmigung Leopolds I., des damaligen Kaisers, einzuholen, sondern stützte sich auf das Privileg von 1535. – Später, nach den Napoleonischen Wirren, wurde sie mit der Universität von Wittenberg vereinigt und hieß fortan Martin-Luther-Universität.)

Es ist müßig, darüber zu rätseln, ob es ein katholisches Bollwerk hatte werden sollen, dieses sogenannte »Newe Stift«, oder eine humanistische Anstalt liberalster Ausrichtung, ob die Absicht Kalkül war oder nur ein Spleen; es wurde nix draus. Bringt ja auch alles nichts und sagt nichts über die Person, der dieses Kapitel gilt.

Will man über Albrecht reden, so muß man wieder und wieder vom Geld reden, das man hat oder das man nicht hat. Und das man, wenn man es nicht hat, um so großzügiger an die Bedürftigen verschleudert, an die Schakale von Feder, Pinsel und Notenschlüssel. Der am häufigsten zitierte Satz von Altkaiser Maximilian lautet: Fugger, i brauch a Geld. Ein adäquates und weniger bekannt gewordenes, dafür aber viel subtileres Gegenstück von kardinalischer Zunge heißt: Lieber-Gott-Tetzel-hilf; bis zum heutigen Tage streiten Gelehrte darüber, an welcher Stelle ein Komma zu placieren sei.

Sage mir niemand etwas über die heroischen Taten der Großen dieser Welt, über das Geschick der Staatenlenker, den Edelmut der Erneuerer, die Tapferkeit der Entdecker, den Weitblick der Diplomaten, politische Klugheiten, bringe mir niemand die großen Vokabeln auf die Platte, die kitschigen Attribute, mit denen die Günstlinge der Geschichtsschreibung so gern bedacht werden, diese ganovische Kameraderie; rede man lieber vom Geld, das man hat oder das man nicht hat, mit dem man sich Logen in den Geschichtsbüchern kauft oder eben nur die Statistenrolle einer drôlerie. Albrecht war ein schlechter Rechner, einer, der katastrophal investierte, mit null Ahnung vom business, ein blöder Hund, der sich als junger Bursche Macht eingekauft hatte in Absicht & Glauben, dann gewissermaßen eine Reformation von oben machen zu sollen und zu können. Und er hatte sich verkalkuliert dabei, sich vom Papst gleich in doppelter Hinsicht übern Tisch ziehen lassen: einmal, indem er zahlen mußte, und zwar satt für die widerrechtliche und, wie es hieß, beispiellose Ämterkumulation, zum anderen, weil das gar nicht das Potenzmittel war im Gabenkorb, nicht wirklich Macht, was er sich da eingehandelt hatte, nicht das Instrument, ein wenig in Reformation zu machen, sondern Knechtschaft, dieses Peitscheundzuckerbrotvexier, das einzig und allein dazu taugte, Reformation zu unterbinden, den Verkäufer in seinen Besitztümern zu festigen.

Man möge sich das einmal vorstellen, sich die Bitterkeit von jemandem ausmalen, der erst und unter erheblichem Aufwand sich in die Robe des mächtigsten Kirchenfürsten kleiden läßt, der ein Vermögen in seine Ambitionen steckt, ein deutscher Papst zu werden, ein Papa der Deutschen, und der dann, noch ehe er die Rechnung richtig quittiert, geschweige denn die Kredite abgezahlt hätte, sich wiederfindet als Geneppter, als Depp, depperter, als gemeines Werkzeug der alten Macht, dem zu allem Mißmut darüber auch noch ein gewisser Groll nachgesagt wird gegen Rom, seit er auf dem ersten Reichstag nach Luthers erstem Auftritt zwar den Kardinalshut erhökert, nicht aber als Rabatt den begehrten Status eines ständigen Legaten draufgekriegt hatte. Fortan behauptete sich Albrecht in dem Maße gegen die neumodische Ketzerei, in dem es unbedingt nötig war, das heißt: ziemlich milde. Tolerant bis zum Phlegmatismus, so ließe sich das Temperament festschreiben dieser tragischkomischen Figur der Lutherzeit; das Kasperle der Geschichtsschreibung, ein Kompaziszent, wie Pffex Leo ihn gar nicht günstiger hätte abkriegen können.

– Geld regiert die Welt. Soso! – Herr Leumull gefiel sich mal wieder in der Pose des Spaßmachers. Und als wäre das noch nicht satt genug an Gaudi, zog er mir gleich noch eins drüber: grinste & meierte drauflos:

– Und Luther, nicht wahr, der muß demnach ja ein sehr, sehr reicher Mann gewesen sein, reich genug, sich eine Loge zu kaufen im Geschichtsbuch?

Dieser Ton klang mir noch von dem Eckschen Interludium her im Ohr. Was soll man erwidern auf derart kompetente Beiträge? Gar nichts am besten. Am besten reden lassen, abkühlen lassen. Nur den Mut nicht verlieren:

– Geht so. Direkt arm war er jedenfalls nicht, besaß sogar 'n Landgut. Zülsdorf bei Leipzig.

– Aber Spaß beiseite, fügte Leumull die vermessenste, sprich: deutscheste aller deutschen Redewendungen hinzu (– wo nix ist, kann nix beiseite, warum sollte auch –), aber Spaß beiseite: was hat das alles denn mit Luther zu tun, äh: überhaupt, um den's doch angeblich gehn sollte? Dieses Gerede & Gerede & Gerede von einem minderbedeutenden Kirchenfürsten? Ist doch die reinste Zeitverschwendung & bringt doch rein gar nichts. Könnte man die Zeit doch besser für andere Dinge nutzen, sich endlich mal rein persönlich etwas näherkommen, zum Beispiel.

– Könnte man endlich mal, ja? Dreimal Gerede, ja? – Das war schon enttäuschend. Sehr. An seiner Stelle hätte ich das Wort Zeitverschwendung überhaupt nicht in den Mund genommen, dahingestellt einmal ob rein oder unrein, denn: als hätte das indessen nicht auch dem unbedarftesten aller Hörer klar sein müssen:

– An Albrechts Bemühungen zum Geldbeschaff führt nun mal kein Weg vorbei auf'm Wege nach Luthern. Wie oft & wie deutlich soll man's denn noch sagen! Nur umgedreht wird 'n Schuh draus: die Affaire Luther sozusagen eine ärgerliche Bagatelle zunächst aus Sicht des Kardinals. Der sah sich inkommodiert & eine Geldquelle angetastet, mehr nicht! Und außerdem sind die Verlierer immer die interessanteren Objekte solcher Betrachtungen, ist doch klar, muß man doch nicht drüber erst diskutiern!

In diesem Sinne etwa fuhr ich noch einige Zeit fort, Herrn Leumull einmal mehr die Welt zu erklären, welcher daraufhin entweder sich mir aufgeregten Herzens anzuschließen gewillt oder aber einfach nur gestreßt war, nämlich zwei schwere Stücke Luft nahm, ein nachgerade kleinlautes Stimmtschonirgendwieaber retour gab, erneut Luft schnappte & sich dann in ein griesgrämiges & nicht verständliches Murmeln floh, irgendwas über hoffnungslose Fälle.

Und nicht einmal ich bin frei von charakterlichen Schwächen: denn ich liebe es, habe ich erstmal das Oberwasser gewonnen, meinem Gegner noch gleich eins draufzugeben, ein Stüpslein zum Untertauchen. Sehr akzentuiert & ausgesprochen kleinmütig & voller Enttäuschung & mit dem Mut des scheinbar Verzweifelten brachte ich ihm zu Gehör, eine solch profane Auslegung meiner Worte & so wenig Wohlwollen gegen meinen Vortrag weder erwartet noch verdient zu haben, mich unverstanden & darum etwas niedergeschlagen zu fühlen (nur ein bißchen, versteht sich, längst nicht genug für eine neuerliche Portion von den guten Roten aus'm Pillenfach).

– Für heute reicht's mir, drehte ich nach erst fünfzehn Minuten Sitzung schließlich unverhofft auf & überließ ihn seinen Atemübungen; ganz schön sakkadiert.

Aber nicht allein seine Machtgelüste kamen Albrecht teuer zu stehen, Geld zu berappen, galt es nicht nur für Pallien, Kaseln, cardinallische Kopfbedeckungen und welchen Schnickschnack auch immer, auch seine übrigen Laster schlugen schwer zu Buche.

Das Mäzenatentum, die Lust am Bauen, Frauen und andere Reliquien. Diese vier Zeitvertreibe waren es, die den Kardinal in den Ruin trieben, zu schmerzlichen Kompromissen und Konsequenzen.

Da wäre erstens auf die Liste zu reihen das illustre Völkchen der die alteingegrimmten Scholastiker so gerne neckenden Schöngeister, auch Humanisten genannt, plus eine kaum zu überschauende Horde von Künstlern verschiedenster Genres, die allesamt sich an Albrecht Munificenz erfreuten. – Wer etwas auf sich hielt in jener Zeit und auf seine Geldbörse, der ging an den Höfen des Primas aus und ein, der korrespondierte mit dem Kardinal über Gottunddiewelten, der arbeitete für den Bischof. Zu nennen wäre beispielsweise jemand, der sich gern damit brüstete, weder deutsch noch italienisch zu sprechen, weil diese vulgären Sprachen sein Latein beschmutzen könnten, Erasmus von Rotterdam genannt, die viertellegitime, darum verdächtige Frucht eines dem Zölibat entlaufenen Mönches.[18] Oder Crotus Rubianus, überführt als Hauptverfasser der sogenannten Dunkelmännerbriefe, eines der besten Stücke Literatur des 16. Jahrhunderts, der heiteren Nachwinde also der Reuchlinschen Affaire, wo genüßlich den Kölner Dominikanern der Hof gemacht wurde.[19] Man hätte die Auflistung bereits zu beginnen mit Eitelwolf von Stein, dem die Erziehung oblag des Jüngstgeborenen Ciceros und später das Amt des – heute würde man sagen: Premierministers, und sie sollte längst nicht enden mit dem leidenschaftlich-aggressiven Prachtexemplar Hutten, der geraume Zeit unter der Ägide des Kurfürsten stand, regelrecht seinen Salär von ihm empfing für mitunter die allerlästerlichsten Schriften gegen das Papsttum, deren Schärfe in der Polemik später von Luther nie erreicht wurde, und aber auch für manch erbauliches buchlin. Besonders anzumerken hierbei sowohl eine Albrecht dedizierte Abhandlung über den rechten Gebrauch der Guajakwurzel, jenes Dekoktes daraus, von dem er sich Genesung von der Syphilis versprach, als auch die Wiederentdeckung und Neuherausgabe einer Schrift des Lorenzo Valla über die angebliche Konstantinische Schenkung, mit welcher, so schien es eine Zeitlang, Roms Anspruch auf weltliche Macht und Güter stand und fiel; Hutten gab das Werk nicht nur neu heraus, sondern versah es

18. Annotat: G. Tumas über Erasmus' Geburt & einen Betrug.

19. Annotat: Worum es zwischen Reuchlin & Pfefferkorn nicht direkt ging.

mit einem Vorwort, worin er die wunderfeinsten Proben unterbrachte an Beschimpfungen und Flüchen gegen das Papsttum, aber zugleich auch eine aufrichtige Widmung an den Liebling der Welt und Wiederhersteller des großen Friedens, den Bekämpfer der Unordnung und Vater der Studien, an die Wonne des menschlichen Geschlechtes, kurzum: an Pffexfreund Leo, der das übrigens gar nicht komisch fand.

Aber auch Künstler verdienten, vielleicht nicht gerade sich dumm & dämlich, so doch aber manchen Gulden an Albrechts Gelüsten, an seiner nicht zu zügelnden Gier nach schönen Gegenständen, nach Heiligenbildern und Portraits von sich und anderen, nach schnuckligen Missalien, allerliebsten Drucken, nach gewaltigen Epitaphien, nach in Bronze gegossenen Oranten und steingemetzten Putten, nach zierlichen Gefäßen, intarsienbesetzten Votivgaben, nach Ringlins für Ohr und Finger, nach Spangen, Schnallen, schnappenden Broschen und stilvollen Nutzgeräten bis hin zu einem Lavoir vom Feinsten, von rotgeädertem Marmor plus Silberstöpsel. Die Nürnberger Goldschmiede Krug und Seidelmann, die Vischersche Erzgießersippschaft, der Kupferstecher Beham, der Buchbinder Pfottzeleid, der Miniator Glockendon, die Firma Holbein & sons, die Maler Dürer, Baldung-Grien, Grünewald und und und; sie alle schufen im Auftrag Albrechts und vor allem: kassierten ab.[20] Und nicht zu vergessen als besonderen Exponenten der Equipe: Lukas Cranach, der »Meister vom gleichen Gesicht«, bei dem alle Portraitierten, seien sie jung oder Männlein, Weiblein oder alt, Ketzer oder rechtgläubig, auf ein und denselben Ahnen schließen lassen. – Wollte man heute alle Kunstwerke zusammentragen, die ihre Entste-

20. Annotat: Brief des Dichters an seinen Verleger über Brief des Dürer an seinen Gönner.

hung der Manie dieses wahnfriedlichen Kirchenfürsten verdanken, man hätte riesige Hallen zu füllen.[21]

Zum zweiten – Albrecht der Städteplaner, seine Lust am Bauen. Das Mainzer, oder wenn wir schon einmal im gehaßliebten Halle sind: das hallische Stadtbild bietet noch genug erhalten gebliebene Zeugnisse des einstigen Fürsten. Man lustwandle durch die innere Stadt, überquere den neuen Marktplatz, inspiziere meinethalben die imposante, von Nikkel Hofmann geneubaute Marienkirche, die auf einem – wie sagt man's am besten? – Mekka für Saprophile, einer appetitlichen Anlage von Beinhäusern errichtet wurde und auf den Fundamenten zweier kleinerer romanischer Kirchen, »Gerti & Marie«, die vier Türme – zweimal Spitztüten, zweimal Häubchen – bezeugen dies, man halte sich nordwestlich von hier aus, passiere einige fünsterverfallene Nebenstraßen, vorbei auch am Schönitzschen Palast, um auf die Residenz zu stoßen, das Newe Gebeude mit seinen teilweise noch vorhandenen Arkaden, unter denen, so war es gedacht, die Gelehrten und Scholaren sich ergehen sollten, tief vertieft in erbauliche Dispute. Und weiter geht es nordwärts zum Dom, einer renaissäncelnden Verunglückung, die ausschaut aus der Entfernung mit ihren Schwippbögen wie ein etwas zu opulent geratener Kornspeicher und natürlich auch ziemlich im Verfall begriffen ist. Noch weiter nördlich schließlich mit ihren idiotisch dicken Mauern die Moritzburg, welche zwar Erzbischof Ernst anlegte, Albrecht aber umbaute von der Zwingfeste zu einer der prächtigsten Hofburgen Deutschlands, deren Zugang beispielsweise an der Nordseite er vermauern ließ, um statt dessen an der Ostseite der Burg, das heißt und war von Bedeutung: im Stadtinneren ein pompöses Portal zu errichten mit einer stattlichen Schloßfreiheit davor. Nennenswert in diesen Ausführungen

21. Annotat: Ein Fall von Leichenfledderei & wie die Rheinländer dem Glauben erhalten blieben.

vielleicht auch der Stadtgottesacker an der Stelle im Osten vor der Stadt, wo Tetzel einst Ablaß verhökerte.

Albrecht mußte sich sogar vorwerfen lassen, er habe dermaßen in der Innenstadt gewütet, so viele Kirchen auch abgerissen und neu gebaut, das gesamte Bild der Stadt verändert und somit insgesamt viele Bräuche, Traditionen, Erinnerungen und Gewohnheiten angegriffen, daß der Eindruck entstünde, er habe nur den seinen Part leisten mögen, den Katholizismus hier in Halle gewissermaßen zu entwurzeln.

Drittens Frauen. Auch hierbei würde es nicht schwerfallen, eine Liste zu erstellen über all die holden Geschöpfe – und ich bin unsicher, ob das Wort Konkubinen treffender ist oder ob man nicht gleich unter Hinweis auf den Einzug der Renaissance auch in Halle und Mainz von Hetären sprechen sollte –, mit denen Albrecht Lager und Launen teilte, angefangen bei der »schönen Riedigerin«, Margaretha, nach anderen Magdalena geheißen, einer Mainzer Bäckerstochter noch aus seiner Domherrenzeit, die sich ziemlich lange an seiner Seite hielt, weiter über Käthe Stolzenfels, Tochter eines Waffenschmieds, und die »lange Agnes«, Tochter des Metzgers Stauss aus Frankfurt am Main, und längst nicht aufzuhören bei einer Sängerin, die er sich eigens von einem Günstling namens Schönitz, Albrechts Privatfugger, aus Italien mitbringen und in einem geheimen Gemach des Kämmerers hatte halten lassen. All die Affairen bieten Stoff für ausgefallene Liebesgeschichten von schändlichem Betrug und Blut und Eifersucht, von Nekrophilie und einfältiger Hingabe, Geschichten, für die hier freilich nicht der Platz ist.[22, 23]

22. Annotat: Die »große Anna« & Hans Kunlung – ein Reinfall.

23. Annotat: Was am 5. 9. 1534 im Bischofsbette des Kühlen Brunnens geschah.

Diese ersten drei Laster/Tugenden, wie gesagt, lassen sich einigermaßen zuverlässig rekonstruieren, was aber unter viertens nicht ginge, wäre, einen wirklich vollständigen Überblick zu geben über die von Albrecht angesammelten Reliquien. Kiloweise Knochen von Heiligen (die nach einem Zeitgenossen, dem Philosophen Pomponatius, auch die Knochen von Hunden und Katzen hätten sein können, die Wirkung wäre dieselbe geblieben), desweiteren Haare, Schweißtücher, Hautpartikel und so weiter – das klingt viel zu untertrieben. Und im Vergleich zu den oben genannten Beschäftigungen war dies seine einzige Unternehmung, von der zu erwarten war, daß sie auch wieder etwas Geld abwerfe. Denn wenn undank Luthers die Tetzelsche Quelle schon so brüsk versiegt war, dann mußte das liebe Volk eben auf andere, nicht weniger verschämte Weise zur Kasse gebeten werden: Albrecht sammelte, um auszustellen. Und er stellte aus in der Maria-Magdalenen-Kapelle, um mehr oder weniger kleinzügige Spenden einzukollekten; wieder ward Ablaß verheißen für den, der sich nicht knausrig gab. Erwähnenswert vielleicht, daß Albrecht bei Vorbereitung der Exposition mit äußerster Vorsicht und Bedachtsamkeit zu Werke ging und nur die Stücke vorsah, die in der näheren Umgebung ziemlich einmalig waren. Man bedenke, daß beispielsweise der heilige Andreas, der Menschenfischer und Heiratsvermittler vom schiefen Kreuz, in ganz Europa mit so vielen Köpfen, Leibern und Extremitäten vorrätig war, daß man glauben möchte, der Name Andreas sei das Pseudonym einer ziemlich beachtlichen zwar, doch irgendwie verunglückten Armee; mit den Holzsplittern vom Creuze Christi, die man hätte einmal zusammentragen können, ließe sich heutzutage die ganze Ulbrichtstadt zu Halle möblieren, allein die jeweiligen Zertifikate würden ausreichen, den Satelliten in- und außwändig zu tapezieren; den Hl. Erasmus besaß Albrecht anderthalbfach, mindestens.

Ein ganz besonders wertvolles Exponat war auch der Daumen der heiligen Anna, der hier vorgeführt wurde, wonach also bereits im 16. Jahrhundert in Halle der noch heute gebräuchliche Begriff »den Daumen zeigen« aufgekommen sein soll.

Es gemahnen mich, predigte Luther gegen das Reliquiensammeln, es gemahnen mich solche Leute eben wie die Mägdlein, die mit Puppen spielen, und die Knäblein, die auf Stecken reiten. Fürwahr, es sind rechte Kinder und Puppenspieler und Steckenreiter.

Vorgesehen war die erste Ausstellung für Herbst '21. Da zu allen guten Dingen auch etwas Werbung gehört, entstand – wenigstens das sollte man dem Fürsten zugute halten; entgegen den Behauptungen einiger Stadtgeschichtsschreiber ist Halle keine Inkunabelnstadt – das erste hierselbst gedruckte Buch, ein Katalog, der nach verschwenderischer Lobpreisung und Anzeigung des Heyligtumbs zu dem Schluß gelangte: Selig/seindt, dye sich des Teylhafftick machen!

Diesem Satz voraus gehen nebst reichlichen und kunstvollen, von Dürer und häufiger noch von dessen Schülern besorgten Illustrationen nicht allein die sachliche Auflistung von acht=/thausent hundert dreyvnddreissig partickel vnd tzweivnd/viertzig gantzer heyliger körper, sondern auch ein höchst akribisch errechneter Ablaßvoranschlag von neun vnd/dreyssick thausent mal thausent tzweihundert mal tausend, /funffvndviertzig thausent, hundert vnnd tzwentzick Jahr/Zweihundert tzwentzig tage, Dartzu Sechsthausentmalthau=/sent, Funffhundert, mal thausent, vnnd viertzig thausent/Ouadragen!

Bekömmlich zu wissen, daß allein eine Quadrage einer 40tägigen Buß- und Fastenübung entsprach.

Ich will es noch einmal zusammenzählen, ohne für die Zuverlässigkeit meines in der Kapazität beschränkten Rechners zu bürgen: das entsprach insgesamt einem Ablaß von 39 245 120 Jahren, was wiederum 14 515 069 020 Tage ergibt plus die 6 540 Quadragen, die noch einmal 261 600 000 Tage dartzu ausmachen plus, nicht zu vergessen, 200vnndtzwentzig Tage; rechne nach, wer will!

Zum Vergleich: Friedrich der Weise, ebenfalls passionierter Sammler & spinnert, seinesteils jedoch von Luthersgnuaden, der besaß nur beschämende 5 005 heilige Stücker. Zudem war Albrecht um diese Zeit noch ein junges, hoffnungsvolles Talent. 1523 bereits konnte er die stattliche Zahl von 21 441 Stück Reliquien abrechnen. Und noch später sollte sein Ablaßvermögen astronomische Zahlen erreichen. – Unmöglich, sich einen vollständigen Überblick zu verschaffen, wer sollte das zählen? Man spricht von Tonnen reinen Goldes.

Angesichts solcher Verheißungen jedenfalls hätte es sich, wöllte mir scheinen, schon einmal gelohnt, etwas tiefer in die Tasche zu greifen und ein Obolüsgen in den Opferstock zu werfen, wie sich's gebühret. Doch was nutzte aller sammlerischer Fleiß, die liebevollste Präsentation, die reißerischste Werbeschrift, wenn doch immer wieder einer mit ein paar wenigen Worten alles kaputtzumachen vermochte? – Luther, der nichts unversucht ließ, seine Gänsepredigt abzukriegen, und sich darum im Laufe der Zeit mehr und mehr auf den Kardinal einschoß, Zote an Zote reihte und auch – dies nebenher – die widersprüchlichsten Gerüchte in die Welt setzte, ihn beispielsweise einerseits als erzblöden Analphabeten denunzierte, andererseits aber und im gleichen Atemzug sich nicht entblöden mochte, die Story aufzusagen, wo Albrecht von einem seiner Räte beim Lesen der Bibel erwischt wird und auf die Frage, welches Buch denn das sei, antwortet, es nicht zu wissen, denn alles, was darinnen stehe, das sei wider ihn und die römische Kirche, Luther also hing mißmutig auf der Wartburg herum, schäumte etwas vor sich hin und konnte und mochte nicht davon ablassen, Seiner Höllischkeit ein umbs andere Mal gegens Schienbein zu treten.

Er schrieb einen Brief an den Kardinal und forderte diesen ultimativ auf, der Ketzer den Primas, den neuerlichen Abgott, wie er das nannte, den vorigen Greuel des Tetzel, einzustellen, unverzüglich, sonst wolle er, der Luther, der ganzen Welt anzeigen, was eigentlich der Unterschied sei zwischen einem Wolf und einem Bischof, sonst wolle er, der Luther, ein Büchlein aussenden und eine Hatz darin treiben mit dem Kardinal, die sich's versehen hat!

Und diesmal antwortete der Kardinal. Eine kolkrabenschwarze Stunde für den Verehrer wider schlechteren Wissens: diesen Antwortbrief lesen zu müssen. Kleinlaut! Unterwürfig! Respektvoll! Beschämend die Art und Weise, in der der – man kann es gar nicht oft genug sagen: Primas von Deutschland, der Erzkanzler, einer der mächtigsten Männer des Reiches, einem größenwahnsinnigen Mönchensbalge, einem Schutzinhaftierten und unter Acht und Bann stehenden Erzhäretiker versprach, die Ursache dessen Schreibens sogleich abzustellen, schlimmer noch: sich nicht nur für sein Vorhaben entschuldigte, sondern zur kräftigeren Untermalung der Entschuldigung sich selbst mit allerlei Unrat verglich – man soll nicht drumherum schwafeln, Naturalia non sunt turpia: mit einem wahrhaftigen Stück Scheiße. Er wisse ja selbst am besten, schrieb er, daß nichts Gutes an ihm sei und er ein unnützer stinkender Kot sei!

Das soll verstehen, wer will. Ich nicht!

Es ist bitter und mag sein, wie es sein mag, ich will nicht urteilen: er wird sich schon was bei gedacht haben. Und vielleicht war es ja auch diesem Antwortschreiben zu verdanken nebst einigen diplomatischen Ränkeleien hinter den

Kulissen, daß Luther vorerst stille zu kriegen war, daß seinem flotten Aviso zunächst nichts folgte. Besagte Schrift ging erst aus, nachdem Albrecht 20 Jahre später sein wertvolles Habundgut eingepackt und der undankbaren Stadt den Rücken gekehrt hatte. Aus dem »Abgott zu Halle« war indessen die »Neue Zeitung vom Rhein – Anno 1542« geworden; immerhin, man soll gerecht sein, auch wenn's noch so smerzt: eine hübsch geratene Schrift des Ketzers, gallesüß.[24]

– Das ist ja bemerkenswert, fand er & lächelte äußerst hintergründig. Der eine packt sein ganzes angehäuftes Zeug fein säuberlich ein & geht damit in' Westen. Der andere setzt sich im Osten fest & bastelt an der Lehre. Typisch, nichtwahr?

– Typisch! stimmte ich zu & ergriff die Gelegenheit, von etwas zu sprechen, das sich »Thesen zu Martin Luther« nannte. Kenn' Sie die? fragte ich. Nein, Herr Leumull kannte sie nicht. – Und die heutige Sitzung war gerettet:

In aller Ausführlichkeit berichtete ich nun von der Weisheit letztem Kurzschluß, wie er einem Autorenkollektiv am Historischen Institut zu Leipzig schon 1981 geglückt war. Nachdem die Herren Forscher herausgefunden hatten, daß fast alle Stätten von Luthers Schaffen auf dem Gebiet der späteren DDR lagen, waren sie zu dem Ergebnis gelangt, daß Luther folglich auch nur auf diesem Gebiet aus der Kraft & Weisheit der Volkssprache geschöpft haben könne.

– In Eisleben geboren, nahm ich zur Illustrierung schon einmal einige Punkte aus Luthers Biographie vorweg, in Mansfeld & Magdeburg zur Schule gegangen, in Erfurt Student & Mönch gewesen, in Leipzig disputiert, auf der Wartburg bei Eisenach der Bibel ersten Streich übersetzt, in

---

24. Annotat: Luther, »Die Neue Zeitung vom Rhein. Anno 1542«.

Wittenberg praktiziert – alles Zone. Alles tiefster Osten. Fällt einem schon irgendwie auf, finden Sie nicht?

– Aja. – Leumull gab sich nachdenklich. Die waren für das Jubiläum, diese Thesen, ja? Als Honecker Vorsitzender des Lutherkomitees war, nicht wahr? Habe ich auch von gehört, aber nie weiter drüber nachgedacht. Zu meiner Zeit, da hatte noch Müntzer den Löwenanteil am Geschichtsunterricht sechzehntes Jahrhundert.

– Bei mir, also, als ich zur Schule ging, da war das schon durch, da hatte es schon geheißen, so ungefähr, daß Luther, wenn überhaupt, dann nur auf sozialistischem Gebiet richtig geehrt werden könne. Unser Lehrer, das war siebente oder achte Klasse, also so 1967 etwa, las einen Artikel aus der Wochenpost vor, wo auch schon ein Primat in Sachen Lutherehrung quasi territorial begründet wurde. Ich erinnere mich noch, wie ...

– Und was halten Sie von so was, fragte Leumull, von der Art zu argumentieren?

– Ganz mit Melanchthon: Manches muß man auch mit Schweigen übergehen können.

»Auf seiner Stirn thronet unerschrockener Muth, in seinen Mienen Heiterkeit, sein Gang ist ruhig, einnehmend, sein Benehmen herablassend, doch voller fürstlicher Würde!« – »Mit herkulischer Leibesstärke begabt, hat er in seinem Vortrag die Beredsamkeit eines Paulus!« – »Kraftvoll und schön, echt deutsch gesonnen, mit kräftig-gedrungenem Körper, vollem Gesicht, Doppelkinn und kurzem Lippenbart!« – »Freimütig von Charakter und mit breitem kurzen Hals!« – So lauten einige wenige Beschreibungen des Kurfürsten, denen man jeweils ihre Herkunft anhört; ins Dritte Reich etwa führt der kurze Lippenbart, den Albertus niemals trug, klar auch, es sind erst wenige Jahre her, daß in einem kleinen bayuwarischen Regionalverlag jene Lebensbeschreibung erschien, in der der breite kurze Hals vorkommt. – Es mögen aber trotzdem dieseart Ergüsse geeignet sein, wenigstens ein Quentlein darüber zu vermitteln, was das für ein Mensch war, Albrecht, bekanntlich ist jedermann für sein Aussehen selbst verantwortlich; ein kleines Quentlein nur, gewiß. Tausendmal kräftiger und mehr aussagend über Gemüth, Charakter, Temperament des Fürsten ist jedoch jener Satz, der mir der eigentlichste Anlaß war, mich mit dieser »Fußnote der Geschichtsschreibung« zu befassen, ihr schließlich ein ganzes Kapitel zu widmen, ein Satz – ein Wurf, wie er genialer nicht hinzukriegen geht, von Albrecht selbst erstellt für das eigene Epitaph, eine knappe philosophische Quintessenz über das Sein oder richtiger: das Nichtsein, ein saftiges Stück Bitterkeit also, dem hauptberufliche Philosophen ganze Werkausgaben widmeten, ein letzter garstiger Befehl an künftige Geschlechter und die Überlebenden seiner Zeit, ein letzter Penalty eines an allen Linien gescheiterten, eines rundherum verbitterten Fürsten und verhinderten Reformers: »Alle Hernach!«[25, 26]

»Dammichte Brut!« möchte man hinzufügen.

An Albrechts Tod erörterte Luther, zu jener Zeit selbst schon auf den letzten qualvollen Metern,[27] die Existenz der Hölle: Wenn sie [die cardinallischen Knochen] nicht in der hell sint/ gibts kei sollche.

---

25. Annotat: Letzte Worte aus Tomacz Lipsigs »Opus postumum«.

26. Annotat: Letzte Worte aus Moesehengsts 6., 8. & 14. Albrecht-Biographie.

27. Annotat: Letzte Stunden Luthers, von Justus Jonas bezeugt. Eine Heimfahrt.

VON WILHELMS BLÜHENDEN BLÜTEN

Ich weiß, daß ich nichts weiß. Aber nicht einmal das weiß ich genau.

Sokrates & ich

... und wenn die Jungfrau Maria die Tochter des Sohnes der Heiligen Jungfrau wäre, der der Heilige Vater des menschlichen Geistes ist, so könnte niemals die Tochter des Heiligen Geistes des Mannes der Jungfrau Maria die menschliche Mutter sein!

Hymena di Penissa (die Ältere)

Mag sein, nicht schon wieder gelogen, nicht schon wieder bloß eines schönen Satzes wegen oder eines langen diesmal, aber wohl doch reichlich überzogen zu behaupten, sie wirklich zu lieben, die hoffnungslos antiquierten Kommoden der senilen Schreiberlinge, Dalke, Schranzen. – Quatsch. Genauso könnte man vermelden in Christmädelmanier, man liebe alte Menschen. Verpißte, dattriche alte Menschen mit nicht mehr ganz richtig im Kopf.

Mag ja auch sein, daß es ganz spaßig ist, jenen zuzuhören, ihren Berichten vom Ivan, Thommy, Johnny und Fritz, von Brennesselsuppen und Kippenstechen, womöglich von »Wo-olle-Wilhelm-noch-war«, aber man erfährt ja nix wirklich, nix wirklich von den sabbernden Bramarbassen auf ihren Parkbänken, nix aus den lächerlich wohlmeinenden Historienklamotten mit ihren langen Sätzen, ihren schönen Worten, nix, nirgendwoher etwas über das, was war.

Welch unsinniges darum, weil erst recht aussichtsloses Unterfangen – Hülfe! Hülfe! –, ein Bild zu zeichnen vom Leben, vom ganz gewöhnlichen Leben ganz gewöhnlicher und weniger gewöhnlicher Partizipienten der mittelalterlichen Jahrhunderte. (Das Dilemma der meisten Kultur- und Sittengeschichten ist ähnlich dem von Kinderbüchern, die vorgeben, aus der Sicht eines Kindes zu erzählen.)

Man hätte, wollte man es trotzdem tun, schwere Gefechte zu fechten gegen seine eigene Phantasie, die einem ständig alberne, verklärte, aus den verklärten Darstellungen in Literatur und Film, in Legendarien, Almanachen und Comic strips genährte Bilder serviert, Bilder von rechtschaffenden Bauern zum Beispiel und elendigen Pächtern, die, sobald es die Szenarien erlauben, gern einmal aus ihren in kargen Landschaften kauernden Hütten heraustreten, sinnierend die Blicke in die Weite schweifen lassen und schließlich anhand des Sonnenstandes die ungefähre Uhrzeit aufsagen oder verkündigen, wie viele Tage es noch sind bis Christi Himmelfahrt; Bilder von grimmigen oder edelmütigen oder einfach bloß blöde dreinblickenden Rittern, deren böse und gute und wunderliche Taten in einsamen Felsschluchten und auf den Feldern der Ehre nicht allein Kinderherzen höher schlagen lassen; Bilder auch von lumpigen Landsknechten in ihren schuppigen, verbeulten Harnischen, wie sie ziemlich desillusioniert und unrasiert und von keinem mehr geliebt sich heimwärts schleppen nach verlorener Schlacht; von städtischen Bürgern und Patriziern in ihren komischen Kleidern, die grad Fladenbrote backen, Gäule beschlagen, das Gesinde anweisen oder Schultheiszens Pflichten genügen; Bilder von Fürsten und hohen dicken Geistlichen, die unentwegt an langen, reich gedeckten Tafeln sitzen, Intrigen schmieden und zum Klang irgendwelcher blechener Gagliarden gebratene Rebhühner fressen plus reichlich kleckernd Wein saufen aus großen Gefäßen; von Burgfroileins, welche statt einfach bloß mal schlecht zu riechen und sich Dreckbeulen aus den Gesichtern zu quetschen, sich, scheinbar pikiert und voller mâze, diemuot, kiuschheit und schame Röten in Selbige, die Gesichter, zaubern, während unten im Hof einige Laffen von Ministeralien ihre »Du-bist-mîn-ich-bin-dîn«-Verse hinaufblöken; Bilder endlich, von den gelahrten alten Männern in schäbiggrauen soutanenähnlichen Röcken, die fortwährend ebenso schäbiggraue Papyri bekritzeln, in schäbiggrauen und zerfledderten Büchern blättern und sich hin und wieder an Aenëusbögen, Margomanomen, Pinthölzern und anderen unbekannten Meßgeräten zu schaffen machen; sò.[28]

Man soll solcherart Illustrationen genießen, sie hinnehmen, ohne nachzufragen, sie wirken lassen und wieder vergessen; man soll sich seine Philiströsität eingestehen und in lästerlichen Launen die mageren Spalten der Geschichtsbücher durchforsten, kupfern und neu zueinanderordnen, was an Leistungen dieser Jahrhunderte genannt wird, als da wären, etwa:

Kaum hatte Johann Henne Gensfleisch von Sorgenloch das Licht der alten Welt erblicken müssen, gezogen und gepreßt durch ein, wie ein Biograph vermeldet: passables Mutterbecken, dem man vorherigen – im Großen und Steifen – keuschen Gebrauch nachsagte und dessen Betreiberin er makaberen Humors eines seiner ersten in schwarze bewegliche Lettern gesetzten Druckerzeugnisse widmete, ausgerechnet einen Beichtspiegel und ein Sündenverzeichnis, schon ließ Erzbischof Albrecht, der Fettwanst und Kardinal in spe, im Wonnemonat Mai des Jahres '17 als eine seiner frühesten überlieferten Regierungshandlungen ein scharfes Zensuredikt drucken, auf Weisung von Südoben, versteht sich; sò!

Kaum spionierte der Franziskanermönch Berthold Schwarz arabische Tugenden aus und ließ sich christdreist die Erfindung des Schießpulvers aufs christliche Konto schreiben, wofür ihm immerhin eine halbe Chiliade später

28. Annotat: Gar lustig ist ein Ritterleben. Oder wie es wirklich war.

in nunmehr gutdeutscher Tugend zu Freiburg ein Denkmal errichtet wurde, schon fiel ihm, dem christlich-schwarzen Staube – und wenn man so will: der Effektivierung des kämpferischen Gewerbes –, der stärkste und gefürchtetste Haubold & Raufdegen des Reiches zum Opfer, sprich: zu Bruch, der sich neugläubig gebärdende Ritter und selbsternannte Gendarm Sickingen im Mai '23 auf der Veste Landstuhl; sò!

Kaum gaben sich die Päpste verdientermaßen ein wenig dem Tourismus hin, was böse Zungen mit bösen Worten wie »Franzenklammer« und »Babylonische Gefangenschaft« kommentierten, bis unlängst endlich eine kurzwüchsige Schlagersängerin den Sachverhalt einmal richtigstellte und einen Sonntag in Avignon beschwor, und kaum begann das Große Schisma, welches Tiaren wie am laufenden Band produzierte, von denen gelegentlich bis zu vier Stücker zeitgleichig im Einsatz waren und deren gewissermaßen schwer belastete Träger sich fortwährend gegenseitig mit Bannflüchen belegten,[29] schon alpträumte Luther lustvollpollutiös und nicht ohne engstliche Erwartungen vom Weltenuntergang, dem christlichen Saus & Aus, nachdem er vor allem im derzeitigen Statthalter zu Rom Züge entdeckt hatte des Antichristen, von dem zu erwarten galt, er werde sich in den Tempel Gottes setzen wie ein Gott; sò![30]

Kaum begannen sich ein knappes Dutzend italienischer Ortschaften und Städte darum zu streiten, den leidgeprüften, einstmals von den Portugiesen so schnöd abgewiesenen Cristoforo Colombo ihren Sohn nennen zu dürfen, welcher längst die ersten roten Häute, gelben Steine und weniger vorzeigbare »recuerdos« gen Spanien verschifft hatte, schon zog sich der nicht immer sehr courtoise Dichterkönig

29. Annotat: G. Falkenier entdeckt die Bestechlichkeit Bukowskis.

30. Annotat: Klein Gottfried malt den Atompilz & rührt uns.

Hutten, und zwar, wie das sittlich-patriotische Europa sofort wußte: folgerichtig, eine unangenehme und unangenehm riechende Krankheit zu, und schon auch machte der zwar vermutlich nicht genau im selben unheilvollen Jahre, so doch zumindest im selben sixpack wie die Wittenberger Nachtigall geborene Veroneser Dichter Fracastoro, Girolamo, sich daran, eines der unheilvollsten Gedichte der Weltliteratur zu dichten über einen schändmauligen Hirtenstrolch namens Siphilidis, mit welchem gebändelt zu haben Luthern übrigens nicht gerade nachzuweisen, aber Gott und eines Briefes des Ulmer Arztes Rychardus sei Dank auch nicht gleich definitiv auszuschließen ist; sò![31]

– Jaja! Oje! Die Siph! – Die Art, wie Herr Leumull diese drei Sätze vortrug, ließ mich – soll mich keiner fragen: warum – eine Disziplin des Wassersports assoziieren, Absprung–Eintauchen–Ankunft am Beckenboden; jedenfalls etwas von oben nach unten. Und unten angelangt, war ihm auch gleich eine gewisse Erleichterung anzumerken, war ihm wie nach einem wirklichen Sprung ins erfrischende Naß plötzlich alle Müdigkeit & aller Mißmut aus dem Gesicht entschwunden.

– Die Siph, wiederholte er prompt & gewichtig.

Schlußfolgern aus dem Umstand, wie eilfertig auch sein verklemmter Herr Facialis wieder den Dienst aufnahm nach den vorigen Warnstreiks, ließ sich vor allem eines: dies heute würde Leumulls Stunde werden, Clarerphall! Es hätte mich auch schlimmer treffen können!

Doch hatte ich, als ich mich nun meinerseits einmal genüßlich zurücklehnte, um der Dinge zu harren, die da kommen könnten, nicht erwartet, ganz & gar nicht erwartet,

31. Annotat: Siphilidis in Swaflzinngecks Margwelaschulli-Parodie.

daß er gleich so heftig mit der Tür ins Haus fallen würde mit einem gänzlich unbeherrschten, beinahe geifernden:

– Unnsie?

– Nochnie, schoß ich den Reim drauf, pausierte einige hilflose Sekunden lang & beeilte mich dann, mir wenigstens dreimal Tripper auf die potente Habenseite zu scheffeln; niemand sollte heute leer ausgehen. Und:

– Drei! Drei bloß! korrigierte ich ihn, nachdem ich gesehen hatte, wie er sich die geheimnisvollen Zeichen »Zig-x-GO« & einen Fragesatz aufnotiert hatte, der begann mit der Wortruine »Promiscur«.

– Aja, brümmelte Herr Leumull & sah mir gradso ungeniert ins Angesicht, wie das Geburtstagskind dem Gabenbringer auf die Hände schaut. Und ich war durchaus gewillt, ihm heute ein Leckerchen vorzusetzen, und fügte darum zunächst einmal das bürgerschreckliche Eingeständnis hinzu – etwas protzig, gewiß:

– Zweimal davon wissentlich Clubmitglied geworden! Und im Vollbesitz meiner auch geistigen Kräfte! Weil, so illustrierte ich dann & setzte ein Clairobscur aufs Leinenface, wie es dramatischer gar nicht zu malen geht, weil es in manchen Situationen für einen womöglich notstandsgebeutelten Ottonormalempfinder eben kein Zurück mehr gebe, wenn er erst stundenlang sein Bestes aufbiete im Programmablauf, fein & brav & brünstig alle Lektionen absolviere in der Reihenfolge verbal: labial: manuell: oralgenital, um dann, sobald es ans Ernten geht, in heißesten Verknäulungen quasi, das entsprechende Geständnis brühwarm geflüstert zu bekommen vom bearbeiteten Stücke.

– Kann man doch nicht einfach, mal salopp: Schwanzeinziehen plus affetot!

– Ja, aber, unterbrach mich Herr Leumull.

– Muß man durch! unterbrach ich ihn retour in schönster teutscher Rekrutenmanier & gab als Kalauer noch drauf:

– Lieber 'ne Injektion danach in' Allerheiligsten als vorliebnehmen mit handlicheren Freuden! Wa'?

Aber nein, das wollte Leumull partout nicht verstehen, auch, wie er im Verlauf der Stunde noch öfter betonen würde, auch »unter uns Männern« nicht. Andererseits konnte ihn das nicht hindern, merklich Gefallen zu finden an meinen Ausführungen, denn so viele Sachen hatte er sich noch nie hintereinanderweg zu notieren gewußt.

Ich wiederum tat, als verstünde ich ihn nicht, hielt maulaffenfeil, was maulaffenfeil zu halten ging, war mir auch für ein paar Pennälerhüsteln nicht zu fein & stotterte schließlich eine Zote daher über echtesrechtes Mannsgekerl, das, wenn's drauf ankommt, weiß, was die Pflicht verlangt: allons, enfants d. l. p.

– Und außerdem, versuchte ich wieder den Anschluß herzustellen ins luetische Jahrhundert, und außerdem: was ist schon so Schlimmes dabei, daß man sich schämen soll in den Warteräumen der Tripperburgen & nicht davon reden? Seinerzeit, als jedes fünfte Stück Europäer mit den Symptomen der neuen Krankheit gesegnet war, da war das doch durchaus ein salonfähiges Thema, überhaupt das einzige, bei dem man sicher war, daß jeder mitreden konnte; auch in den sogenannten besseren Kreisen.

Dem hatte Herr Leumull nichts entgegenzusetzen, ebensowenig einer rhetorischen Floskel, die ich früher bereits einmal gebraucht hatte bezüglich der Kostgänger an Albrechts Höfen, daß, wer etwas auf sich hielt & auf seinen Ruf, an der neuen Modekrankheit litt & docteurte.

Nachgerade eine erstaunliche Wendung unseres Gespräches brachten aber die folgenden Minuten, da wir wie zur Untermalung jener Floskel fast gleichzeitig begannen, uns die Zeugen Siphilidis' zu benennen. Doch während sich Leumull vornehmlich an Literaten & Mediziner der letzten beiden Jahrhunderte hielt, mit Casanova & E.T.A. Hoffmann anfing, mit Goethe, Grabbe, Lenau, mit Heine, Schopenhauer & Lasalle fortfuhr & erst nach Semmelweiß, Volkmann, Westphal & Finsen ins Stocken geriet, so beschränkte ich mich doch mehr auf ›meine‹ Zeit, die Zeit, seit Franzenkönig Karl mit seinen Schweizer Mannen in Neapel eingerückt war, sprach von den ziemlich aufeinanderfolgenden Päpsten Alexander, Julius & Leo, erwähnte Kaiser Karl & König Franz von Frankreich & vergaß auch Erasmus von Rotterdam, den alten Hagestolz, nicht & nicht Ulrich von Hutten & dessen vergebliches Liebesmühn ums blaue Holz.

– Erasmus auch? zweifelte Leumull.

– Auch Erasmus! türmte ich drauf.

Wie zwei Pennäler, Halbwüchsige vor der Klassenlehrerin, so hatten wir den Wettstreit begonnen, ebenso unvermittelt brachen wir ihn wieder ab, beide plötzlich am Ende unseres Lateins.

– Komisch, Weiber warn wo' nicht? placierte ich in das peinliche Schweigen hinein & versuchte, auch diesen Mißgriff wieder wettzumachen, indem ich noch eine Klamotte ankoppelte über ein nicht mehr ganz junges Fräuleinszimmer in der Garnisonsstadt Zwickau, das, es sind erst wenige Jahre her, angeklagt wurde & verurteilt vor einem Militärgericht wegen Wehrkraftzersetzung.

– Hmm ...! sprach Herr Leumull.

– Tja ...! sprach ich.

Aber auch das genügte nicht, die wirklich etwas blöde Situation wieder abzuräumen. Zu offenkundig hatten wir gemeinsame Interessen entdeckt, eine gemeinsame »Wellenlänge«, und offenbar & warum auch immer war uns das beiden nicht geheuer. Ich zumindest für meinen Teil bedauerte längst, mich auf den Sportskampf eingelassen zu haben, um so mehr war ich gewillt, mit der Abarbeitung unseres Stoffes, meines Stoffes, fortzufahren: kaum hatte – schon.

Doch zur Rechnung gehört auch ein Wirt: so eilig hatte Leumull es wiederum nicht. Seit einiger Zeit blätterte er in seinen Notizen & hatte endlich das Gesuchte gefunden:

– Warum hatten Sie vorhin eigentlich das Wort »folgerichtig« so betont? Das steht doch außer Zweifel: die Siph – eines dieser diabolischen Mitbringsel von Übersee!

Ich hatte mir nun einmal vorgenommen, ihm diese Stunde zu schenken, und man soll seine Versprechungen halten. Andererseits hatte ich aber wirklich keine Lust mehr, Leumulls scheinbares Steckenpferd zu reiten, und sann darüber nach, wie ich den Knoten entknüpfen könne, ohne gänzlich aufs Vergnügen verzichten zu müssen. Während Leumull an seine Frage anschließend meinte, mir das Wort »endemische Latenz« erklären zu sollen anhand des latenten oder/und endemischen Auftretens der Syphilis in Präamerika, verfiel ich darauf, einmal herauszufinden, wie schnell man ihn auf eine falsche Fährte führen konnte & ob überhaupt.

– Bekanntlich ist ja der sogenannte »Franzose« viel häufiger diagnostiziert worden, als er tatsächlich vorkam, schwafelte ich drauflos. Oftmals warn ganz andere Krankheiten gemeint, und außerdem hat die Literatur Zeugnisse von weit vor dem 16. Jahrhundert von wegen der Symptome.

– Und dann, so eröffnete ich den eigentlichen Raid, gibt es da auch noch eine quasiastrologische Erklärung – bis heute nicht widerlegt, die macht eine ganz bestimmte Planetenkonjunktion für die Lustseuche verantwortlich. Am 25. November 1484.

Herr Leumull tat, was ich von ihm erwartet hatte, er gab einen Laut von sich, zur Hälfte Lachen, zur Hälfte Hüsteln, und winkte ab.

– Na klar doch, fuhr ich fort, nachdem ich eine Einheit lang mit gehüstelt hatte, das klingt immer bißchen albern, wenn von Anhäufungen feindlicher Gestirne die Rede ist, ich verstehe ja auch gar nix von diesen Dingen. Aber auch in seriösen Publikationen kann man's nachlesen: eine Konjunktion, die sich erst ein einziges Mal wiederholte, am 29. Februar 1964! Ich hab zu Hause 'n Buch drüber, das Jahresblatt der Gagarin-Gesellschaft, aber...

Aber es ist etwas Wunderbares, wenn man sich auf einen Freund verlassen kann:

– Aids! Oje! Oh! sagte Herr Leumull, und es klang, wie der vorige Film retourgespult, etwas von unten nach oben.

Nach einer kurzen Weile des Bedenkens jedoch lächelte er ziemlich plazide & machte Schluß für heute.

Man mag die Posen der Kriegsveteranen imitieren und sich die Epauletten eines Wunder wie wagehalsigen Spähers an die Schultern heften, der tapfermutig und voller Lüst und Ticke noch die verschlungensten Pfade auskundschaftet, um nur recht dicht dem Feind auf den Pelz zu rücken, man mag wie Landschaftsgedichte vor städtischen Auditorien die allerlautersten Intentionen aufsagen, von interessanten Aspekten sprechen und gewichtigen Erkenntnissen, oder man gibt sich auch bloß spröde und eingesteht eine unerklärliche Vorliebe für die vorlutherischen Jahrhunderte: ein Grund findet sich immer, eine Erklärung, den hintwärts gerichteten Haken ein wenig breiter auszuschlagen; und es ist ja wohl keine sonderliche Leistung, eine Rechtfertigung aufs Papier zu zaubern, eine Weisheit der Art etwa: »Auch Martin L. war nicht vom Himmelhoch darein gefallen und hatte fortfolgend dagestanden und nicht anders kunndt, auch Martin L., das aufgebrachte Objekt Spähers Begierden, ward bloß hineingeboren, Gefangener, Knecht seiner Zeit, bestenfalls dafür ausersehen, die clowneske Reprisennummer zu machen in einer gottgeschriebenen Ausstattungsfeerie.«

Doch Vorliebehin und Vorliebeher: wo ist das Ungeheuer, das heute noch die Inhalte schmackhaft zu machen verstünde dessen, was als Vor- und Früh-, als Mittel- und Hoch- und Spät- und noch spätere Nachscholastik gerade noch taugt, chronologische Tafeln anzureichern? Gewiß, es gibt sie, die Kulturgeschichten, die mutig genug sind, den einen oder anderen hochnotkomplizierten quaestiones über die Schlechtigkeit der eigentlich so schön angelegten Welt die eine oder andere Spalte zu widmen, vorausgesetzt, es ließ sich das eine oder andere Schmunzelanekdötchen darin unterbringen, und gewiß: auch sie gibt es noch, die greisen weisen Autoren essayistischer Sammlungen, welche sich die Fähigkeit bewahrten, ihre Themen ernst zu nehmen, doch einmal ganz abgesehen von den weiter unten noch zu benennenden Fälschungen eben jener Themen der Scholastik, richten beide heute kaum noch Schaden an unter gefestigten Menschen und kursieren darum höchstens noch in einigen angestaubten Provinzstädten, wo sie hin und her verborgt werden von sich »Studiosi der heiligen Theologie« oder ähnlich verzweifelt nennenden jungen Männern mit langen und aufrichtigen Bärten und geißelgroben Wollpullovern über den spacken Schultern, von nur wenigen jungen Brüdern also noch, Feschaks, Müslianern, die das verrüchte »Ein bißchen Spaß muß immer dabeisein« auf den Fähnchen tragend sich zusammentun in familiären Schmalzbrotzirkeln, um eine Art Unterricht zu nehmen und zu geben nach genossener Leihlektüre, nämlich die Dinge zu erörtern, die die Welt nicht bewegten, nämlich in einer Heftigkeit über beispielsweise den Universalienstreit zu debattieren, wie unsereins über ein Fußballspiel, in verteilten Rollen als Realos und Nominalos miteinander zu fechten, daß man glaubt, es gehe um Tagespolitik, in der gleichen Giftigkeit über patristische Hausmannskost und heidnische Zutaten zu streiten, mit der unsereins beim Frühstücken die nächtlichen Fundstücke zu verschrecktreiben sucht; junge Jünger der reinen Wissenschaft also, Möchtegernjesuiten mit Pepp und Nickelbrillen auf den Nasen, die schließlich – niemand soll schlechter wegkommen als unbedingt nötig –, die schließlich in den vorweihnachtlichen Wochen sich auch mal etwas Vergnügen gönnen, nämlich soweit vorhanden Gattinnen und Freundinnen zulassen – oder ist es stilbewußter, von Vriedels zu sprechen? – und in wiederum verteilten Rollen Liebesbriefe rezitieren: Abaelard, Peter, an Heloise und Heloise an Abaelard retour.

Wie ließe sich, an ein selbstauferlegtes Limit im Zeit- und Papierverbrauch gebunden, dem »Blähen und Wuchern« (sic!) eines aus den Fugen geratenen Kontinentes gerecht werden, einer Epoche, welche die einen für die intellektuell aufregendste halten der ganzen langen, bereits viel zu langen christlichen Zeitrechnung, die andere hingegen in dem Bemühen um Ironie als die Geschichte der Schwarzen Pest an allen Fronten und in vielen Köpfen beschreiben, als das finsterste Kapitel im genannten Zeitraum p. Chr., und die wieder ein anderer, ein Romancier von ganz besonders gesegneter Feder, nicht nur mit den Tätigkeitsworten »blähen« und »wuchern« bedachte, sondern überdies in das überaus überreife Bild folterte: »Da es gärte und blubberte wie in einem mit zu viel Hefe angesetzten Ballon Wacholderbeerweines«?

Wie könnte es möglich sein, einer Zeit gerecht zu werden, da eine Art wissenschaftlicher Internationalismus seine Bögen spann von Paris nach Bologna, von Oxford nach Cölln, von Padua nach Prag und via Lipsia nach Paris zurück, wohin überall die Scharen der Scholaren ihren väterlichen Professoren hintnachpilgerten, da auch einige Bettelorden begannen, und zwar im wahrsten Sinne des Wortes: Schule zu machen, die Dominikaner und die franziskanischen Brüder insbesondere, da Lehranstalten wie Pilze in einem warmen feuchten Herbst aus dem europäischen Boden schossen, sich die alten knöchrigen Dom- und Klosterschulen zu Universitäten zurechtmauserten, da arabische Medizinmänner und Philosophen einen Autor namens Aristoteles ins Gespräch brachten (stellvertretend genannt sei hier der große Kommentator Abdul Walid Muhamed Ibn Achmed Ibn Muhamed Ibn Ruschd, auch Averroës geheißen und in mehrfacher Anspielung »Wali von den beiden Wahrheiten«, weil für ihn die Religionen gleich wahr oder unwahr, aber mehr oder weniger nur fürs Volk bestimmt sind, weswegen sie auch nicht angegriffen werden sollten, während die Philosophie etwas sei für Fortgeschrittene; eine Ansicht, so meint er, könne zwar theologisch halbwegs anständig, aber in philosophischer Hinsicht ziemlich daneben sein), da aber nicht nur Averroës und andere zumeist aus Spanien daherstammende Araber das christmittelalterliche Denken tangierten, sondern auch Geschosse einschlugen, die eher nach jüdischen Kanonen klungen und die von dem einen oder anderen der oben gewürdigten theologelnden Freunde im Nasalton des Wissenden und unter einer Salve Augurenlächeln, wie es K. M. Brandauer nicht besser hinkriegte, etwa wie folgt aufgelistet würden: philosophischer Rationalismus der Rabbaniten, Dogmatismus der Karäer, Mystik des gnostisch-theosophischen Kabbalismus (sic! sic! und noch mal sic!) – drei Stücke Fundmunition, auf deren Entschärfung sich hier freilich verzichten läßt, da es ja lediglich einen sehr viel zivileren Satz zu illustrieren galt, demnach »es gärte und blubberte wie in einem mit zu viel Hefe angesetzten Ballon Wacholderbeerweines«?

Und offenbleiben muß auch, ob so ein Gesöff überhaupt zu trinken ginge; Wacholderbeeren; tss!

Harte Stückchen Knust, allerdings, diese wenigen Jahrhunderte Scholastik. Nur einmal die Lehren ihrer führenden Vertreter kurz vorzustellen, einer erlauchten Personage immerhin, würde unabänderlich ins Chaos führen; es sind schon so viele Bibliotheken voll davon, brechend. Wo sollte man anfangen und wo beginnen? Und das Problem meint ja nicht allein die ohnehin schon im Überfluß vorrätige Radotage bisheriger Erhebungen, sondern etwas anderes viel mehr:

Es gibt kein Gebiet der europäischen Geschichte und Geistesgeschichte, auf welchem so skrupellos und konsequent und erfolgreich gefälscht worden ist, wie eben die letzten 400 bis 500 Jahre gefälscht wurde, wenn es darum ging, die Inhalte und Themen, das Wesen der Scholastik, eben die Lehren ihrer wichtigen Vertreter darzulegen! Eine Fälschung, die auf Aussparungen beruht. Es ist, als müßten alle namhaften Apologeten befürchten, sich selbst in irgendeiner Weise zu diskreditieren, wenn sie bestimmte, aus heutiger Sicht mitunter etwas merkwürdig wirkende Fragen damaliger Geistesgrößen nicht einfach übergingen. So stellten sie zwar mit großem Vergnügen die intellektuellen Grundprobleme und Spitzfindigkeiten jener aufregenden Zeit vor, gruben rabulistische Hinterfötzigkeiten aus, trugen die abgehobensten und urbansten Antworten auf, aber die eigentlichen, die ursprünglichsten Anliegen allunmöglicher Erörterungen vernachlässigten sie zunächst, um sie recht bald ganz in Vergessenheit geraten zu lassen. Erst seit etwa vier Jahrzehnten wagen sich Wissenschaftler, Historiker und Schriftsteller daran, die Gegenstände der Scholastik grundsätzlich neu zu erfassen, zumindest einige wesentliche Fragen neu zu diskutieren.[32]

Von ihnen ableitend und statt erst langwierig an die noch junge Diskussion heranzuführen, sei es an dieser Stelle erlaubt, die ganze Sache einmal sehr forsch auf einen Punkt zu bringen: in allererster Linie kreierte das christliche Mittelalter eine längst überfällige Wissenschaft von den zwischen-

32. Annotat: »La scuola delle nipoti e dei cognati«, G. Lenzo-Centi.

menschlichen Verwandtschaftsgraden, ihren Festschreibungen und letztendlichen Definitionen. Dabei jedoch ist das Wort »zwischenmenschlich« nicht allzu eng zu nehmen, denn vor allem im späten Mittelalter, kurz vor dem Umkippen der Scholastik ins Lächerliche, mußte, wie noch zu sehen sein wird, eine Frage sich nicht unbedingt damit beschäftigen, ob denn nun – noch einmal sehr überzogen formuliert –, ob denn nun der Schwager mit der Nichte dürfe und wenn ja, warum nicht, sondern sie konnte auch lauten: Wie verwandt ist meine Schulter mit meinem Knie, oder »der arsz mit der nasen«?

Es müssen nun nicht alle herkömmlich überlieferten Positionen des scholastischen Zeitalters gewissermaßen verworfen werden, sie lassen sich auch heute noch thematisieren, aber man muß endlich auch die, wie immer sie heißen könnten: familiären Fragestellungen einbeziehen. Das wiederum macht die Sache nicht weniger kompliziert.

Wenn schon nicht die Themen selbst hier sich sehr ausführlich darlegen lassen, so sei doch wenigstens das Vergnügen vergönnt, die ganz Großen der Scholastik in einem flüchtigen Streifzug zu würdigen. Aber: wo anfangen, wo beginnen?

Vielleicht mit der sehr fragmentarisch überlieferten, erstmals einen breiten Überblick über familiäre Bindungen des frühen Mittelalters gewährenden »summa cognationis propinquae« des Neuplatonikers Johann Scotus Eriugena, eines ersten bedeutenden Vertreters der Vorscholastik, dessen tragisches und seither mehrfach tragisch verfilmtes Schicksal allen nach ihm kommenden Gelehrten hätte Warnung genug sein sollen?[33]

Oder mit Anselm von Canterbury, der als »Vater der Scholastik« von sich reden machte, das heißt: als besonders

33. Annotat: Die Ermordung Eriugenas, zwei Filme.

schroffer Wächter über das Zölibat und als ebenso schroffer Gegner des sich an manchen Orten bis in seine Zeit herübergeretteten Sippenverbundes? Licht und Schatten seines Lebens lassen sich darstellen anhand der »222 Familien zu Paltenberg«, die sich in falscher Auslegung seiner vor allem früheren Schriften zu der in manchen Kirchenkompendien noch verzeichneten Paltenberger Unität zusammentaten und im Laufe der Jahre an der Oberfläche zwar ein gottgefälliges und frommes Leben führten, in Wirklichkeit aber einen berüchtigten Nichtenkult etablierten, der bald Ausmaße annahm, vor allem bezüglich seiner recht heidnisch anmutenden Verehrungsrituale und gewisser Freizügigkeiten zwischen den Geschlechtern, die hier nicht näher erörtert gehören, daß Anselm von Canterbury unmittelbar vor seinem Tode sich noch veranlaßt sah, das Militär gegen die Unität anzufordern. Vielleicht gehört er sowieso zu den am häufigsten mißverstandenen Männern seiner Zunft, angetreten jedenfalls war er mit der erklärten Absicht, die innerfamiliären Bindungen, quasi den Glauben an den Familienverbund rational zu durchdringen, ihn festzuschreiben. Sein zunächst nur auf diese Absicht gerichteter, von späteren Generationen jedoch sehr viel allgemeiner und somit verflachend zitierter Wahlspruch »Fides quaerens intellectum« habe, so heißt es bei vielen Autoren übereinstimmend, die Scholastik überhaupt erst inauguriert. Unerwähnt bei jenen Autoren bleibt Avocats (wie er fortan sehr garstig von den Überlebenden zu Paltenberg genannt wurde) epochales Werk über das Levirat und die Neuerfindung der Schwagerschaft sowie seine Exegese zu affinisen Strukturen im Alten Testament.

Aber bevor man hier womöglich ins Leere redet bei so viel geleertem Zeugs, an dem heutzutage ohnehin nur noch einige Idioten der Neuen Art Gefallen finden, bevor also die Riege der Scholastiker weiter ausgezählt werden soll, ist – es wären zu viele Namen zu nennen – eine noch schärfere Zäsur zu setzen, muß es zunächst erlaubt sein, noch einmal in harter Metzgermanier ans Fleisch zu gehen oder, falls das Bild zu grob gerät: sich die Dreistigkeit der Erstsemestler anzueignen, die ja in der Regel auch nix von den Dingen verstehen, über die sie am liebsten reden, und das geringste gemeinsame Kürzel über die Scholastik herauszuschälen und zu verkünden im Brustton derer, die scheinbar die Weisheit mit Gabeln spießten: Scholastik ist erstens: die Wissenschaft von den Verwandtschaftsbeziehungsweisen. Zweitens: die Emanzipation einer Magd, nämlich der Philosophie von der Theologie. Drittens: die Wiederentdeckung plus Erwirtschaftung eines würdigen Platzes im christlichen Denken für einen heidnischen Allroundgelehrten. So einfach.

Erstens ward bereits gesagt.

Zweitens ist bekannt.

Bleibt nachzutragen als drittens: Aristoteles! Die Aristotelische Genealogie, die wiederum gewöhnlich verkauft wird in euphemistischer Manier als »Aristotelisches System«, als »Aristotelische Ordnung«, »Aristotelische Lehre« und wie auch immer man umschreiben mochte, was einige Hunderter lang dem christlichen Occident einverleibt und daselbst schwer verdaut, nämlich wieder und wieder bekämpft, umworben, gefeiert, verspottet, gehaßt, gebannt, rehabilitiert, verunstaltet, gespalten, vergessen, neu verteidigt und neu vereidigt wurde.

(Die Frage, warum ausgerechnet dem, wie Luther ihn nannte, »ranzigen« Aristoteles diese späte Ehre zuteil wurde im Abendland, mag ja vielleicht ebenso absurd erscheinen wie beispielsweise jene, warum die meisten Eier ziemlich rund sind, doch wurde sie von den Koryphäen der Neuzeit quer durch alle Schulen, Konfessionen und andere Gewächshäuser hindurch so mannigfaltig und leidenschaftlich diskutiert, daß es letztlich den Anschein hat, als hätte sie doch eine Berechtigung. Unter, wie gesagt, konsequenter Vernachlässigung genealogischer oder der Genealogie verwandter Ansätze – selbst Aristoteles' ironischer Musterbogen zur Ausstellung pedigreescher Urkunden wurde verschwiegen –, schränken manche den Einfluß des antiken Gelehrten ein auf die »formale Schulung« des christlichen Denkens, andere erweitern dies etwas und sprechen von seiner »Rhetorik« vornehmlich, und wieder andere einbeziehen sogar etwas, das sie in großen gesperrten Buchstaben entweder die »Logik des Stagiriten« nennen oder die »Metaphysik des Zyklopen«. Desweiteren finden sich mitunter ein wenig an den Haaren herbeigezogene und jetzt nicht weiter zu würdigende Betrachtungen über den unverhofften »Erfolg« Aristoteles'[34] als auch wunderschöne lange Aufsätze und Dissertationen voller Anmut und gelehrter Distanz über etwas, das gedolmetscht etwa heißen könnte: »Das Neue Denken«. Faßt man nun all diese Autoren zusammen und bemüht sich ein, wirklich, allerletztes Mal um den kleinsten gemeinsamen Nenner für den Einfluß des Altmeisters, um ein letztes gemeinsames Bild, so gräbt man am besten die Klamotte aus vom Huhn und vom Ei und leitet aus den Schwierigkeiten, die dazugehörige Frage zu beantworten, die Frage also, was von beiden Mutter war und was die Tochter, den exquisitesten aller Gottesbeweise ab. Schließlich ist diese kleine Mitgift des Heiden von einer Durchschlagskraft, wie sie aus eigener Zucht das Christentum nie aufbrachte. Wer, wenn nicht Gott höchstpersönlich, sollte darauf eine Antwort zu geben wissen?)

Es führt kein Weg vorbei an Aristoteles. Doch darf der Name genügen für die erbetene Zäsur in der Fortführung der Auszählung. Es sollen darin nur noch die scholastischen Turner vorkommen, denen ein sehr deutlicher Bezug zu

34. Annotat: E. Rammlkopf zu Aristoteles' Hierarchie der Seelen.

Aristoteles zugeschrieben wurde, was den Kreis zwar einerseits enger, den rein zeitlichen Bogen jedoch ganz und gar nicht schrumpfen, sondern eher größer werden, auf ein sattes Halbesjahrtausend aufblähen läßt. Nämlich reicht er nunmehr zurück zum letzten »Alten Römer« und dem überhaupt ersten Scholastiker, dem römischen Senator und Übersetzer Boëtius, dem vor allem in letzterer Funktion eine Mittlerrolle nachgesagt wird zwischen Aristoteles und dem abendländischen Mittelalter, oder wenn's einmal genauer sein darf: dem abendländischen Streit um die exogame Unterlaufung eines allgemeinen endogamen Sittenkodex.

Weiter sind zu nennen zwei Herren, die sich das Verdienst teilen müssen, eine Art christlichen Aristotelismus recht eigentlich kreiert zu haben. Das ist das Universalgenie Thomas von Aquino, dessen äußerst radikale Deszendenztheorie zwar bis zum heutigen Tage von verblüffender Überzeugungskraft blieb, doch innerhalb seines Gesamtwerkes weniger Beachtung fand und dessen Auslegung speziell zu 1. Mose 38, das ist die Geschichte mit dem roten Band, also die Frage nach dem Erstgeborenen (Serach oder Perez), in späteren Thronfolgeprozessen noch zu trauriger Berühmtheit gelangte; es sind eine ganze Reihe von Kriegen geführt worden nur unter Berufung auf dieses kleine Schriftlein. Und der zweite im Bund ist Albertus Magnus, der Vater aller schwarzen Kunst, welcher wohl nicht ausgerechnet in den 30er Jahren des 20. Jahrhunderts kanonisiert wurde, weil er den kognativen Geschlechtertafeln und somit einer verwaschenen Geschichtsschreibung den Kampf angesagt hatte und einige Schriften verfertigte zur – gerade im zweiten Drittel dieses Jahrhunderts sehr aktuell: »reinen Agnation«, sondern wohl darum, weil er als der erste bedeutende Deutsche gilt im auserwählten Reigen.

– Vorsicht Geschichtsschreibung!

Das hatten wir schon mal: Leumull reagierte absolut auf Reizworte. Vorsicht Geschichtsschreibung! wiederholte er etwas bedächtiger, so daß es wie ein therapeutischer Ratschlag klang. Die tun doch immer so, fuhr er fort, als hätten sie alle Rätsel dieser Welt gelöst & den Stein der Weisheit gefunden, ganze Halden davon, denkt man manchmal. Und haben ja doch bloß Knete in den Händen. Sie wissen, was ich meine?

Ich wußte es, und mir gefiel, was er sagte. Doch noch bevor ich ein Kompliment hätte aussprechen können, raste er in seiner Rede auch schon fort. Vielleicht in dem Bemühen, einmal wirklich auf meine Sorgen & Interessen einzugehen, zumindest völlig übergangslos führte er aus:

– Ich habe ja damals vor '83 auch gar nicht so richtig herausgefunden, was es plötzlich mit dieser Lutherei auf sich hatte, woher auf einmal diese Manie kam. Und was die plötzlich fanden an diesem, diesem Glöckner der frühbürgerlichen Revolution, diesem Erfinder der deutschen Sprache, diesem – was haben die sich doch überschlagen? –, diesem ersten großen weiß der Kuckuck was alles, eben am deutschen Reformator? Was die überhaupt wollten, außer vielleicht, von Lutherstätte zu Lutherstätte pilgernde Ami-Touristen ins Land locken?

Alles seine Worte. Ich habe nichts hinzugedichtet. Und war sehr angetan heute von Herrn Leumull. Immerhin hatte er sich all solches Reden ja in relativ wenigen Sitzungen angeeignet. Kurzum: ich war stolz. Ja, stolz auf ihn, stolz auf mich. Und hätte vor jedem Richter geschworen, ihn zu solch lästerlichen Reden nicht verführt zu haben. Oder gar aufgefordert. Im Gegenteil: sofort hatte ich versucht gegenzusteuern & ihn darauf aufmerksam gemacht, daß doch Martin Luther neben Brandt, Sachs, Fischart, Hutten & Jacob Fugger nicht unerhebliches literarisches Talent besaß. – Womit ich noch einmal sagen will: nein, ganz bestimmt hatte ich Herrn Leumull nicht zu solch lästerlichen Reden angestiftet. Andererseits aber nahm ich sie zum Anlaß, nun meinerseits eine kleine Fregatte vom Stapel zu lassen, an seine Warnung vor Geschichtsschreibung anknüpfend zu berichten von einigen leidvollen Erfahrungen (die Hutten die Königin aller menschlichen Dinge nennt):

– Bei mir hat es mit Stadtgeschichte angefangen. Monate lang hab ich immer nur so was gelesen, da wird man von ganz fuchtig im Kopf. Und irgendwann, als ich die wichtigsten dieser Wichtigtuer schließlich intus hatte, da hätte kein Mensch mir auszureden vermocht, daß von Halle an der Saale die Neue Zeit ausgegangen war, die Bewegung. Vom Stadtgottesacker zu Halle, jawohl! Die wesentlichste Bastion der Neuen Lehre war nicht das nahe Wittenberg, sondern die Stadt Halle! Denn das Rad der Reformation war gewissermaßen nur darum ins Rollen geraten, weil der Kardinal Albrecht den erfolgreichsten aller Ablaßprediger in die Stadt geholt hatte.

Ob er sich meine Ernüchterung vorstellen könne, fragte ich. Eine Ernüchterung, die mich damals überkam, als ich mich nur spaßeshalber einmal dazu herabließ, auch mal etwas anderes zu lesen, Geschichte zum Beispiel, die über den städtischen Gartenzaun hinausreichte, deutsche Geschichte?

– Da war ich also endlich über die Stadtgrenzen hinausgetreten, hatte den vermeintlichen Nabel aller Geschichte hinter mir gelassen, und es dauerte nicht lange, da verlor ich auch schon, mal bildlich, den Boden unter den Füßen. Wo blieb meine schöne Stadt plötzlich ab? Binnen kürzester Zeit war daraus ein beliebiges Provinzkaff geworden, ein Nest mit einer damals schon schmutzigen & stinkenden Innenstadt. Nur einige demagogische Lokalpatrioten übelster Sorte hatten mir einen Rausch von Welt eingegeben.

In meiner grenzenlosen Deprimiertheit & zu allem Überfluß gerieten mir einige Schriften über europäische Geschichte unter die Augen. Ja schlimmer noch: über Geistesgeschichte – es war furchtbar, ganz furchtbar.

– Ich erinnere mich noch genau daran: gerade hatte ich mich mit Marco Polo in die Welt gestürzt, hatte mir die ersten Lateinkenntnisse angeeignet, war auch in die Welt der Scholastik eingetaucht, eines wirklich schlechten Tages also, die Dämmerung war bereits hereingebrochen, schmutzige Nebel lagen in der Stadt, da ließ ich, so behutsam es nur ging, die Türe des hallischen Stadtarchives ins Schloß gleiten von außen, sehr darauf bedacht, daß nur keiner mein Verschwinden bemerke, schon fand ich mich auf dem Marktplatz wieder, zu Füßen des steinernen Rolands, zu dem mir gerade mal noch ein paar Zeilen des Deutschlandreisenden Heine einfielen – das war schon Welt! –, lief voller Verwirrung um den Rothen Turm herum, dessen Baugeschichte ich auswendig kannte, schaute die Mauern des Turmes entlang nach oben & schwor mir, ja ich schwor mir bei allem, auf das ich noch hätte schwören können, keine Stunde meines Lebens an Dinge zu verschwenden, die in den Sternen lagen. Das schwor ich & meinte es wörtlich. In den Sternen!

Dem Gesicht Herrn Leumulls haftete die träge Masse des Mitgefühls an. Mit einer Stimme so warm & so fürsorglich, wie ich sie noch nie von ihm vernommen hatte, fragte er mich, ob ich manchmal Träume hätte, schwere Träume, über die ich vielleicht reden sollte. Vielleicht wäre das gut für mich...

Aber ich hatte keine Träume, zumindest solche nicht, die mit der geschilderten Angelegenheit zu tun hätten. Außerdem: so schwer lastete die Sache ja auch wieder nicht auf mir. – Andererseits aber wollte ich Herrn Leumull nicht enttäuschen:

– Klar habe ich Träume, sagte ich & fügte hinzu: Aber ich rede nicht gern darüber. Ist mir unangenehm, zu privat. Sie verstehn?

– Sind sie denn so, so delikat, Ihre Träume? fragte er.

Höchste Nervosität simulierend & mir hektische Röten ins Gesicht zaubernd, blieb ich ihm für heute eine Antwort schuldig. Schließlich unterbrach Herr Leumull das peinliche Schweigen:

– Vorsicht Geschichtsschreibung! wiederholte er gedankenversunken seine eingängliche Bemerkung & beendete die Stunde.

Und vorletztlich zu erwähnen ist natürlich auch Alexander von Hales, der bereits rühmlich in Erscheinung getretene Ablaß-Hales von oben, der bei seinen Experimenten zu geraden und ungeraden Linien in der Ahnenforschung sowohl den dritten Verwandtschaftsgrad neu definierte als auch einen vierten anregte, nämlich als tiefer Verehrer des persischen Dichters und Beamten Fachre Gorgani (Fachro'd-din As'ad) einer erstaunlich liberalen Inzestauslegung das Wort sprach, jedoch über seinen in dieser Beziehung aufschlußreichen Exegesen zur Lotschen Problematik (1. Mose 19) und zum fälschlicherweise allzusehr in den Inzestruch gestellten Verhältnis zwischen Juda und Thamar (noch einmal Mose 38; Aquinos eben erwähnte Auslegung desselben Textes hatte ja ursprünglich eine Entgegnung darauf werden sollen!) leider viel zu zeitig verstarb. Man bezeichnet von Hales als den »ersten Repräsentanten« der Hochscholastik, was eher als qualitatives Kriterium gemeint sein dürfte, und als den »ersten«, der den »ganzen Aristoteles« herangezogen habe, was wiederum ziemlich vermessen klingt: den ganzen – um Hümmelswillen.

Und schließen ließe sich der Bogen endlich Anfang der 20er Jahre des 16. Jahrhunderts mit Martin Luther, der an seiner berühmten, dem christlichen Adel dedizierten Reformationsschrift saß, während ihm zugleich eine äußerst komplizierte Erbschaftsangelegenheit in der eigenen Familie zu schaffen machte, und, weil die Sache nicht günstig stand für ihn, sich etwas vergaß in diesem Zusammenhang und von Aristoteles sprach als dem verdammten, hochmütigen, schalkhaftigen Heiden[35].

Das Maß ist voll, der Bogen rund, der Kreis geschlossen; bleibt nach all dem Debattieren und Disputieren, nach all den Bemühungen um die Wahrheit, das heißt: nach all den Bemühungen, eigene Wahrheiten dem anzupassen, was als »die Wahrheit« galt von Amtswegen, nach all dem bleibt zu fragen, wo denn eigentlich das Amt selber abblieb, das Mutterthier, die Kirche über die Säkula hinweg; die Institution Kirche? – Abgesehen davon, daß sie womöglich mit anderen Dingen beschäftigt war, als sich um die unmöglichsten Spleens aller ihrer spinnerten Söhne zu bekümmern, blieb sie doch von alledem auch nicht gänzlich unberührt.

Es darf hier im nachhinein ein mitleidsvoller Toast ausgesprochen werden auf die gute alte Dame, die immer fetter und fetter wurde, immer mehr und immer schwerer zu Verdauendes eingelöffelt bekam, sich den einen oder anderen Raptus nicht versagte, hin und wieder lauthals protestierte gegen die immer aufdringlicheren garçons terribles, Synode auf Synode abräumte, um endlich einmal Reinentisch zu machen, nämlich den immer leckerer garnierten Heiden von selbigem hinwegzufegen ein für alle Male – Gregor IX. verbot höchstleibhaftig, Aristoteles an der Pariser Universität zu unterrichten –, die ihn andererseits aber peu à peu immer wieder neu aufgedeckt bekam, den »reinen Aristoteles«, wie schließlich die alte Dame bête eingestand, gereinigt von den arabisch-judaistischen Zutaten, den Verirrungen;

35. Annotat: L. R. Hallor über P. Pomponazzi & den Betrug der drei Gesetze.

längst häretisierten die Geister unter dem Deckmantel der Trennung von Philosophie und Theologie durch die mittelalterlichen Küchen, trugen die Burschen auf, was auch immer sich zusammenkochen ließ, garnierten, servierten und fütterten ein, eins für Mama, eins für Papa, eins fürs Synödchen, eines fürs Dekretchen!

Es scheint gerechtfertigt zu sein, auch zur besseren Illustration des Gesagten, nunmehro etwas Spaß folgen zu lassen; und zwar einmal in groben Zügen sich eine jener berüchtigten Disputationen auszudenken, warum nicht zwischen den beiden bekanntesten Obmännern ihrer Zunft, zwischen dem bereits erwähnten Deszendenztheoretiker Thomas von Aquino und der letzten oder richtiger: der vorletzten großen Denkergestalt des Hochmittelalters, dem Aszendenzbefürworter und Schotten Duns Scotus? (Dabei müssen jedoch aus Zeitgründen die erwähnten familiären oder genealogischen Aspekte etwas außen vor bleiben, soll sich statt dessen ausschließlich konzentriert werden auf einen Gegenstand namens Gott und darauf, was dieser gern hätte.)

Über die äußeren Bedingungen ist vorweg nicht viel zu verlautbaren, das Übliche eben: es ist Sommer, das Wetter nicht übel, viel Volk auf den Straßen und haufenweise Prominente heute morgen unterwegs. Irgendeine städtische Turnhalle, der Ratssaal, eine beliebige Aula, in der noch ein wenig um die besten Plätze gefeilscht wird. Die Honoratioren des öffentlichen Lebens auf gepolsterten Stühlen, die Verehrerrudel der Oratoren auf harten Bänken, blockweise. An den Wänden ringsum in lateinischer Sprache Transparente allgemeineren Inhalts. Einige junge Mädels verteilen Kleinigkeiten zum Knabbern ans Publikum, in den Vorräumen Imbißstände mit herzhafteren Dingen im Angebot. In der Mitte des Raumes zwei Stehpulte, improvisierte Kanzeln, eigens für die Veranstaltung zurechtgeschreinert. Dahinter haben bereits die Akteure Stellung bezogen und jeweils zwei Sekundanten, heute würde man sagen: Bibliothekare, die ganze Batterien von Schriftrollen und Büchermunition für den Ernstfall präparieren.

Es ist anzunehmen, daß nach feierlicher Eröffnung der Veranstaltung – ein kleiner neutraler Gottesdienst wäre denkbar, ein Händedruck der Rivalen einschließlich gegenseitiger Einschwörung auf Fair play und der Austausch der Wimpel –, daß nun Thomas, weil er unbestritten das Recht des Älteren genießt, als erster zu reden beginnt, um bei Gelegenheit zu der Behauptung zu gelangen: Gott ist das *Sein,* was er ausführlich begründen wird.

Wir sehen ihm gegenüber den jungen flattrigen Scotus, wie er unruhig von einem Bein aufs andere trippelt, sich einige Male gequält über das Pult beugt, wieder und wieder in seinen Büchern blättert, einmal bestätigend nickt, ein andermal raffinierte Runzeln sich auf die hohe Stirn zaubert, auch sonst nichts ausläßt, sich warm zu halten und bei Laune, schließlich es aber doch nicht mehr länger aushält, darum sich energisch in die Höhe streckt, noch energischer dem Deckenfresko entgegen seine beiden Hände hebt und von so weit oben nun dem Alten entgegenschmettert: Gott ist der unumschränkte *Wille!* – Daß er postwendend in seine natürlichen Körpermaße zurücksackt und zu reden beginnt, lediglich den rechten Zeigefinger wieder einzuholen vergißt, verdient nur am Rande erwähnt zu werden.

Nunja! Thomas ist ja wirklich schon einige Monde älter, also bedächtiger und voller Geduld – man kann getrost ein starkes Stück Zeit in den Raum gehen lassen, draußen steht die Sonne auf etwa 2: pm, bis er dann doch einmal dem Hitzkopf Einhalt gebieten muß, zumal ihm längst etwas sehr wesentliches hierzu eingefallen ist, was er verständlicherweise auch loswerden möchte, nämlich: Gott *will,* was gut ist! – Einige erfrischende Zwischenbemerkungen über den göttlichen Willen, der der göttlichen Weisheit nachgeordnet sei, wird er seinen versammelten Anhängern und Gegnern keinesfalls vorenthalten.

Wir dürfen erneut einige Fuhren Sand durchs Glas laufen lassen, höchstens dreimal pro Auftritt ist verabredet, um erst dann wieder einzusetzen, als der erstaunlich gemäßigte, nun beinahe wie der Reifere wirkende Doctor subtilis Scotus hinter seinem Pult hervortritt, einige bedächtige Schritte auf die Festung des Kontrahenten zu, aber unverrichteter Dinge wieder zurückspaziert, dabei die Arme fest hinter seinem Rücken verschlossen hält, sinniert, an bestimmten Stellen finstersinnig lächelt und bald mit trockener, ein klein wenig nasaler Stimme doch endlich eines klargestellt wissen will: *Was* Gott will, das ist *gut!* – Auch den feindesparteigängernden Stücken Publikum kann während der nächsten beiden Glaswenden eines nicht verborgen bleiben: der spritzigere und subtiler argumentierende Redner heute, der heißt Scotus, Duns.

Und vor allem das: es ist kaum zu glauben: das hat die Welt noch nicht gesehen: eine kleine Sensation liegt in der Luft: Thomas scheint sprachlos zu sein, geschlagen! Wir sehen ihn eine lange Zeit grimmig und irgendwie sogar bedürftig hinter seinem Pult verharren, dann seine Sekundanten ziemlich grob beiseite schieben, um eigenhändig in dem Bücherstapel zu wühlen, aus dem er auch bald ein ganz besonderes Rarissimum hervorkramt. Er schlägt es auf. Er liest. Und ganz offenbar liest er die Kraft heraus, das drohende Debakel abzuwenden. Tatsächlich hellt sich sein Gesicht wieder etwas auf, ebendies tun auch die Gesichter seiner Anhänger ringsum. Er hat sich wieder gefaßt und also den, wie er fairerweise in seiner nächsten Eröffnung einräumt, nicht uninteressanten Gedanken verarbeitet. Wenn zwar auch nach geschlagenen vier Gläsern Sand, so doch aber um so leidenschaftlicher trägt er vor: Der Wille Gottes ist durch die Erkenntnis des Guten determiniert! – Jawohl, determiniert!

Oi! – Auch das hat eingeschlagen. Durch die Reihen der Zuhörer rollt ein gewaltiges Raunen. Oder ist es nur das Gewitter draußen, das herangezogen war, als es zu dämmern begann? Ganz deutlich erkennen wir die wie von einem Wetterleuchten erhellten Gesichter jetzt aller Versammelten. Die Dramatik hat offenbar einen Höhepunkt erreicht.

Andererseits – es soll hier zwar knapp, doch gerecht berichtet werden –, andererseits wird es aber auch nicht wieder dunkel und still, als Scotus, freilich etwas zu brüsk für unseren neuzeitlichen Geschmack, kontert sans phrase: Der Wille ist absolut *frei!* – Seine anschließenden Ausführungen dauern einen doppelten Sanddurchlauf an, die Ausführungen darüber, warum die Entscheidung beim Willen liege. Welche Entscheidung bei wessen Willen, diese Kleinigkeit verlor sich bedauerlicherweise in zwei demonstrativen Geräuschen aus der thomistischen Ecke.

Und auch dies darf nicht verschwiegen werden: es scheint sich unter den anwesenden Herrschaften nun eine gewisse Müdigkeit breitzumachen, immer öfter mischen sich geräumige Gähnen in den Vortrag des Scotus. Der einen, verwöhnteren Hälfte – oder sollte man besser sagen: Generation? – wollen womöglich selbige Ausführungen schon wieder etwas zu harmlos klingen, zu kompromißbereit vielleicht, zu fraternisierend, während die anderen 50 Prozent offenbar recht bald beschlossen hatten, nichtzuhörenderweise gegen den jungen Mann zu protestieren.

Und durch die Fenster der Turnhalle sieht man einen schönen klaren Morgen aufziehen.

Diese allgemeinen Auflösungserscheinungen sollen auch als Grund herhalten, uns jetzt aus jenen zum Selbstausmalen gedachten Kapriolen der Eristik auszublenden, das Plauderstündchen zu verlassen, das eben alles andere gewesen wäre, bloß kein Stündchen. (Jene wirkliche Disputation, die im Jahre 1519 zu Leipzig auf der Pleißburg zwischen Martin Luther und Andreas Karlstadt einerseits und Johann Eck andererseits stattfand, dauerte, wenn auch von einigen kürzeren Pausen unterbrochen, immerhin länger als drei Wochen, allein der Part zwischen Luther und Eck vom vierten bis zum vierzehnten Juli.[36])

Bei allem, was darüber bekannt ist, wie derartige Gefechte ausgetragen wurden, kann man sich nicht nur einen Tag plus eine Nacht, sondern Wochen reiner Redezeit ausrechnen. Die Sprache wurde steif und trocken, so zumindest heißt es, und langweilig und grob; es sei dahingestellt, ob die beiden letztgenannten Attribute in einem Atemzug genannt gehören.

Wenn ein Scholastiker eine quaestio behandelte, so führte er zunächst praemissis praemittendis alle vorrätigen Meinungen dazu an, ging fortfolgend auf die Gründe ein, auf welche jede einzelne Meinung sich stützte, in komplizierteren Fällen konnte es auch nicht schaden, die Gründe der genannten Gründe zu erörtern, machte sich anschließend daran, die Gründe und Gründesgründe der nach seiner Meinung unrichtigen Sätze zu widerlegen, baute sich bald auch Gegengründe für die Gründe der Widerlegungen auf und so weiter, bis er irgendwann sehr verhalten zunächst, bald aber mit vollem Effet dazu kam, Gründe seines ganz eigenen Systems subtiler Spitzfindigkeiten und Holzhammersätze in – dies muß sehr wesentlich gewesen sein – ostentativer Rhetorik zur Schau zu bringen, soll heißen: zu Gehör.

---

36. Annotat: Luther in Leipzig & ein Schwarzbuch für Falschspieler.

So also standen sie sich, freundlich die Beißerchen fletschend, gegenüber bis zum Ausgang des Mittelalters: die Thomisten und die Scotisten. Doch wie man weiß und es schon bei den Arabern von Spanien zu sehen war und den Juden, también de españa, sind aller guten Dinge drei! Es ist unbedingt noch einzugehen auf eine Spielart, die die Wissenschaft unter dem Begriff Nominalismus definiert als Richtung, nach der die Allgemeinbegriffe nichts Wirkliches sind, sondern nur Namen für die konkreten Dinge; korrekter wäre es, von dem wiederkreierten Nominalismus zu sprechen, einer Pachtarche der Scholastik, die auch sehr gern gechartert wurde von den weltlichen Fürsten ihrer Zeit, vorzugsweise von denen, die es für notwendig erachteten, ihre weltliche Macht gegen pffexsche Ansprüche zu betonen.

Der dazugehörige Mann heißt Wilhelm von Occam. Nachschlagewerke vergessen nicht, ihn ganz wie nebenher einen Bakkalar zu nennen, unter flüchtigem Hinweis darauf, daß er es nicht zum Magister gebracht habe.[37]

Über Martin Luther, der nicht als sehr profunder Kenner der scholastischen Literatur gilt, heißt es, sein Bild von der Scholastik sei vornehmlich geprägt worden von dem den Glauben noch schärfer als andere vom Wissen, die Theologie von der Philosophie, die Kirche von der Welt trennenden Franziskaner Wilhelm von Occam. Die Sekundärliteratur tut sich etwas schwer damit, das Verhältnis zwischen den beiden Herren festzuschreiben. So wenig zu übersehen eine Reihe polemischer und überaus spöttischer Bemerkungen Luthers zu und über Occam sind, so wenig zu übersehen ist auch, wie klammheimlich und unbekümmert der spätere Reformator eine ganze Palette Occamscher Gedanken adoptierte; insbesondere ist es seine Rechtfertigungslehre, die über weite Strecken abgekupfert wirkt. Man

---

37. Annotat: »Wo Rauch ist, ist Feuer«, Ben O'Connell, dt. N. Jochtal.

könnte mit Blick auf die beiden Männer von einer »liaison« sprechen voller Haß und heimlicher Liebe seitens des Spätergeborenen.

Auch, natürlich, zu Luthers Kampf gegen den Papst zu Rom finden sich Parallelen. So lebten beide Männer die meisten und schönsten Jahre ihrer Leben unter päpstlichem Bann. Occam, der seinerseits bereits eine radikale Scheidung von Staat und Kirche eingeklagt hatte, opponierte desweiteren gegen die Suprematie des Papstes und sympathisierte im berühmt gewordenen »Armutsstreit« mit den Fraticelli, welche – sie galten als Extremisten innerhalb des Franziskanerordens – frech und bitter behaupteten, es hätte schon seit Jahrhunderten gar keinen richtigen Papst mehr gegeben, Christus und die Apostel, wie auch deren recht eigentliche Nachfolger, die Franziskaner eben, hätten kein Eigentum besessen. Dem Papst warfen sie seinen Reichtum vor und schimpften ihn den Statthalter eines neuen Babels oder noch tolldreister: den größten Häretiker aller Zeiten und Klassen, worauf dieser wiederum die Fraticelli eiligst als ultrahäretisch verurteilte.

Zu Avignon war seinerzeit gegen Occam ein Gesinnungsverfahren eingeleitet worden, das sich über einige Jahre hinzog und schließlich beinahe einigermaßen glimpflich ausgegangen wäre, hätte das nicht der oberste Oberhirte per Veto zu verhindern gewußt, woraufhin der Angeschuldigte es vorzog, sich gemeinsam mit zwei Leidensgefährten aus päpstlicher Haft zu empfehlen und nach Pisa zu flüchten zum, wenn schon nicht Gesinnungsgenossen, so doch aber ihm aus gewichtigen Gründen wohlgesonnenen Ludwig dem Bayern. Auch dieser clinchte seit Jahren gegen das katholische Oberhaupt, weil – aber das wäre schon wieder eine ganz andere Geschichte.

Nebst seinen Anschauungen zu Glauben und Vernunft, die ihn unter anderem zu einer ziemlich delikaten Haltung führten bezüglich der Gottesbeweise (Occam hielt Existenz, Allmacht, Einzigartig- und Unendlichkeit Gottes für so erwiesen wie unmöglich beweisbar und mochte auch die Unsterblichkeit der menschlichen Seele lieber nicht der natürlichen Erkenntnisfähigkeit anvertrauen), war eines der wesentlichen ihm zugeschriebenen Verdienste, die endgültige Degeneration der Scholastik forciert zu haben. Doch auch darüber läßt sich streiten, denn schließlich wird man nach gründlichen Studien eingestehen müssen, daß auch die Fragen des Wilhelm von Occam, von Vertrauten Will genannt, ihre Existenzberechtigung haben, ob beispielsweise denn nicht Gott ebenso die Gestalt eines Steines als die eines Menschen hätte annehmen können oder ob denn nicht Gottvater hätte sterben können an Sohnesstatt?

So was muß geklärt werden!

Vor allem unter Hinweis auf die nicht allein zwischen-, sondern ganz besonders auch innermenschlichen Verwandtschaftsweisen war auch die Frage berechtigt und nicht ironisch gemeint, ob der Kopf des Erlösers nicht auch seine Hand hätte sein können und seine Hand seine Augen.[38]

Der Genialität Wilhelms kasuistischer Glanzschnuppe schließlich wird sich kaum noch jemand verweigern können, seiner in einem Antwortbrief an Hymena di Penissa (eine der interessantesten Frauen des Mittelalters, die weiter vorn vorzustellen leider keine Zeit geblieben war) erstmals formulierten These nämlich:

Gott Vater ist der Sohn der heiligen Jungfrau; der heilige Geist ist der Mensch, der der Sohn der Jungfrau Maria ist.

O: lé!

---

38. Annotat: »Dann je der Arsz ist viel verwandt«, Johann Fischart.

Aber da hatte ich mir ja vielleicht etwas eingebrockt. Träume, seit einigen Sitzungen, nervte mich Leumull immer wieder damit, daß ich ihm Träume erzählen sollte.

– Erstmal fällt so was schwer, sagte er, aber Sie werden sehen: dann geht's einem um so besser. Wenn man sie erst einmal rausgelassen hat. Sie müssen's einfach bloß mal versuchen, ich helf Ihnen doch.

Also gut. Die Sache mußte vom Tisch. Aber was in aller Herrgottsnamen könnte ich bloß geträumt haben? Es sollte mit der Jungfrau Maria zu tun haben, überlegte ich, bemüht, den Faden meines Vortrags nicht ganz zu verlieren:

– Wenn ich träume, sagte ich endlich, dann verschwindet immer alle Chronologie. Nie weiß ich, in welcher Zeit ich mich gerade befinde. Und oft trete ich in den Gestalten gleich mehrerer Personen auf, ich meine, in ein & demselben Traum, mal als der, mal als der.

– Nicht schlimm. Gar nicht schlimm. Nur erzählen. Einfach rausplappern. Machen Sie nur!

– Also gut: am liebsten bin ich Frauenarzt. Oder wie heißt das bei Ihnen? Gynäkologe, so was. Ja, ist mir peinlich, meistens bin ich Gynäkologe Anfang zwanzigstes Jahrhundert.

– Und?

– Und komisch, manchmal, da bin ich aber auch plötzlich ein Scholastiker; vielleicht dreizehntes, vierzehntes Jahrhundert.

– Und?

– Mehr ist eigentlich nicht...

– Aber es muß doch was passieren, egal wann. Man träumt doch nicht einfach bloß, daß man der & der ist. Was passiert denn dann?

– So irgendwann in der Mitte zwischen beiden, vielleicht so siebzehnhundertnochwas, da sehe ich mich selbst im Traum, und zwar mit kräftigen Stricken fest an einen Baum oder so was gebunden, nein, an einen Pfahl. Unter mir wird gerade ein Haufen von Holzscheiten angezündet. – Je mehr ich darüber nachdenke, um so klarer wird es mir: ich soll als Ketzer verbrannt werden. Es ist immer ganz schrecklich, und immer wache ich auf, wenn das Feuer schon meine Beine erreicht.

– Und Sie haben gar keine Ahnung, warum? Also warum Sie brennen sollen? Und wie die einzelnen Informationen zusammengehören, mal Mittelalter, mal Jetztzeit, mal dazwischen?

– Nicht so genau. Das ist alles so weit weg, so verschwommen...

– Sie wollen es nicht sagen?

– Ich wöllte schon, es ist bloß, daß ich nicht recht weiß, also, wie man so was erzählen soll. Es ist so konfus alles... Also: weil ich irgendwie Hunderte von Frauen gezwungen hab, sich vor mir auszuziehen, splitternackt...

– Aha, konstatierte Herr Leumull.

– Nicht, was Sie gleich wieder denken: ich mußte die alle bloß untersuchen. Sie wissen doch, als Frauendoktor...

– Und? Das ist Ihr Beruf, muß man doch nicht gleich für verbrannt werden.

– Eines Tages aber erschien ein Buch von mir. Und wie so ein Traum es eben gerne hat: ausgerechnet am Tage der Heiligen Jungfrau. Ich sehe Prozessionen & all solches Zeug... Also ein Buch, in dem ich nachwies, ja nachwies & statistisch belegte, daß... also in dem ich Fälle auflistete von vollzogenem Beischlaf & sogar vollzogenen Schwängerungen bei vollkommen, ja, denken Sie nur, bei vollkommen unverletzten Hymen. Sogar einige Entbindungen waren dabei. Frauen, die schon Kinder gekriegt hatten & trotzdem noch Jungfern warn.

– Und das reichte für eine so drastische Bestrafung?

– Ich weiß ja auch nicht so genau. Vielleicht warn da noch paar Details bei, die mir jetzt nicht mehr einfallen –

jedenfalls hatte man mich als Ketzer verurteilt. Oder wegen Blasphemie irgendwie. Aber was es bedeutet, das alles, ich weiß es nicht. Sie?

Nein, Herr Leumull wußte es auch nicht. Zumindest nicht gleich. Und ich hatte meine Schuldigkeit getan für dieses Mal. Er war wohl zufrieden mit mir.

Alexander von Hales, Albertus Magnus, Thomas von Aquino, Minoritengeneral Bonaventura – nicht alle, aber viele der großen Scholastiker sind früher oder später kanonisiert worden; kaum ein Heiliggesprochener, der nicht irgendwie auch Mystiker war. Oder anders herum: der Typ des »reinen«, womöglich »praktizierenden«, auf jeden Fall gänzlich weltabgewandten Mystikers dürfte der Phantasie eines Wachsfigurengießers entstammen.

Es gehört sich, zumal der Abschluß dieser Ausführungen milde geraten soll, auch diese ›Erscheinung‹ noch kurz zu würdigen, immerhin ist sie schon mit den putzigsten Attributen, nämlich als sprachgewaltig, als moosblumig, brünstig, als halb inzestuöse, halb sodomistische Libido, als schaurig, pompös und düsterschwer gezeichnet worden. Kein Wort ist mit so vielen Klischees besetzt wie das Wort Mystik. Ob nun von christlicher oder nichtchristlicher Mystik die Rede geht, von echter oder unechter, von wahrer oder falscher, von natürlicher oder übernatürlicher, oder ob man den Definitionen von einem drei- oder sechs- oder siebenstufigen Prozeß folgt, immer assoziiert man erst einmal die wunderwie psychopathischen Verzückungen einzelner Käuze und mag es nicht für möglich halten, daß es sich um eine ganz treuche Wissenschaft handelte, die sehr hartes Arbeiten und viel Energie erforderte.

Es darf also darauf verzichtet werden, noch weitere Klischees hinzuzusetzen. Das geschaffene Nichts soll im ungeschaffenen Nichts aufgehen, heißt es bei Johann Tauler, der sich gegen den großen Meister Eckhardt etwas schwächlich-engstlich ausnimmt.[39] Vielleicht ist es auch bezeichnend für das, was man gemeinhin als Mystik besser nicht näher definieren möchte, daß Luther früher gern als beeinflußt, als geprägt galt eben von Meister Eckhardt, bis sich nachweisen ließ, daß er jenen überhaupt nicht gelesen hatte.

Dafür aber die anonyme, ausgesprochen pantheistisch wirkende »Theologia Teutsch« eines Frankfurter Meisters, der einen kabbalistisch-manichäischen Akzent nachzusagen heutzutage längst nicht mehr als mutig gilt; diese soll er, so ist es nachzulesen in den Tischreden, mit einem nicht näher bezeichneten Dessert verglichen haben, welches ihm zuzubereiten sein Eheweib Käthe des öfteren so lieb war; bereits vor und noch nach 1517 ließ er Drucke davon verbreiten. Von dem Büchlein, versteht sich, in dem es über den Mystiker heißt, er müsse erst entbildet werden von der Kreatur, dann gebildet werden mit Christo, zuletzt überbildet werden in der Gottheit. Denn nur der ist ein rechter Mystiker, in dessen Seele Gott den Sohn gebiert, der entbiltet unt uberbiltet ist von gottes ewigkeit unt komen ist in gantze volkomenheit unt vergessen hat aller cergangclicheit unt citliches lebens unt gezogen ist unt ubergevaren in ein goetlich bilde, ein kint gottes worden ist. furbasser noch hoeher ist kein gratte und da ist ewigu ruowe unt selikeit. wann das ende des inren und des nuwen menschen ist ewige lebenne.

Es wäre Sünde, über die mittelalterliche Mystik in all ihrer dunklen, verhangenen, eindringlichen, in all ihrer düsterschweren Gewandtheit (sic!) zu debattieren, sie soll hier umb ihrer selbst Willen nicht zerredet werden. Man würde unweigerlich etwas kaputtmachen, wie etwas kaputtgeht, wenn man ein Gedicht zerredet. Womöglich genügt

39. Annotat: Kosmonaut in spe Waltow über das Ozonloch.

es für einen Eindruck, einmal die Grammatik unseres Machwerkes zu verlassen, statt dessen nur einfach ein wenig stoppeln zu gehen und wenige Worte, Konstruktionen, Satzteile und Sätze nur zu rezitieren, als da wären zum Beispiel »scintilla animone«, »visio beate«, »Exvase des Nichts«, »ungenossene Beschaulichkeit«, »der Mensch muß von Gott bemessen sein«, »soll der Töpfer in die Seele hinein, so muß die Creatur hinaus«, »das Auge, mit dem ich Gott sehe, ist dasselbe, mit dem er mich sieht, dasselbe Auge, eine Liebe, ein Verhengnis«, »das Unvollkommene ist, was aus dem Vollkommenen entsprungen ist, ein Glanz und ein Schein, der da ausfließt aus der Sonne oder aus einem Licht« – oder war es das Vollkommene aus dem Unvollkommenen? – Leiden ist ein kurzes Leid und ein langes Lieb. Leiden bewirkt demjenigen, dem Leiden Leiden ist, daß ihm Leiden nicht Leiden wird. Leiden ist der schnellste Renner, der dich an das Ziel der Vollkommenheit trägt. Es ist der feurige Wagen, auf dem Elias hinaufgefahren gen Himmel. Alle Heiligen sind eines leidenden Menschen Mundschenke, denn sie haben es zuvor verkostet und rufen einstimmig, daß das Leiden ohne Gift und ein heilsamer Trank sei.

Das ist Musik – das ist Mystik. Und Luther war bekanntlich musikalisch. Freilich zupfte sich der Klampfenspieler von Wittenberg später am liebsten die Mißtöne heraus, einen Grundtenor, demnach der Mystiker der äußeren Ordnung wegen das Gesetz um jeden Preis erfüllen müsse, wenn er auch, vereinigt mit Gott, darüber erhaben sei!

Besser klingen will da schon eine charmante Erkenntnis aus dem kleinen, anonymen, zuerst in Frankfurt erschienenen Büchlein, fast ein Kompromiß zum jetzigen, so Gott will klappt es ja noch: atheistischen Jahrhundert: »Gott schuf aus Notwendigkeit, er war zur Schöpfung gezwungen, denn ohne die Schöpfung wäre Gott nicht Gott!«

Das leuchtet ein!

Luther las überwiegend Johann Tauler, auch den Frankfurter las er tief bewegt, so heißt es in einigen Biographien. Aber, so steht es in anderen, aber er las seine Gedanken hinein. Zu den Zinnen der Ekstase einer unio mystica konnte er niemals gelangen, der alte Bauer. Ebensowenig wie er als religiöser Denker gehandelt wird, sondern – das ist vielleicht die originellste Interpretation – bestenfalls als religiöser Lyriker, ebensowenig war er nach allgemeiner Ansicht befähigt, selbst Mystiker zu sein.

Und das sagt ja noch überhaupt nix. Und hinderte ihn nicht, auch ein Heiliger zu werden.

DIE TOTGEBÜRT AUS BÄBSTINS LAIBEN

A. E. I. O. V.

Maximilian (oder ein anderer)

Karl aß leidenschaftlich gern Fisch. Er war seinerzeit das mächtigste Staatsoberhaupt der Welt und besaß den größten Teil Europas sowie ein schönes Stück von Amerika. Er hinterließ 4 Standuhren, 37 Kopfkissen, eine für Zitronenschalen vorgesehene Schachtel, 4 Magensteine, ein einäugiges Pferdchen, 27 Brillen, ein paar alte Knöpfe und Philipp II., der an Arteriosklerose litt.

Will Cuppy

Wie sehr sie unsereinem gestohlen bleiben mögen im Grunde, die Ekstasen ältlicher Jungfrauen, die treuchen Orgasmen von Zölibathens Gnaden, die wundersamen – was sagt das schon? –, die gottischen, die wahrhaft gottischen Verzückungen greiser Schwerenöter, kurzum: die Seelenfünkleins, die man sich unsauber bläulich vorstellen darf, bläulich, wie das Licht der Gasflamme unter der Pfanne, in der eben Butter erhitzt werden soll. Jetzt & hier aber die Rede soll handeln von einem Pulverfaß, dem angeblich Luther ein Fünklein ganz anderer Couleur einzubringen wußte!

Also: am Anfang war ein Pulverfaß. Und davor schuf Gott, der folglich noch früher da war, Himmelstüll und Erdenklump und Schlangengezicht und einen Baum mit Äpfeln dran, grün in grünen ägyptischen Äpfeln, und, gleichsam unreif, Adam.

Und zwischen jenem und dem Pulverfaß – es buckelten sich die Jahrhunderte ins geschöpferte Land – einen Herren namens Maximilian, auch »der letzte Ritter« genannt, eine allerhehrste Überziehung jedenfalls lobgeifernder Protokollanten, der es zugedacht war, in überschaubarer Zukunft einmal den Kaiser von Deutschland zu machen.

Zunächst jedoch, ganz in der Blüte seiner Jugend, begann alles mit einer kleinen vergnüglichen Kremserfahrt des fürstlichen Gecken. Hinein sollts gehn voll Eittel vnnd vrohgemüht in burgundische Besitzung, Maria von daselbst zu freyen, ein junges, blasses, ein, so ward dem Bewerber zugesagt: ein wunderwiebildschönes Ding; erbberechtigt, allerliebst.

Allerliebst, wer weiß das schon, das holde Paar fortan, das zusammen noch keine 40 Herbste zählte und noch vor dem ersten Hochzeitstag so gnädig sich zeigte, ein erstes schönes Kind, Philipp geheißen, der Welt zu schenken und nicht viel später ein zweites ganz schönes Stück dazu, die streitbare Margarete: Austriae Est Imperium Orbis Vniversi!

Und sie liebten und sie herzten und sie kosten sich und ritten – er den Hengst und sie den Wallach – ach so gern vor Tagesanbruch aus. Doch wenige Jahre nur, fünf die Zahl, dauerte die fürstliche Romanze, von deren Dollust, Einfalt und Verhängnis die Tolmetsche berichten: Maria war des Deutschen nicht begabt, und dem Herzog französisch beizubringen, fand sich vorerst auch kein Grund.

Denn sie liebten sich auch ohnedies und herzten sich und kosten und ritten aus in aller Früh, dem nachtverhangnen Tag entgegen.

Einem Frühjahrstag, der naß & kreu & wie in Tränen sich dem März empfahl. In den Baumkronen verfingen sich Nebelschwaden auf der Flucht. Und die Gräser beugten sich schweren Tropfen von Tau. Und am Waldrand döste ein Stück Wildbret zur Zier oder zwei. Und schließlich und plötzlich und mittenmang auf des Wallachs Spur: ein Ast, so stark wie ein junger Baum, anscheinend ausersehen, das Ende einer stürmischen Nacht zu bezeugen.

Das Thier scheute und sperrte sich und schreckte vor solch unvermutheter Gefahr, schon auch rang jenseits davon seine Reiterin nach Luft – unsanft gelandet am Wurzelgehölz eines bis dato zu wenig beachteten Baumes.

Und Maximilian, der von gar nichts was bemerkte, fand sie liegen in tiefer Anmut und reizender Gestalt und ergo wie zu neuerlicher Hingabe bereitet, fand offen ihr Haar und weit geschurzt auch ihr Kleid und ahnte nicht die Bohne nur, daß das das Flüstern der Liebe nicht war und nicht das Stöhnen vor Lust. Er mißverstand, was immer sich mißverstehen ließ, und pflegte sie am Orte noch auf seine eigne ritterne Art.[40]

Kurze Zeit später nur starb die junge Frau an Liebesglück und innerem Bluten. Und schwanger seit unlängst, verkündet ein letztes Bulletin.[41]

Und was dann noch passierte, schien alles recht schnell gegangen zu sein. Die Politik tat, was sie immer tut: sie schloß Bündnisse und kündigte Bündnisse auf. Was auch bedeuten 10 Jahre oder 27? Die Hinterbliebenen geschichtelten fleißig die ihnen zugedachten Parts, zogen Drähte, spannen Fäden, knüpften Netze, in denen sie sich gelegentlich selbst verfingen auf ihren Wanderungen einer neuen Zeit, einem neuen Licht entgegen. Die Ersetzung Gottvaters durch etwas, das man Gottbruder nennen könnte, die Entdeckung der eigenen Göttlichkeit – das etwa war der Sinn, den das Leben machte im Anmarsch auf das neue Jahrhundert. Und unsere Helden waren dabei bereits ein recht gutes Stück vorangekommen.

Zum Beispiel Tochter Margarete, ein, wie zur Genüge noch gezeigt werden wird, höchst eigensinniges Geschöpf,

---

40. Annotat: J. K. A. Musäus über das Ereignis im Park.

41. Annotat: J. K. A. Musäus nicht über das Ereignis im Park.

das im noch zarten Alter von Stücker zwei Jahren ihrem Vater entzogen, dafür an den französischen Hof verschunkelt und dem auch erst schlappe 12 Lenze zählenden Dauphin Karl anverlobt wurde, unter Beigabe, versteht sich, einer zu Arras verabredeten, nicht unerheblichen Mitgift, auf welche bekanntlich dergleichen glückvolle Fügungen fürnehmlichst angelegt sind.[42]

Zwei Kostgänger weniger, immerhin! Was aber tat Maximilian? Statt sich an den günstigen Aussichten zu erfreuen, bemühte er sich, die ihm womöglich fragwürdige Segnung, den Verlust der beiden Frauenzimmer zu verwinden, sprich: sein gutes männliches Selbstwertgefühl wiederherzustellen: er vermählte sich neu, wenn diesmal auch nur sehr vorsichtig per Prokuration. Das heißt: er ließ sich vermählen, aus sicherer Entfernung einer gewissen Mademoiselle Anna antrauen, ihres Zeichens Herzogin, für Maximilians Klüngel wichtig (und nicht nur für den!): Erbin der Bretagne.

Jedoch: Es waren zwey Könnickskinde/= die hattns eynandr wol liep/= sie heiszten sich Gretl vnd Karlche/= eyn engleyn dess eyn, des andern eyn diep.[43] Margarete von Österreich und der wilde Franzenkarl – das hätte vielleicht noch heiter werden können, ein Gaudi hätte das noch geben können, eine Hatz, die sich's versehen hat, een schön fett stükke land. Aber nein! Wir wissen: so fein ordentlich läßt Geschichte sich in keinen Schrank sortieren. Der als körperlich schwächlich, als feige, hinterlistig, intrigant, zumindest als beschränkt geltende, soll gemeint sein: der als all solches in deutschen Nachschlagewerken geführte Karl VIII. gab, eben volljährig, sein potentätliches Meisterstück der Geschichtsschreibung zum Fraße: nicht seine Anversprochene war es, nicht Margarete, die ihrer Geschlechts-

42. Annotat: Das Wort (mit)gift bei Vogelweide & Logau.

43. Annotat: »Könnickskinde«, Hans Leo Haßler (?).

reife indessen satte zehn französische Jahre näher gekommen war und nur wenige Dutzend Monde noch auszusitzen hatte, nicht nach Maximilians Tochter stand ihm der Sinn, nein, nunmehr sollte es deren Stiefmama sein, Maximilians Gemahlin sollte es sein; notabene!

Und während Maximilian, statt ehelichen Pflichten zu genügen und für eheliche Aufsicht zu sorgen, sich offenbar weit dringlicheren Geschäften ergab und bei Istvanshaussen sich einmal mehr bemühte, östwärtigen Boden gutzumachen für Großösterreich, heiratete Karl VIII. dem Vater seiner Verlobten dessen so ordnungsgemäß wie genügend angetraute Ehegattin wegvomfleck, als da ist: eine gewisse Mademoiselle Anna, ihres Zeichens Herzogin, für Karls Klüngel wichtig (!): Erbin der Bretagne, um deren angebliche nymphomanische Umtriebigkeit sich fortan die Schmuddelliteratur so gerne bekümmerte, ehe drei Jahrhunderte später beinahe genauso unverdient Jekaterina Alexejewna, die Semiramis des Nordens, für diesen Job herzuhalten hatte.[44]

Man muß sich nichts vormachen: es ist nichts darüber bekannt, wie gern oder ungern sich Anna von diesem heißgelaufenen Franzosen krallen und was noch alles ließ, die treibende Kraft beim Zustandekommen der unziemlichen Bindung war ganz zweifellos Karl VIII., der welche Komplexe auch immer abzureagieren hatte, schließlich aber doch noch auf Wahrung der Form achtete, nämlich liebherz Margarete zunächst einmal in den Status einer Geisel erhob und sie nach gehöriger Zeit und mit vorzüglichster Empfehlung an den Hof ihres Vaters retour verschickte, sich dabei aber nicht aus der Verantwortung stahl und also auch fürderhin beanspruchte, die Mitgift seiner noch lange minderjährigen Ex-Braut zu verwalten.

44. Annotat: A. Vendredi über Dobermänner, Katharina II & einen Esel.

Desweiteren jedoch muß uns dieses unbegabte, dieses im taktisch-perspektivischen, will sagen: im Habichtsburger Denken ungeschulte, will sagen: dieses französische Blaublut hier nicht weiter interessieren. Wir dürfen uns vom Wüsterich bereits wieder verabschieden mit einem flüchtigen Blick auf das kurze, ihm noch verbleibende Leben, in dem er noch die eine oder andere Unternehmung nicht lassen mochte, dabei aber dermaßlich glücklos blieb, sogar Margaretes Mitbringsel fast komplett wieder abtreten mußte, daß er alsbald aufgab und sich statt dessen sehr leidenschaftlich den Delirien von Suff & Siff versprach und also doch noch recht vrolich verstarb, siebenundzwanzig Jahre alt.

Leidtragender geschilderter Machenschaften war aber nicht so sehr Maximilian, der durch seine Umtriebigkeit ja selbst mit zur Chose beigetragen hatte, es war das zarte, wohl noch pubertierende Mädchen Margarete, das am schwersten angerührt worden war von der infamen, dieser ungeheueren, dieser überaus männlichen Injurie. Es verstand zunächst gar nichts mehr. Eine tiefe Wunde war geschlagen worden in seine noch ach so kindliche Seel'.

Doch dumm war Margarete nicht: sie würde sich noch bosze rächen, sehr bosze am boszen Mannsvolk. Vielleicht ist es die unerbittliche Konsequenz, mit der sie schon bald ihrer Sache nachzugehen begann, die ihr noch zu Lebzeiten vor allem in den Stick- und Knipfcirkeln der großen europäischen Kemenaten einen so hervorragenden Platz einräumte.

Obgleich die überlieferten Zeugnisse über sie eine andere Sprache sprechen und nicht eben das sind, was man schmeichlerisch nennt. Kaum mal irgendwo ein freundliches Wort über das reizende Antlitz der Fürstin, ihre ruhig fallende Stirn, das fahle, so seidenmatte Haar, die vornehmpergamentene Blässe ihrer Haut, das rouge-en-rouge auf den hochhinaus strebenden Wangenknochen, die ebenhölzernen Linien über den tiefkauernden verkniffnen Augen, den wohlgeformten linken Busen, die Beine, so lang & rund in der Gestalt wie die Äste der Trauerweide, und schließlich und endlich – nicht einmal die Bevölkerinnen allerhöchster Bergregionen bringen dergleichen Volumen zustande – welche Waden, welche Waden voller Spann & Kraft, von Form und Farbe gereifter Kürbisse, die heute jeder Verkäuferin ein langes Berufsleben bescheinigt hätten.

Selten nur, ungemein selten hingegen geht einmal die Rede von der malenden, einen wunderbaren Strich beherrschenden oder von der die hohe Poesie betreibenden und auch anderen Musen zugetanen Maecenin, die an ihren Höfen die Vertreter der schönen Künste und ernsten Wissenschaften versammelte wie Drohnen.[45] Lediglich ein gewisses diplomatisches Talent, dessen sie sich bediente, um unbeschadet durch die Wirren ihrer Biographie zu wandeln, sowie einiges Gouvernantengeschick bei der Aufzucht ihres Neffen, der in Frage kam, einmal die Nachfolge Maximilians anzutreten, finden hin & wieder Erwähnung in irgendwelchen zerfledderten Scharteken. Statt dessen aber wird sie geschildert um so inbrünstiger als eine Art »virago-Typ«, als Megäre, als Blaustrumpf im übelsten Sinne des Unwortes, als Monsterweib voller giftender Misandrie, als Mänade, Furie, eitles Miststück, als welchem ihr sogar einige Jahrhunderte später ein Denkmal errichtet werden wird, gestiftet von einem heute weltbekannten Unternehmen der Textilindustrie, das seinerseits den Mut Margaretes zu schätzen wußte, die burgundische Mode, insbesondere jene hochgepufferten lästigen Mahoîtres, abgelegt, dafür die Mode der italienischen Renaissance in Deutschland eingeführt und da-

45. Annotat: Margaretes »Traktat vom Beinkleid«.

bei ganz wesentlich zur Ausprägung eines eigenen teutschen Stils beigetragen zu haben unter Verwendung der Kuhmaulschuhe, des reichlich bestickten Gollers, der vielfach geschlitzten Wamsärmel und des den »fazzoletti« abgeschauten Taschentuchs. Auch das Tragen von Herzschützern und Nischlwämsen, heute Nachthemden und Nachthauben genannt, wird ihr zugute geschrieben.

Wie dem auch sei. Glücklicherweise war Margarete nicht der Typ, der sich in langem Verzagen erging. Karl VIII. hatte sie endlich nach Hause gesandt, Maximilian sie empfangen und in seine großen väterlichen Arme genommen und nicht den Fehler begangen, sie sofort wieder ins Rennen zu werfen. So blieb dem Mädchen Zeit, erwachsen zu werden.

Doch auch die Kränkungen blieben, die tiefen Verletzungen des Gemüths. Und der Groll. Die Pflicht natürlich auch: Alles Erdreich Ist Oestereich Vnterthan!

Es gingen einige Jahre ins Land, die Welt rüstete sich für die zweite Hälfte des Jahrtausends, Margarete rüstete sich auch, so gut es ging, sammelte Kraft, um nur recht bald und um so fester wieder ihr Weib stehen zu können. Sie würde sich noch bosze rächen am Mannesvolk, das war ihr heimlichster Schwur.

Nach fünf Jahren der Ruhe schickte Maximilian sie nach Spanien, wo sie den Infanten Juan ehelichte, der vegetarisch lebte, bis er sechs Monate später an einer Gräte starb. Margarete hatte nichts dagegen tun können.

Auch Karl VIII. starb noch binnen Jahresfrist, Margarete hörte davon.

Philibert von Savoyen brach es das Genick. Ihn geheiratet hatte sie gleich im ersten Jahr der neven Zeit. Er hatte sich noch drei lange Jahre lang voll Arg und Mißtrauen des Lebens erfreuen dürfen, schließ- und endlich aber doch den Gaben des Meeres gehuldigt und sich verschluckt. Und sie hatte versucht ihm zu helfen, mit Leibeskräften. Es fehlte ihm an Luft, etwas dagegen zu tun.

Danach heiratete Margarete nicht wieder. Denn Petrus Pescábill von Angurien, genannt auch »der Grüne«, dem sie sich schließlich versprochen hatte, löste die Verlobung auf Drängen seiner Räte.

Es ist nicht bekannt, woran er trotzdem so rasch danach starb. Sein Beiname war ihm posthum verliehen worden.

Maximilian, so heißt es, liebte seine Tochter. Und nahm sie, sehr zufrieden, in seine noch größer und noch väterlicher gewordenen Arme. Als er damit fertig war, übertrug er ihr die Regentschaft der Niederlanden, wo sie sich in oben beschriebener Weise auch rühmlich hielt. In Mecheln starb sie dann viele Jahre später eines vermutlich natürlichen Todes.

Gestiftet zwar von einem Textilunternehmen, doch wahrscheinlich auf Anregung des soeben gegründeten »Mechelner Damenturnvereins« wurde ihr 1850 daselbst ein Denkmal errichtet.

Damit nun soll auch Margarete im wesentlichen aus unseren Erörterungen entlassen sein.[46]

Der Muße aber, Maximilians weitere Pläne und deren Ausführung zur Wahrung und Mehrung Habsbürgischer Interessen zu verfolgen und dabei Margaretes nur wenig älterem Bruder Philipp die ihm zustehende Aufmerksamkeit zuteil werden zu lassen, sollte ein parenthetischer Schnörkel nicht abträglich sein, ein kleiner Abstecher gen españolische Landen, wo der Tinto wächst, die Amadisromane gedeihen und das Licht del Señor Sonne heller scheint.

Es gab zum definitiven Ausklang der dunklen Jahrhunderte in Europa nicht nur England und Frankreich und

---

46. Annotat: Noch zwei kleine Kuriosa.

nicht nur das zur ersten Dynastie am Platze sich mausernde Habsburg, es gab auch seit den späten 70er Jahren das vereinigte Königreich Spanien, welches sich festens gewillt gab, womöglichen arabischen Versuchungen endgültig den Rücken zu kehren und sich mehr und mehr dem eigenen Kontinent zuzuwenden. Zuständig für derlei Unternehmungen hier waren Isabella von Kastilien, nicht zu Unrecht die Katholische benamst, und deren Ehegemahl Ferdinand von Aragón, der Allerkatholischste; noch so ein entzückendes Gespann. Ihre Eheschließung im Jahre '69, insgesamt ein Segen für die Sache des Glaubens, hatte den Grundstein abgegeben für die Vereinigung der beiden mächtigsten Reiche der Halbinsel. Darüber hinaus aber hat es zwei Ursachen, die den sagenhaften Ruhm des Königspaares begründeten, und eine dazu, die dem weit im Norden planspielenden Maximilian in Aug' und Sinn stach, nämlich erstens die Einsetzung der heiligen Hermandad, eigens erfunden zunächst, den selbstherrlichen Regimen großmächtiger Fürsten die Halfter anzulegen, zweitens die Wiedereinsetzung der noch heiligeren Inquisition, die wir Atheisten noch heute so gerne anführen zu welchem Behufe auch immer, deren wesentlicher Erfolg gesichert schien mit der Bestallung des so hochedlen wie tiefchristlichen Großinquisitors plus Judenausrotters vor dem Herrn Torturaquemada, Thomas, und schließlich und drittens die Einsetzung von fünf christlichen Stückern Nachwuchs, einem feinen Pfund dynastischen Scherbelguts, als da kamen un chiquito plus vier andre.

Letzteres freilich verdient aus iberischer Sicht nur unter erheblicher Abschwächung zu den wirklichen Leistungen des Königspaares gezählt zu werden, das allzu offenbar nicht die günstigsten Erbfaktoren in seine Verbindung eingebracht hatte. Abgesehen von zweien der Weibsbälge, deren einem sogleich unsere besondere Aufmerksamkeit gelten muß, sollte die gesamte übrige Zeugung entschieden zu frühzeitig wieder das Zeitliche segnen, war also, wie man heute sagen würde: vor den Baum gesetzt. Der alleinige Stammhalter und Infant Juan war kurzerhand von Margarete übernommen worden, die, wir wissen, ihre Aufgaben gewöhnlich ohne Tadel und Sentiment erledigte.

Hier bereits darf das kurze Intermezzo als beendet gelten und Philipp der Weiberhengst und Schöne seinen Auftritt erhalten, den Gang dieser Geschichte weiter zu befördern.

Er hatte unmittelbar nach seiner Schwester in Spanien einzuheiraten und geriet an die – wie bloß sagt man es, ohne vorab schon böse zu werten? –, an die zumindest etwas schwierige Donna Juana, die einzige glimpflich davongekommene Frucht von Isabellens Leiben.[47] Ausgerechnet Johanna die Wahnsinnige, so der bedeutungsträchtige Name der Cleversten ihres Stalls, hatte Maximilian seinem Sohne Philipp ausgerechnet.

Bei diesem lag nunmehr das Gesetz des Handelns. Die vom Vater ergangene Order lautete: zwei Knaben mindestens.

Nachdem sich absehen ließ, daß die Buben Karl und Ferdi eine normale Entwicklung nahmen, sich brav atzen ließen und auch sonst gewillt waren, am Leben zu bleiben – man konnte bei dieser Sippschaft gar nicht mißtrauisch genug sein –, zeichnete sich den Plänen Maximilians ihr eigentlicher Raid ab. Juana, eine außergewöhnliche Frau, die sich als Eiferin im Glauben aufführte, Gott und dessen irdischer Junta so bedingungslos ergeben wie der Hysteriker seinen wechselnden Temperaturen, als unerbittliche Verfechterin der Sache, der Vater und Mutter ihre Titel entlehnten, Juana war nach zweimaliger Niederkunft und Mei-

47. Annotat: Katharina v. Aragon in Will Cuppys »Jedermanns Blöße«.

nung unseres kaiserlichen Fädenziehers nicht nur ebenso entbehrlich geworden, wie der brüderliche Enfant a. D. selbigem einstmals im Wege gestanden, sie war gefährlich, anzusehen als potentieller Störfaktor im Habsburger Ranküenenspiel.

Was thun?

Möglichkeiten, sich nutzloser oder auch gefährlicher Statisten zu entledigen, hat die Geschichte in höchstem Überfluß bereits vorgeführt, nach manchen Schreibweisen ist der Zeiten Lauf ohnehin nur eine dichte Abfolge meuchelnder und femender Lustbarkeiten. Wie immer aber man es anstellte, ob man sich des Giftes bediente oder dolchbewaffneter Schurken, ob man Unfälle inszenierte in Badewannen, an Fenstersimsen, beim Reiten oder Bergsteigen, ob man auf das auch sehr beliebte Mittel der Konfination zurückgreifen mochte und dem potentiellen Fehlläufer die Verliese hochummäuerter Klöster zuwies oder ihm gottverlassene Einöden zur Pfründe befahl, zu groß stand oft die Gefahr, etwas zu riskieren damit, das sich casus belli nennt. Was also thun, wenn's das übliche Herumkriegeln diesmal nicht sein sollte?

Maximilian, eine viel zu sanguinische Natur, um in Verlegenheit zu geraten, eine freche & vroliche Lösung auch dieses Problems zu finden, hatte natürlich längst das Nötige veranlaßt und ein Treffen vorbereitet, das als »Die Stillen Tage von Gent« in die Geschichte eingehen würde.

Um die Ostertage herum des Jahres nullfünf der neuen Zeit berief er in den Prinzenhof, wo fünf Jahre zuvor schon sein Enkel Karl das Licht der Welt erblickt hatte, eine kleine, überaus verschworene Versammlung ein. Man spricht auch vom »Genter Komplott«, zu dessen Verabredung Sohn Philipp nicht fehlen durfte. Neben Maximilian und Philipp und deren geheimen Beichtvätern hatten zwei Tage lang sehr wenige andere Personen überhaupt nur

Zutritt in den nördlichen Flügel des Gehöffts, nämlich die kaiserlichen Schreiber Hermando del Ecribol und Jost Zipôt Vischar d. Jüngere, weiterhin zwei namentlich nicht bekannte Räte Philipps, der Poet und vorzügliche Kenner der päpstlichen Geschichte Aerbertonius sowie vier spanische Mundschenke, einundzwanzig deutsche Köche und, eigens für diese Veranstaltung rekrutiert: ein hundertunddrei Köpfe zählender Troß aus Leibwächtern, gemeinen Frauenzimmern und Dienerschaft, deren gemeinsames Merkmal ihre Stummheit war, auf die sich das spätere Attribut der Veranstaltung bezog.

Hier nun sollte über Juanas weiteres Schicksal entschieden werden, von dem vorerst lediglich feststand, daß es nicht die Beziehungen zu ihrem Vater in Spanien belasten durfte – Mutter Isabella hatte bereits vor einem halben Jahr das irdene Jammertal verlassen ohne Wiederkehr.

Am ersten Tag der Gespräche hatte, so ist es überliefert, Philipp Bericht zu erstatten über den gesundheitlichen Zustand seiner Ehegemahlin, über ihre Wesensart, ihr heftiges Temperament, über eventuelle Eigenheiten, Absonderlichkeiten bei den täglichen Matutinen womöglich, ihre außerehelichen Leidenschaften, ihr oben bereits vermerkter Eifer in Glaubensdingen, anders gesagt: ihr überaus feines Nervenkostüm.

Dieses genau war denn auch der neuralgische Punkt, auf den das weitere Vorgehen hauptsächlich abgestimmt werden mußte.

Hauptredner des Abends war dann folglich der gelehrte Aerbertonius, ein enger Freund des deutschen Dichterkönigs Hutten, dessen indiskreter und teutsch verfaßter »wellten sicht« wir zum Teil unsere zugegeben: recht lückenhaften Kenntnisse von der Angelegenheit verdanken.

In ungehemmtem Fluß referierte Aerbertonius mehr denn vier Stunden lang über die Stellvertreter Gottes zu

Rom, zu Avignon und anderswo, gönnte seiner spitzen Zunge wie seiner kleinen Zuhörerschar dabei allerlei recht delikate Episoden und Zoten zu den schändlichsten Begebenheiten, von denen zu hören sich der Päpste wie auch der Christen Ahnherr wohl im Grabe umgedreht haben würde, lud Geschichten ab von Blut, Intrige und Folter, sparte auch ganz besonders unselige Zeiten für die abendländische Christenheit nicht aus, während welcher sich über Jahre hinweg überhaupt erst gar niemand hatte finden lassen, die pontifikalen Bürden zu übernehmen, berichtete von Machtgelüsten und sittlicher Verderbnis, von Päpsten und mitunter, wie zwoter Anaklet es vorgemacht hatte: binnen zwei Stunden hinzugesellten Gegenpäpsten, von denen einige niemals die heilige Stadt betraten, sprach von den Konkubinen der Päpste und deren Bastarden, denen die quasimonarchische Nachfolge es zu sichern galt, von Bestechung und Bigotterie, von Fälschungen, Anmaßung und idiotischsten Kodizes, von Größenwahn und Kleinmut, Simonie und Nepotismus, von Päpsten, deren Schandtaten aufzuzeichnen sich die Historiker weigerten in der Befürchtung, es werde ihnen das Papier unter den Fingern wegbrennen vor lauter Scham, von Sabinianus dem Heiligen des Wuchers und von Stephan dem Nekrophilen, einem sich gräulich an Leichen vergehenden Ungethüm, das einen seiner halbverwesten Vorgänger aus geweihter Erde buddeln, dessen in Fetzen noch an den Knochen haftendes Fleisch pudern ließ und das dann dem Wehrlosen nach ordentlicher und hochzeremonieller Gerichthaltung eigenhändig die Segensfinger kappte zur Strafe; auch handelte das Gedicht des Aerbertonius von den Mätressen Sergius des Rüpels, die noch so manche Päpste auf den Stuhl erhoben, sie nach Gutdünken von selbigem wieder verstießen, abschlachten ließen und neue Päpste und neue Mätressen gebärten, von der Satrapenwirtschaft der sieben oder acht Tusculums, die Kleinstkinder, denen die Fontanellen noch nicht zugewachsen waren, zu Bischöfen weihten und die die päpstlichen Würden mit den Freuden geiler türkischer Sultane verwechselten, von Johannes dem Lüsternen, welchem sechzehnjährig die Tiara aufs Haupt gesetzt ward und der fortan den Lateran zum Freudenhaus, die Pferdetränken zu Taufbecken und fette Hurenleiber zu heiligen Gefäßen erhob, kurzum: dessen Untaten aufzuzählen die Zeit von Sonnenaufgang zu Sonnenaufgang nicht genügte; auf Gregor VI., den Juden, kam die Sprache ebenso wie auf den vierten Innozenz, der die Folter sanktionierte und zwei Dutzend Wagenladungen des Talmud zu verbrennen verlangte; Aerbertonius' Zunge gab Kunde von Klemens, dem Vasallen von Avignon, der seinen Part tat zur Ausrottung der Templer auf französischem Boden und sich somit schuldig machte an einer gewaltigen Welle von Justizmorden, die bis heute ihresgleichen sucht, von Urban, »das Monster vom Vatikan« genannt, dem es das größte Vergnügen bedeutete, Abtrünnige in Zisternen versenken, genüßlich foltern und bestialisch massacrieren zu lassen, von Sixtus IV., der Ferdinand und Isabellen die Inquisitionsbulle beschert hatte und darüber hinaus sich einen vorzüglichen Gelderwerb schuf durch die Einrichtung unzähliger römischer Bordelle, vom Hexenbullenpapst und Dummlack Innozenz, welcher einen nach Rom einberufenen ersten Weltkongreß der Philosophen untersagte, von Alexander VI., einem Atheisten im Herrn plus Erotomanen, dem kirchliche Dinge waren, was sie sind: eine Sache der Garderobe, und der mit seinen unzähligen Kindern prahlte und deren unzähligen Müttern dazu.

Und schließlich, rhetorisch zwar in Aerbertonius' Vortrag an letzter Stelle, nicht jedoch in chronologischer Sicht: die Namensvetterin unserer Juana: Johanna, die Päpstin, deren Lebensgeschichte Aerbertonius in allen Details und dramatischster Genauigkeit seinem kleinen Auditorium unterbreitete, ganz so, wie Maximilian ihm aufgetragen hatte vorab.

Über diese Rede, gegen die keiner der beiden Beichtväter Einwände zu machen gewagt hätte, im Gegenteil, einer von ihnen – so liest es sich in Jost Zipôt Vischars Papieren – war unentwegt damit beschäftigt, sich den Speichel von der Kinnlade zu wischen, während der andere Mühe hatte, seinem Stuhl die Treue zu halten, so sehr hatte sich eine gewisse Unruhe seiner niederen Körperregionen bemächtigt – auch die anderen Beteiligten fühlten sich von den Worten des Gelehrten in eine recht wunderbare Stimmung gehoben, Maximilian gar spielte mit dem Gedanken, sich, wenn die Zeit reif sei, vielleicht auch mal zum Papst wählen zu lassen – über die Rede des Gelehrten war es spät geworden in Gent. Darum ließ man sich endlich ein Abendbrot servieren, bei dem Aerbertonius noch die eine oder andere Frage seiner Hörer nach der einen oder anderen Einzelheit und verschiedenen Gebräuchen zu beantworten sich mühte, bat schließlich die stummen Dienerinnen der Nacht um Wein, Früchte und noch süßere Süßigkeiten und verschob die politischen Angelegenheiten auf den nächsten Tag; es war nach einhälliger Meinung genug gearbeitet für heute.[48]

Auff Eynr Idiodin Osster Verpracht! – so faßt die mitunter ziemlich mißverständliche »wellten sicht« die Genter Tage zusammen, deren zweiter hier geschenkt sein kann, zumal dem Fortgang dieser Aufzeichnungen nichts vorweggereicht werden soll. Was gesagt sein mußte, war gesagt, es lag nunmehr bei Philipp dem Schönen, die ihm aufgetragenen Hausaufgaben und somit seinen Teil an der Geschichte zu tun.

---

48. Annotat: J. Zipôt Vischars Schriften in Archiv zu Gent gefunden – [Annocmal A].

Mit strikter Anweisung, sie nach getaner Arbeit einem spanischen Feuer zu überantworten und als corpus delicti somit ausscheiden zu lassen, bekam er einige kleine Schriften in die Koffer gepackt, derer er sich bedienen sollte, wann immer ihm im Angesicht Juanas etwaigem Zorn & Zweifel dereinst die Worte auszugehen drohten. Es war unter anderem die durch Amalricus Augerius, einen Kaplan des teutschen Spaßmachers und funfften Urbans, verfertigte Chronologie der Päpste, die sich in einer dermaßlichen Ausführlichkeit mit dem Leidensweg der oben nicht grundlos vernachlässigten Päpstin Johanna beschäftigte, daß unsere Zweifel zu den chauvtischen Absichten der Genter Herrenrunde endgültig verstummen dürfen.

Welche Dienste dem Habsburger Hause die so pontifikale wie gewissen Leibesfreuden zugetane Dame im einzelnen noch leisten sollte, muß freilich in bestimmter Hinsicht der Phantasie des Betrachters überlassen bleiben. Denn es liegt nun mal in der Natur der Dinge, daß den als privat geltenden Begegnungen der hochgeborenen Eheleuts in keiner Aufzeichnung der Welt ein Plätzchen eingeräumt sich findet, wer auch hätte eine solche Aufzeichnung anlegen sollen?

Was damit an dieser Stelle zu erfolgen hat, ist das Eingeständnis, daß nunmehr und – versprochen – nur vorübergehend die Magd dem Herren zur Hand gehen muß, die Freyheit des Fabulierens dem Regime des akribischen Berichtes. Anders gesagt: es kann nach den »Stillen Tagen« alles, was im folgenden geschildert, als zutreffend betrachtet werden, nur Zeugen dafür benennen zu wollen wäre vermessen.

Gründe der Diskretion lassen uns einige Stunden vor den Flügeltüren zu den intimen Gemächern Juanas verharren beim Betrachten einer kleinen Galerie, in der ihre mütterlichen Ahnen ebenso würdig über goldgerahmte Leinen geboten wie einstmals über altcastilischen Besitz; es soll den

Eheleuten das Vergnügen vergönnt sein, die Wiedersehensfreuden alleine zu genießen. Aber Fick ist Fick und Dienst ist Dienst, und die Pflichten für die gemeinsame Sache nicht auf Langebank zu schieben, dieses hatte Maximilian seinem Sohn mit auf den Weg nach Burgos gegeben.

Als denn des Turtelns Genüge getan, die Kleider geordnet und zwei Becher des schweren spanischen Weines gefüllt, geleert und wieder gefüllt waren, begehrte Juana endlich zu erfahren, welchen Zweck und Nutzen sie denn hatte, die beschwerliche Fahrt zu Don Papá nach Gent, und was es wohl Neues gebe in der Welt.

Dieses. Jenes. Solches. Um Auskunft wird Philipp nicht verlegen gewesen sein in jenen heftigen Jahren zwischen dem Globus des Behaim und dem Nürnberger Ei, deren Zeitgenossen sich weniger bekümmerten um die Schlappe von Blois beispielsweise als um die Frage, wie eine Erfindung funktionieren sollte, die sich noch heute Post nennt. Von allerlei Dingen sprach Philipp, ehe ihm endlich die Zeit für gekommen schien, sich des kleinen Büchleins Amalricus' wieder zu erinnern, eines Souvenirs gewissermaßen, das er Juana mitgebracht habe von seiner Reise. Er blätterte darin und tat gedankenversunken und bot sich schließlich an, seine Gemahlin mit einer kleinen spaßigen Geschichte daraus zu erheitern, mit der Geschichte ihrer Namensvetterin, die in etwa folgendermaßen ging:

Von den fernen Zeiten unsrer seligen Vorfahrn, als Karl der König des alten Frankenreichs in die Stadt Aachen zurückgekehrt und kurz darauf heimgegangen war, nachdem er zufürder den störrischen Stämmen der Sachsen den Glauben und den Gläubigen jenseits der Pyrenäen seinen christlichen Schutz dargebracht, von den fernen Zeiten unsrer seligen Vorfahrn, als zwischen Elbe und Ebro das Reich des großen Karolingers schon überall auseinander zerbarst und als herbald die Horden wildbärtiger Normannen vom Norden her geiselnd und brennend bis nach Paris, auf der Garonne bis Toulouse gelangten und sich vergingen an einer jeden christlichen Kreatur, die Vieh sein mochte oder Weib, von den fernen Zeiten, als im Osten auch die Hungaren sengten und kaum einen Acker ließen, der nicht von Blut getränkt war und von Asche bestreut, und kaum einen ohne Gewalt genommenen Schoß, als im Süden endlich die Sarazenen gen Rom brandschatzten und im Morden und im Plündern das wahre Gesicht ihres Glaubens offenbarten und die Schwärze ihrer Seelen, wenn sie die Paläste der hernach erbauten Leostadt wüsteten und den heiligen Vater höchstselbst zu schänden trachteten durch Muhammads Wort, von jenen seligen Zeiten unsrer fernen Vorfahrn geht die Kunde eines jungen und schönen und blonden Mädchens, das in den Landen der Deutschen lebte und auf den Namen Johanna hörte. — Von Gestalt war ihr junger Leib wie die hohen Tannen teutonischer Wälder; ihre Haut glich dem Himmel des Nordens in seinem hellsten Licht; sie war begabt mit einem Hals, nach seinem Bild der Baumeister die hohe Kathedrale erschafft; ihre Augen hatten die Reinheit des Taus, wie er am Morgen den Sonnenstrahl bricht. – So stritten die Dichter um das höchste Lied und die Gunst des Mädchens, dessen Lachen die Quellen der Berge an Wohllaut übertraf. Wohin Johannas Weg sie auch führte durch den Mainzer Flecken, überall drehten die Menschen sich nach ihrer unüberbotenen Schönheit um, die Männer näherten sich ihr auf alle erdenkliche Art, so daß bald dem Vater des Mädchens die Zeit gekommen schien, es in das berühmte Kloster bei dem Dorfe Fulda zu geben, damit fortan seine Knospe im

Verborgnen erblühe. — Auch im Kloster buhlte Gott mit den Musen um die Liebe Johannas, die den hohen Wissenschaften so begabt sich zeigte, wie in der Kunst der schönen Worte gewandt. Nie verschmähte sie auch nur die kleinste Stunde christlicher Unterrichtungen, und bald kannte sie sich im Latein und in den Exerzitien weit trefflicher aus, als das je vor ihr an der Fulda einer Braut Christi gelang. — So sehr aber das Mädchen das gelehrte Leben, die fromme Einfachheit des Klostertages und die sanfte Obhut derer, denen sie anbefohlen war, zu preisen verstand, so sehr es auch dem ihm Anversprochenen die Treue hielt im Beten und in den Regeln des Glaubens und des Klosters, so wenig konnte es doch auch über die Jahre hinweg unangerührt bleiben von den schwersten Prüfungen, mit denen Gott seine Schöpfung versucht. — Wie eine Lilie unter den Dornen eines zausigen Gestrüpps, wie der Vogel, der in den Felsspalten Nahrung sucht und sich an den kantigen Steinen die Flügel verletzt, so fühlte sich Johanna, als sie längst zu einer klugen und unermeßlich schönen Frau gereift war, als sie in den Stunden der untergehenden Sonne so oft die Mauern ihres süßen Gefängnisses ablief, um Blumen zu sammeln, die Heimkehr allerlei kleinen Getiers zu schauen oder eine Öffnung zu finden für einige Blicke nach jenseits der Mauern, wo die Brüder des Herrn unter den Arkaden wandelten und immer nur ihre Gesichter auf die heiligen Bücher hielten, die sie in ihren Händen trugen wie Maria das zarte Jesuskind. Denn gleichermaßen wie das Mädchen der Frau gewichen, so war die Liebe in ihrem Herzen erwacht, die Liebe zu Rudolvus, dem Schönsten der Benedikter, dessen gelocktes blondes Haar sie besang, dessen männlicher Wuchs ihr in den Träumen erschien und von dessen dunklen Augen sie leise vor sich hin sprach: »Sie baden in Milch, sie schwimmen in reichen Gewässern, ihr Schlag ist dem Flügelschlag des Adlers gleich. Sie baden in Milch, sie schwimmen in den Seen der Gebirge ...« Rudolvus war bald schon der Sinn ihres Tages, der Born ihrer Kraft und der Sog ihrer Schwäche an den schwülen Nachmittagen des späten Sommers. Außer ihm erlaubte sie nur Gottes Sohn noch einen Platz in ihrem reinen Herzen, gemeinsam flohen die drei dem Kloster. — An einem hellen Frühlingstag, als die Zeichen ihrer Liebe eine gute Wahl verhießen und die verbotenen Früchte zu pflücken sich Gelegenheit fand, da nahmen die Liebenden sich und das Schicksal bei der Hand und zogen in die Welt hinaus. In den Kleidern der Männer und von da an Johannes Anglicus nach ihrem Vater geheißen, der einstmals von Engelland herübergekommen war, durchfuhren Johanna und ihr Geliebter die Länder ihrer damaligen Welt vom Osten quer nach Westen hin, vom Norden nach Süden herunter; an so viele Orte führte sie ihr Weg, an so vielen Sprachen labten sich ihre Ohren, wie selbst die Bewohner Babylons sie nie erhörten. Beide waren sie gleichermaßen gesegnet mit der Gabe eines hellen Geistes, und wohin sie auch gelangten, nie blieb ihnen der Worte Geheimnis lange verborgen. — In Athen schließlich, der verblaßten Perle des alten Attika, da ließen sie sich nieder, genossen die warme Sonne und ihr Liebesglück und studierten die Schriften der Alten, die schon vor unzählbaren Menschenleben die Mysterien der Welt ergründet und der Aphrodite die schönsten Lieder gesungen. Diesen Ort aber hatte auch Gott sich auserkoren für sein gnädiges Gericht. Mit der Unerbittlichkeit, die nur den Göttern eigen ist, holte er Rudolvus fort von dem Paradiese ihrer Liebe und ließ daselbst nur Johanna zurück. — Höher nun als die höchsten Felsen des Kithärongebirges war Johannas Trauer, sie weinte, sie aß nicht, sie klagte, sie roch schlecht, sie trank nicht, noch in die letzten Gassen Athens trug der warme Wind den Ton ihres vergeblichen Gesangs, der süß war wie der Honig des Hymettos. Sie rief nach Gott, daß er sie gleichsam erlöse, allein Gott erhörte sie nicht. Er liebte sie zu sehr auf seine eigene Art und hatte ihr noch schwere Prüfung vorersehn. — Niemand weiß, welche Gedanken und Dämonen sich Johannas bemächtigten, wenn sie sich den alten Ruinen der Akropolis zu Füßen auf die heißen Steine setzte und weinte Stunde um Stunde, Tag um Tag, daß bald ihre Seele so ausgetrocknet war wie die Schöße alter Frauen, niemand weiß, welch verwegenen Eid sie sprach bei den alten Ruinen der Athene, wenn die Trauer ihr die Brust abschnürte, der Kummer ihr den Atem nahm. Doch so sehr die Welt ihr auch immer zürnen möge wegen der schändlichen Tat, derer sich schuldig zu machen sie hier gelobte, so sehr soll die Frau sie auch rühren, die das Licht des Tages nicht mehr sah vor Tränen und eines Morgens sich erhob an den alten Ruinen und sagte: »Roma, Stadt der Wölfe, Christenstadt.« — Noch immer in den Kleidern der Männer und noch immer unter dem Namen ihres Vaters erzeigte sie sich in der Ewigen Stadt so gelehrt und so fromm und so sittsam, wie die Römer und Römerinnen seit Gedenken des Großen Gregor keinen Menschen mehr sahen. Es kamen die Reichen zu ihr um Rat, von dessen Lohn sie anderntags die Armen speiste. Die gelehrtesten Männer des Weltenreichs begehrten Johannas Meinung zu hören, und allein ihr Anblick genügte, daß sich die Gottlosen bekehrten. Bald wurde sie nur noch das Wunder zu Rom geheißen, von dem die Philosophen schwärmten und dessen Worten die würdigsten Kardinäle lauschten, beide gleichsam in der Schar ihrer Jünger geeint. Nach nah und fern gelangte der Ruf eines Mannes mit Namen Johannes, daß selbst Lotario auf der fernen Frankenburg die bereisten Kaufleute befragte, welchen Wesens es sei um den Romischen Johannis, worum der Musen Söhne allenorts ihre Gesänge erdichten? Niemand aber wußte den wahren Grund seines freien Gesichts, seiner zarten Haut, seines zierlichen Gangs, niemand konnte die Büberei erkennen und ahnen, wie Johanna ihren Sexum verbarg. — Bald begab es sich, daß auch Leo der Vierte dahin ging, wo selbst die Päpste Schuldner sind, und man begann in Rom, sich umzusehen nach einem neuen, einem besseren Hirten über die Christenheit. Die Wahl endlich fiel auf den Fremden, auf Johannes, der beidseits des Tiber und noch über etliche Ferne als der Würdigste erkoren ward. 855 war's, im Jahre der großen Heuschrecken, da nun Johanna erhoben wurde von Volk und Klerisei als Johann VIII. auf den päpstlichen Stuhl. — Zwei Jahr, sieben Monde und vier Tage diente Johanna als Verweserin Christi, und was sie auch anrührte, es gedieh. Selbst Gott war von ihrer Zierde geblendet und zog schon rasch wieder seinen Zorn zurück, den die Heuschrecken gebracht hatten am Tag ihrer Wahl. Die neue Päpstin verstand es, die Säumnisse ihrer zuvorderen Päpste in den heiligen Geschäften auszugleichen, wie sie es verstand, ihrer Stadt die Blüte zu geben, wie lange zuvor eine solche es nie gab. Johanna sorgte sich um die Angelegenheiten der Bürger, dem Fall der Sitten an ihrem Hofe gebot sie Einhalt. So sie das Volk hinter sich einigte, so schuf sie auch Eintracht im Klerus, und es konnten alle Dinge auf ihren Weg gebracht werden und alle Hinderungen derselben entfernt. Gottgefällig war das Leben in den Teilen der Welt, die des Papstes Wort hörten. Zwei Jahre hintereinander hatten die Bauern Anlaß, den Erntedank in besonderer Üppigkeit zu feiern, und sogar die räuberischen Banden aus Arabien, die so lange schon auf Rom marschierten, waren geschlagen von Johannas weibischer Diplomatie. — Manchmal jedoch, wenn der Papst mit sich allein in seinen Gemächern weilte und unbemerkt war von den Dienern und Schranzen, da liefen ihm Tränen übers Gesicht. Er gedachte Rudolvus' und der gemeinsamen Tage, als noch die Sehnsucht des Leibes sich mit der des Geistes so glücklich verband. Dann verwirrten sich ihm die Sinne, und er träumte: Wenn er jetzt nach draußen ginge und ihn fände, so wollte er ihn küssen und liebkosen und mit edlen Früchten speisen, und niemand dürfte ihn schelten darum. Andermals lag er Stund um Stunde in seinem himmlischen Bette von Zypressenholz, dessen Säulen aus Silber, dessen Lehnen aus Gold, dessen Decke mit Purpur bezogen war, allein seine Augen fanden keinen Schlaf. Dann lief er das Gemach auf und nieder, schaute vom Fenster die dunklen Straßen hinab, wo die dicht aneinander gerückten Häuser ihre nächtlichen Geheimnisse verbargen. Mit welcher Kraft sich der Papst auch an seine Arbeiten machte, nie ließen die Mühen ihn des Nachtens die Glut in seinem Herzen vergessen, die feurig war wie die Flamme des Herrn. Und wenn er vor dem Palast die Wachen ihre Runde laufen sah, da mochten ihn seine Füße geschwind nach unten tragen, da mochte er sich führen lassen von einem der Kerle in den Lustgarten am rechten Tor, unter den Bäumen hindurch, an den Wasserspielen vorbei, um endlich in den nachtfeuchten Wiesen sein Fieber zu kühlen. Einmal glaubte er vor seinem Fenster bei einem der Soldaten die hohen Schultern Rudolvus' zu entdecken, an einem zweiten der Büttel des Geliebten schlanke Gestalt, ein dritter schließlich war mit einem Schopfe gekrönt, so blond wie der des jungen Benedikters, wenn er ein Bad genommen in den Wassern der Fulda. Wann immer dem Papst solcherart die Sinne schwanden, legte er sich zu Bett; nur einmal nicht. — Da saß Johanna vor den Spiegeln und verhüllte ihr Gesicht mit Tüchern, da suchte sie in geheimen Fächern die Kleider, die sie aus den Zeiten ihrer Jugend aufbewahrt. Es war heiß in jener Nacht, und es genügte wohl, das dünnste davon anzulegen, welches so wenig nur verbarg von ihrer Schönheit Reizen, die gewöhnlich am Tage unter den kostbaren Röcken des Papstes erstarben. Unbemerkt gelangte sie zu jenen Wächtern, die inmitten der Soldaten wie Apfelbäume unter wilden Bäumen standen, und sprach zu ihnen von der Hitze in der Nacht und daß ihr aller Schlaf geraubt sei. Und der Duft ihrer Kleider war der Duft der Aloe und des Eukalyptus, ihr blondes Haar war von Safran geträuft, Kalmus besänfte das Pochen ihrer Schläfen, und um sie war der Wohlgeruch der Myrrhe, die zwischen ihren Brüsten hing. Gleich der Hinde, die herab zu den Bächen des Tales steigt, gleich einer Stute vor dem Wagen der Pharaonen, die den Hafer spürt, so zog es sie rechts vom Tore fort und an den Brunnen der Gärten vorbei, und – Rudolvus! Rudolvus! Rudolvus! – dreifach auferstanden zog der Geliebte ihr zur Seite. Seine Schultern glichen den Schluchten der Berge, und er gab ihrem Geheimnis den Balsam seiner Narde; blond war er wie ein Edler des Nordens, und seine Frucht war ihrem Gaumen süß; er hatte die Gestalt der Gazelle und legte sich zur Birne hin, die reif und die

Mitte ihres Leibes war. Und drei Lippenpaaren, von Myrrhe benetzt, denen schenkte sie den Most ihrer Äpfel zu trinken im Überfluß. — »Meine Taube in den Felsen«, spottete bald der eine, »im Versteck der Felswand«, fügte der andre hinzu, »deine Gestalt ist so lieblich«, lachte schließlich der dritte, »doch nun zeig dein Gesicht, und zeig deine Augen, und laß uns noch einmal deine goldene Stimme hören.« Da erschrak Johanna und wollte fliehen, doch die Wächter waren darüber erzürnt und hielten sie fest und rissen ihren Umhang fort und stillten aufs neue sich den Durst an ihr und schlugen sie wund und warfen sie in die Büsche, an deren Dornen sie sich stach. Und sie blieb darinnen nicht allein. — Am Sonntag nach Ostern im dritten Jahr der Regierung Johannis, als sich der gewaltigste Zug, den die Stadt der sieben Hügel je sah, von Sankt Peter her kommend auf den Lateran zu bewegte, da endlich sollte das Volk Roms erfahren, warum der Zorn seines Gottes so grausam über es hereingebrochen war und welchen Grund es hatte, daß nacheinander der achte Mond schon in einer dunklen Brühe von Blut ertrank, daß die Sonne seit ebenso langer Zeit wie in einem schwarzen Sack gefangen war, daß unentwegt die Hagel vom Himmel herabfielen wie große Zentnerstücke, daß der Tiber über seine Ufer trat und in seinen Fluten abscheuliche Ungeheuer schwammen. Denn der Prozession voran auf schwachen Füßen und blaß im Gesicht vor lauter Angst und mit der Bürde schwerer Schuld auf seinen Schultern und schwankend wie einer, der vom Taumelkelch getrunken, so zog Papst Johann VIII. und erhob mit letzter Kraft das Kreuz gegen das Getier in den Lüften, gegen unendliche Schwärme von Heuschrecken, die Schwänze hatten mit dem Gift der Skorpione. Und sooft er seine Hände in die Schale des geweihten Wassers tauchte, da zischte dieses, als ob es siede. In einer Gasse sogar zwischen des heiligen Klemens Haus und dem Amphitheater, da zerbrach die Schale in tausend Stücke, und grabesstill war darüber das Entsetzen der Kardinäle und Priester und der Soldaten und Diener und all der Menge, die mit dem Papst gezogen war. Aus dieser Stille hervor klang plötzlich wie die achte Posaune der Offenbarung herzerbärmliches Säuglingsgeschrei. Und zwei weißen Wölfen gleich war der Schrecken in den Augen Johannes', der sich krümmte unter den Qualen der Kindesnot. Da fiel auch schon aus seinem weiten Mantel ein unschuldiges Knäblein hervor. Und wie es auf die Steine schlug, verstummte sein Geschrei, und es war tot. Noch ehe die Menge das alles verstand, brach auch der heilige Vater darnieder und wälzte sich und wand sich im wäßrigen Blut seiner Frucht. Auch seine Seele verließ alsbald ihren Körper, doch sie wußte nicht wohin und blieb in den Lüften gefangen. — Plötzlich verdüsterte sich der Ort, und ein gelber Schwefelrauch breitete sich über die Gasse aus. Zugleich kam heftiger Sturmwind auf und fuhr in den Rauch und konnte ihn doch nicht vertreiben. Gebannt stand die Menge und verfolgte den Kampf der beiden Fürsten, deren einer in seinem prächtigen Wagen vom Himmel herabgefahren, deren anderer vom Brunnen des Abgrunds heraufgestiegen kam. Sie schrieen mit gewaltigen Stimmen und warfen mit Feuern und schwarzen Wassern und stachen mit Messern aus Elfenbein und aus Stein, und ihre Engel kämpften mit bloßen Fäusten. Doch keiner konnte den Kampf für sich entscheiden. Dann hörten die Römer die Stimme des Herrn, die klar war wie der Glockenton, sie rief: »Es sei dir verziehen, Johannes! Denn dein Werk für mich war gut! Denn deine Reue in den Büschen, dahin die Soldaten dich warfen, sie sei erhört! Darum komme deine Seele zu mir!« Die Stimme des bösen Drachens aber war unrein im Klang und wie das Rasseln der Wagen, die in den Krieg fahrn, sie rief: »Johanna, gedenk des Versprechens bei den alten Ruinen! Dein Leib ist mein! Und mit ihm die Leiber all derer deines Namens! Von heute an bis in alle Zeit!« — Dann verschwanden Schwefelrauch und Sturmgetöse, und von der schönen Johanna und ihrem Knäblein war nur Staub noch geblieben, den trug ein letzter Wind davon.[49]

¡Papst Johann ist tot, es lebe Johanna; hola! sagte Juana und schickte dem Text ihres Gatten noch einen kleinen castilischen Fluch hinterdrein. Entweder erkannte sie nicht den bitteren Ernst ihrer Lage und glaubte womöglich, Philipp habe ihr nur ein garstiges Lügenmärchen vorgetänzt, oder sie war einfach nur darauf aus, sich selber ein wenig Anstand zu besorgen. Nur der Klang ihrer Stimme verriet, wie sehr im Innersten der Vortrag sie doch berührte.

Philipp, der von der Wirkung seiner Geschichte so überzeugt war und darum für einige Sekunden ratlos, schenkte noch einmal die Weinbecher voll, zündete die Kandelaber an und erinnerte sich der Strategien, die ihm zu Gent eingebleut worden waren für den Fall, die Gattin würde nicht prompt und in gewünschter Weise sich erzaigen.

Zum Schein ließ er sich auf Juanas brüchige Ironie ein und nannte Johanna eine wahrhafte Zierde auf dem päpstlichen Stuhl, den vor ihr und nach ihr doch so viele nichtsnützige Gäuche und potente Halunken innehatten. Sofort aber entschuldigte er sich für den Fehltritt, der so ganz und gar

49. Annotat: Die Chronica des Polonus & Döllingers Zweifel.

nicht dem Ernst der Stunde entsprach, trug ein überaus würdiges Gesicht auf und mühte sich schließlich unter Zuhilfenahme der mitgebrachten Schriften des Polonus, des Amalricus und anderer ehrgläubiger und rechtwürdiger Autoren, der ungeschönten Wahrheit zu ihrem Recht zu verhelfen. Nicht einmal sich des berüchtigten böhmischen Ketzers Hus zu bedienen, welcher für was auch immer, nicht aber für einige kräftige Sätze über die Päpstin Johanna das Feuer erhalten hatte, war Philipp sich zu katholisch. Und er fragte seine Gattin, wie diese es sich wohl erklären möge, daß nach der Regierung Johannas die Päpste bei ihren Prozessionen jene Gasse zwischen dem Colosseum und der Kirche des heiligen Clemens mieden wie die Katzen das Weihwasser?

Vor allem aber war es ein ganz bestimmter Brauch, von dem der gute Aerbertonius in Gent während des gemeinsamen Abendmahls so viel gesprochen hatte, der Philipp geeignet erschien, seiner Gattin den Wind der Ironie aus den Segeln zu nehmen, sie quasi, wenn das nicht zu grob gesagt ist: in tauglicheres Fahrwasser zu bugsieren. Denn seit Johannas seligen Zeiten, so führte er aus, da sollten alle neu erwählten Päpste ohne Ansehen ihres zuvorderen Standes vor der Ordination auf einem Stuhl sitzen, der recht eigentlich zum Sitzen gar nicht tauglich war. Statt mit Polstern und edlen Hölzern und Intarsien ausgelegt, zierte eine Aussparung das Möbel, ein großes schwarzes Loch, durch welches hindurch drei mal drei Paternoster nach der Wahl der jüngste Diakon des gesamten romischen Patrimoniums dann das Gemächte seines obersten Dienstherren in Fühlung zu nehmen hatte.[50]

Hatte Philipp schon die Geschichte der Päpstin selbst in aller Ausschweifigkeit und so anschaulich als möglich ausgebreitet, so malte er auch jetzt ein grelles Bild aufs Leinen

50. Annotat: Honorius V. & Maginulf II. & Coelestin V.

Juanas indolenten Gemüths und schmückte in vielerlei Farben aus, wie jener Diakon, sofern seine Prüfung für die Christen der Welt gut ausfiel, ihr Resultat verkündete durch den dreifachen Ausruf Habet! Habet! Habet!, worauf schließlich Volk und Klerisei ein heiteres Deo Gratias! zur Antwort gaben. – Auch führte Philipp den in Spanien wie einen Heiligen verehrten Scholastiker Pamemartin von den Bergen an, der bereits im dreizehnten Jahrhundert nicht nur die Geschichte der Päpstin auf ihren Wahrheitsgehalt untersucht, sondern eine Liste der des Buhlens mit dem Teufel überführten Personinnen angefertigt hatte, in der sich der Name Johanna über den Schnitt häufig vertreten fand.

Eines aber hatte der geistvolle Plan des Vaters und des Sohnes nicht bedacht: Worte können nicht töten! Auch wenn die Dichter dies gern hätten. – Als Philipp, entnervt über die Erfolglosigkeit seiner Mission, selbige bereits abbrechen wollte, da endlich zeigte Juana doch noch Wirkung: völlig ungefragt und zusammenhangsarm und mitten in sein verärgertes Schweigen hinein begann sie leise vor sich hin zu stammeln und lauter wildes Zeug zu redeln von Gottes Willen und Gottes Gnade und Gottes Gerechtigkeit und des Teufels verdammten Anmaßungen, stieß dann einen langen entsetzlichen Schrei aus, daß Philipp, noch immer abwechselnd mit dem Zündeln der Lichter und dem Blättern in den alten Schriften beschäftigt, ein leichtes Gruseln den Rücken runterging, desweiteren eine auf dem Fenstersims stehende Blumenvase zerbrach und der riesige Kronleuchter seinen klirrenden Reim drauf gab.

Geraume Zeit später mündete der Schreckensschrei in einen nicht verständlichen Singsang, dem die nächsten Jahrzehnte nie wieder die Luft wegblieb.

Um es anders zu sagen: Juana gab den Geist auf! Mehr nicht. Nicht weniger. Oder sie tat wenigstens so fast fuffzig Jahre lang.

Zwar war das nicht so besonders gut für Maximilian, aber er hätte trotzdem zufrieden sein können: die Geschwister Juanas waren alle weg, auch Isabella schlief den gerechten Schlaf, der so späte wie eitle Mißgriff Ferdinands, sich nochmals ein Weib zu nehmen, blieb ohne Folgen, somit stand die kleine Frau ganz alleine auf der großen Welt, nur Philipp kümmerte sich, noch, um sie. ¿Juana, Dummes, hätt' nicht alles gut sein könn'n?

Aber was um Himmels willen leistete sich der angetraute Plötmann? Auch nicht eben ein Traktor an Nervenstärke, überfielen ihn aus heiterstem spanischen Himmel Depressionen. Und schlechte Träume in der Nacht. Und Knechte mit eisernen Ruten. Und mit dampfenden Kübeln von Pech. Und von kochenden Wassern. Und seine beiden Räte stritten, woran er stärker leide, am schlechten Gewissen gegen Juana oder aber unterm Plärren ihrer knorrigen Jeremiaden?

Beides war nicht zum Aushalten; er versuchte es mit Spazierengehn und mit Schachspiel und mit Trunksucht – niggs half. Um nicht daheim bei Frauchen weilen und zuhören zu müssen, bereiste er wochenlang und ohne jede Absicht Kastilien, durchfuhr feldquer die Provinzen Spaniens und handelte sich unter späteren Historikern den spöttischen Beinamen »El primer Alemán« ein, gemeint war: der erste Tourist. Zudem schrieb er traurige Gedichte über Treue, Verrat und schlechte Straßen, hielt sich von den Frauen fern(!!), sprach bald auch dem Wein nicht mehr zu, wohl aber davon, vielleicht eines Tages ins Kloster zu gehen. In seinem Tagebuch vermerkte er als die drei Plagen Spaniens Juana, die Sonne und seinen Vater.

In dem Jahr, das auch die Nautiker Columbus und Behaim sich ausgesucht hatten zu gehn, da floh Philipp einmal mehr vor Juanas klagenden Sängen davon und kehrte diesmal auch dann noch nicht heim, als das Wasser ihm schon an den Ellenbogen stand. Für den Freitod anderthalb Jahre nach Gent haben sich seither die Schriftsteller interessiert; mal so, mal so, wie die Schriftsteller eben sind.[51]

Fischer bargen zwei Tage später ein an- und aufgeschwemmtes Etwas, das zwei Söhne gezeugt, anders aber als die beiden Sterbegenossen von oben sonst sein ganzes Leben nichts Bedeutendes vollbrachte. Nicht einmal auf Juanas Befinden machte Philipps Scheiden noch irgendeinen Eindruck.[52]

Der Ausfall Philipps war eine anerkennungspflichtige Niederlage Maximilians, dessen Augenmerk sich nunmehr vor allem auf Karl, den Erstgeborenen seiner beiden Enkel, richtete. Und Margarete gab alles, dem Knaben die Liebe einer erfahrenen Frau und eine vernünftige Zucht mit auf den Weg zu geben. Alle Hoffnungen der Habichtsburg ruhten auf Caroli, und bald schon würde sich die Trefflichkeit einer Flugschrift jener Tage erweisen: ye kurtz sint wol de quale, ie beszer iz de wale.

Gleich nach Philipps Tod wurde ihm die Herrschaft über die Niederlanden aufgetragen, zehn Jahre später, nach Ferdinands Aufbruch in die schönere Welt, dem Halbwüchsigen die spanische Krone aufgesetzt. Das war die Zeit, als von Deutschland her Gemunkel drang über einen Unheilstifter, der Luther heißen, irgendwas Unanständiges gemacht haben und Mönch sein solle; es hieß: eine Art neuer Hus, irgendwie.

Im nächsten und letzten Kapitel soll endlich nur noch von Luther die Rede sein. Fast nur noch. Und natürlich etwas

51. Annotat: »Politik und Geisteskrankheit«, Doreen van Stig.

52. Annotat: Symptomatisch Männerhand bezeugend – Geschichtsschreibung.

von seinem Kaiser, der zunächst aber nur König war. König von Spanien. Aber was heißt nur?

Und zugegeben: es ist nicht sehr anständig, so zu tun, als müßte dieser neue König seiner Abstammung wegen sich bald ganz besonders auch um die deutschen Belange bekümmern, um die Belange dieser Tölpel, wie ihr größter Sohn sie nannte von Wittenberg aus, der Barbaren und Bestien, hoffnungslos der Trunksucht verfallen und der Völlerei. – Warum sollte er? Zwar nicht eben vom ersten Tage an, so doch aber spätestens seit dem fünften oder sechsten Jahr seines iberischen Erbes, seit der Niederschlagung der aufständischen Comuneros, war der bedächtige Carlos Spanier. Der spanischste aller Spanier. Und noch vor Frankreich und noch vor England war Spanien der Mittelpunkt der westlichen Welt. Deutschland hingegen (– »Euschlann, Euschlann, overolles« –): Provinz; bedeutungslos, zänkisch, zersplittert, unwichtig. Eine Pfründe Roms, nicht mehr, eher weniger.

(Und schon vor Carlos hatte Spanien – wir erinnern uns – die allerprächtigsten Blaublüter hervorgebracht: Isabellens Segen plus die Weltenkarte des florentinischen Kosmographen Toscanelli im Seesack, auf der das heutige Kalifornien den Ostrand Asiens ausmachte, aber nicht wie auf älteren Karten die geheimnisvolle Insel Antiglia verzeichnet war, an die eh keiner mehr glauben mochte, war der Genuese Cristóbal Bola de Oro Colón, zu Beginn seiner einsamen Karriere auch Nariz de Pimienta, »Pfeffernas«, genannt, zu einer ersten von insgesamt fünf Fahrten an die neuen Ufer des alten ptolemäischen Indiens aufgebrochen.[53] Stur das Steuer seiner Santa Maria, eines hochgebauten, besseren Nachens, auf Westsüdwest gerichtet und mit dem Ungeschick des genialen Draufgängers den Ozean an seiner defi-

53. Annotat: Die fünfte Fahrt des Kolumbus.

nitiv breitesten Stelle durchkreuzend und mittels doppelter Buchführung die insgesamt 87 Personen zählende Crew über die tatsächlich zurückgelegten Seemeilen täuschend und den Jakobsstab und das Astrolabium beherrschend und mit Trinkwasser und Branntwein, und mit Segeltuch und Schießpulver, und mit Pökelfleisch und Zwieback, und mit einem Dolmetscher für Hebräisch und für Chaldäisch und für Arabisch und mit zwölf auserwählten Priestern an Bord und im Verlauf zweier langer, sehr langer Monate auf hoher See den Unwettern, gelegentlicher Meuterei, dem Skorbut und grimmeligstem Aberglauben trotzend und im Glauben, wegen des Gefälles des Ozeans müßte die Rückfahrt bergauf gehen, war er, die Tümpler Niña und Pinta im Schlepp, auf Isabellens Karavelle losgesegelt, die unglückseligste Entdeckung seiner Zeit zu machen.[54] Zwar hatte schon ein Jahr vor ihm ein anderer zu Genua geborener Nautiker, der unter englischer Flagge fahrende John Cabot, das neue Festland bei der Hudsonbai erreicht, zwar hätte auch jeder andere Verrückte dieser Tage die Entdeckungen machen können, die Zeit war reif dafür, doch das Verdienst, den Auftakt zur fröhlichen Indiohatz gegeben zu haben, steht zweifellos Columbus zu. Die nachfolgende Christianisierung eines ganzen Kontinents war eine kulturhistorische Leistung ohnegleichen, sagen die einen, die anderen sprechen ebenso pathetisch vom schwersten Verbrechen der Menschheitsgeschichte, gegen das sich Hitlers und Himmlers Judenphobien wie leichte Verschnupfungen ausnehmen, oi; das römische Katholenthum zehre noch heute davon, rein mitgliedermäßig, heißt es in den odiösen Tiraden mancher Un- oder Falschgläubiger.[55])

54. Annotat: Isabella erntet die Früchte ihres großen Herzens.

55. Annotat: »Verinnerung am Feuer«, Ed Galeano.

So also war es gekommen, daß Karl I. 1515 für mündig erklärt und ein Jahr darauf nicht nur das Königreich Spanien samt sizilianischem Zubehör, sondern auch die noch unüberschaubare neue Welt der Süßkartoffeln, Kakaobäume, Kaffeesträucher, der Tabak- und Baumwollpflanzen, der Yamswurzeln und indianischen Sklaven und nicht zu vergessen: der viermalviermeterstarken Goldminen erbte.[56]

Doch es kam noch besser. Mag Luther etwas warten, zunächst einmal muß der spanische König zum römischen Kaiser gewählt werden, was nun wirklich eine sehr teutsche Angelegenheit war, zunächst muß es noch einmal nach Aachen gehen.

Pardon, nach Frankfurt; nicht Aachen. Aachen kommt einem bloß in den Sinn, wenn man an die Sorgen des Mediceergottes am Vatikan denkt, der bei der Wahl eines neuen Kaisers nach bestem Glauben und Gewissen mitwirkte und alles tat im Intrigieren und Politücken, um Maximilians Enkel um Gottes willen zu verhindern, so sehr graute es ihm vor einem staufischen Erbe.

Aber ein teutsches Ereignis war die neunzehner Wahl allemal, welcher sich nicht allein der »Allerkatholischste Majestät« geheißene spanische Monarch und der »Allerchristlichster« und Franz genannte König von Frankreich stellte. Auch der wegen seiner Schrift gegen Luther bald mit dem Titel »Verteidiger des Glaubens« belehnte Herrscher und Heinrich von England war nicht von vornherein ohne Chancen. Selbst, wenngleich noch weniger aussichtsreich, der Jagellone Sigismund, der »Alte« von Polen, wurde immer einmal wieder gehandelt. Fehlte nur noch, daß sich auch Osmanenhäuptling und Großsultan Suleiman zu Frankfurt angesagt hätte, die Riege der Großen Fünf jener Jahre wäre komplett.

56. Annotat: »Endzeit im Interfall«, Ruds Knieroth.

Sogar einem der deutschen Kurfürsten selbst war von Rom aus eine Kandidatur nahegelegt worden, doch statt Zepter, Reichsapfel und Swert mochte Friedrich der Weise wohl lieber auch fürderhin seinen glücklichen Beinamen tragen und in die Geschichte eingehen als Urbild dessen, was das deutsche Untertanengemüth noch heute dumpf & globschig als einen Landesvater verehrt; er lehnte dankend ab. Ernstgemeint konnte die Offerte eh nicht gewesen sein.

Für sie, die sieben deutschen Kurfürsten, war das Jahr, als Maximilian von den Brettern der Weltgeschichte abtrat, ein Segensjahr. Sie ließen sich schmieren und, mit Verlaub: zockten ab, was das Zeug hielt, verkauften bald dem einen der Anwärter, bald dem anderen ihre Gunst. Allen voran die beiden Hohenzollernbrüder. Reliquiensammler und Ablaßdealer Albrecht, der als Erzkanzler die Wahl zu leiten hatte und mal wieder nahm, was es wo zu kriegen gab, bat die Reihe der Bewerber gleich mehrmals hintereinander zur Kasse. Einer seiner fähigsten Männer, der Bannträger des deutschen Neuhumanismus und Wortführer ächt teutschnationaler Gesinnung und Streiter gegen Papst und Franzenplage und Mitfechter für das teutsche Wort: der ritterliche Sproß Hutten, verhandelte noch zu Lebzeiten des alten Kaisers am französischen Hof mit französischen Räten über des Kardinals Forderungen an Franz I. und blieb dabei frei genug im Kopf, sich die Stunden der Muße mit energischen Schriften über die Schmach und Schande zu versüßen, die es bedeuten würde, einen Nichtdeutschen Kaiser werden zu lassen – ein Dichter eben.[57]

Genau besehen, war Pffex Leo überhaupt nix des verfüglichen Materials recht. Am allerwenigsten aber stand ihm der Sinn nach der Auferstehung eines Friedrich Barbarossa, der ja – weiß man's? – vielleicht doch nicht in irgendwelchen

57. Annotat: »Wess Brot ich eß, dess Lied ich sing.« – Heil Hutten.

anatolischen Strömen baden gegangen und nunmehr womöglich den Kiffhäuser herabgestiegen war nach langem gesunden Rausch und Abscherung des verräterischen Rotbarts und in Gestalt Caroli geradewegs nach Frankfurt marschierte; wir Christen halten noch ganz andere Geschichten für möglich. So protegierte Leo je nach Aussicht auf Erfolg mal diesen, mal jenen der Prätendenten und hatte schließlich auch gar keine Bauchschmerzen, dem sächsischen Kurfürsten einen ganz besonderen Schacher zu unterbreiten. Um diesen seinen Wünschen gefügig zu machen, ließ er ihm einen Kardinalshut blanco anbieten. Friedrich sollte ganz nach eigenem Gusto entscheiden können, welchen Kopf er einmal damit zieren mochte. Es liegt nicht nur auf der Hand, welche beiden Fliegen da unter eine Klappe sollten, sondern auch, wieviel ihm die Nachfolge des letzten Ritters wert war und wie wenig die Ketzerei eines besessenen Theologen, wenn er ausgerechnet dem Schutzherrn Luthers, und das knappe zwei Jahre nach dem Thesenanschlag, solche Gunst zuteil werden ließ. Friedrich aber gab sich schon wieder weise und sein liebstes Unterpfand natürlich nicht aus der Hand; einstimmig und nach heftiger Intervention des Fuchses wurde Carlos am 28. Juni zu Frankfurt zum neuen Kaiser gewählt.[58]

So böse Mine zum bösen Spiel Leo auch immer machen mochte, das Leben ging weiter. Was blieb ihm auch übrig, als schließlich nolens volens der Wahl doch noch den Senf seines Segens dazuzugeben und zu beten, es möge der alte Barbarossa schön brav am steinernen Tische sitzen bleiben und sich das Kinnhaar weiter wachsen lassen.

Die Habsburger ihrerseits hatten sich das Vergnügen von Frankfurt einiges kosten lassen. Die Angaben schwanken zwischen 300 000 Gulden und einer schlappen Million, die

58. Annotat: Glückwunschadresse F. v. Sickingens an Karl V.

Jacob Fugger auslegte mit Blick auf die sagenhaften Reichtümer jenseits des großen Wassers.[59]

Wir Karl der Fünfft von gotes gnaden Erwölter Römischer Kayser zu allenzeiten Merer des Reiches etc. etc. in Germanien zu Hispanien Beyder Sicilien zu Jherusalem Hungern : Dalmacien : Croacien etc. etc. Graue zu Habsburg, Flandern vnd Tyrol etc. etc. Plus Amiland! Plus würdevollster Herrscher über Sonnenaufgang und Sonnenuntergang. Plus vornehmster Meister des höfischen Zeremoniells.

Um das provinzielle Deutschland, das gemeinhin so wenig den Hauch der Geschichte zu spüren bekam, mußte der Kaiser sich im Laufe seiner Amtszeit nie sonderlich kümmern, lediglich erwähnenswert unter seinen frühen Regierungshandlungen – die Verhängung der Reichsacht über Martin Luther, Erzketzer, Professor, Deutscher; zu Wittenberg.

(Ich habe eine Erklärung nachzureichen! Schon seit einiger Zeit war mir die Lust vergangen, die üblichen Dossiers anzufertigen über die Sitzungen mit Leumull. Denn der bestand mehr & mehr darauf, nur noch über private Dinge zu sprechen. Über Einsamkeit am liebsten, über, wie er das einmal nannte, Verhaltensmuster, über alle möglichen Formen von Verfehlungen & immer wieder über erschlagene Spielgefährten. Es mag ja chic sein & im Trend, oder wie es so schön heißt: im Zeitgeist liegen, sich auf diese Art wichtig zu nehmen & fortwährend mit den eigenen Kompliziertheiten zu kokettieren, aber ich liebe das nicht. Mal immer wieder paar Worte über so was – gut, allerdings nicht mehr als unbedingt nötig.

Aber wie gesagt: Leumull hatte zeitweise gar nichts anderes mehr im Sinn. Und wenn, um bloß mal ein Beispiel zu

59. Annotat: Briefwechsel Fugger/Luther.

nehmen, und wenn mir meine Freunde in den letzten Monaten auch gleich dreimal weggelaufen wären & wenn sie auch noch so eilig die Straßenseite wechselten, sobald sie mich nur entfernt erblickten – in der Angst womöglich, von mir in historische Dispute verwickelt zu werden –, ich hatte doch im Grunde keine Probleme damit. Und darum auch überhaupt kein Bedürfnis, immer wieder nur von meinen, noch einmal ein klassisches Leumull-Wort: Verhaltensstörungen zu sprechen. Das langweilte mich. Also beschloß ich vor geraumer Zeit, die Dossiers nur dann noch anzufertigen, wenn die Sitzungen sich auf ihr eigentliches Thema konzentrierten, und das hieß Martin Luther.)

... über dessen Kindheit nicht viel nachzutragen bleibt. Vielleicht, daß er von Vater Hans und dem Lehrer der Lateinschule erhebliche Prügel auf vorzugsweise den Hintern bezog, vielleicht auch, daß es nicht zu gering zu achten sei, daß psychoanalytische Forschung nachwies, die durch das Gesäß geschützte anale Zone könne bei bestimmter und intensiver Behandlungsweise noch im Mannesalter die Ursache sein leicht auszulösender sinnlicher, trotziger oder verstockter Assoziationen.

Die Stunde an Leumulls 53. Geburtstag dauerte länger als üblich. Gleich zu Beginn passierte etwas sehr Ungewöhnliches. Nachdem er mich wie üblich nach meinem Befinden befragt & sich dabei vergewissert hatte, daß es mir gutginge & daß es für ihn heute nicht nötig sein würde, ins Tablettenfach zu greifen, schwor er mich gute fünf Minuten lang darauf ein, über alles, was in dieser Stunde passieren & geredet würde, absolutes Stillschweigen zu bewahren. Dann stellte er zwei Gläser auf den Tisch, zog eine Flasche Cardhu aus seiner Aktentasche hervor & lud mich ein, mit ihm auf seinen Geburtstag anzustoßen & auf etwas, daß er einmal »die Wende«, ein andermal »die Revolution« nannte, auf irgendeinen Quatsch also, der draußen die Gemüter erregte, uns aber glücklicherweise bisher nicht wesentlich beschäftigt hatte.

Einerseits will ich mich hier nun gern an mein Versprechen halten & über den Verlauf der Stunde schweigen, andererseits aber scheint es mir für keinen der Beteiligten gefährlich zu sein, wenn ich wenigstens ein paar Passagen eines Dialoges wiedergebe, in den die Stunde mündete am späten Nachmittag, nämlich zu einer Zeit, als längst der letzte Tropfen getrunken war:

– . . .

– . . .

Oder den, wo Johannes Paul seinen ganzen Hofstaat zusammentrommelt? Also sind dann alle versammelt, Kardinäle, Bischöfe, Prälaten & so weiter. Sagt der Papst: Meine Herren, zwei Nachrichten, eine schön, eine nicht so sehr. Welche zuerst? Natürlich die Schöne. Gott, sagt der Papst, Gott ist auf die Erde gekommen. Hab eben mit ihm telefoniert. – Hellste Aufregung, der ganze Vatikan ein einziges Tollhaus, alle glauben, der Jüngste Tag sei gekommen. Dauert auch seine Zeit, bis endlich wieder etwas Ruhe einkehrt & einer sich schließlich erinnert. Und die schlechte Nachricht? – War'n Ferngespräch aus Mekka.

– Und wo ein uralter blinder Mann auf den Knien durch die Wüste kriecht & irgendwas sucht? Also Jesus steht mutterseelenallein in der Wüste. Kommt ein alter Mann angekrochen auf den Knien, völlig erschöpft. Fragt Jesus. – Alter, was machstu hier, was suchstu mitten in der Wüste? Sagt der Alte: Ich suche meinen Sohn. Sagt Jesus: Aber wie willst du ihn denn erkennen, blind, wie du bist? Sagt der Alte: An den Beinen & an den Armen hat er kleine Löcher. Denkt Jesus nach & ist tief gerührt: Vater! – Pinocchio!

– Die Auferstehung ist im Kasten, da erscheint Jesus noch mal den Aposteln. Sagen die: Jesus, bist du das wirklich? Zeig uns, daß du es bist. Vielleicht n' kleines Wunder noch mal? – Gut, aber was? Petrus hat schließlich eine Idee. Nimmt Jesus mit auf sein Boot, rudert auf den See Genezareth hinaus. Sind sie mitten auf dem See, sagt Petrus: Na los, Jesus, nur einmal um das Boot herum. Einmal bloß. Doch Jesus ziert sich, will nicht so recht. Aber wenn's diesmal nicht klappt? Sagt Petrus: Mach schon, was einmal klappt, klappt immer wieder. Also gut, Jesus läßt sich breitschlagen & steigt aus. Setzt ein Bein aufs Wasser, setzt das andere Bein aufs Wasser, will endlich loslaufen & geht unter. Kriegt Petrus ihn grad noch so an den Schultern zu fassen, zieht ihn aus dem Wasser & sagt: Na was'n, Jesus, klappt wohl nicht mehr mit die Löcher in die Füße?

– Oder der: ein Priester, ein Pfarrer, ein Rabbiner. Treffen den Herrn. Tritt zuerst der Priester vor. Sagt der Herr: Mein Sohn, du darfst mir den Ring küssen. Küßt ihm den Ring, gut. Tritt der Pfarrer vor. Sagt der Herr: Wenigstens hast du das Sakrament der Taufe empfangen: du darfst meine Füße küssen. Küßt ihm die Füße, gut. Kommt der Rabbi an die Reihe. Tritt vor den Herrn, guckt ihm in die Augen & sagt: Ist ja gut! Ich kann mir's schon denken...

FIEREN CHRISTLICH STÜCK VNND ETLICHEN DALKENS DARTZU

Wir sind nichts, und wir hören nicht auf, nichts zu sein, als bis wir irgendeine Rolle in dieser Komödie übernehmen.

Ulrich von Hutten

Wie wenig paßt es, sofort, ohne auch nur ein Buch gelesen zu haben, so furchtbar gegen Namen und Ruf eines rechtschaffenden Mannes loszuziehen. Und das vor der unerfahrenen Menge, die gar kein Urteil besitzt. Ja, in sich überstürzendem Eifer, jemanden zu kränken, verunglimpfen sie oft, was sie selbst daheim billigen – schrieb Erasmus dem Fuchs von Sachsen und hinterließ 53 Taschentücher, von denen 18 Stück ohne Verzierung waren.

Gerhard Gerhards, Erika Thiel

Erstes Stück: Kautzderlö. Gauchelöb.

Stotternheim ist ein protestantischer Wallfahrtsort im Thüringischen, ganz nahe bei Erfurt. Eine Viertelstunde zu Fuß nur entfernt von Stotternheim liegt das Dorf Kautzderlö, ein winziger, nur in regionalen Karten verzeichneter Flecken, in dessen turmloser Holzkirche (sofern es überhaupt erlaubt ist, hierbei von einer Kirche zu sprechen) ein »Dossier« aufbewahrt wird, das ein Apotheker aus Erfurt anlegte. Zwischen dem 17. Juni des Jahres 1505 und seinem Tod am 13. August 1507 führte er eine Art Tagebuch, dessen allabendliche Eintragungen gemeinhin enden mit einer ausführlichen Mitteilung über das Wetter des vergangenen Tages. Leider habe ich erst ziemlich spät davon erfahren, ich hätte mir viel Zeit und Mühe und die gottlose Lebensbeichte des Kautzderlöer Abschnittsbevollmächtigten Brettschneidt ersparen und einen erholsamen Urlaub verbringen können.

Wenngleich der Ort Stotternheim nicht ganz so klein ist und schon gar nicht so gänzlich unbedeutend wie der Ort Kautzderlö, soll es immer wieder vorgekommen sein, daß amerikanische Touristen vergeblich nach ihm suchten, wenn sie nach Deutschland kamen, auf den Spuren Martin Luthers zu wandeln.

Dabei ist er so einfach zu finden, wenn man bloß einmal die Strecke abläuft von Mansfeld nach Erfurt; es würde sogar schon genügen: von Sömmerda aus. – Sollte man ihn aber noch immer verfehlen, so ist das auch nicht so schlimm, denn man kommt in die Stadt der vielen Türme und kann dort noch etwas nachfragen.

Erfurdia Turrita besitzt zu Beginn der neuen Zeit eine Universität, die zu den stolzesten in Deutschland gehört und nicht einmal den Vergleich mit Prag fürchten muß. Ihr Zulauf ist groß; es herrscht der Geist des alten Heiden Aristoteles, des alten Ketzers Occam und einer Handvoll alter Professoren, die zu den Wegbereitern des deutschen Neuhumanismus zu zählen wären, an deren Namen sich heute jedoch kaum noch jemand erinnert. Es ist erst die nachfolgende Generation eines Mutianus Rufus, eines Rubianus, des späteren Doktor Kröte, und des noch blutjungen Hutten, von der die Geschichte sprechen wird.

Von Mansfeld aus gesehen liegt Leipzig fast gleichweit entfernt wie Erfurt, vielleicht sogar näher, trotzdem besteht Hans Luder darauf, die akademische Karriere seines Sohnes Martin in Erfurt beginnen zu lassen. Ganz offenbar hat Erfurt den besseren Ruf, wenngleich es Vater Hans schwerfallen dürfte zu erklären, worin dieser eigentlich bestünde. Doch das ist auch nicht seine Aufgabe. Eigentlich müßte er sich nur darum sorgen, daß sein kleines, aber eigenes Berggut den Segen gibt, sprich: den Ertrag erbringt, die juristische Laufbahn des Sohnes zu befördern. Martin soll einmal höher hinaus, etwas Besseres soll er werden, davon träumt Vater Hans. Dafür sorgt Vater Hans. Aber Vater Hans sorgt sich zu viel, er gebietet, er verlangt, er duldet keinen Widerspruch, er hat keinen Sinn für langes Geschwätz. Vater Hans leistet sich einen Luxus – basta!

Immerhin hat Hans Luder selbst es im Schweiße seines Angesichts auch schon ziemlich weit gebracht. Vom thüringischen Bauernsohn, der bei der Aufteilung des heimischen Erbes leer ausgegangen war, zum Bürger, zum leidlich wohlhabenden Unternehmer. Und nun soll es noch höher hinaus, koste es, was es wolle, nun soll Martin ran und zeigen, wozu ein echter Thüringer Bauer noch alles fähig ist. Vater Luder ist ein rechtschaffender Tyrann, der mit patriarchalischem Stursinn und eiserner Hand die Familie beherrscht, ihr vorsteht als Despot, dem allein jede Entscheidung obliegt darüber, was immer wann immer für wen immer das Beste ist. Das Beste für Martin ist, nach Erfurt zu gehen, und später wird man sehn! Eine juristische Karriere soll es sein, das bedeutet: eine politische; des teutschen Michel liebstes Steckenpferd und teuerste Pfründe, solange es ihn gibt.

Als Martin zu Beginn des neuen Säkulums das Studium der freien Künste aufnimmt, zählt die Stadt 20 200 Einwohner und gilt somit als eine der volkreichsten in Deutschland. Unter den Bewohnern sind verzeichnet 647 geistliche und klösterliche Personen, 35 erzbischöfliche Beamte, wovon einer sein späterer Freund Alexius ist, 172 Spitalinsassen und ca. 510 Studenten. Kurze Zeit später, nachdem Martin bereits die Klostertüren von innen geschlossen hat, kommen noch einige Personen hinzu, die sich einem kleinen humanistischen Zirkel angesellen, der bald weit über die Stadtgrenzen hinaus von sich reden machen wird, aber für dessen vorläufige Regungen dem Achtzehnjährigen der Sinn abgeht. Er hat mit sich selbst zu tun, ihn plagen Depressionen, die Anfechtungen des Jünglings, in dem die Stürme der Pubertät noch nicht abgeklungen sind, dem sich der Sinn nicht erschließt, den dieses Leben machen soll, machen könnte, der die Tyrannei des Vaters abschütteln muß und zugleich darauf aus ist, dem Vater zu gefallen, ihm einen fleißigen Studenten vorzuzeigen. Es ist der Schwermut des Heranwachsenden, der wie jeder Heranwachsende in sich die Anlagen zu Großem verspürt, den aber die Kleinheit und Nichtigkeit seiner Welt verzweifeln lassen, die Täglichkeit und das Vergängliche. Er wird Philosoph genannt von seinen Kommilitonen, Grübler von einem Fräulein Margaritha – beide meinen dasselbe. Martin entdeckt die eigene Biographie. Das heißt: er läßt sie beginnen mit Erfurt, mit den derben Ritualen der Deposition, wo ihm das Tier ausgetrieben wird, das er fortan nicht mehr sein soll, wo ihm die symbolischen Schweinszähne gezogen, die Eselsohren gestutzt, die Ochsenhörner gekappt werden von den Vorsemestlern, wo er unter rohen Späßen eine erste Sprosse erhoben wird auf dem Weg in den akademischen Himmel.

(Alles, was vorher war, liegt im Diesigen. Das Haus des Kunz Cotta, die Schulen in Eisenach und Magdeburg, die heimische Lateinschule, die Mutter, die ihn grün&blau&blutig stäupt wegen einiger geklauter Nüsse, das Fettbalg Margarita Saffd. »Mir und dir ist niemand hold, das ist unser beider Schold«, singt Mama Margarethe ein Wiegenlied, das Martin ein Leben lang nicht aus dem Kopf gehen will.

Das genealogische Interesse knüpft sich bekanntlich an einen bestimmten Status, den der Sohn eines Bergmanns bestenfalls hätte bedienen können, wäre er als Jungfrauengeburt oder mit noch längeren Bärten ins Licht der Welt getaucht an jenem trüben Novemberabend des Jahres '83. – Ist er aber nicht, so sind es außer einigen wenigen verwegenen Autoren vom Schlage schreibender Katecheten vornehmlich die schreibenden Mediziner, die sich Luthers Kindheit annahmen, insbesondere die Analytiker, die bekanntlich ein besonderes Verhältnis haben zu den weißen Flecken in den Biographien ihrer Klienten. Beide haben sie reizende Bücher geschrieben.)

Das Jahr 1509 vermerkt sich die Stadt als ihr »Fluchjahr« im Stammbuch. Es ist eine Abfolge aufständisch-plebejischer Umtriebe. Doch das für den jungen Luther wichtigere Ereignis ist bereits die Massenpsychose von 1502, besser bekannt als die »Erfurter Veits«, derer er sich noch in den Tischreden unter heftiger Anteilnahme erinnert, wenn er sagt, Mann und Weib seien in besessenem Dantz durch die Gassen der Stadt getollt, ohne Obacht auf Scham und Sitte zu geben, und mit nur wenigen Fetzen Stoff an den Leibern seien sie der boszen bronst verfallen und teufflisch wutt am Fleische.

Doch aus einem anderen Grund erinnert er sich immer wieder der Veits: unter den Schaulustigen oder unter den Mitwirkenden, genau ist dies seinen späteren Berichten nicht zu entnehmen, lernt er ein Fräulein kennen, besser gesagt: ein Fräulein nimmt sich seiner an, ein frankes Ding, das den introvertierten, etwas abseits stehenden jungen Mann in seiner stolzen Uniform zuerst gewahrt, einem frechen Impuls folgend seinen noch stolzeren Degen am Futteral packt und Martin daran mit sich zieht unter allerley olken vnnd schwättzen inmitten des Pulkes den Domberg hinunter vor die Portale des Domes, einfach so, aus Spaß an seiner täppischen Verlegenheit. Sie kennt seinen Namen und spöttelt. Martin, der Grübler, ruft sie, und das verwundert den Jüngling sehr. Doch ehe er hätte fragen können, ist sie bereits inmitten des Gedränges entfleucht. Sooft er auch im wilden Tempo um den Dom herumirrt, er kann sie nicht mehr finden.

Woher mochte sie seinen Namen wissen? – Ich stelle mir vor, wie der junge Student hämmernden Herzens und tobenden Gemüths, aber ob des prompten Endes des kessen Gebändels doch wieder mit dem alten Gefühl der Leere heimwärts trödelt. Sein Zuhause ist eine Art Internat, die Burse, deren ziemlich strenge Regeln ihm bald die Wiederfindung des inneren Gleichgewichtes gestatten. Nachtruhe beginnt um neun am Abend und endet vier Uhr früh.

Sonstige Begegnungen oder gar Abenteuer mit Frauen sind bis hierher von Luther selbst nicht überliefert. Die protestantische Geschichtsschreibung, die in Wirklichkeit nie den Verlust des »mörderischen« Zölibates verwand,[60] wehrt sich vehement gegen die Möglichkeit, gegen den ihr blasphemischen Gedanken, der Reformator habe bis zu seinem Eintritt ins Kloster in seinem 23. Lebensjahr überhaupt jemals nur den verschämtesten Blick auf einen Weiberrock verloren. Sie verehrt lieber das Monster, das von den Trekksdingen unberühret bleibt.[61] So ist sie. Von den mehr als 600 Huren der Stadt hat er ihres Erachtens niemals auch nur die geringste Kenntnis genommen, und eine Frau Cotta aus Eisenach war auch nie mit etwas anderem beschäftigt als damit, ihrem schutzbefohlenen Zögling die Kleider zu plätten und das Latinum abzunehmen, jene Frau Ursel Cotta, die sich tatsächlich aber mit einer Innigkeit der Erziehung Martins annahm, welche der späteren Legende Anlaß gab, den unschuldigen Ehegemahlen der Matrone so kurzerhand wie unbegründet verschwinden zu lassen.

Indessen absolviert Martin die niederen akademischen Weihen und freundet sich mit seinem Kommilitonen Ironimus Buntz an und mit dessen älterem Bruder Alexius. Alexius besitzt eine unkomplizierte Natur und verbringt seine

60. Annotat: Die Enzyklopädie des Grapschers.

61. Annotat: Lilah Jenns über die wirkliche Natur der Anfechtungen.

Zeit lieber in den Straßen Erfurts als in der erzbischöflichen Kanzlei, die ihn beschäftigt. Die vielen Huren der Stadt bezeichnet er als den feuchten Segen auf die trockenen Farze der Professoren; eine Äußerung, die auf Martin solchen Eindruck macht, daß er sie kurz darauf in einem Alexius gewidmeten Trinklied verwendet.

Ganz anders Ironimus, dessen Art, sich von den Frauen fernzuhalten, auffällig ist. Er zeichnet, er schreibt lateinische Gedichte auf den edlen Bund der Freundschaft und fürchtet sich vor den Sprüchen, die er zu erdulden hat wegen seiner weibischen Art. Gemeinsam unternehmen sie ausgedehnte Wanderungen durch das Thüringer Land, wofür sie mehrfach das Recht erwirken seitens des Bursenvorstandes, in Herbergen zu übernachten. Zu Beginn des Jahres 1503 macht er Martin mit seiner Schwester bekannt. Doch Martinus kennt sie bereits. Sie heißt Margaritha Buntz und wohnt bei den Eltern am Anger, hilft gelegentlich in der väterlichen Apotheke aus und nutzt die ungewöhnlichen Freiheiten, die ihr der Vater läßt, lateinisch verfaßte Bücher, am liebsten aber die Bibel zu lesen und die Geschichten von den Heiligen.

Wenn sie nicht gerade den Veits durch die Stadt tanze, so sagt Martin einmal zu Ironimus, dann scheine sie ein ganz vernünftiges Mensch zu sein. Besonders haben es ihm ihre gebleichten Haare angetan, die unter einem gewagten Barettin hervor ihre Schläfen bedecken, zwei entzückende Fußknöchel, von denen er bald träumt, seit er sie einmal für einen Augenblick zu sehen bekam, und einige handfestere Dinge, über die er aber mit Ironimus nicht spricht, nicht einmal mit Alexius.

Zwar gibt es Gründe dafür, und zwar gibt es Gründe dagegen, aber nur die Götter wüßten, wenn sie's interessierte, ob die beiden miteinander oder ob besser nicht. Natürlich nicht! – sagen die Protestanten und verweisen darauf, daß

Margaritha eine vorbildliche Katholikin ist, die kaum eine Messe verpaßt, gute Werke an den Armen tut und die Bibel liest. Sie soll es auch sein, die noch vor den Freienkünsten des Studienplans Gelegenheit hat, Martin zu ersten Bekanntschaften mit dem heiligen Buche zu verhelfen, obgleich sich dieser vorerst lieber für die gemeinsamen Spaziergänge interessiert durch die nähere Umgebung der Stadt.

Ob ja oder ob nein, nur die schreibenden Doctores können später Gründe vorbringen, sich bei der Frage aufzuhalten. – Martin wird als fröhlicher Bursche beschrieben, der öfter in Alexius' Mansarde anzutreffen ist an den Nachmittagen, wo er die Anwesenden mit frechen Liedern unterhält, sich selbst auf der Laute begleitend. Man freut sich mit ihm und über ihn, denn endlich ist er einmal frei von seiner sonstigen Schwermut und muß nicht jedermann unbedingt in unfruchtbares Disputieren verwickeln über den tierischen Stumpfsinn des Lebens, über die stupiden Werte der Alten, über das Jüngste Gericht, da, wie einst an den Samstagen der alte Lateinlehrer, nunmehr Gott kommen und den seinen Stock ergreifen und die seinen Wolfszettel verlesen werde.

Martin kann sogar richtig witzig sein, wenn Margaritha in seiner Nähe ist; Margaritha hat ihn gern um sich. Es gibt Kunde davon, wie sie ihn mehrfach flüchtig auf Stirn und Wange, mindestens zweimal auf den Hals küßt und ihn einmal stupst, woraufhin er den Takt seines Liedes verliert, sich bei dem tugendhaften Fräulein Margaritha bedankt für die Ermunterung und ihr zum Wohlgefallen selbstgedichtete Distichen vorträgt mit Andeutungen darin, die nur sie verstehen kann; Ironimus verfolgt das alles nicht ohne einen gewissen Groll. Er spürt den Verlust, er muß etwas unternehmen.

Erst am letzten Tage des letzten Semesters, als beide schon ihre Magister in der Tasche haben, der eine die Theologie ergreifen, der andere sich der Juristerei zuwenden soll, erfährt Martin durch Ironimus von der bevorstehenden Hochzeit Margarithas mit einem Krämer, der bei den Brükken irgendwelchen Geschäften nachgeht. Womit aber Ironimus nicht gerechnet hat: diese schwarze Offenbarung treibt ihm den Freund nicht wieder in die Arme. Martins zornige Verachtung ist groß, sie gilt beiden, Ironimus und seiner Schwester. Trotz der eben begonnenen Semesterferien ist er für seinen Freund nicht zu sprechen, nicht einmal eine Wanderung bis hinüber ins Fränkische, die Ironimus unter Verheißung mindestens dreier Übernachtungen offeriert, kann Martin eine Nettigkeit entlocken. Ironimus ist voller Verzweiflung darüber. Martin ist voller Verzweiflung. Von Margaritha ist wenig bekannt. Sie trägt derzeit ganz andere Sorgen aus.

Auch anderen seiner Kommilitonen steht Martin für kein Vergnügen der Welt zur Verfügung. Am liebsten wollte er gar niemanden sehen. Weniger als je zuvor versteht er den Sinn, den dieses irdische Jammertal haben und warum man es überhaupt bis zu seinem Ende durchwandern soll. Auch aus Mansfeld kommen Nachrichten, die nichts Gutes verheißen.

Ganz den Befehlen des Vaters gehorchend, wechselt er nach den Semesterferien an die juristische Fakultät über. Der verhängnisvollste Tag aber im Leben des Studenten L. ist der 17. Juni 1505. Dieser Tag würde auch zum schwarzen der Familie Buntz werden, die den Goldenen Löwen schräg gegenüber den Graden gemietet hat. Daselbst soll die Hochzeit Margarithas gefeiert werden am Abend. Martin ist eingeladen, schon Zeuge zu sein, wenn die Braut am Morgen vor den Altar der Barfüßer treten, das heilige Sakrament der Ehe und den Namen Böttch empfangen wird.

Eine ihm selbst noch im nachhinein unbegreifliche Laune, ein lange nicht gehabtes Hochgefühl, treibt ihn bereits eine knappe Stunde zu früh in das Gotteshaus, und dann ist er einer der ersten, der im Löwen dem Bier zuspricht. Der smertzen is een kirrer gesell ond erzaiget eyn Starcken bruder: macht krafft vnnd wolsein, predigt er Jahre später von der Kanzel herab. Er beschenkt die Braut zum Andenken mit einer seiner beiden Lauten, in deren Hohlraum sich eine Nachricht befindet, ein kleiner beschriebener Zettel, der verlorenging; als Trinkspruch trägt er eine der üblichen spöttischen Beileidsbekundungen vor, die die Anwesenden erheitert, dann trinkt er mit dem Bräutigam zwei Krüge Bier; er übertrifft sich selber heute, er kann es selbst nicht sagen, woher plötzlich diese Kraft kommt, diese Heiterkeit, er fühlt sich einsam, das macht ihn stark, Ironimus allerdings würdigt er zunächst keines Blickes. Dieser sitzt blaß und teilnahmslos am Tisch, nippt seit Stunden an einer Limonade und erschrickt, als Margaritha ihm den Kranz zuwirft. Noch in den Tischreden spricht Luther von der Macht, die er über den einstigen Freund hatte an diesem Nachmittag im Löwen; sie gibt einen größeren Rausch als Bier, sagt er. Erst am frühen Abend setzt er sich zu Ironimus und verlangt, daß er mit ihm trinke, aber ein anner Söff, eines, das dem Manne geziemt. Sie sitzen, sie sauffen, und meistens spricht Martin, keiner weiß, was.

In einem Zustand höchster Volltrunkenheit, in dem er noch nie zuvor gesehen worden war, stürzt Ironimus am späten Abend beim Pinkeln aus einem der hohen Giebelfenster des Goldenen Löwen und verunglückt tödlich. – Man muß es einfach so hinnehmen, nirgendwo findet sich auch nur der geringste Hinweis, wie das passiert sein konnte und warum sich Ironimus überhaupt bis in den abgelegensten Winkel verzogen hatte für sein Geschäft. Abgesehen von einer Depositionsrede, die Luther in den Tischreden einmal verulkt, indem er sich selbst zitiert und sagt, ehret die Obrigkeit und die Weiber, die nicht öffentlich oder aus den

Fenstern pissen (»minguentes«), ist seine einzige spätere Äußerung zum tragischen Tod des Freundes, daß er voll irrgedancken fom Dämonn/=arsch heimwärts getorkelt sei. Zeitlebens wird er sich nie ausführlicher über die Sache äußern; voll irrgedancken fom Dämonn/=arsch.

In der Burse angelangt, findet er einen Brief vor aus Mansfeld. Vater wünscht ihn zu sehen, und zwar ohn vortzugk, weil er eine wichtige und überaus erfreuliche Mitteilung zu machen habe. Luder jr. hat sofort so eine Ahnung, und all seine Kraft sackt ihm in die Füße. Es wird ihm schwarz vor den Augen, er kotzt und schläft ein in seinem eigenen Dreck. – Auf sein Gesuch hin wird ihm am übernächsten Vormittag eine außergewöhnliche Beurlaubung gewährt. Aus gesundheitlichen oder aus familiären Gründen? – Es existiert auch darüber keine Mitteilung.

In einem seit Wochen schon andauernden Zustand schwerer Betrübnis und noch mürber im Kopf als schon bei seiner Hinreise und mit Schmerzen an allen Gliedern und Knochen begibt sich Martin nach dem unerfreulichen Besuch bei den Eltern wieder nach Erfurt zurück. In Mansfeld hatten die Dinge sich genau so entwickelt, wie vorweg bereits befürchtet. Dermaßlich stolz auf sein bisheriges Werk, daß er diesem nichts anbrennen lassen will, hat Vater Hans endlich eine Partie gefunden, einen gesunden Weiberarsch für den hochhinaus strebenden Sohn, dem wiederum aber sogleich war, als bräche der Himmel über ihn herein, als er nur ihren Namen erfuhr: Margarita. Margarita Saffd, Tochter des reichen Quedlinburger Bürgers Hubert Saffd, der vor wenigen Jahren noch selbst in Mansfeld gelebt hatte. Sie konnte Elvira, Uschi, Madelaine oder Yvonne heißen, alles wäre vielleicht anners kummbt, aber Margarita, dieses Mümmelthier, dieses Fettbalg, dieses ständig fressende stucke Ffleisch aus den Tagen seiner Kindheit, von dessen jetzigem Aussehen er sich überhaupt kein Bild machen konnte und gar nicht erst machen wollte, über das er aber trotzdem noch Jahre später in trauter Tischgemeinschaft gern herzieht, wenn er auf das Warzengesicht und den Borstenschopf der Saukuh von Quedlinburg zu sprechen kommt.

Aber das war noch nicht alles: über die Beziehung seines künftigen Schwiegervaters stand, so hatte Vater Hans ihm freudig mitgeteilt, eine Anstellung als Sekretär bei den Mansfelder Grafen in Aussicht. – Aber nein, auch davon will der undankbare Sohn nichts hören! Es interessiert ihn nicht!

Dickkopf kommt von Dickkopf / Apfel fällt bei Stamm: noch nie, soweit er sich erinnern kann, hatte an den Zorn und das Toben des Vaters so viel Geschirr glauben müssen. Soll heißen: zum ersten Male hatte es Martin gewagt, dem Vater zu widersprechen. Lieber wolle er im Kloster schlaffen, als den Quedlinburger Saffdschinken sich ins Bett zu lassen. Das hatte Schläge gesetzt und Möbel gerückt, und Mutter Margarethe sperrte zwei Tage lang hinter sich die Küche ab in Sorge um die letzten Schüsseln und Krüge, die ihr noch verblieben, nicht einmal das schwere Wasserfaß hielt sie noch für sicher; wir hätten ihn nicht aus dem Haus geben sollen, hätten ihn nicht aus dem Haus geben sollen, brachte sie wieder und wieder unter derben Flüchen hervor.

Gemeint hatte er das mit dem Kloster natürlich nicht, es war einfach bloß ein Spruch. Doch jetzt, unterwegs wieder nach Erfurt, denkt er darüber nach, und so absonderlich kommt ihm die Idee gar nicht mehr vor. Ins Kloster! – schroffer hätte der Trutz nicht ausfallen können gegen den Vater, der ja bloß Enkel will und einen feisten Rabulen zum Sohne, gegen die Welt, die ein Tollhaus ist, ein ständiger Kreislauf von Versuchung und Strafe und wieder Versuchung und wieder Strafe. Ins Kloster! – wo das Leben geruhsam ond fein ond gotlich sein soll und beschützt, wo es Regeln gibt und keine Weiber, wo der gehatzte Geist seinen Arsch zur Ruhe betten darf. Zumindest hat es nichts zu tun mit Gott.

Mit Gott hat nur die Seele zu tun. Die Seele hat ihren Ort im Bauch. Der schmerzt Martin auf seinem langen Weg nach Erfurt. Da hockt er sich hinter die Büsche am Wegrand, der Schmerz aber bleibt in ihm. Die Seele, sagt man, gehört Gott. Gott aber schickt sie ins Feuer. Dazu gibt es ihn. Weil ein jeder sündigt und immerzu sündigen muß. Was aber hat es mit Gott zu tun, wenn einem der Bauch so furchtbar schmerzt?

Und noch spitzere Gedanken kratzen Martin am Kopf, er bemercket nicht auf seinem Weg die hellen Tage, in denen der Sommer voll Licht und Grün sich selber feiert. Ihm schmerzet nicht nur der Bauch, auch Kiefer, Nase und die beiden Veilchen tun weh, die er auf dem Hinweg noch Augen genannt hätte. Und er muß nur an die Desaster von Erfurt denken, an Margaritha, an Alexius, die ihn erwarten, an das Studium, das er sich nicht selbst gewählt hat, schon wollte er am liebsten wieder umkehren, plötzlich von einer Laune besessen, Verzeihung zu erbitten daheim und ein wenig Zeit. Aber mit Verlaub: zu frisch sind noch die Wunden seines geschundenen Körpers, den er vorwärts schleppen muß Schritt für Schritt. Olá.

Schließlich gelangt er nach Stotternheim, wo er, es ist bekannt, vom Blitze getroffen und wie vom Hafer gestochen und wie in den Bauch getreten und für Außenstehende irgendwie aus heiterem Himmel der heiligen Anna gelobt, ins Kloster zu gehen – Hauptsache weg. Hülff, sant Ann, ichk wüll Monnch wern!

Was aber, wenn es gar kein Gewitter gibt? Keinen Blitz und keinen Donner an diesem hellen Julitag?

Herr Leumull hätte gar nichts sagen müssen, seine Himmelfahrtsnase reckte sich einmal mehr so keck in die Lüfte, wie sie es immer tat, wenn ihn das Schmunzeln ankam & der Zweifel:

– Alle Welt weiß von Stotternheim, sagte er, nur Sie wissen wiedermal alles anders. Und überhaupt, was tut es zur Sache – Gewitter, kein Gewitter?

– Was geht mich alle Welt an & was erst deren Unverstand? fragte ich zurück & wußte, es war einmal wieder Zeit für eine kleine Extralektion – die ich gerne geben wollte:

– So heftig sich die Wissenschaft an den Schmarren vom Donnerblitz band, leitete ich einen kleinen Vortrag ein, so sehr muß sie schon immer befürchtet haben, daß ich einmal die verwitterte Angelegenheit klären würde ...

– Sie? höhnte Leumull.

– Ich! sagte ich & gestattete mir nun – das Jahr ging zu Ende, Dezember, die Zeit, in der man sich gern Urlaubsgeschichten erzählt –, Herrn Leumull einige Jahre zurück, genauer gesagt in die Feriensaison von 1981 zu führen. Denn dem Detektiv in meinem innersten Innern frönend, hatte ich diese damit verbracht, Chroniken & Annalen der Dörfer & kleinen Städte im Raum Erfurt/Sömmerda zu durchforsten, um vielleicht den einen oder anderen Hinweis zu erhalten auf den zweiten Juli nullfünf. Bis hinunter nach Weimar hatte mich meine Suche geführt; jedoch blieb sie zunächst ohne ein greifbares Ergebnis.

Zwar hatten mir die Recherchen auch einige ganz vergnügliche Begebenheiten ins Notizheft geschrieben, ich berichtete Herrn Leumull lediglich von drei Todesfällen, darunter ein Unfall in Erfurt selbst (1793; Kapuzinergasse neun; Stiegentreppe) sowie eine Straftat im Jahre 1628, als zwei betrunkene Landstreicher in dem Dorfe Ostramondra nahe des jetzigen Kölleda aus nicht mehr zu ermittelnden Gründen aneinandergerieten, jedoch sofern ich überhaupt auf Dorfchroniken stieß, die in jene noch entferntere Zeit zurückreichten & noch zu entschlüsseln gingen, konnte ich keinerlei Einträge finden, die sich als Aussagen über das Wetter am Tage der Tat hätten verwerten lassen können.

Erst der Dorfpolizist der kleinen, nur fünfzehn Minuten nördlich von Stotternheim gelegenen Gemeinde Kautzderlö brachte mich auf eine brauchbare Fährte – & das womöglich bloß, weil er betrunken war & chronisches Pech mit den Frauen hatte.

Pünktlich am 1. Juli 1981 war ich in Kautzderlö angelangt, um den nächsten ganzen historischen Tag im nahen Stotternheim zuzubringen – am Orte des einstigen Geschehens. Doch es wurde nichts draus. Ebenso pünktlich, will sagen, bevor ich überhaupt einer Christenseele des verschlafenen Nestes hätte einen freundlichen Morgen wünschen können, war ich Herrn Brettschneidt in die vormittägliche Inspektion gelaufen, der sich in selbiger Reihenfolge als Dorfpolizist, Feuerwehrhauptmann & Bürgermeister der 200-Seelen-Gemeinde ausgab & mich wegen irgendeiner Unregelmäßigkeit befragen mußte übers Woher, Wohin & Wiesudennbluß.

(– Eine Unregelmäßigkeit? – Herr Leumull reagierte scheinbar nur noch auf Reizworte & schraubte bereits wieder seinen Füller auf. Doch ich war heute nicht willens, seinen billigen Voyeurismus zu bedienen, und entschuldigte mich mit den mangelnden Aufzeichnungen in meinen Notizen, die mir zu schade waren für profane Personenkontrollen, wie sie einem an jedem Hundehaufen passierten.)

Glücklicherweise war der Abschnittsbevollmächtigte an diesem Tage einigermaßen gut gelaunt, was, wie sich sogleich herausstellte, am Datum lag. Denn wie alle Jahre wieder verbrachte er auch diesmal sein ganz besonderes Ehrenfest mit sich allein & im vollsten grünen Ornat seiner Innung. Und mit drei stolzen Abzeichen an der Brust.

Scheinbar war er derart beeindruckt von meinem Vorhaben, über das ich ihm sofort ordnungsgemäßen Bericht erstattet hatte, daß er sich berührt & schließlich veranlaßt sah, mich noch in den Schwan einzuladen auf eine kleine Stärkung. Man könnte ja noch bißchen weiter diskutieren über Luther, sagte er & meinte wohl, weiter seinen Ehrentag feiern, wozu sich, schien es, sonst niemand herabgab in ganz Kautzderlö.

Als am späten Nachmittag die größte Hitze des Tages vorüber & ich durch Brettschneidt ermächtigt worden war zu gehen, nachdem ich ihm zuvor nicht bloß meine Anteilnahme zugesichert hatte bezüglich einiger Dinge, an die ich mich nur noch schwach erinnere, die aber irgendwie zu tun hatten mit seinen beiden Scheidungen wegen zuviel Dienst & mit einem dritten Luder, das, ich glaube, an einen Vorgesetzten nach Erfurt durchgebrannt war, schätzte ich mich doch immerhin um eine große Hoffnung reicher.

Denn bis zum elften oder zwölften Kümmelbrand hatte Herr Brettschneidt durchaus noch Interesse auch an meinen Nöten gezeigt, nämlich Luthern als Element bezeichnet, das – nachweislich! – gegen die werktätige Bevölkerung & ein Bauernschlächter war. Auf dem Höhepunkt seiner Anteilnahme schließlich hatte er sich gar zu einer nibbischen Mitteilung hinreißen lassen über ein drüben im Popenhaus noch irgendwo herumgammelndes altes »Speckschwarrt, wo sich's auch immer nur ums Wetter dreht«. (– Selbstverständlich war der ABV Atheist! Der einzige von »Kaudele«!) Weitere Kunde über das Schwarrt ließ sich seinem Vortrag nicht entlocken, Luder eins hatte sich bereits seiner Sinne bemächtigt; bis Luder drei waren es noch einmal zwölf Kümmel.

Drüben das Popenhaus, eine bessere Garage, war das ärmliche Domizil einer kleinen freikirchlichen, irgendeiner Sektiererei anhängenden Gemeinde, die alte Speckschwarte eine von den Gotteskindern als Reliquie verehrte Schrift, besser gesagt: ein vergilbter & an den Rändern schon ziemlich zerfressener Stapel loser Blätter, der in einem Schrein im rechten Altarraum aufbewahrt wurde.

(Mir ist bis heute nicht ganz klar, ob die Empfehlung durch Herrn Brettschneidt am nächsten Morgen eher positiv oder eher negativ zu Buche schlug, ob die gerümpfte Nase des Gemeindeverantwortlichen meinem Ansinnen galt oder ihrem Bürgermeister.)

Es waren die Geschäftspapiere des Erfurter Apothekers August Buntz, der sich in den ersten Julitagen des Jahres 1505 zur Erholung bei seinem Bruder Liebknecht in Gauchelöb aufhielt. – Geschäftspapiere ist wohl das falsche Wort, denn die Aufzeichnungen fielen überaus prosaisch aus & beschäftigten sich anfangs wenig mit Zahlen, mehr dafür mit familiären Angelegenheiten.

So vertraute August dem Tagebuch nicht nur intime Nachricht über das derzeit schlecht gehende Geschäft mit Zucker an & über seine seit zwei Wochen verehelichte Tochter Margaritha (die der Schwiegersohn für im fünften Monat schwanger hielt), sondern berichtete auch über den so plötzlichen wie unfaßbaren Tod eines seiner Söhne.

Im Tone des Trauernden brachte er dabei eine mehrere Seiten lange Anklage gegen einen jungen Studenten zu Papier, in der es unter anderem hieß, dieser habe seinen Sohn in schweres Seelenleid & folglich in den Tod durch Absturz getrieben.

Es gehörte zu Augusts Angewohnheiten, am Ende einer jeden Eintragung eine Auskunft über das Wetter anzufügen: lange Rede, treucher Sinn: am zweiten Juli 1505 gab es kein Gewitter! In Gauchelöb nicht & folglich auch nicht im wenige Steinwürfe entfernten Stotternheim!

– Ergo, sagte ich zu Leumull, der müde wirkte & seit geraumer Zeit teilnahmslos & selbstvergessen den Kopf schüttelte, ergo: die Katholen haben recht! Sie mochten schon immer bezweifeln, daß die Inspiration wirklich von oben kam, und hielten Stotternheim für eine trügerische Erfindung, der wenige Tage später die Augustiner von Erfurt auf den Leim gingen. Der Tag der Nicht-Tat war von ebenso sonniger Heiterkeit, wie es der 2. Juli des Jahres 1981 war, wie es bereits der 1. Juli war, den wir damals noch als Tag der Deutschen Volkspolizei feierten, was aber nichts mit meinen Ermittlungen zu tun hatte im Falle Stotternheim!

– Was soll denn das schon wieder – Volkspolizei? Was hat die denn damit am Hut? – Ich weiß nicht, warum Leumull sich so erregte. Es schien mir ratsam, ihn ein wenig wieder abzukühlen & einfach weiterzureden:

– Als ich dann vor das Portal der Garage trat, nach der Lektüre – ich mußte mich erstmal wieder an das grelle Licht draußen gewöhnen –, da traf ich noch einmal auf Wachtmeister Brettschneidt. Aber der war ziemlich verkatert & brachte zuerst kaum ein Wort heraus. Dann aber...

– Aber alle wissen von Stotternheim, alle, jeder Achtkläßler, unterbrach mich Herr Leumull. Das glaubt Ihnen doch kein Mensch, diese Klamotte, diesen Liebknecht, diesen, diesen...

– August, sprang ich ihm bei, August Buntz, Apotheker. Liebknecht war der Schulze von Gauchelöb, von heute Kautzderlö; hatte ich vergessen zu sagen.

– Oder August, egal. Das glaubt Ihnen doch kein Mensch nicht. Warum vertun Sie nur immer Ihre Zeit so, so sorglos, und steigern sich in so'n Quatsch rein? Jeder weiß, daß es ein Blitz war, beziehungsweise der Luftdruck dazu, der den jungen Luther zu Boden warf.

– Dieser Quatsch also!

Dieser Quatsch hat Geschichte gemacht, hätte ich entgegnen können, aber ich ließ es lieber bleiben & hatte es im

Grunde doch bereits aufgegeben, Herrn Leumull an den höheren Weihen meines Lutherbildes teilhaben zu lassen. Was ich schon immer vermutet hatte, wurde mir durch seine stoische Ignoranz nur noch bestätigt: Leumull war im tiefsten Grunde seiner Seele selber Protestant! Und wie alle Protestanten brauchte er ein Datum, eine Zäsur, brauchte er die Göttliche Katastrophe. Luther ohne den Fingerzeig Gottes ist wie der Amtsanwärter ohne Leumund, ist irgendwie nur die halbe Miete.

Zudem war er selber Seelendoktor genug. Und wie die Schar der Pathographen zu gern bereit, den Quatsch vom Gewitter aufzunehmen. Weil er so günstig zu dem armen Irren paßt, der wegen ein paar am Horizont zückelnder Blitze gleich der heiligen Anna idiotische Dinge versprechen mußte & dann diese auch noch hielt. Ausgerechnet der heiligen Anna.

Ausgerechnet der Schutzpatronin des Vaters! Nein, so richtig lustig scheint es Martin auf seinem Weg nicht zu ergehen. Es gibt zwar Kunde vom schönen Wetter, aber leider kein Bildnis der Margarita Saffd.

Einige Kilometer noch vor den Toren der Stadt, es könnte auch Ortsausgang Mansfeld sein, als der Grübel endlich ein Ergebnis gefunden und Martinus beschlossen hat, lieber den ganzen Kram hinzuschmeißen und ins Kloster zu gehen, statt weiter den stumpfen Trott mitzureiten und sich der Tyrannei des vierten Gebots zu opfern, da fehlt ihm nur etwas noch zum Seelenheil: eine passende Erklärung. Und er erinnert sich einiger dieser kauzigen Geschichten, die ihm eine gewisse Frau Margaritha Böttch, geborene Buntz, so gerne erzählte, wenn sie auf den Wiesen vor Erfurt gelegen und allerlei Dollheiten getrieben hatten. Es waren die Geschichten von den ganz Großen des Glaubens, denen auch immer erst grauliche Sachen widerfahren mußten. So ist es zwar vielleicht nicht sehr originell, sich auf einen Blitz zu berufen – es hat Tradition.[62]

Wurde es bereits gesagt? Erfurts Mauern bergen in jener Zeit etwa ebenso viele Huren und Winkelhuren wie Spitalinsassen und Studenten zusammen. (Was noch einmal der Zahl klösterlicher Personen plus Beamter des Bischofs gleichkommt, wenn man die mal so zusammentun kann.) Und am 17. Juli, genau einen Monat nach dem »dies ater« seines 23jährigen Lebens, fühlt sich Martin ziemlich verkatert noch von den Abschieden der letzten beiden Wochen, als alles ein vorläufig letztes Mal war, ein letzter Trunk noch, ein letztes Liedlein zur Klampfe, das letzte Mal das Springen der Mädels, das Tanzen der Dirnen, ein letztes Mal die letzten Freunde, ein letztes Mal die wilden Launen, die Temperaturen, die verrückte Welt. – Jetzt Melancholie!

Dann klopft er an das Tor des Augustinereremitenklosters und wird lange nicht mehr gesehen.[63]

(So geschehen im gleichen Jahr, in dem der junge, gerade mal siebzehnjährige Ulrich von Hutten genau das Gegenteil tat, nämlich über die Mauern des Klosters, genauer: der Klosterschule zu Fulda kletterte und hinaus in die Welt floh. So geschehen, ein Jahr bevor auch Erasmus von Rotterdam, das liebste Kind der modernen Kulturgeschichtsschreibung, von Julius II. den vorläufigen Dispens erhielt, das Ordenskleid abzulegen und eine englische Pfründe anzutreten.)

---

62. Annotat: F. Rothei über fünf weitere Bekehrungen.

63. Annotat: M. N. Washkid & Gezier-Bezoar: sexuelle Deviationen Luthers.

Zweites Stück: Kloster. Klo.

Das Kloster der Erfurter Augustiner liegt nur einige wenige Häuser von der Georgenburse, Martins bisheriger Bleibe, entfernt. Obwohl dies eigentlich Erklärung genug sein sollte, verwenden die Biographen viel Zeit und Papier auf die Frage, warum der theologisch ziemlich unbedarfte Martin sich ausgerechnet diesem Orden anschloß; die Stadt barg in ihren Mauern auch die Klöster der Benediktiner, der indessen ausgestorbenen Lovermiten, der Dominikaner, der im Zuge der Gegenreformation (wegen okkulter Gebräuche) heftig bekämpften Labelletiner, der Karthäuser, der Zisterzienser und der Laienbrüder vom Schoße Marias, die hier sogar ihr Stammhaus besaßen.

Die einen verweisen darauf (nicht ohne eine Spur von Gehässigkeit), daß die Augustiner unter allen in Frage kommenden Orden das höchste wissenschaftliche Ansehen genossen und die Aussichten des Jungakademikers auf eine gelahrte Karriere nirgendwo so gut standen wie bei ihnen. Der Wunsch des jungen Luther, Mönch zu werden und als so was den Rest seiner Tage zu verbrödeln, sei ihres Erachtens ebenso wenig wörtlich zu nehmen, wie heutzutage der Berufswunsch »Soldat« meine, der Stutzer wolle sein gantz ohnnutz Leben lang über StockSteinStrauch stürmen (und über die ewig gleiche steile Sturmwand), als pampeliger Feldrekrut.

Nach anderen, zugegeben: noch etwas gehässiger daherkommenden Schreibern, hat Martin die wirtschaftliche Situation der eher die Mittel- und Oberschicht der Gesellschaft repräsentierenden Augustiner im Sinn, als er sich für diese entscheidet. Tatsächlich sind die Erfurter Augustiner weit davon entfernt, wirklich Bettler zu sein. (Oder Eremiten.) Betteln gehn sie nur symbolisch. Wenn Martin gelegentlich mit einem der Brüder als Gefährten terminieren geht, um sich sachtätlich das Säckel mit Eiern, Kes und Pilzen vollzuschnorren, so ist ihm das ein willkommener Schluck Kurzweil, ein Dantz=reigen im klösterlichen Trott; es ist Stückwerk eines, heute würde man sagen: rigiden Umerziehungsprogramms. Den Jungmonasten muß der Stolz ausgetrieben werden und die Eitelkeit verwürzt. – Die Augustiner besitzen fruchtbares Ackerland und Weinberge vor der Stadt, der Erfurter Klostergrund selbst bemißt sich auf gute 7500 Meter (hochzwei).

Nicht nur das Betteln ist gut für die neuen Fassons der einstigen Schlawiner; rundweg alles, was der Novize alsbald hinter den Klostermauern Christliches zu werkeln hat (unterm Joch detailstrenger Verhaltensmaßregeln), es ist darauf abgestimmt, das Menschenschaf zu scheren, es zu reinigen von weltlichem Schmutz, es von früheren Werten und, sofern vorhanden: einem eignen Willen zu besäubern, ihm Begierlichkeit und Hoffart, Trotz und Zorn und dergleichen Untugenden mehr auszutreiben.

Für kurze Zeit wohnt der Zögling im Gästehaus des Klosters, im domus hospitum, dann hat er eine Art Rekrutenjahr zu absolvieren, über welches die Literatur lapidar vermeldet, es habe der Teufel Ruhe gegeben. Je strenger die Ge- und Verbote über den Klostertag herrschen, je mehr Willensanspannung es erfordert, sie zu befolgen, desto besser gelingt es dem Postulanten, die Anfechtungen der früheren Jahre zu vergessen, die einstige Schwermut und Ironimus, Margaritha und die Trekksdinge des Fleisches, die alles beherrschende Angst vor dem Jüngsten Gericht und – Hans Luder.

Sieben mal binnen 24 Stunden versammeln sich die Mönche und Priester im Chor des Klosters zur Liturgie, den wechselnden Singsängs der Psalmodien werden wunderbewirkende Dinge nachgesagt, es heißt, sie machten die krancke Seele heil. Das Mittagsbrot ist in der Regel die erste Mahlzeit am Tage. Und seien es auch noch so harmlose Schwätzchen – private Gespräche sind während des Essens verboten. (Und nicht nur im Refektorium.) Statt dessen liest Bruder Masstock eine erbauliche lectio über eines der Bücher des Jean Gerson, über Biels Erklärung des Meßkanons. Unterweisungen durch den Novizenmeister (der spätere Reformator nennt ihn einen guten Christen unter seiner verdammten Kutte), Hausarbeit und theologische Studien, das sind die Dinge, die Martins Tagesablauf bestimmen. Einmal ordentlich auszuschlafen – welch unfrommer Wunsch: die Nächte werden unterbrochen von den regulären Gebeten, das erste davon um zwei Uhr am Morgen, und von den zusätzlichen Vigilien zu Ehren des Herrn. Die Summe der Vorschriften ergibt einen hochnotpeinlichen Rhythmus von Wachen und Ruhen, von Reden und Schweigen, von Beten und Essen (oder Fasten), von Lernen und Arbeiten, einen Rhythmus, der den natürlichen Ablauf des Tages beherrscht. Martins Zelle, wie auch die Zellen seiner klösterlichen Gefährten, mißt drei mal drei Meter, sie ist nicht verschließbar, in ihr befinden sich je einmal Stuhl, Tisch, Lampe, Wolldecke, Strohsack und Heilige Schrift; persönliche Dinge sind nicht erlaubt. Natürlich kann sie nicht beheizt werden. In den Türen gibt es Öffnungen, extra hineingesägt, um die Brüder gar nicht erst auf unkeusche Gedanken kommen zu lassen.

Wenige Tage bevor Martin die Profeß ablegt, das Gelübde, trifft ein Brief im Kloster ein. Die Absenderin heißt Margaritha Böttch. Doch in Absprache mit dem Prior vorenthält der Novizenmeister das Schreiben seinem Empfänger. Er scheint ihnen noch nicht reif genug zu sein, den Versuchungen der Welt zu widerstehen, für die Profeß allerdings reicht es bereits; sie wird in trauter Feierlichkeit abgehalten.

Nicht wer angefangen hat, sondern wer beharrt bis ans Ende, wird selig, lautet der Sinnspruch jenes Tages, an dem der Zögling sich entscheiden muß: gehn oder bleiben. Wenn bleiben, dann für immer. For ever, verspricht Martin und läßt sich das Profeßkleid anlegen von Prior Winand. Es ziehe dir aus der Herr den alten Menschen mit allen seinen Werken. Es ziehe dir an der Herr einen neuen Menschen. – Ein paar lateinische Formeln noch, Gebete an den Allmächtigen Gott und die Jungfrau Maria, dann ist es vollbracht. Großer Vater Augustinus singt Martin, und mit ihm singt der ganze Konvent.

Schon im folgenden Jahr, das ist 1507, wird er im Dom zu Erfurt zum Priester geweiht, einen Monat später, Anfang Mai, liest er seine erste Messe – und ist gar nicht glücklich dabei. Zum ersten Mal seit der blutigen Schlachten im Sommer vor Stotternheim trifft er an diesem Tag wieder mit seinem Zeuger zusammen.

Vater (Prahl-)Hans hat noch nie einen Hehl daraus gemacht, welcher Stellenwert dem geistlichen Stand in seinem Weltbild zukommt; er will es sich auch heute nicht nehmen lassen, zu zeigen, wie weit man es hingegen durch Fleiß und redliche Arbeit im weltlichen Leben bringen kann. Seine Ankunft in Erfurt erregt Aufsehen. Hoch zu Wallach und in Begleitung von nicht weniger als zwanzig Reitern, Bürger, Freunde, Statisten aus Mansfeld, kömmt er zur Feier des Tages dahergeritten, um sogleich mit großer Geste zwanzig Gulden an die Küche des Klosters zu spenden, nach manchen Quellen vierzig. Ir must ein gutten freund haben, das ir im so starckh kompt, bedankt sich prompt der Meister und Priester der Tafel und läßt um so prächtiger aufdecken.

Ebensowenig zurückhaltend zeigt Hans sich später, als er mit dem Sohn und dessen klösterlichen Vorgesetzten und Brüdern zu Tische sitzt, Bier säuft und sich über die Pflichten des Mannes verbreitet, als da sind: eine Familie zu gründen und für Nachwuchs zu sorgen.

Wenn man bedenkt, daß er zwar seine schriftliche Einwilligung zur geistlichen Hochzeit des Sohnes gegeben hatte (was hätte er auch tun sollen dagegen?), zugleich aber ganz und gar nicht glücklich ist über dessen Pfäfferei, muß einen der euphorisch wirkende Auftritt in Erfurt wundern. Hans benimmt sich gerade so, als ahnte, als wüßte er bereits, daß sein Sohn, sein eigen Fleisch & Blut, nimmer und nie das Los der Enthaltsamkeit und Kasteiung ertragen würde. In einer Weise spielt er den derben, den erzgesunden, den bodenständigen und noch dazu wohlhabenden Bauern heraus, die so überhaupt nicht zum blasierten und weltabgewandten Habitus der Klösterlinge passen will und dem Sohne vorkommpt wie klirrender Spott.

Martins himmlische Erscheinung, den Gotteswink von Stotternheim, nennt er einen bösen Trug, eyn Teuffels Gespennst, eine Gruselklamotte, den Einwand der Klosteroberen, man müsse seinem Gewissen folgen und vor allem Gott gehorchen, kontert er in schnoddrigem Ton mit dem vierten Gebot: Hapt ir nicht gelesenn inn der Schrifft, ir gelarten heren, dasz man Vatter und Mutter ern sull?

Am Vormittag bereits hatte Martin seine erste Messe zu lesen. Und einen Eklat dabei verursacht. Denn wie er ohn mittler vnnd Hülfe anhup tzu reden mit Gott, da passierte auch schon die größte aller vorstellbaren Katastrophen: er verhaspelte sich. Und wußte plötzlich den Text nicht mehr. Und fand keinen Glauben in sich. Und were gerrn in boden versungkt in eym augen=blickk. Und sein ganzes fleißiges Liebesmühn: es zerbrach an einer Winzigkeit des Rituals. Und am liebsten wäre er vom Altar davongelaufen wie Judas vor der Welt. Nur Ekart Masstock, Novizenmeister, konnte ihn daran hindern. Er versperrte ihm einfach den

Weg. Und strich ihm tröstend über die frische Tonsur. Und schickte ihn an die Arbeit zurück.

Und wer wusste es nicht, wy der Loder ym chore zu erffurth/ do mans Euangelium vom leunischen und besessnen menschen hott gelesen/ gefallen ist vnd wy en besessner mensch gedobet vnd wy en Ochs bebrullet hott/ ich bins nit/ ich bins nit, berichtet ein Mitbruder nicht ohne Arg und Mißgunst noch Jahrzehnte danach.

Mit dem Euangelium vom leunischen menschen ist jene von Matthäus und den anderen Synoptikern einigermaßen übereinstimmend geschilderte Geschichte aus dem Neuen Testament gemeint, wo ein Vater seinen epileptischen Sohn vor Jesus bringt, der ziemlich schlecht gelaunt wirkt, das Kindlein aber trotzdem heilt, selbstverständlich, nachdem seine Herren Jünger sich vorher bereits erfolglos um den Knaben bemühten.

Der Anfall im Chor, wie Luthers Primiz fortan genannt wird, hat Theologen, Pathographen und Historiker gleichermaßen beschäftigt. Man mag aber debattieren, so viel man will, und rätseln, ob Martin sich mit dem besessenen, dem fallsüchtigen Knaben gleichstellte und sich ergo selber vorgeführt fühlte von Vater Hans, der ihm im Rücken saß und hämisch die Übung verfolgte, oder ob er nur einfach die Spannung nicht ertrug, zwischen beiden Vätern zu stehen, dem leiblichen und dem im Himmel, zwischen zwei Autoritäten, deren Vermittlung er nicht gewachsen war.

Eine andere Erklärung des Anfalls, die zu tun hat mit jenem Brief von Margaritha Böttch und einer möglichen Geburtsanzeige ihres Sohnes, wird von der Wissenschaft seltener diskutiert.[64]

Das meistgebrauchte Wort aller möglichen und unmöglichen Lutherbiographen lautet »inneres Ringen«. In den

---

64. Annotat: Bac Huhns' Festrede zum 400. Geburtstag Luthers.

ersten beiden Klosterjahren ist damit Martins Bemühen gemeint, die Regeln zu erlernen, sprich: sein seelisches Gleichgewicht zu finden, Frieden nach den Studenten-, irgendwo heißt es: den Flegeljahren; deren »Freiheiten« waren ihm nicht bekommen. Doch jetzt, da es ernst wird, jetzt sind es nicht mehr bloß die Formeln und Riten, die von außen gesetzt und darum leicht zu ertragen gehen, jetzt steht Gott mit dem jungen Priester in direktem Kontakt und erweist sich als gestrenger Gesinnungstyrann, dem kein Betrügchen, kein Sündlein und keine noch so winzige Verfehlung entgeht. Ein fein geruhsam und gotlich Leben zu leben und quasi die Norm zu erfüllen, das ist nun zu wenig fürs Seelenheil, damit mag Gott sich nicht mehr abspeisen lassen.

Je länger wir uns waschen, um so unreiner werden wir; Martin verfällt einem asketischen Eifer, der zuweilen eine Heftigkeit annimmt, die seinen Oberen bald Sorgen bereitet. Was immer er tut, er muß es besser tun als alle anderen. Bald ist er von panischer Angst ergriffen, erneut irgend etwas falsch zu machen, von einer, es geht gar nicht anders zu sagen: Christophobie, die ihm die Messe zur Quelle ständiger Verzweiflung werden läßt, da er doch in den belanglosesten Versäumnissen Totsünden erblickt.[65] (Angesichts des späteren, des alten und in mehrfacher Hinsicht fett gewordenen Luther läßt sich der fromme Übereifer kaum erklären. Und es ist mit Vater Hans zu vermuten, daß er bereits gegen die Natur des Mittzwanzigers verstößt.)

Für seinen hysterischen Habitus während jener Jahre mag als Beleg auch die Beichtwut gelten, die Martin befällt. Tatsächlich gerät er unter den Vorwänden, unrichtig gebeichtet, etwas vergessen oder keine aufrichtige Reue empfunden zu haben, in eine wahre Sucht, täglich, zuweilen mehrmals täglich das fromme Geschäft zu besorgen. Oft,

65. Annotat: Luthers Sündenverzeichnis 1522.

wenn er es eben erst hinter sich gebracht, zerrt er irgendeinem seiner schuldlos dahermeditierenden Ordensbrüder am Ärmel, hält ihn daran fest und besteht darauf, erneut seine Sünden bekennen zu dürfen.

Eines dieser Opfer soll sich einmal vor lauter Verzweiflung vor dem Konfitenten auf den Boden geworfen und um Verschonung gefleht haben. Von Martins Manie geht das Wort, er habe im Kloster zwei Beichtväter und später in Wittenberg vier Drucker verbraucht.[66] Er selbst sagt gelegentlich über seinen Werdegang: Ich hab mein theologiam nit auff ein mal gelernt, sonder hab ymmer tieffer vnd tieffer grubeln mussen, da haben mich meine tentationes hin bracht.

Manchmal war Herr Leumull wie ein Kind so entzückend. So viel ich auch schon geredet & geredet hatte, niemals, ich muß es mir eingestehen, niemals war es mir gelungen, ihn wirklich zu begeistern. Als ich im Zusammenhang mit den Klosterjahren aber nur ein einziges Mal aus Versehen von mir als Martin Luther sprach, da plötzlich war er hellwach. Wie von der Tarantel gestochen, sprang er sogleich auf, kramte aufgeregt in seinen Papieren herum & unterbrach mich mitten im Wort:

– Sie, Martin Luther!

– Nein, nicht ich. War bloß 'n Versprecher.

Alle meine Versuche nun, ihn von der Harmlosigkeit des Versprechers zu überzeugen, den er natürlich für eine sonstwie schwerwiegende Fehlleistung hielt, scheiterten an seinem überlegenen Lächeln, einem Lächeln, welches keinerlei Zweifel zu kennen schien:

– Ist doch gar nicht schlimm, sprach er auf mich ein. Sie müssen sich nur dazu bekennen, Martin Luther zu sein.

66. Annotat: »Zimmet und die deutsche Milchspeise«, D. Opitz – [Annocmal B].

Dann haben wir ein gutes Stück Arbeit geschafft. Nur zu, Martin, keine falsche Scheu.

– Pardon, sagte ich, aber ich bin nicht Martin Luther & will es auch gar nicht sein & habe auch nie sagen wollen, daß ich es wäre. Mit Verlaub!

– Doch, Sie sind es. Sie müssen es sich nur eingestehen.

– Nein doch, ich bin's nicht. Und ich war's nicht. Ich war nicht der Reformator. Der wohnte in Wittenberg, ich hingegen als Buchsetzer in Nürnberg...

Und das hätte ich lieber nicht sagen sollen, denn es brachte Herrn Leumull auf ganz neue Ideen.

(Zwischen dem Anfall im Chor und dem endgültigen Eintreffen in Wittenberg vergingen sieben Jahre, in denen Martin allerley Dinge getrieben, unter anderem an der Erfurter Universität die heilige Theologie studiert und wegen irgendeiner unwichtigen Ordensangelegenheit Rom besucht hatte, ohne von der ewigen Stadt in nennenswerter Weise beeindruckt gewesen zu sein. Nicht mal Papst Julius war zu Hause; er war, wie üblich, im Krieg.

Im wesentlichen aber hatte er sich der Suche nach Gott, anders gesagt: dem oben bereits vermerkten »inneren Ringen« ergeben und dabei, wie die Pathographie es mit der ihr eigenen Clarheit vermeldet: das bunte Bild hinterlassen eines psychischen Krankheitszustandes von dysphorisch-depressivem Totalgepräge mit neurotisch-psychogenen, hysterisch gefärbten Einschlägen – sic! Weniger geordnet äußerte sich Martin selber dazu, wenn er sagte: eyn Christ musz bosze tagen han vnd vill leiden. Wer sich ein hörer ond junger des gottlichen wortts rhuemet oder ein Christ sin will ond selig wern, der mues keinnes gueten tages alhie gewiss seyn. Sein gantzes Leben ist eyttel leyden ond creutz ond verfolgung ond alle wiederwertigkeit. Ich bin en rechter Lazerus, in der krangkheit wol versuecht vnd kan doch nit sagen, warumb ich ietzt frolich bin vnd bald nit frolich sin kann, warumb eyn mal bessern lust zum Wortt hab den zum andern mal.

Es ist wohl so: nicht die Theologen des 20. Jahrhunderts – die schreibenden Ärzte haben sich mit dem größten Hunger über Luthers Jahre im Kloster hergemacht.[67])

Ein lausiges Kaff am Rande der Zivilisation mit einem Dunghaufen als Marktplatz – das ist der erste Eindruck des zukünftigen Reformators von seiner neuen Wirkungsstätte, einer kursächsischen 2000-Seelen-Stadt an der Elbe. In das Wittenberger schwarze Kloster war er entweder von den Erfurter Mitbrüdern abgeschoben oder auf Betreiben seines klösterlichen Gönners und Förderers Johannes von Staupitz versetzt worden; der Generalvikar der Augustiner-Eremiten, den Martin seinen etwas kühl geratenen Vater im Evangelium nennt und der Eindruck machte auf den Zögling, wann immer er dessen Zweifel und Fragen mit sarkastisch wirkenden Sprüchen parierte unterm Birnbaum, von Staupitz hatte dem jungen Luther die Lectura in biblia vermacht, seinen Lehrstuhl für Bibelauslegung an der Wittenberger Universität. (Und noch 1524 auf dem Totenbett bekennt er mit dem ihm eigenen Humor, er habe Martin mehr geliebt, als das je einer Frau möglich sein könnte; Mario N. Washkid hat sich später seine Gedanken dazu gemacht.)

Im schwarzen Kloster nun findet das Ereignis statt, welches Martin Luther für das glücklichste seines Lebens hält, das sein Herze nicht mehr zappeln macht, seine Seele nicht mehr flattern, das als ein steinern Ufer wider die Wellen auflehnt und ihr Dräuen und Stürmen verlachet, ohne welches es vermutlich die Reformation nicht gegeben hätte; das Erlebnis im Turm.

---

67. Annotat: »Zwischen Bauchweh und Psychose«, W. Wonneratt – [Annocmal C].

Auf seiner bisherigen Suche nach einem gnädgen Gott, der nicht nur zum Abstrafen und Angsthaben gut wäre, sondern ein irgendwie milder, verzeihender Vater sein müßte, so einer, wie er ihn aus eignem Erfahren nicht kannte, war er endlich beim Lesen der Bibel auf eine Stelle gestoßen, wo Paulus über Gottes Gerechtigkeit einige wundersame Dinge schreibt. – Der Gerechte werde aus Glauben leben; was immer damit gemeint sein mag, es muß etwas Großartiges sein. Denn wer Gott fur zornig ansihet, der sihet in nicht recht, sondern nur ein furhang und decke, ja ein finster wolcke fur sein angesicht gezogen.[68]

Über Luthers Offenbarung wurde schon so viel Tinte verschrieben, daß es hier genügen darf, nur noch die äußeren Umstände etwas zu würdigen.

Vermutlich im Frühjahr 1513 war's, nach manchen freilich schon 1508 während seiner ersten Visite in der kursächsischen Provinz, als Martin im Turm des Klosters gesessen und seine Erleuchtung über die Gnade Gottes empfangen hatte. Aber vor allem das Wo der Veranstaltung hat so sein Entzücken. Und macht noch immer Probleme. Im Turm des schwarzen Klosters, soweit sogut; wo aber genau?

Es ist zu Beginn des 20. Jahrhunderts ein katholischer Lutherforscher und akribischer Meister des Details, dem es in einer fast 3 000 Seiten fetten Biographie gelingt, eines der letzten Geheimnisse des Großen Abtrünnigen von Wittenberg zu lüften. (Wobei – soviel vorweg: das Wort »lüften« in diesem Zusammenhang etwas unglücklich gewählt sein mag. – Pardon.)

Nachdem er alle ihm zugänglichen Indizien sorgfältig geprüft, sämtliche in Frage kommenden Zeugnisse Luthers und dessen Zeitgenossen ausgewertet, die Topographie des schwarzen Klosters von Wittenberg studiert hatte, war er,

68. Annotat: Luther zum Turmerlebnis im Vorwort seiner lateinischen Werke.

ohne sich selbst der Tragweite seiner Forschung zunächst bewußt zu sein, aber auch ohne ein inneres Grinsen zu unterdrücken, als er dann seiner reizenden Entdeckung einen exponierten Platz zuwies im Opus magnum, auf eine Rede Luthers gestoßen, in der es heißt: Dise kunst hatt mir der Spiritus Sanctus auff diss Cl. eingegeben. Auf Clo, so folgert der Pater, ist dem deutschen Führer der Protestanten der kräftigste Schub seiner theologischen Karriere gekommen; das Turmerlebnis – ein Erlebnis cloace; olá![69]

Zugegeben, daß auch Martin Luther nicht umhinkam, jenes Örtchen gelegentlich aufzusuchen, hatte sich vorher bereits herumgesprochen. Auch die nunmehr erlangte Gewißheit, daß der Gigant, der Zyklop, der Große des Glaubens, sich mittels Lektüre das Weilen am verschwiegenen Orte mitunter ein wenig versüßte, hätte die evangelische Welt nicht aus den Angeln heben müssen, und doch mochte selbige es nicht lassen, auf das Heftigste zu protestieren gegen den hintervotzigen Katholen. Binnen drei Jahren nach Veröffentlichung des Machwerks erscheint eine Sintflut des Protestes. Das dafür benutzte Papier könnten Generationen verdauender Streiter egal welcher Konfession auf diss. Cl. nicht verbrauchen. Gemeine, ächt katholisch-vulgäre Kampfesweise, so lautet der Tenor der Entrüstung über das so sinnenfrohe Buch.

Erst viele Jahre später, als die Wogen sich wieder etwas geglättet haben, gelingt es auch den Protestanten, gelassener zu reagieren, nämlich sich der Allgegenwärtigkeit Gottes zu erinnern. Gott besitze repletive Präsenz, heißt es, also brauche doch die garstige Entdeckung des Jesuiten keinem auch nur eine Sekunde lang Sorgen zu bereiten; der gute Christ

69. Annotat: Hamburger über die Bedeutung des Ortes aus psychoanalytischer Sicht.

gehe ja sozusagen überall auf heiligem Boden, solange nur Gott sein Begleiter ist.[70]

Es wurde bereits gesagt: die Pathographen schrieben sich an Luthers vermeintlichen und wirklichen Psychosen die Finger wund; einer von ihnen verwendet für die letztendliche Ortung der Offenbarung 70 Seiten (gegen schlappe 15, die er dem Gehalt der Sache vergönnt) und bringt schließlich noch ganz andere Argumente ins Gespräch, wenn er von gefeierten Lyrikern zu berichten weiß, die ihre Ideen zu den sublimsten Gedichten über die Schönheit der Natur und ihre Reinheit, über die grünen Hallen ehrwürdiger Wälder und die erhebende Einsamkeit majestätischer Berge beim Defäkationsprozeß empfangen haben.[71]

Drittes Stück: Fuffznsiebzn.

So weit selbst die Ältesten sich noch erinnern, mit denen man drüber spricht in diesen Tagen, hatte es keinen so tief in den Herbst reichenden Weibersommer mehr gegeben. Als wollte das Leben seine Vergänglichkeit feiern und alle Welt dazu laden, als wollte die Sonne für jegliche Zeiten ein Lebewohl ausrufen und ein letztes Mal all ihren eitlen Prunk zur Schau stellen, all ihr Licht aufbieten, das sich in den Farben des Laubes fängt und in zahllosen Tönen verbreitet, so ist die ganze Stadt auf den Beinen heute, will ein jeder teilhaben an dem Ereignis, an dieser Laune der Natur, will jederman ein Stück von dem Licht mit sich nehmen, Vorrat sammeln für die lange Reise ins Dunkel; nur Martin sitzt in seiner Kammer

70. Annotat: Tassmat Mothertritts Ärger auf dem Klo.

71. Annotat: F. Oldadler rezensiert den Psychiater P. J. Springer.

und grübelt. Erschöpft von einer Arbeit, die ihn schon seit Tagen verzehrt und nachts keinen Schlaf finden läßt vor lauter Ärger, vor hellem Zorn auf die allerorten und immer dreister ihr schändliches Handwerk betreibenden Krämer des Ablaß, erschöpft auch vom Lehrbetrieb der letzten Wochen, von der Vergeblichkeit, diesen Stutzern, diesen Söhnchen, diesen Scholaren der Dummheit nur ein einziges erbarmendes Wort über die göttliche Gnade in ihre Köpfe zu pflanzen, ermattet, müde sitzt er am Nachmittag des 9. Oktober vor seinem Fenster und starrt seit sieben Ewigkeiten ins Freie hinaus (wo der alte Birnbaum längst sein buntes Kleid verlor und lange nackte Schatten treibt). Und hätte ihn noch nie die Muse geküßt in seinem Leben – dieser 9. Oktober ist einer jener Tage, an denen es auch den Unbegabtesten drängt, ein paar träufende Verse zu Papier zu bringen über das Vergehen, an denen wie Federn, wie von sich aufspielendem Wind getriebenes Laub, wie Flocken die Erinnerungen durch den Kopf tanzen, schweben, an denen die Seele wie von leichten Tüchern aus Seide bedeckt ist und mit jedem Atemzug das Vergangne einfließt; Zeit des Abschieds, des Gedenkens, Zeit der Wiederkehr. Noch vier Wochen sind's, dann wird M. Luder seinen Namenstag haben, den vierunddreißigsten, die Hälfte des Lebens ist dann vorbei. Doch Abschied nehmen, denkt Martin, dem mehr und mehr sich der Wein in seine lyrische Ader ergießt, doch Abschied heißt weiter zu wandern, neue Wege zu gehn; Winter ist nicht das Ende aller Zeit, Winter ist nur eine Rast im Wachsen. Der alles hat vollendet, der wirts auch new anfangken. Wie ein Baum ist der Mensch, wie ein Baum, dessen Triebe ohne Unterlaß sich hoch zum Himmel strecken, als wollten sie immerfort nur Gott entgegen streben; die Strahlen des Lichtes sind das Gerüst, an dem sie hangeln, die Sonne ist wie eine geduldige Mutter, die alles nährt und nichts als Nachsicht und ein wenig Wärme verbreitet; zuweilen noch im Oktober. – Die Luft hingegen, die in Schüben hereindringt, sie streicht schon empfindlich kühl über Martins Gesicht und trägt mit sich den süßlichen Duft der Herbstfeuer vor der Stadt, in denen Äpfel backen. Süß auch, zu süß für seinen Gaumen ist dieses Jahr der Wein geraten; den hat am Sonntag ein Frommer zum Opfer gegeben – viel lieber trinkt Martin Bier. Und sitzt schon seit Stunden, so will es ihm scheinen, am Fenster vor dem kleinen Pult, das gnakkt und gnarrt und waggelt, wenn man ihm nur zu nahe gerät; alles ist friedlich. Zu friedlich, zu schläfrig, zu trunken, zu verträumt, als daß es heute gelingen könnte, dem Papier auch nur einen Gedanken anzuvertraun. Nach all dem Wein und dem zweiten Krug Bier schon, da ist ihm, als sei gar nicht er selbst es, der der Feder befiehlt, trotzdem das vertraute Lied in die Stille der Kammer zu kratzen, Zeichen an Zeichen zu reihn, ganze Worte aufs Pergament zu zaubern, das Wort »dulos« zum Beispiel, das Knecht heißt, »captivus«, Gefangener, und schließlich – als sollte, gleich einem alten verwunschenen Geist in der Flasche, alles Licht der Griechen in ein einziges Gefäß hinein: das Wort »eleutheros«, es bedeutet: frei. Gleich noch einmal schreibt Martin, nein: malt er, schnörkelt, zelebriert er nur dieses eine Wort auf das Blatt, »eleutheros« – ob sich wohl ein Geheimnis dahinter verbirgt, eine Botschaft, eine Nachricht, unerforschte Verwandtschaft? – Es sei, wie es sei, kein anderes aller Worte dieser Welt klänge heiter genug, hell genug, so genau den Frieden dieses Nachmittags zu treffen. Vielleicht wäre es gut, den alten Doktor Luder den Wölfen und Maden zum Fraß zu geben, ihn nimmermehr vor die Augen der Welt treten zu lassen, statt dessen sich aus »eleutheros« einen anderen Namen zu bilden? Ganz nach der Art jener Erfurter Gelehrten, die sich einer lichteren Welt verschrieben und etwas auf ihren Fahnen trugen, das sie Humanismus nannten. »Martinus«, schreibt er auf das Papier und zögert, dann fügt er »Eleutherius« hinzu, der Freie; der Freie in Gott. »Martinus Eleutherius« – in wenigen Zügen trinkt er den vierten Krug Bier leer, als wollte er sich selbst betaufen; doch schon beim sechsten kommen ihm Zweifel. Nein, er ist nicht Humanist, nicht eines dieser Bürschleins, bei denen kein Glaube ist, er ist nicht Heide, womöglich den alten Gottheiten frönend, er will, er darf es nicht sein, mögen, selbst hier in Wittenberg, auch noch so viele Professoren überlaufen und sich mit ihren gestelzten Namen schmücken. Er ist allein geboren, dulos et captivus, Gottes Knecht, in Gott gefangen zu sein. Und wie er so brütet, bemerkt er nicht, wie die Sonne nach Westen davonzieht, als würde sie von einem Seil gezogen, wie sie in ein Meer von roter Farbe taucht hinter den Feldern nach Apollensdorf; vielleicht wird es nie wieder so schön sein. Die Dämmerung macht ein gilbes Licht, das wie ein lasser Schleier über allem liegt, nur der Birnbaum ragt heraus mit seinen schwarzen Konturen. Erst als Martin, um Liter erleichtert, vom locus zurückkehrt und über seine Bibel stolpert, die auf den Boden gefallen war, da verwundert er sich, wie dunkel es schon ist. Auch die beiden Kerzen, eine auf dem Sims unterm Fenster, die andere hält er in der linken Hand, spenden kaum genug Licht, um noch zu erkennen, was auf dem Papier geschrieben steht. Ihr Flackern läßt aus den vorhandenen völlig neue Worte entstehen und da – in einem einzigen Augenblick, als er eben den Leuchter abstellen will, weil ihm schon das Wachs über die Hand läuft, als ein großer schwerer Tropfen davon aufs Papier fällt und gleich ein zweiter noch hinterher und beide genau das Wort »Eleutherius« treffen, der erste das Suffix bedeckt, der zweite die vordere Silbe, da, er ist sich so sicher wie nur selten zuvor in seinem Leben, da schenkte ihm Gott einen neuen Namen. Martin Luder ist tot. Er ist gestorben auf einem Blatt Papier, unter Talg liegt er begraben. – Ein neuer Mensch ist geboren, der läuft, der hüpft vor Entzücken, der torkelt, der steigt die Stufen in den Keller hinab, der zapft sich zur Feier eine letzte Kanne Bier, der preiset den Herrn und lobet seine Zeichen, der kommpt in seine Kammer zurück, der schaut hinaus in die Nacht, der juchzet zum Himmel, der steht nur so da am Fenster und fortan als Dr. Luther vor Gott und der Welt.[72]

Was war das für ein Nachmittag!

Ob Martin aber drei Wochen später höchst eigenhändig ein paar Dutzend Propositiones an eine Türe glopfte oder nicht, wen will das noch bekümmern?

Viertes Stück: Pathos. Pathmos.

Es haben Se. Kaiserliche Majestät, Kurfürsten, Fürsten und andere Stände erwogen, daß aus überiger Köstlichkeit der Kleidung, derer sich auch die reisigen Knechte, Bürger und Handwerker und Bauern gebrauchen, Kaiserlicher Majestät und dem ganzen heiligen Reiche deutscher Nation Nachteil und Verderben erfolge. Es sei dieser Luxus nicht von Alters her, sondern erst seit einiger Zeit so eingebrochen. Daher seien um kärglichen Verstandes und besserer Warnung willen etliche Artikel aufzunehmen. Durch köstliche Kleidung und Geschmack werden der Adel und seine Knechte dermaßlich beladen und verhindert, daß sie sich desto weniger mit guten Pferden und Rüstung versehen können, was dann Kaiserlicher Majestät, Kurfürsten und Fürsten, auch ganzer deutscher Nation zum großen Nachteil gereichen werde. Es sei schon angemessen, daß jeder nach Würde und Stand

72. Annotat: Erstveröffentlichte Handschrift Luthers.

sich kleide, aber die niederen Standes machten größeren Aufwand als die höheren. — Andere Relationen des Wormser Reichstages von 1521 betreffen die überhandnehmende deutsche Untugend des Zutrinkens, die Kammergerichtsordnung, das Kriminalgerichtswesen und die allgemeinen Reichszölle. – Poi!

& Uff! – Wiwo: wöllt man sich bloß an die Protocolls der amptlich bestellten Schreiber halten, besonnders der vom papistischen Stammpult, so hette die Sache des Augustiners auf diesem Reichsdag kaum nennenswert was hergemacht. Ordenszänkzänk, elendes, wie es so häufig durch jene Jahr100s provincte, hätte es gar nicht erst auf'n Spielplan gehört. Zu Worms, wo, sagt man zu Calau: einst die Söhne der Nibel ungten.

Je weihter allerdingens das Ärgeignis retour liegt und je protestantischer die Feddern sind, die davon kundeln, desto verswitzter gruseln die Berüchte. Schon Martins Reise ins Wonnengau wird als ein einziger Triumpfbus gefeiert, der alle Klitschees bedienet wogibt. Noch bis in die Jetztzeit hinein lassen die Autoren eine Seligkeit verspüren, die gemeinhin den Sportberichtern unsrer Tage eigen ist: die Deutschen haben, wonach sie so lange vergeblich sich sehnten: ihren eigenen, ihren hausbacknen Herros!

Und tatsächlich: Karle Kaiser hat gerufen und seinen Herold geschickt (Kaspar Sturm mit dem silbernen Blick) im frühen Märzen – Anfang April dann ist es soweit, da läuten die Glocken weitlaut, da kann Martins große Fahrt beginnen, von der so wenige schon das Ende wissen. (: und sollt's mich zwanzig Hälse kosten, ich wollte hin. Und wären's auch noch so viele Teufel in Worms wie Ziegel auf den Dächern, ich wollt' hinein. Und sollte ihr Feuer bis in' Himmel reichen, ich wollte hin.)

Nej, nicht eigentlich wie einer, der das Scheyterhauff furchten muß, wenigstens ab nach Rom gehört, dessen Tage womoglich gezählt sind, vielmehr wie einer, mechtman gleuben, dero was weiß, dero im Kalkül turnt, aber zu schweigen versprach, dero seinen Part kennt und das restbißgen Risiko, so trabbt er, so mutig, so engstlich, so wie du und wie ich und wie Lieslottchn Müller: so geht er, so saust er, ein Menschenkind, seinen Weg nach Canossa. Ein Mensch, jawohl – nicht die Bestie, nicht das Ungeheuer, das Monster, zu welchem ihn seine Feinde toupieren, Katecheten, disse, Fettstagsswätzer künftigen Böllerns, die einem clarmachen mögen (vnd iubilieren), alleine nur paar Gabeln völler Gottfertraun und die Zufersicht des g'rechten Glaubens aufm Karren und ergo Gottes Schutzes gewiß sei Martin gen fairsammeltes Reich gezogen und habe – wie Waldemar Teckel auf seine Pfützlein: noch unterwegs nicht drauf verzichten wollen, an jedm Stock und jedm Stein der Reise die Gnad' und Gerechtigkeit des Herrn zu predgen.

Via Leipzig geht's, wo es dem huntsfottsigen Magister Eck einst glüggte, das theologische Bauchweh eines Provinzmonasten zur Affäre zu pludern, via Weimar, via Erfurt geht's, der Stadt Martens Sturm und Dränge, vor deren Weichbild der Student a. D. (und jetzt seit Monaten mit päpstlichen Klamottn Geschlagne, der große Häresiarch) hochstpersönnlich empfangen wird von Herrn Dokter Rektor – und swar wie ein First;[73] via Frankfurt steiget die rasende Fahrt: dann ist zehn/sechster April. Vor Mittag. Eintreffe Sportsfreunt in Worms. Wetter cheußlisch. Kalt. Nassunnsoweiter.

Seine besten Jahre sind's und lang nicht mehr so hager und bis uff Knochen gemagert wie noch vorletzten Sommer auf der Pleißburg: der Reformator passiert mindestens drei der vunff Tore von Worms. (Wenn nicht mer.) Mit ihm passieren Jonas und Amsdorf und tzwey bis vier Meuten Studiosi: fürbaß hinterdrein.

---

73. Annotat: Brief an den Genossen Honecker über Luther, den Statiker.

In Worms – sibtausendt Gläubigen das Daheime – ist der Toifel los dieser Tage. Auf den Plätzen, über Straßen und Gassen der City, in funzligen Schänken, allüberall fiebert eine einzige große Jamagdsfeier immer neuerlichen Hohepünkten entgegen. Vorm Johanniterhof, Luthers Frauberge, da drängeln die Gaffer und Freunde des Pyros. Gemunkelt wird von einem Scheiterhaufen, wie's ihn noch nie gab beim Galghfuhrt, im Amselgrund, am Drosselberg, oder wie die Örter für so was auch immer heißen. Ein Pfaffenffleisch am Ffeuerpfahl – der Bissen könnt net leckerer sein.

Von nah & fern und gantzweitweg hat es die Schaulüsternen in die Stadt getrieben, und jedemang Wichtigtuer – die wolln dabeisein. Auch der Kaiser ist da. Erstmals seit der Krönungstage, daß Karle Plättkinn wieder im Lande weilet, ce bon enfant l'empereur, wie die Kurialen sagen. Ein Exot, wahrheftig, ein Spanier, der nix sprechen deudsch, aber begleitet wird von prächtigen Aedlen, stolzen señorrres – ist das nich fürs Volxfest Anlaß genug?

So vielfach auch erwogen ond erörtert ward von: Luther »zum Ersten« vor Kaiser & Reich (in der Hofstub der Bischoffspfalz, finster und niedrig und eng) – kein Buch, kein Ort: nirgend ein kärglich Ton über die seltzamen Umbstände der Verhörung; sehr misterjös.

Ein schüchterig Bundel, Martin: angst, kleinlaut, scheu & respectierlich. Mit leiser Stimme spricht er und cittert und fröstelt im Innern und gibt zunächst alles zu. Jaja: hat er geschrieben, ja, das auch und das und alle, allsamt die Bücher aufm Tisch, die da liegen wie die Bastarde gefallener Mägde vorm Kirchentor. Auf Frage allerdings, deretwegen er überhaupt nach Worms gereuset, auf die er seit Wochen gefaßt ist, auf Frage also, ob er – vielleicht? bittschön! – widerrufe, da weiß er plötzlich kein Antwortt, nicht eins. Er sweigt. Dann, keine zehn Minuten sind Seiner Kaiserlichen Majestet bereits unter die Augen getreten, bittet, ermannten

Herzens, Sünder Martinus sich Bedenkzeit aus. Und wird prompt entlassen bis zum Nachmittag drauf.

Man kann es drehn und wenden, so ville man will, und ferben und gärben: es wird kein Schuh draus. Sollte Martin in letzter Sekunde doch noch wankelmutig geworden sein? Sollte er tatsächlich des Widerrufs gesündigt haben, und sei's nur in gedancken? Will er würglich noch einmal alles bedenken? Maardin! Mardinus, Mardinus.

Sogar die Psychologen (: von heute, logo), die gemeinhin nicht dem unwürdigsten Pub des Reformators ihr helliches Wertschatz versagen, sogar die schließen die Möglichkeit aus, dem Drukk auf der Brust, dem hätte Martin nicht standgehalten. Als er, ein kleiner schofeliger Mönch, potzplötz&lenzgestöber vor all den Honorazzioren das Maul aufthun soll. Man bitt' ja wol nicht um Bedenkzeit, sagen sie, wenn derweil einem die Nerven übers Gitter krümmeln. Tut man ja wol nicht, wenn eim grad die Knie weich sind, wie Butter bei fünfundzwanzig plus. Paßt ja außerdem nicht, dieses Kneifen und Zagen, zum dausndfach gemalten Bild vom Triumvater, der eben noch in Worms einmarschierte, wie ein junker Gott. (Und schon überhaupt nicht zum Hoch der lezzten Jahre, das Martin mit einer pauer unterkwerte, der selbst seine ergsten Gegner Respect gezolln. Sieht man doch, wie tepisch er in die Rolle des Ketzers, des Neurers, des Gottgesandten sich chicte, wie er eine gantze Palette mehrominder nöttiger Sermone Frau Wellten zum besten gab und sein, so die Biofürsten tüten: reformisches Heuptwergk in drey buchlin zwischen Mai und Nowemba. Und wie es noch gar nicht lang her ist, daß martialisch Marti die Banndrohpulle zur Fackel erkürte und päpstliche Breve ond Drecketen im Feuerschein erblühten. Am Elstertore vor Lutherstadt Wittnberg.)

Woher hier, Worms 21, April, Ketzerwetter, sauhafft, woher uffeima das Zaudern, diese: angeblich Zweifel? Bedenkzeit! – Wopfür?

Wir wolln uns dran erinnern wolln wir: wie heftig sich die Vatikanier sträubten, diesn Lümmel, diesn Camaraden überhaupt erst nach Worms zu laden, wie sehr sie Einfluß nahmen, genau das Speaktakel zu verhindern, das schließlig hinten bei rauskampt – noch in den letzten Tagen hatten sie kleine drekkche Manovers versucht, Martin nurbluß vom rechten Weg abzubringen[74] –; wolln wir uns dran erinnern wir uns: da kömmt's einem doch comisch for. Da möcht man doch vermuten, daß es Ein' gibt, der sich die Pfoten reibt vor Vergnügen, voll hämischer Freude sich ins Fäustgen grinst, der nix anners im Sinn trägt, als den Römlingen kräftig was drüberzuziehn, der darauf aus ist, den Wittenberger erst richtig zu installieren, der fleißig gegen die Papisten akkert – die nur schnell die Sache vom Tisch haben wolln, Kurznabwasch, nixerst Langfedernlesen.

Einer weiß, was das Mönch wert ist im, perdonn: Euroschacher mit Rom Se. Höllischkeit, und wie der Pfandwert mehr wird, wenn's sogar noch einen zwoten Auftritt hat. Einer ist mit Luther im Bunde; da steht der nun da und kannits anders und muß erst bedenken und geht wieder heim. Fürs erste. Und ist sich seines Lebens sicher.[75] Man mechte seiner einmal bedürfen, hatte schon Altkaiser Max gewußt und gesagt vor erst drei Jahren.

Und lange muß man nicht erst rätseln. Wer wohl und allein (wenn nicht ein Sachse) konnte auf den Trick mit der Bedenkzeit verfalln? – Neben den Spaniern ganz nahe beim Kaiser, da sitzt Old Fux Frieder und zwirbelt seinen Bart und weiß von nix mal wieder nur nischts.

Den numero zweiten Auftritt aber, den brättert Martitanus ganz alleine aufs Barkett, versprochen? – Versprochen! – Aba nu! Als er ein Tagundnacht später neuerdingens vor

---

74. Annotat: Drei Variationen einer Einladung, die Luther ausschlägt.

75. Annotat: Kierkegaard über verpatztes Martyrium & Mittelmaß.

dem Reiche steht, von Papenheimer Reichsmarschall zugeführt und Silberblick Sturm, da isser, plötzlich, wer anders, da isser, endlich, genau der Toitone, wie so wir ihn lieben. Nix iss mehr zu spüren vom timiden Mönchenskinde. Eine hölle Lust ists ihm und eytel Freyde, ein Feldherr ist er und aufmarschieret, mit Hörnern und Zähnen seinen Text zu trumpeten in deudsch und auf latein.[76] Wie eyn Fels in der Brandung steht er dem Habichtsburger Spanier gegenüber, und wie eyne Eiche steht er inmitten der Rotkäpps von Rom, und wie eyn Löwe unter all den braven teutschen Garniggeln steht er und weißwasawill und willwasaweiß, mit dtrei Pfunden Luft unterm Leibchen und Augen, die blitzerln und zwitzerln wie zwei Stern, so steht er da und sagd seinen Text. Kein Silblein, das er je hett gesprochen, kein Wortlin, das er je hett geschrieben mit Vatter Gottens Segen, nichts, gar nichts mag er widerrufn.[77] Und wüxen zum Abhacken ihm tausend neue Köpfe: nur Frau Muttern Schrifft singten sie allnacheinher ihre Liebe, nur aus der Schrifft wäre Martin zu beleren; aber das soll mal erst einer versuchen, oder fier. Hier stehe ich und kann gar nichts andres. Gott hülf mür Armen!

Und ist hindurch. Hindurch. Und weiß wohl jetzt schon, wohin Frieder ihn einthun wird.

Und Tschüß. Da mögen die Lentien & Nugaten noch so sehr in'n Kaiser dringen (mit Ferlaub) – sturrsinnig sei der Ketzer, ein Sohn der Bosheit, unbelehrbar und Abschaum, und ihnen gehöre so was überlassen –, Carlos hat nun mal sein Wort gegeben (an Albrecht von Mainz und überhaupt): na da kennt er nichts. Nichts, nichts und nada nichts. Und er will auch nicht dastehn und erröten müssen wie einst selig Sigmund vor den Flammen von Konstanz. Ein teutsches

76. Annotat: Die Kampfbilder gegen Rom.

77. Annotat: Müntzers Hochverursachte Schutzrede, im Seeblick vernommen.

Wort ist ein teutsches Wort, und sei es auch dreimal auf spanisch gesprochen. (Von einem kaum erwaxenen Stutz.) – Martin darf ziehen. Hindurch zieht er durchs Martinstor von Worms. Auch Karl geht an Bord seiner Zille, zieht den Rhein hinab von dannen und wird, in Deutschland, nach neun Jahren erst wieder gesehn. – Und hätte es mich verlangt, verkündet später der Reformator, Unruhe zu stiften, so hätte ich großes Blutvergießen über Deutschland bringen können. Fürwahr, ich hätte solch ein Spielchen zu Worms beginnen können, daß der Kaiser nicht sicher gewesen wäre. Aber was wäre es denn schon geworden? Ein Narrenspiel. Ich überließ es dem Wort.

Schließlich aber war das Maß voll! Keiner kann sagen, ich hätte mir nicht alle Mühe gegeben. Keiner kann sagen, ich wäre nicht nachsichtig genug mit Leumull umgegangen. Das Gegenteil ist richtig: ich habe ihn an den heikelsten Stellen meiner Ermittlungen ins Vertrauen gezogen, ich habe mit stoischer Gelassenheit noch die dümmsten seiner Fragen beantwortet, ja ich war sogar bereit, ihm das eine oder andere Wort der Anerkennung zukommen zu lassen, wenn er einmal, was selten genug vorkam, einen originellen Gedanken vorgetragen hatte. Aber ich ertrug nicht, daß er immer wieder versuchte, mich für dumm zu verkaufen!

Ich hätte sofort mißtrauisch werden müssen. Denn das war gar nicht seine Art, daß er von sich selbst etwas erzählte. Ohne irgendeinen erkennbaren Anlaß nämlich hatte er begonnen, den einen oder anderen, wie man so sagt: Schwank aus seiner Kindheit zu erzählen. Ich habe wirklich keine Ahnung mehr, wie er überhaupt darauf kam. Er erzählte von einer bestimmten Straße am Steintor, in der er seine Kindheit verbracht hatte, er erzählte von einstigen Spielgefährten, die er heute gelegentlich noch treffe, alles

Leute, sagte er, aus denen etwas Vernünftiges geworden war, er sprach weiter von den Spielen seiner Kindheit:

– Viel Tischtennis, sagte er, und viel Schach von klein an. Am liebsten aber die Spiele auf der Straße, »Räuber & Gendarm« zum Beispiel, »Fischer, wie tief ist das Wasser?«, übrigens auch oft & ausgiebig Völkerball...

»Übrigens auch...« – Ich Idiot! Jetzt erst dämmerte mir, worauf er mit dieser Offenherzigkeit eigentlich hinauswollte, Sack, elendiger! Und noch bevor mein Entsetzen über diese Unverfrorenheit wieder ein bißchen abklingen konnte, meldete er sich prompt vom anderen Ufer zurück & fragte unverhohlen seinen Katalog wieder ab, nämlich ob ich denn immer so wütend geworden sei beim Spielen oder ob nur beim Völkerball? Vielleicht sogar nur, wenn Ursula Gesser mit von der Partie war? – Könnte ja sein? Oder überhaupt, wenn Mädels dabei waren – sein könnt's ja?

– Sie Schelm, Sie, Sie...

– Man muß doch mal die Geschichte endlich aus der Welt bringen, mal richtig klären. Kann man doch nicht leben, mit so was. Ist doch auch kein Pappenstiel nicht, von wegen, er hielt ein Lineal an eine Stelle seiner Aufzeichnungen & zitierte dann: von wegen »das Mitkind behelfs einer Schaufel ein wenig touchiert«!

Und ich für meinen Teil verstand überhaupt nix mehr. Warum denn bloß immer wieder ausgerechnet diese alte Geschichte, immer wieder Ursel Gesser? Meine Güte, würde ich um jedes affige Stück Mensch, mit dem ich aus welchen Gründen auch immer einmal ein wenig aneinandergeraten war, so viel Gerede machen, ich bekäme ja überhaupt nicht mehr den Mund zu.

– Aber irgendwie, beharrte Leumull, muß man doch mal einen Anfang hinkriegen, irgendwann einmal beginnen. Das ist doch wichtig, so wichtig, so...

– Und warum erzählen Sie mir das alles? Steintor, Spielgefährten, Schach & was weiß ich noch alles? fragte ich und, wie gesagt: war bitter enttäuscht. So nicht! Jeden Spaß kann ich ertragen, aber nicht diese Tour von hinten. Leise, ohne mir die geringste Regung anmerken zu lassen, erhob ich mich von meinem Stuhl, zog meinen Mantel über & erklärte ihm, daß ich noch etwas zu erledigen hätte. Dann reichte ich Herrn Leumull die Hand zum Abschied, sagte ein braves »Aufwiedersehen« & ging. Zurück in die Einsamkeit meiner Wohnung, wo ich mir den Rest meiner Geschichte selber erzählte.

Ich fühl's, schreibt Luther, wenn ich für mein liebes Deutschland beten will, daß mir das Gebet zurückprallt und will nicht hinaufdringen; denn es will werden, daß Gott wird Lot erlösen und Sodom versenken. Gott gebe, daß ich in diesem Stück ein falscher Prediger sein könnte.

Und Bürgerkrieg liegt in der Luft, sagen die eifrigsten der Chronisten und citieren einen, der heißt Aleander und hat einen Namen als päpstlicher Legat:

Wenn auch ihr Deutschen, die ihr am wenigsten von allen zur Kasse des Papstes steuert, das päpstliche Joch abwerfen werdet, so wollen wir schon dafür sorgen, daß ihr euch selbst untereinander aufreibt und in eurem Blut ersticken sollt. Poipoi. – & Uff.

(Vier Stimmen:)

Pistorius ist ein Arzt aus dem Hessischen, der Martin Luther gut zu kennen scheint, und zudem sieben böse Geister, von denen der Reformator besessen sei. Es sind das der Lästergeist, der Lottergeist, der des Irrtums, der fleischliche Geist, der Frevlergeist, der Geist des Stolzes, der Schwindel- und der Wetterhahnische Geist. Der vierte davon, der plagt Martin besonders schlimm, hier und jetzt, weit oben auf der

Wartburg, wo er die Schutzhaft durchleidet, die Muße absitzt, manchen Koller austobet und vergeblich sich müht, seinen Gedancken die Trübsal zu exorzieren, das Wehleid – windige Schurken in swartzen Hembden.

Der Juristen buch, der Juden gesuch, und das vnter der magd schurtztuch – seynd drey geschirr, machen die gantze welt irr. – Er schreibt einen langen Brief an Melanchthon, den jungen Wittenberger Professor, und muß von seiner Verzweiflung berichten, von der Angst zu ertrinken im Sintpfuhl girrer Gelüste. Von sengender Furcht zu verbrennen in den großen Feuern seines zügellosen Ffleisches. Noch nie hat er es jemandem so offen, so deutlichen Wortes gestanden. Denn Gott ist Zeuge! Denn Philippus, beeide! Denn die Gabe der keuschheit, denn er hatt sie auch zwar gehapt, wie wol denn viel boser gedancken und treume mit einfallen sind. Denn eusserlich, da war er fromm und keusch, denn innwendig aber voll boser brunst.[78]

Ausgerechnet seinem Vater, nein, nicht ausgerechnet: folglich, folglich dem alten Hans Luder, der schon immer ahnte – wußte, der noch nie einen Deut drauf gegeben hat, daß sein Sohn, daß ausgerechnet Martin die Lästerung aller Natur, die Enthaltsamkeit ertrüge, ein unbeweibtes Leben; ihm, seinem Vater, dichtet Martin ein freches, ein unverschämtes Schriftlein über das Gelübde der Mönche. Es ist eines der vielen Schwälblein, die Martin in die Welt fleuchen läßt, die schnäbeln und zwitschern und dem Gefangnen die Ödnis verkurzweiln.

Und wenn es ihn auch noch so sehr plagt und feuchten Schlaff bringt und wenn ihm auch dreimal so schwere Zweifel kommen darüber, welchen Sinn das Gelübde macht (das keiner geben soll, schreibt er, der noch unter dreißig Jahren zählt) – selber und allen voran die Kutte an den Nagel zu

78. Annotat: Die Tragödie läuft zur Komödie aus.

hängen, hinunterzusteigen nach Eisnach, hinauszutraben in die Welt und ein Weib zu greiffen, eyn wurtzig Ffotzffleisch, mit schlampernden Tzitzen, mit Tzitzen wie die Saugpfröpf der Säu im Stall, wie die Euter der Stute auf der Wiesen, mit Schenkeln wie triefender Schinkspeck, mit einem Arsch voll von Safft wilder Früchte, die lange in der Sonne reiffen[79]: – nein, das darf nicht sein, das darf er nicht, das liegt ihm fern. Er hat sein Versprechen gegeben, geschworen hat er's, nie einem andern Herrn als seinem Hern Got zu dienen, keinem andern der Knecht zu sein, schon gar nicht eim Weib.

Nein! Oben auf dem Turm steht, dem Himmel am nächsten, Martin, Georg, Junker Jörg, und betet. Und sieht und weiß es, plötzlich, gantz genau: das ist der Große Verleumder, der wahre Fürst dieser Welt, die alte Schlange ist es, die Nacht auf Nacht und offt noch am Tage ihn bezierpelt und betörtelt, ihn grault und all die bösen Gedancken und Wortte eingibt, das sündige Giern. Dem Pferdehufigen ist seine Seele ein Wallplatz, dem Gehörnten, der nur will, daß Gott einen Sohn verliert. Magister Diabolus – Martin kennt ihn, kennt alle Schliche und Trüge und Kniffe, er kennt auch alljegliches Teufflinnengespil.

Der sso gros als die Welt ist, der sso weit als die Welt ist, der vom Himmel reicht bis in die Helle, der das Ende der Zeit bringt: Martinus kennt ihn längst, kennt ihn aus den Geschichten der Bauern von Möhra, die Mutter erzählte, wenn sie die Schwester gesäugt, Martin sah ihn schon lauern tief unten in den Hütten des Vaters, er hat ihn in den Schriften studiert und im schwarzen Kloster ist er ihm begegnet, so manchen Disput haben sie widereinander gefochten. Martin kennt allesamt seiner vielen Soldaten, einen jeden mit seinem Namen und Rang; er kennt das Wesen der Elfen, der Gnome, der Nixen, der Zwerge, der Kobolde und

79. Annotat: J. Grimm & Papierzeh-Forlecks Synonymmel.

Hexen, sah letztere reiten auf Besen und spindelnen Stökken durch Walpurgs Nacht, er sah den kahlköpfigen Herrn Bocksfuß und seine wildbehaarten Spießgesellen, die trugen Säcke voller Seelen davon, er hat Schlimmes von den Teufeln der Häuser gehört und von denen des Landes, des Wuchers, der Höfe und Kirchen und Fürstengemächer. Die Trinkteufel sind ihm nicht unvertraut, und er schrieb über die Teufel der Fynantzen. Von Hosenteufeln, Bandenteufeln, von Teufelshuren, den Teufeln der Ehe – lange Reden wüßte er auch von tausend Geistern zu reden, von Rottengeistern, Poltergeistern, Rumpelgeistern, die poltern und rumpeln nicht lassen könn'.

Und Martin weiß es, wie gewaltig und arg die Schlange aus den Zäuberinnen spricht, die Glas und Feuer besprechen, die mit schmeichelnden Worten den Gottesfürchtigen des Verstandes beräuben, die die Stachel des Ffleisches glühen machen in ihren Feuern, die die Brunst erwecken, nur der Versuchung trachten; nein! – Nein! Christus, geliebter, ich kündige dir nicht den Glauben, ich götze keinem andern Herrn! Du hast mich nicht geführt, wie ein geblendetes Pferd geführt zu den Zinnen deiner Liebe, um mich nun in den Pfützen der Versuchung ersauffen zu lassen. Gib mir, Herr, deinen Trost, deine Hilfe, lere mich gegen den Satan obsiegen, gegen die Furie, die Nacht für Nacht in meinem Bette ligt und ihre mammae reibt an meiner seyten. Jesus, Herr, Gebieter, verlaß mich nicht. Such nicht nach anderen Wassern, nicht nach anderen Quellen, die reiner sind und deiner mer würdig, die reiner sind als die trüben Quellen meines sündigen Herzblutts. Gib mir Waffen, gib mir Worte wie Steine der Demuth, damit ein hohes Schloß ich dir bau, eine Feste in den Bergen, eine Burg der alles, alles, allesumfassenden Liebe.

Ein' feste Burg ist unser Wort & Gott ein Wünschelgänger. Und Martinus, geheim hier, muß sich erst kommodieren. – Steigt den Turm rauf: glotzt runter den gantzen lieblangen Tag.

Man soll ihn nicht hoffen, nicht haussen, nicht wirten, nicht tränken, nicht speissen, nicht werken, nicht worten, nicht beistehn, nicht anhäng, nicht treuen, nicht helfen, noch Vorschub soll man ihm erweisen; geheim nicht, noch offen.

Trägheit nach außen, nach innen voll Unrast; die ersten Wochen sind besonders schlimm. Zu viel ists plötzlich von dieser Stille, da sind alle Worte verloren, wie Waisenkinder, abgezehrt, ohne Daheim.

Stolz & stur; eine steinerne Stirn: sprichwortwortwörtlich ein Trutzfels – die Burg; himmelwärts, hehr. – Tannicht, schwarzgrünes; dem Bergschloß zu Füßen, dort tümmelt die Stadt.

Auf dem Weg zur Cisterne hinterm Garten der Hofburg: zwischen Marstall & Palas hindurch Richtung Turm – da hallen die Schritte zurück;

Und? – Und in manchen Büchern und in manchen Romanen ist noch heute der Nachruf zu lesen, den trauernde Freunde einst schrieben. Und von einem hageren Mann in seinen besten Jahren ist zu lesen und von seinem Mühen und seinen Qualen und den Strapazen des Verwandelns und Wechselns in ein anderes, in ein zünftiges und ritterliches und sausendes und brausendes Junkerleben inkognito.

Und? – Und die alten bekannten Leiden sind es, gegen die nun nicht einmal Sauermilch mehr hilft. Denn sechzehn Jahre hatte dieser Herr doch immer nur kärgliche Klosterkost zu essen, satte sechzehn Jahre hat er lustlos seinen dünnen Hirsebrei gefuttert und hat dünne Suppen geschlürft und runzliges Grünzeug dazu genagt und Karotten und steinhartes und schimmelndes Brot. Und nun soll all das auf einmal vorbeisein? Und nun soll es auf einmal üppige Fleischgerichte geben und Wildbret noch und nöcher und fette Soßen dazu? Das kann doch nicht gutgehn, das holt Sanct Lazerus sogleich auf den Plan und bringt Verstopfung und Blähung und Völlen und läßt nicht das zarteste Rülpsen entweichen.

Und? Und keiner soll etwas merken, darum, nur darum läßt unser Herr sich einen zwirbelnden am Abend, diesig, lau noch, nachtnah. Da hört es nur der, der der Muße sich hingibt: in den Lüften die Lieder der Barden; die streiten noch immer & minnen. Schon mehrhundert Jahr'.

Wo schon manch Einfaltspinsel getrottelt, manch unartig Lümmel wollt morden, manch springender Ludwig gesprungen: da hat nun auch Martin sein Stübgen; im Ritterhaus hat ers, nordseits: die Sonnglut bleibt hier außen vor.

(Und von draußen weiß der Heuptmann Neues zu schwatzen. Von der Welt & von Aleander, der bangt um sein Leben, dem droht man mit Mord. Und von vierhundert Edlen, die sich verschworen & von Dürer aus Antwerpen, der entsetzt ist & gram ist, totsterbens. Und gleubet, ein Männlein, ein andres, söllt das Werk nun vollbringen.

Denn Caroli Spanier hätten den Ketzer ergriffen – ob der wol jetzt tot ist, maustot ist, dahin? Im Rauch großen Feuers zum Himmel gefahrn?

Erdolchet, erwürget, erschlagen, ersäufet, ans Astkreuz einer Linde geknüpft? Mit grünen & wässernen Giften gespeiset? – genau von all- und löckelnden und von heiteren Winden durchlüfteten Vollbart wachsen und dann herab, mit den Männern der Besatzung deren Vergnügung zu teilen, ihr archaisches Handwerk, die Jagd.

Und? – Und wo ihm doch, dem Mönche, dem Herrn Priester im Junkerornat, wo doch dieser Zeitvertreib ihm keinesfalls und ganz unmöglich und nimmermals zu einem freudigen Herzschlag verhilft; so steht es geschrieben. Und ganz besonders gerührt erzählens die Katecheten und die Pastorenfraun den Kindern mit ihren großen Augen: immer wieder diese eine Geschichte von Martin und wie der ein fast schon zu Tode gehetztes und überaus atemloses Häschen beschützt und wie er es aufhebt und unter seinem Jagdrock versteckt und wie er es liebkoset und streichelt, das süße, das zitternde Tier. Denn er will es wieder in Freiheit geben, sobald nur die wilde Meute sich leidlich weit wieder entfernt hat.

Und? – Und dann! Weg! Weg! Und Aus! Und Pfui! Und troll dich, schwarze Bestie, elendes Vieh! Ein Köter, ein wahrhaftiges Raubtier, das allergefährlichste im Rudel, das will nicht von der Fährte lassen und stüppt erst nur mit seiner tropfenden Schnauze, tropfend von Geifer dem aber weiß man wol nichts.)

Und früh im Herbst schon, diesjahr, daß die Dirnitz beheizt wird. Bald ist November, Sanct Elsbeths Tag: der Burggast geht auf die Vierzig zu. Den plagt im Kopf wieder das Sausen & Rausseln, und Brausen wie von Winden & Flüssen. Wovon es ihm kommen mag? Er kann es nicht san.

Hundt, schwartze Bestie, wie drei Männer so schwere. Hat Zotteln wie peitschende Peitschen & Klauenschwerte, die hieben wild los. Und Zähne – Dolche, stahlgewetzte Sicheln, erpicht nur, den Abgrund zu atzen, den gierigen Schlund.

Morgens. Dann sind die nächtigen Kämpfe vorüber. Friede dann; die Schlachten gewonn'. Dann ist Gevatter Pferdfuß verwunden, böse Schlange! Unhold! Drachen! Satanus! – Davon!

Und steht manche Morgen, schaut über die Zinnen: Gottsgeschenktes, was dem Blick sich da zeigt: graublaßgreuliche Bläuen; Nebelwallen, ewigkeitenweit.

Am liebsten kommt der Verführer im Herbst. Wenn einen und Freßgier. Und dann schnappt es nach dem Beschützer und stürzt sich auf diesen mit all seiner Kraft. Und da fällt der sogleich hin und holt sich Plesuren und schlägt sich alle Knochen auf.

Und? – Und es hat alles nichts genutzt. Das Hetzvieh, das verdammte! Noch bevor der falsche Jagdmann wieder zu Sinnen gelangt, da hat es Meister Lampe längst totgebissen, voller Tollwut glatt durch den Jagdrock hindurch. Ganz furchtbar. Ganz furchtbar. Ganz traurig. Auch das Lachen darüber, das barbarische Lachen dieser Kerle, dieser üblen, ganz üblen Kumpanen.

Und? – Und wenn die Sterne am Himmel stehn und Gottes Licht sich ergießt, dann schläft der Junker kaum.

Und? – Und, so schreiben es andre Autoren, als er zur Nacht will sich schlafen legen, da ist er wieder da, der garstige Zottel, liegt im Bette des edlen Herrn vnd will den nicht hinein lassen. Vnd da befiehlt sich der Herr Luther unserm Herrn Gotte vnd betet den achten Psalm vnd da will der Hund noch immer nicht weg. Und da packt ihn der Herr Luther mit Manneskraft und wirft ihn beherzt zum Fenster hinaus. Und da ist Martin eines gewiß: der Teufel war das, nur der Teufel kann so was gewesen sein.

Tag die Sonne mild kost, am andern böses Gestürme tost, naß, kalt, voller Unheil. Steht mal nah beim Waschkrug, mal nahe beim Bette, hockt mal unterm Schreibpult: drauf steht ein Tintfaß zur Not.[80]

Doch Satan weiß viele Gesichter. Kömmt wieder, immer wieder zurück. Kömmt andermals als Jungkfraw ins Bette geschlichen – Buhlhur', heiß & geil & begierlich; knabenhaft kätzt er sich an. Schnurrt mehr, als daß er spräche. Doch wenn er spricht, machts die Seele ganz bang.

Und? – Und der kommt nun immer öfter. Wenn die Ratten im Gemäuer rumoren und wenn Iltisse im Gebälk herumstreichen und wenn Scharen von Mäusen über die Dielen spazieren und wenn allerlei Käuze ihre finsteren Texte aufsagen und wenn das Wetter umschlägt und das Werk drauf seinen mürrischen Reim macht, dann ist der Teufel da und grimmige Geister und die rufen mit bösen Stimmen und kämpfen böse Kämpfe wider den Menschensohn.

Und? – Und dem kommts vor wie Disputieren und es will ihm sogleich die Seele ausfahrn und die ist schon gantz bang.

Der Herbst geht. Papst Leo stirbt. Seit drei Wochen Schnee. Zum Dolmetschen gehört ein recht fromm, treu, fleißig, furchtsam, gelehret, erfahren, geübet Herz.

Dezember. Kalt in seinem Stübchen. Saukalt. Doch Martin – wie besessen. Sitzt den ganzen Tag am Tisch. Ein hölzerner Kasten. Rechts vorm Fenster. Den ganzen Tag schreibt er nur. Manchmal stirbt er vor Kälte. Seine Finger schon ganz blau. Kann kaum die Seiten blättern in Erasmus' Buch. Zieht es immer wieder zu Rate. Er sitzt morgens. Er sitzt abends. Er sitzt mittags. Er sitzt und sitzt. Stellt zur Nacht ein Licht noch dazu. Denn seine Augen sind schon blind. Er schreibt deutsch. Erasmus' Buch ist griechisch geschrieben. Er schreibt, schreibt. Streicht oft Worte wieder durch.

80. Annotat: Berdna N. Werg: Tintenkleckse, allüberall.

Nimmt andere dafür. Manchmal geht die Arbeit flüssig von der Hand. Manchmal braucht er Stunden. Er wartet. Wartet. Auf ein Wort. Ein einziges. Alle Ketzer sind Schmelzer – alle Dolmetscher Ketzer. Man muß die Schrifft ins Deutsche bring. Bald. Sehr bald. Sonst ist alles verloren. Wer lesen kann, der soll sie lesen. Die Schrift. Auf deutsch.

Januar ist. Ich habe keine eigene Sprache im Deutschen. Keine sonderliche und gewisse. Beide sollen es verstehen. Die Ober- und die Niederländer. Alle Deutschen. Alle Mäuler sprechen anders. Alle Ohren hören anders. In allen Hirnen soll die Saat aufgehen. Alle Seelen sollen Gott finden. Alle sollen ihn rufen. Mit ihren eigenen Worten. Sollen reden – nicht stammeln. Und verstehen, was seine Worte wollen. Der Fischer an seinen Netzen. Der Bergknecht bei Hohnsfeld. Der Bauer auf der Scholle. Der Bäcker, wenn das Brot backt. Hinter Dölmsburg der Reisige. Das Marktweib von Fleeten. Der Kürschner aus Ammsdorf. Man muß hören. Wo immer gesprochen wird. Die Mutter im Haus. Die Kinder auf der Gasse. Den Sprecher im Grammophon. Die Sekretäre in der Kanzlei. Den Pauker für Latein. Den gemeinen Mann auf dem Markt muß man fragen. Wie man deutsch reden soll. Man muß ihm aufs Maul haun – das Volk soll sprechen. Ich will es hörn.

Februar. Als Christus das Vaterunser sprach, sprach er es deutsch. Jesus war Deutscher. Allen sprach er sein Wort. Allen, die es hören wollten. Mit seinen Schülern zog er durchs Land. Zog gen Frankreich. Zog gen Polen. Memel. Oder. Elbe. Rhein. Zog vom Norden bis zum Süden. Sprach am Mittag, sprach am Abend. Sprach es und sprach. Und alle riefen: ja! Komm Herr Jesus. Und alle hörten zu. Und verstanden. Die Gnade unseres Herrn J. Christus sei mit Ihnen. Am/morgen/eulen/nachtigalln; alldeutsch.

Elf Wochen sind vergangen. Er muß hier raus zu den Schwärmern. Die Worte versiegen. Sind alle verlorn. Ver-

schenkt. Nur Leere ist geblieben. Das neue Testament.[81, 82, 83]
Martin betet. Er betet auf Latein. Er ist krank. Und voll Wut auf Carlstadt. Und voll von Wehleid.

---

81. Annotat: Annocmal A.

82. Annotat: Annocmal B.

83. Annotat: Annocmal C.

GELEIT:

Vnd ich sahe einen andern starcken Engel vom himel herab komen/der war mit einer wolcken bekleidet/vnd ein regenbogen auff seinem heubt/vnd seiner schame war bedecket vom jungkfrowen blutt/vnd sein andlitz/ wie die sonne/vnd seine füsse/wie die feur pfeiler/Vnd er hatte jnn seiner hand ein büchlin auffgethan/ vnd er setzt seinen rechten fus auff das meer/vnd den lincken auff die erden/Vnd er schrey mit lauter stimme/wie ein lewe brullet. Vnd da er schrey/redeten sieben Donner jre stimme/Vnd da die sieben Donner jre stimme geredet hatten/wolt ich sie schreiben. Da höret ich eine stim vom himel sagen zu mir/ Versiegel/was die sieben Donner geredet haben/dieselben schreibe nicht. Vnd ich schriebs nicht vnd mein herzen muesst ssogleich zersprinken/vnd ich war arm jnn tewern herzen/vnd tewer jnn armen geist. Vnd ich höret eine stim vom himel abermal mit mir reden/vnd sagen/Gehe hin/labe dich von der junkfrowen blutt/vnd nim das offene büchlin von der hand des Engels/der auff dem meer/vnd auff der erden stehet. Vnd ich gieng hin zum Engel/vnd sprach/ Gib mir das büchlin. Vnd er sprach zu mir/Nim hin/vnd verschlings/vnd es wird dich im bauch krimmen/vnd wird deinem geiste trüblich sein/aber jnn deinem munde wirds süsse sein/wie honig. Vnd ich nam das büchlin von der hand des Engels/vnd verschlangs/vnd es war süsse jnn meinem munde/wie honig/vnd ich trank vom blutte der junkfrowen/Vnd da ichs gessen vnd trunken hatte/ krimmte michs im bauch/vnd trübet meinen geist. Vnd er sprach
zu mir/Du must abermal
weissagen den
völckern
/vnd Heiden/vnd Sprachen/vnd vielen Königen/vnd alln/die tewer jnn armen herzen sind/vnd arm jnn tewern geist. Vnd ich schrieb ein newes büchlin/vnd schriebs wol nicht. Vnd schrieb wol nichts.

ZWEITES BUCH

Thomas Strittmatter, 29. August

Zalnact

(1 Kiff ins Leere)

wenig ist zufaellig; dies betrifft auc die anzal der annotaten. es kamen 500 stueck oder 83 in betr8. diese moeglikkeiten erklaeren sic aus der anzal der lutergeburtstage bis ins jubilaeum oder aus dem geburtsjar. bequemer war es, bloss 83 zu nemen. von diesen aben 32 1en platz im text nict zufaellig eralten. die stellen weiterer 43komma5 wurden be1ls 1iger 6-augen- & 1es anderen wuerfels ermittelt. wer nehmlich* 3, gelegentlic auc 4 verwenden wollte, musste das 1 spiel vorer ansagen. — es waren ergo 2 bzw. 3 andelskaeuflice wuerfel mit den ziffern 2, 4, 5 u.s.w. im spiel, des4teren 1er mit den 2 marken: ›ja‹ & ›n1‹. dieser diente zu1. 1mal dazu, ueber die beteiligung des 3. ziffernwuerfels zu befinden. denn nur unter s1er mitverwendung konnten auc 3stellige zalen ermittelt werden. wenngleic dann auc mance wuerfe nict braucbar waren; z.b. 665 oder 656 oder 566. weiterin atte der mit den aufscriften: ›ja‹ & ›n1‹ zu entsceiden, ob die gewuerfelten ziffern zusammengezaelt wuerden oder 1fac nur an1andergereit. letztlic musste er, sofern die zaeler nur neben1andergedact wuerden, auc bestimmen: sollte vorn die groessere oder die kl1ere ziffer steen u.s.w. — 1 beispiel: war 1mal klar, dass es oecstens 1e 2stellige zal s1 sollte & dass die 2 ziffern der 2 wuerfel nict zu addieren

* mit h schreibt ist daemmergoettung, 1zigarstick & im 3fel;

sind, was 8 ergeben aette, so musste immer noc entscieden werden, ob die seitenzal 62 gem1t s1 koennte oder die 26. ›ja‹ aette sic fuer 2.re variante entscieden. — so wurden zu1. die in frage kommenden seitenzalen ermittelt. als 2.s die nummern der zeilen. ierbei genuegten 2 ziffernwuerfel. endlic angelangt waren pro annotat 8 zeilen spiel erlaubt. in 2 faellen war es dem autor leider nict moeglic, den erwuerfelten standpunkt 1zualten.

da glitt er insgesamt 23, naemlic 1mal 16 & 1mal 7 zeilen zu weit nac unten ab & musste bezueglic der neumensetzung als auc der aestetiscen orientierung der annotaten ziemlic 2felaften veranstaltungen beiwonen. — postscriptn: fuer 4, spaeter 7komma5, kam jede ilfe zu frue. derofalls war jedoc die n8raeglice in1fuegung 1er passenden stelle in den textteil ver1bart, zumal 1ige seitenzalen zu selten vorkamen; zumal auf 0 endENDE

Anno 1

In die Arche ist er doch nicht zurückzukriegen

In der Übersetzung des Schwaben A. Dittfussl erschien im Jahre 1872 in Stuttgart »Das Alte Testament in letzter Vernehmung« des schottischen Schriftstellers und Altphilologen Charles McKeath. Die deutsche Kritik benötigte drei Wochen, das Buch der öffentlichen Huld anzubefehlen; 1873 sprach kein Mensch mehr davon.

McKeath erzählt darin gewissermaßen die Bibel rückwärts. Anstelle der Genesis findet hier eine ›Vollendung‹ statt; unter Apothelesma 8 beispielsweise zeichnet McKeath folgendes Bild:

»Eines Tages öffnete der Alte das Fenster seines Turmes, in dem er sich verborgen hielt. Und wie er nun schaute, so sah er nur eine Wand vor sich, die nicht aus Stein war und nicht aus Holz. So weit sein Auge reichte, überall war nur die eine Wand. Sie war grau und glich dem Wasser, das den Seemann umgibt auf offener See. Da ergriff der Alte den Raben, den er gezüchtet, und sprach also: ›Fliege hinaus, lieber Vogel, und kehre erst dann zurück zu mir, wenn einen Spiegel du fandest, der soll von klarem Wasser sein. Dein schwarzes Antlitz sollst du darinnen erblicken.‹ – Da flog der Rabe aus dem Fenster heraus, und der Alte wartete sieben Stunden auf seine Wiederkunft. Doch der Rabe kehrte nicht zurück.
Eines anderen Tages öffnete der Alte erneut das Fenster und sah: die Wand war noch immer davor. Da ergriff er die Taube, die er gezüchtet, und sprach also: ›Fliege hinaus, lieber Vogel, und kehre erst dann zurück zu mir, wenn einen Baum du fandest, der soll

voll grüner Blätter sein. Ein solches Blatt bring mir herbei.‹ – Da flog die Taube aus dem Fenster heraus, und der Alte wartete sieben Stunden und sieben Tage auf ihre Wiederkunft, und siehe: es kehrte die Taube zurück. Im Schnabel trug sie einen Zweig mit grünen Blättern daran. Das freute den Alten sehr, und er roch an dem Zweig, und es war kein Geruch an ihm. In seinem Zorn darüber warf er den Zweig in das Feuer des Kamins, wo sogleich ein Fähnlein von Ruß von den Flammen aufstieg.

Da war der Alte sehr bekümmert. Nach vierzig Tagen öffnete er wieder das Fenster seines Turmes und ergriff ein junges Täubchen, das noch nie die Welt ersah, und sprach also: ›Fliege hinaus, kleiner Vogel, und kehre erst dann zurück zu mir, wenn ein Zweiglein von grüner Farbe du fandest, dessen Odem dir wohl ist.‹ – Da flog das Täubchen aus dem Fenster heraus, und der Alte wartete sieben Stunden und sieben Tage und sieben Monde auf seine Wiederkunft.

In seinem einundsechzigsten Lebensjahr, im sechzehnten der Zeit, da löschte der Alte das Feuer im Kamin und trat aus dem Turm heraus. Und siehe: die Wand, die nicht Stein war und nicht Holz, sie war noch immer davor. Und die Erde war trocken und nur Staub. Und alles war grau. Da sprach der Alte also: ›Warum hast du mich verlassen – Gott?‹«

Anno 2

Jeder nimmt sich, was er braucht

Vom Duktus her zwar gelegentlich einem Verhaltenskatalog gefallener Mädchen den Schneid nehmend, gleichwohl aber in sehr ernsthafter Absicht geschrieben und meistenteils überzeugend ist das 1733 in Köln erschienene Büchlein »Vom Reuen derer es mit Luthern halten«, das die Notwendigkeit mehrerer großer Konfessionen im christlichen Glauben untersucht und schließlich bestreitet. Auf satten hundertfünfzig Oktavseiten machen sich die anonym bleibenden Autoren daran – vermutlich sind es Theologen der Kölner Universität –, die katholische Lehre Punkt für Punkt allein anhand der Werke Martin Luthers zu begründen. Richtiger wäre zu sagen: zu beweisen. Wenngleich dieses natürlich nur unter ›gewissen‹ Aussparungen gelingen konnte, benötigte der Protestantismus doch einige Jahre, sich von dem ›Machwerk‹ zu erholen. Es landete auf dem freilich niemals öffentlich eingestandenen Index. Unseres Erachtens gibt es heute in Deutschland nur noch ein einziges Exemplar des Buches, dazu aber existieren mindestens zwei oder drei Exemplare einer Übersetzung ins Dänische.

Obgleich das Werk mit großer Seriosität verfaßt ist und sich nicht nachsagen lassen muß, ungenügende Kenntnis der Lutherischen Lehre zu besitzen, leistet es sich doch auch einen kleinen ›ächt katholischen‹ Spaß: das Büchlein ziert auf dem Vorblatt ein Portrait Martin Luthers, der in der linken Hand einen Bierkrug hält, in der Rechten(!!) den Krummstab. Auf dem Kopf trägt er eine Tiara, die ihm vermutlich um einige Nummern zu groß geriet, so daß sie, bereits leicht über die Schläfe gerutscht, jeden Moment herabzufallen droht.

Eine der schönsten Städte Teutscher Landen. – Bei

spielsweise darf ich, dies zu belegen, mir an dieser Stelle die Ehre geben, Karl V. zu zitieren, seines Zeichens Kaiser von Deutschland und anderem, zudem als Naturfreund verschrien. Er war bekanntlich als Niederländer in Gent aufgewachsen, hatte letztes Jahr, scil. 1516, die spanische Krone ererbt, wurde daraufhin von den Niederländern als Spanier abgetan, von diesen jedoch bald nach der Kaiserwahl als Deutscher beargwöhnt – ein Weltmann also durch und durch, der einmal, man feierte bereits den Schmalkaldischen Krieg, auf dem Tannenberg bei Halle-Cröllwitz die Zelte aufschlagen ließ, um zu speisen, wobei ihn, so steht es geschrieben in heimatlichen Blättern, die lieblichen Blicke in die helle Ferne ringsum und auf die Türme und Anlagen der Stadt und auf der Saale grünen Strand und die weiten prächtigen Wiesen davor – id est, wo jetzt Halle-Neustadt blüht – in einem solchen Maße ergötzten, daß er vor lauter Ergriffenheit das Mahl unterbrach, vom Tische aufstand und sich wenige Augenblicke an den Balustraden erging, schließlich wieder an die Tafel zurückkehrte, zu Rebhühnern und Rebensaft, zu Spanferkeln, Wildbret, grobem Brot und Humpen voller Bier, einen davon erhob und ausrief in tiefer Ergriffenheit: Florenz! – Und während er dann erst sein habsburgisches Kinn in Bewegung setzte und weiterspeiste, vermerkte ein Chronist in seinen Aufzeichnungen eine lange nicht mehr herfürgetretene Glückseligkeit im Angesicht des Monarchen.

Vielleicht wäre es angebracht, würde aber zu weit führen an dieser Stelle, sich etwas mit des alternden Kaisers Psyche zu beschäftigen; bei

ANNO 4

DURCH DAS MITTELALTERLICHE HALLE RAUF ZUR MARTINSKAPELLE

Noch zu Lebzeiten des Kardinals Albrecht wurde an der Stelle vor der Stadt, wo schon Johann Tetzel gute Geschäfte gemacht hatte, der Stadtgottesacker angelegt, der später als Teil der Stadtbefestigung auch Wehrgottesacker genannt wurde. Als Albrecht im Jahre 1541 vor den Lutheranern weichen mußte, soll er den Bürgern ergrimmt zugerufen haben: »Was einst euch gebaut, einst die Töchter euch raubt« – eine Anspielung, die man drei Jahrhunderte später noch immer für nicht recht auslotbar, bestenfalls irgendwie den Lebenswandel des Kardinals berührend hielt. Dessen Zuneigung zu hochgewachsenen Bürgermädchen war bekannt.

»Der Gottesacker verbirgt hinter seinen von aufwendigen Familiengruften verstärkten Mauern ein grauenhaftes Geheimnis«, sagt Georg Waiskolk, ordentlicher Archivarius am Königlichen Historischen Institut zu Merseburg. In seinen 1879 erschienenen und hundert Jahre später von W. Liesegang neu herausgegebenen »Wahrhafftigkeiten«, einem Sammelsurium schauerlichschöner und immer auf authentischen Begebenheiten beruhender Geschichten, gibt es auch diese:

> »Die Ereignisse des Jahres 1842 werden den Bürgern Halles immer in Grauen erregender Erinnerung bleiben. Sie bewegen noch heute manchen forschenden Geist und manches empfindliche Gemüth und lieszen auf den Straszen der Stadt die verschiedensten Mutmaszungen und Gerüchte laut werden.
> Schon seit zwei Wochen beherrschte ein strahlendes Frühlingswetter die Saale=Stadt. Auch am 4. Mai hatte den gantzen Tag die Sonne geschienen. Hilde, die erst

siebzehn Jahre zählende Tochter des Kaufmanns Brodkorb, war noch am späten Nachmittag hinauf nach dem Friedhof gelaufen. Seit zwei Jahren ruhte hier ihre frühzeitig verstorbene selige Frau Mutter, und wie schon so oft, brachte das von allen, die es kannten, als zu=tiefst tugendhaft bezeichnete Mädchen frische Blumen an das Grab.
Ihrem Herrn Vater hatte Hilde noch im Loslaufen das Versprechen abgegeben, nicht allzu lange fortzubleiben, um ihm statt=dessen pünktlich sein Abendmahl bereiten zu können. Doch es kam heute alles gantz anders. Der Abend brach herein, bald schon regirte finstere Nacht über die Stadt, das Mädchen aber kehrte nicht nach Hause zurück. Auch die nächsten Tage brachten keinerlei Lebenszeichen Hildes. Die Criminal=Untersuchungen der nachfolgenden Wochen ergaben nun, dasz Hilde Brodkorb die Blumen am Grabe der Mutter zwar abgelegt und sich auch in sonstiger Weise pflegend um die letzte Ruhestatt der Mutter bekümmert hatte.
Zum Bezwecke der Aufklärung des Vorgefallenen wurde unter anderen auch der Todtengräber des Gottesackers, Herr Alicke aus der Barfüszlergasse sieben, vernommen, weil er, in der fraglichen Zeit mit der Aushebung einer neuen Grabstätte beschäftigt, sich als einziger Zeuge am Orte des Geschehens befunden hatte. Herr Alicke versicherte unter der Vernehmung, am späten Nachmittag des vierten Mai mit eigenen Augen gesehen zu haben, wie das blondhaarige Mädchen mit einer eigens mitgebrachten Kanne an ihrer Hand nach frischem Wasser zum Brunnen nahe der Niemeyerschen Familiengruft gelaufen war. Jedoch habe er nicht bemercen können, dasz Hilde etwa den Friedhof wieder verlassen hätte, weil er, wie oben erwähnt, mit dem

Ausheben der Grube beschäftigt war. Diese sei bereits am nächsten Morgen für die in jenen Tagen verstorbene Frau Professor Senff benötigt worden, so=dasz er noch vor Hereinbrechen der Nacht habe seine Arbeit beenden wollen. Zudem gab er nach eindringlicherer Befragung an, seinen Dienst in betrunkenem Zustande gethan zu haben.
Sechs Wochen darnach, am 19. Juni des Jahres 1842, da ging unter gleichermaszen mysterischen Umständen eine weitere Frauensperson auf dem Gebiete des Stadt=Gottesackers verloren. Es war die noch junge Ehewirthin des städtisch bestellten Armenarztes Doktor Tieftrunk, Magda, eine geborene Dettenborn. Ob es wohl ein bloszer dummer Zufall war oder unmittelbar im Zusammenhang mit den Ereignissen vor sechs Wochen stand: auch Frau Magda Tieftrunk hatte an jenem Tage in töchterlicher Fürsorge sich der letzten Ruhestatt ihrer Mutter annehmen wollen. Und wie schon im Falle der Hilde Brodkorb, so konnten auch dieses Mal keinerlei Indiezien ermittelt werden, die Aufschlusz über die un=heimlichen Vorgänge hätten leisten können. Wieder ergaben die mit groszer Gewissenhafftigkeit unter dem Vorsitz des erfahrenen Justiz=Commissarius, Doktor Pernice, geführten Untersuchungen lediglich, dasz die junge Frau Tieftrunk ihren Pflichten am Grabe der Mutter ohne jeglichen Tadel und Verzug nachgekommen war.
Jedoch war dieses Mal der Herr Todtengräber Alicke nicht im Stande, zu der Aufklärung seinen Theil beizutragen, da er den betreffenden 19. Juni vom frühen Mittag an in der Schenke Zum Goldenen Sargdeckel zugebracht und des Kartenspiels gefrönt habe, welche Aussage des Herrn Alicke von den Gastwirthen Zumpe und Münks sowie von seinen Kumpanen, dem Schorn-

steinfeger Mangold und dem Kunstmaler Schellein, unter Eid bezeugt wurde.
Mochten in der Stadt die genannten Vorfälle noch bis hierher nur den Anlasz für allerlei aufgeregten Tratsch und Klatsch entboten haben, so stockte doch Jeder=Mann, ob jung oder alt, ob reich oder arm, der Atem, als wiederum nach sechs Wochen, zwar am 31. Juli 1842, die Kunde von einem dritten Opfer durch alle Straszen und Gassen Halles ging. Einem weiteren Frauenzimmer war, aus allen öffentlichen Bekanntgaben zu schlieszen, wohl das gleiche Schicksal widerfahren, wie den Zuvorderen. Nämlich dieses Mal der Emmelie Puppendick, des Oberlehrer Puppendicks einziger Tochter, die ein lebensfrohes Geschöpf in der Blüthe ihrer Reife war und wegen ihres roten Haarschopfes die »Rote Emmie« gerufen wurde.
Da nun aber die Ermittlungen in diesem neuen, wie auch in den zuvor gewesenen Fällen, weiterhin um keine Hand=breit voran gebracht werden konnten, so wurde nach ausführlichen Berathschlagungen mit dem alten Herrn Justizrath, Professor Fritsch, den Ermittlungsführern die ausnahmsweise Genehmigung erteilt, einer Empfehlung des hochgeschätzten Barons de la Motte Fouqué, Major auszer Dienst, zu folgen. Dieser hatte nämlich vorgeschlagen, zur endlichen Klärung der Angelegenheit dem vermutmaszlichten Täter eine Falle zu stellen. Es sollte ihm gewissermaszen ein menschlicher Spür=Köter ausgelegt werden.
Mit ihren 32 Jahren nun war das Fräulein Bignon, wohnhaft im Haus Nummer siebzehn am unteren Harz, noch ein recht begehrenswertes Geschöpf. Vor erst sechs Monaten hatte sie sich mit dem verwitweten Herrn Justizrath Doktor Dryander verlobt. Fräulein Bignon erklärte nach ausgiebigen Unterredungen mit

ihrem zukünftigen Ehegemahlen sich bereit, am 14. September, sobald die Dämmerung hereingebrochen wäre, jeder ersichtlichen Begleitung bar den Stadt=Gottesacker aufzusuchen.
Zugleich wurde für den benannten Abend durch den Criminal=Direktor Schulze veranlaszt, dasz das gesamte Gebiet des Friedhofs von geheimen Polizeibeamten umstellt werde. Selbst in den Kronen der hochgewachsenen Buchen jenseits der Friedhofsmauern wurden zur fraglichen Zeit Beamte aufgestellt. Denen war es von hier aus ohne weiteres erlaubt, das Fräulein Bignon auf Schritt und Tritt im Auge zu behalten. Des=weiteren fanden sich am genannten Abend eine gewisse Anzahl von honorativen Bürgern am Gottesacker ein, um ebenfalls an der Observation mitzuwirken. So wurden unter anderen der Kaufmann Hering, der Bierbrauer Hummelmann, der Herr Buchhändler Schimmelpfennig, der Domainen=Rentmeister Dahlström, der Herr Doktor Zwanziger, der eigens aus Wettin herbei=gereist war, sowie der Oberstadtrath Wucherer in das geheime Commando einbezogen.
Es war, wie später zu Protokoll gegeben, genau drei Minuten vor neun Uhr. Fräulein Bignon hatte sich seit bereits mehr denn einer Stunde am Grabe ihres Bruders Antoine Bignon nützlich gemacht. Da plötzlich, als niemand mehr so recht an einen Erfolg der Unternehmung glauben wollte und einige der erwähnten Bürger bereits wieder abgezogen waren, ertönte mitten in die unheimliche Stille dieses Abends hinein auf einmal von den Buchen her ein Ruf, der allen Beteiligten ein Frösteln ihre Rücken hinunter=trieb. Sie ist fort! Alarm! schrie da einer der Männer in den Bäumen. – Von diesem Ruf aufgeschreckt, drangen sofort alle beteiligten Herrschaften auf das Gelände des Fried-

hofs vor, so dasz eine grosze Menschenmenge entstand. Bis weit nach Mitternacht dauerte die Suche an und wurde andern Tags bei hellem Lichte fortgesetzt. Doch auch von Fräulein Bignon fehlte seither jegliche Spur.«

Bleibt dem abrupt endenden Text lediglich noch nachzutragen: bis heute. Seit 150 Jahren harren die Schicksale der Amelia Bignon, der Emmelie Puppendick, der Magda Tieftrunk und der Hilde Brodkorb ihrer Enträtselung. Wie die eine oder andere Stadtchronik vermeldet, wurde der Stadtgottesacker auf sieben Monate für den öffentlichen Verkehr gesperrt und unter Beobachtung gestellt. Besuche darauf waren auch danach noch lange Zeit nur in Begleitung von zwei eigens dafür abkommandierten Polizeibeamten erlaubt. Weitere Vorkommnisse der von Waiskolk geschilderten Art sind nicht bekannt.

»Was einst euch gebaut, einst die Töchter euch raubt« – Da dieses Orakel von der Zunge Kardinal Albrechts, dem Erbauer des Stadtgottesackers, in Georg Waiskolks Bericht nicht mit einer Silbe Erwähnung fand, so muß man wohl annehmen, daß es auch den seinerzeitigen erfolglosen Ermittlern nicht geläufig war.

Um so engagierter in kursächsischer Nachbarschaft

Wie systematisch Tetzel das kursächsische Einzugsgebiet nachgerade ›umzingelte‹, wird in seiner Reiseroute deutlich. Vom 22. März bis mindestens zum 22. Juni weilte er in Halle, danach zog er durch die Städte Naumburg, Zeitz, Magdeburg und Berlin. Von Berlin aus ging es schließlich gen Jüterbog, wo ihn unmittelbar nach seinem Eintreffen der Thesenanschlag ›überrascht‹ haben dürfte.

Einer der entzückendsten seiner Ablaßbriefe findet sich in der 1841 bei Schwetschke und Sohn in Halle erschienenen »Geschichte der Hallischen Reformation mit steter Berücksichtigung der allgemeinen deutschen Reformationsgeschichte – Eine Festschrift zur 300jährigen evangelischen Jubelfeier der Stadt Halle«, herausgegeben durch Karl Chr. Lebr. F. Ranke, Professor der Theologie an der Universität Halle-Wittenberg.

(Wir haben uns erlaubt, in der nachfolgenden Wiedergabe des Briefes die eingänglichen Formalien auf ein erträgliches Maß zu kürzen, denn entzückend ist nicht nur der Ablaßbrief selbst, sondern fast mehr noch seine durch den Herausgeber besorgte Übersetzung.)

> »Bruder Johann Tetzel des Predigerordens im Convent zu Leipzig, der heiligen Gottesgelartheit Baccalaureus und der ketzerischen Bosheit Inquisitor [...] zur Austheilung des allerheiligsten für den Bau der Domkirche des Fürsten der Apostel in der Stadt Rom verliehenen Ablasses Nuncii und Commissarii [...] entbieten unserm in Christo geliebten Tilemanno von Kopenik, des brandenburgischen Bezirks, stetes Heil im Herrn! — Du hast uns gemeldet, daß, da du nach einer Sau

schlagen wollen, dein Knaben, da du es nicht gewahr worden, zu dir genahet, welchen du, als du nach der Sau geschlagen, wider deinen Willen, zu deinem großen Herzeleid getroffen. Über welche Sünde du von Herzen Leid tragest, und deiner Seele zum Besten demüthig ersuchtest, daß wir dir bei Zeiten mit der Loszählung darüber zu Statten kommen möchten: Darum so sprechen wir, die Jedermanns Heil suchen, dich, der du mit uns nach deinem Vermögen zum Behuf besagten Baues Vergleich getroffen, kraft apostolischer Macht, die wir hierin verwalten, vom Todtschlag in Gnaden los, und verkündigen dir durch gegenwärtigen Brief, daß du von gedachtem Todtschlag durch uns losgezählet seist; befehlen auch Allen und Jeden, zu welchen er kommt, bei denen in unsern apostolischen Freiheitsbriefen enthaltenen Urtheilen, Bann und Strafen, daß sie diesem Glauben zufügen, dich für völlig losgezählet halten, und dich wegen dieses Todtschlags Niemand anklage. Zu dessen Urkund und Zeugniß wir das Siegel besagten Baues, so wir führen, beigedruckt haben. Gegeben Berlin A. D. 1517 den 7. October im 5. Jahr der Regierung unsers allerheiligsten Herrn Papstes [Leo].«

Nicht zu Unrecht erinnert der katholische Pastor Karl Heins Curoin in einem Zeitungsbeitrag über F. Rankes Buch an eine kleine Episode aus Luthers unmittelbarer Umgebung. Und zwar über seinen, Martins, Barbier, von dem es heißt, daß er »das Unglück hatte«, einen Totschlag zu begehen, woraufhin Luther beim Kurfürsten Fürbitte einlegte und der Barbier ziemlich milde bestraft, nämlich nur des Landes verwiesen wurde.

Anno 6

In aller christentümlicher Konsequenz

Als die Brüder Grimm ihre Hausmärchen sammelten, kam ihnen auch eine Geschichte unter, die sich aller Wahrscheinlichkeit nach auf den Ablaßhändler Tetzel bezog. Leider mochten die Brüder sich nicht entschließen, sie entsprechend aufzuarbeiten und in ihre ›stockhessische‹ Deutsche Sammlung aufzunehmen. So existiert heute auch keine Überlieferung ihrer ursprünglichen Fassung mehr, sondern nur noch eine in knappen Stichpunkten gehaltene Notiz zu den Rahmendaten.

In einem Vortrag zum hundertsten Geburtstag Jacob Grimms an der Göttinger Universität trug der Märchenforscher Jan Bolters eine sich an jener Notiz orientierende eigene Version der Tetzel-Geschichte vor, um anschließend an ihrem Beispiel den Prozeß der Märchendichtung, von der ersten Vernehmung einer Begebenheit an bis zum fertigen druckreifen Märchen, zu erläutern. Nach Bolters könnte die ursprüngliche Geschichte sich etwa so angehört haben:

»Einst lebte in der Stadt Wittenberg ein junger Mann mit Namen Geilst Vink, der Student der freien Künste war. Eines Tages hörte er davon, daß sich unter den Händlern des Gewissens einer befand, der nicht nur Ablaß für bereits begangene Sünden vergab, sondern auch für solche, die erst noch zu begehen wären. Und wie er davon hörte, so glaubte er, er hätte den Himmel auf Erden gefunden, und hatte einen bösen Plan.
Als armer Sünder zog er eines Sommertags nach Berlin, um für eine zukünftige Sünde sich Vergebung zu erstehen. In seinem Felleisen trug er ein Beutelchen voller

glänzender Taler, dreißig Stück an der Zahl. Sie waren alles, was er besaß. Also trat er nun vor den Prediger hin, spielte sein traurigstes Gesicht vor und erzählte alsgleich von einem großen Unglück, das ihm widerfahren werde. Nur wenn er eine Sünde beginge, so klagte er, werde er sich noch davon befreien können.
Dabei tat der Student so, als wäre es eine Angelegenheit des Herzens, die ihn so arg bekümmere und ihm groß Trübsal bereite. Denn es war ihm zu Ohren gekommen, daß diese geistlichen Herren in solchen Dingen besondere Nachsicht walten ließen. Auf die Frage des Pfaffen, welche Sünde dies denn sein werde, die er begehen müsse, blieb der Schüler die Antwort schuldig. Statt dessen trat er immerzu von einem Bein aufs andere und sprach schließlich, er könne sie nicht verraten, er schäme sich allzu sehr. Vater und Mutter, so behauptete er zudem, Vater und Mutter würden sich ihres Sohnes ebenso schämen, falls sie nur von der Sache erführen. Sie hätten ihm bereits ein tugendhaftes Fräulein zum Weibe ausgesucht und würden ihn ganz gewiß seines Erbes entheben, wenn ihnen nun die Bedrängnis zu Kunde käme, in welche ihr Sohn sich gebracht.
Der Pfaffe aber, der nichts anderes glaubte, als daß mit der Not des Studenten irgendeine unbedeutende Sünde des Fleisches gemeint sei, zog bedächtig seine Stirn in Falten und tat, als sei ihm eine große Bürde des Gewissens auferlegt. Alsbald jedoch, so nur gehörig viel Zeit verstrichen war, da zwinkerte er dem Jüngling freundlich zu und ließ ihn guten Mutes sein. Er wolle schon dafür Sorge tragen, so sprach er, daß Gottes Gericht nicht allzu streng mit ihm verfahre. Sodann erteilte er ihm im voraus die Absolution und nannte den Preis für Gottes Vergebung.

Damit war Geilst Vink zufrieden. Er zahlte seine dreißig glänzenden Taler an den Krämer und ging seiner Wege.
Nachdem einige Tage ins Land gegangen waren und die Geschäfte des Dominikaners immer schlechter gingen, da beschloß er, weiter nach Süden zu ziehen und in Jüterbock seinen Laden neu zu öffnen. Er packte alle seine Sachen zusammen, lud die schweren Truhen voller Gold auf den Wagen und machte sich auf den Weg. Nun er aber drei Stunden von der Stadt Treblin entfernt in einen tiefen Wald gelangte, da kam es, daß ihm ein Mann in den Weg trat, dessen Kopf mit einer schwarzen Kappe bedeckt war. Ein Schurke war das, der den armen Himmelsdiener mit einer gehörigen Tracht Prügel traktierte und ihm unter immer weiteren Schlägen eine große Summe Geldes raubte. Doch damit war's der Unhold noch immer nicht zufrieden. Endlich zog er seine Maske vom Gesicht herunter, und siehe: es war jener Student, der erst unlängst Vergebung im voraus gekauft hatte. Mit einer frechen Geste zeigte dieser nun seinen erstandenen Ablaßbrief vor. So sehr darauf der Pfaffe in bösen Zorn geriet und vor heiliger Wut sein Gesicht sich rot verfärbte, so lustig teilte der Jüngling noch einmal seine Hiebe aus, bevor er schließlich im Unterholz des Waldes für immer verschwand. In seinem Felleisen trug er so viele glänzende Taler mit sich fort, daß es ihm sein Lebtag lang nimmermehr daran ermangeln sollte.«

Mit ein kleinwenig zu Kopfe gestiegenem Beruf/ungsethos

»Bey Gote, ich mocht nisch teuschen mit jm Petrus ym hymel, denn hab ich wol mer Seeln selig machen kunnt mit Hülfe vom Ablasz.« – Der in den zwanziger und frühen dreißiger Jahren unseres Jahrhunderts in Wien lebende, 1938 aber an den Vatikan berufene Arzt und Historiker Dettriech R. Opwalliger stellt diesen Satz des Johann Tetzel einem Aufsatz voran mit dem Titel »Der unwürdige Helfer«, erschienen in der dritten Nummer des Jahresblattes der Psychoanalytischen Gesellschaft Wien – Bayreuth, 1929.

Während Opwalliger zunächst nur die Hypothese einer Fehlleistung diskutiert, die Tetzel unterlaufen sein könnte und die sich so wunderbar dem [damaligen] Wiener Zeitgeist anbequemte, zweifelt er im Verlauf seines Aufsatzes bald die Richtigkeit der Hypothese an und betrachtet endlich, nachdem er zuvor allerlei erlauchtes Personal konsultierte und dabei eine Anleihe auch bei Luther nahm (»Ich wollte den Papst für einen Papst halten, so wollten sie, ich solle ihn für einen Gott halten«), Tetzels Großmäuligkeit als den »Ausdruck der Vermessenheit einer degenerierten Ideologie«.

Folglich mündet der Aufsatz dann wieder in ein Zitat, das dem gelehrten Aphoristiker Gansfort (Johann Wessel, gest. 1489) zugeschrieben wird, bei dem es heißt: »Wenn der Papst nach Willkür entscheiden könnte, so wäre er nicht Statthalter Christi, sondern Christus wäre sein Statthalter.«

Anno 8

Aus den überschüssigen Verdiensten der Damen und Herren Heiligen

Eingestandenermaßen verdrehten uns wohl einmal mehr recht unheimliche Gelüste den Kopf, als wir über der Legenda aurea saßen und uns bemüßigten, die Kurzbiographien der 14 Nothelfer mitzuzeichnen:

3. Februar »Denn der war süß in seiner Rede und war gekleidet mit dem Kleid der Tugenden. Ihn hieß der Fürst ins Gefängnis werfen und mit Knutteln schlagen und an ein Holz schlagen. Das Fleisch hieß er ihm mit eisernen Kämmen abschlagen. Dann ließ der Richter voll Grimmes siedend Blei und eiserne Kämme und sieben glühende Eisenpanzer auf die eine Seite tun und sieben weiche leinene Hemden auf die andere Seite und sprach allso zu den Frauen ›Nun wählet unter den zweien‹. Da trat eine hervor, die hatte zween junge Kinder; die nahm die langen Hemden und warf sie in den Feuerofen. Sprachen die Kinder ›Mutter, laß du uns nicht hinter dir: speise uns mit der Süßigkeit des Himmels wie du uns mit der Süßigkeit deiner Milch hast gespeiset‹. Da ließ der Richter die Frauen aufhenken und ihr Fleisch mit den eisernen Kämmen abscheren: siehe, da war ihr Fleisch weiß wie der Schnee und an des Blutes Statt floß Milch von ihrem Leib. Da sie aber in der Marter wollten verzagen, erschien ihnen der

23. April Engel des Herrn. Und der glich dem Sande, da er schwer war durch seine großen Tugenden; klein und zerstückt durch seine Demut; trok-

ken, da fleischliche Lust ihm fernblieb. Den ließ der Richter auf die Folter bringen und seinen Leib Glied für Glied mit Nägeln zerreißen. Darnach ließ er seine Seiten mit Fackeln brennen, bis man seine Eingeweide durch die Risse des Leibes schauen konnte, und ließ die Wunden mit Salz einreiben. In derselben Nacht aber erschien jenem der Herr und stärkte ihn süßiglich; von diesem Gesicht und von den Worten ward er also gekräftigt. Da sprach der König voll Zorns zu seinem Weibe ›Ich will des Todes sterben, wenn dieser Mensch mich überwindet‹. Antwortet die Königin ›Du grausamer Henker und Wüterich, habe ich dir nicht gar oft gesagt, du solltest ihm nichts böses tun? Aber wisse, ich will auch die Seine werden‹. Da erschrak der König und rief ›Weh mir, so bist du auch betrogen?‹ Und gebot, daß man sie bei den Haaren aufhenke und hart mit Geißeln schlage. Da sie in dem Leiden war, sprach sie ›Du Licht der Wahrheit, sag mir, wohin werde ich kommen, da ich noch nicht wiedergeboren bin durch das Wasser der Taufe‹. Antwortete er ›Sei unverzagt, liebe Tochter, die Ausgießung wird deine Taufe sein und deine Krone‹. Da betete sie zum Herrn und gab ihren Geist auf. Am andern Tag ward über ihn ein Urteil gegeben, daß er durch die ganze Stadt sollte geschleift werden.

2. Juni

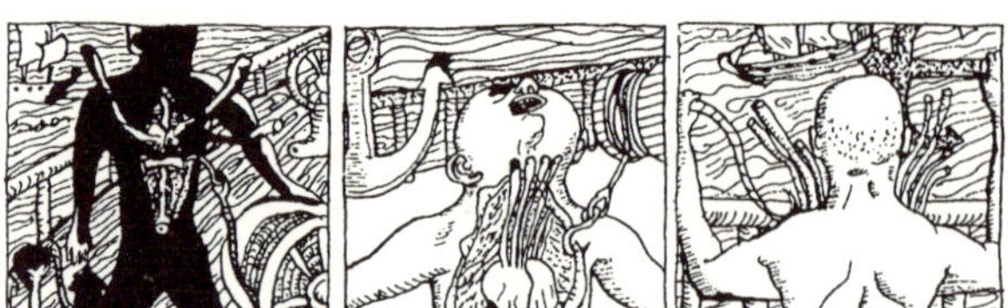

15. Juni Und der heißt wie das Leben: ein müßig Leben, welches eine Frucht ist geistlicher Beschaulichkeit. Oder er heißt so viel wie der virtuosus. Das war ein edles frommes Kind, das litt mit zwölf Jahren den Martyrertod. Denn es verschmähte seinen Vater und wollte ihn nicht anbeten. Da ließ der Richter den Knaben vor sich bringen und gebot, ihn mit Stecken zu schlagen. Da verdorrten die Arme der Knechte, die ihn schlugen, und auch des Richters Hand war dürr. Er schrie ›Wehe mir, ich habe meine Hand verloren‹. Sprach das Kind ›Heiß nun deine Götter kommen, daß sie dich gesund machen‹. Sprach der Richter ›Magst du es tun?‹ Da führte der Vater den Sohn heim und trachtete, wie er seinen Sinn wenden könnte durch allerlei Musik, und schöne Mägde und Tanz, und Wollust und Kurzweil mancher Art.

22. Juni

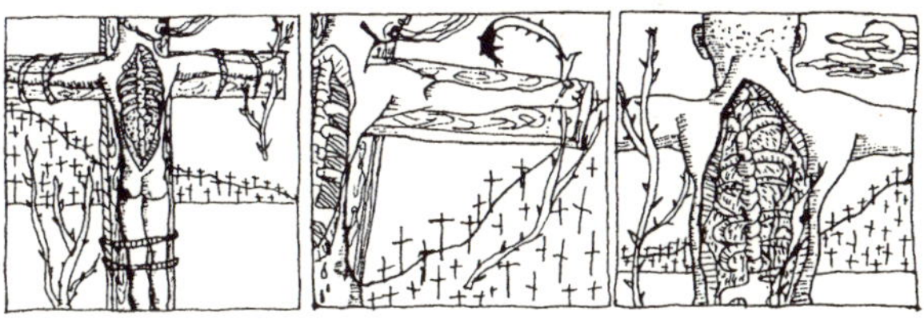

20. Juli Und die da hat ihren Namen von einem gar köstlichen Edelstein, dessen Kraft, sagt man, gut sei, den Fluß des Blutes zu stillen, die hatte die Kraft, den Ausfluß ihres Blutes zu hemmen; und die hatte die Kraft wider das Leiden des Herzens, das ist wider die Versuchung. Die hieß der Präfect aufhängen in der Folter und so grausam mit Ruten schlagen und danach mit eisernen Kämmen ihr das Fleisch bis auf die Gebeine abzerren, daß das Blut wie aus einem kla-

ren Quell von ihr floß. Da bedeckte der Präfect sein Angesicht mit seinem Mantel, denn er konnte soviel Blut nicht mehr fließen sehen. Darnach erschien ihr eines Menschen Gestalt. Sie aber packte ihn an seinem Haupt und warf ihn unter sich zur Erde nieder, setzte ihren rechten Fuß auf seinen Scheitel und sprach ›Da liege unter eines Weibes Fuß‹. Er schrie ›O ich bin überwunden; hätte mich ein Jüngling besiegt, ich achtete es nicht, aber nun bin ich von einer Jungfrau überwunden!‹ Des andern Tages ward sie vor den Richter geführt. Da zog man sie nackend aus und brannte sie mit brennenden Fackeln. Darnach ließ der Richter sie in ein großes Faß mit Wasser setzen, daß ihre Schmerzen desto größer wurden nach dem Brande. Darnach stund sie auf und sprach zu dem Henker ›Nun heb dein Schwert, Bruder und schlag zu‹. Da schlug er zu und schlug ihr mit einem Schlage das Haupt ab.

25. Juli

Und der auch Reprobus geheißen war, der brachte auf seinen Schultern gar viele übers Wasser. Ihn ließ der König ins Gefängnis werfen. Darnach ließ er zwei schöne Mägde zu ihm in den Kerker schließen und gelobte ihnen großes Gut, so sie ihn zur Sünde möchten verleiten. Die Mägde streichelten ihn mit ihren Händen und legten ihre Arme um ihn; da stund er auf und sprach zu ihnen ›Was suchet ihr und warum seid ihr hierher gekommen?‹ Da erschraken sie vor der Klarheit seines Angesichts. Und der König ließ sie vor sich führen und sprach ›Also seid ihr auch verführet? So sollt ihr eines bösen Todes sterben‹. Da gebot der König, daß man die eine aufhenke und einen schweren Stein an ihre Füße binde, also daß alle ihre Glieder zerzerret wurden. Dann ward ihre Schwester in ein Feuer geworfen und man schlug ihr das Haupt ab. Darnach ward Reprobus vor den König geführt. Der ließ ihn mit eisernen Ruten schlagen und darnach einen glühenden Eisenhelm auf sein Haupt setzen, und ihn auf einen eisernen Schemel binden, darunter ein Feuer mit Pech angezündet war. Darnach ward er an einen Pfahl gebunden, und vierhundert Kriegsknechte schossen mit Pfeilen auf ihn. Da fuhr der Pfeile einer herab aus der Luft, wandte sich und traf den König ins Auge. Da sprach Reprobus ›Morgen, o König, bin ich tot. Dann nimm von meinem Blut und mache einen Kot daraus und bestreiche damit dein Auge, so wirst du dein Gesicht wieder haben‹.

28. Juli

8. August

Und der Erde auf seinen Schultern trug, der ward geführt zur Tochter des Königs. Die war besessen vom bösen Geist. Sprach er ›So gieb mir ein Gefäß, darin ich fahre‹. – ›Das ist mein Leib; fahre hinein, so du magst‹. Da taufte er sie. Und sie sprach ›Bist du nun müde?‹ Antwortete er ›Ich bin nicht müde, denn die Gottes Hilfe ist mit mir an allen Enden‹. Und er taufte sie. Da war der König erzürnt und ließ ihn greifen und mit Ketten gefesselt nackend vor seinem Wagen einherführen. Darnach goß er siedend Pech über sein Haupt und spannte ihn auf die Folter und ließ ihn enthaupten.

1. SEPTEMBER Und der ohne Erde war, da er das Irdische verschmähte, und leuchtend war durch die Liebe, die den Liebenden dem Geliebten gleich macht, dem stund sein Sinn nach der Einsamkeit. Er fand eine Höhle mit einem Brunnen. Da ward ihm eine Hirschkuh gesandt, die kam alle Tage zu allen Zeiten und nährte ihn mit ihrer Milch. Ein Jäger aber schoß aus Unbedacht einen Pfeil; der schlug ihm eine tiefe Wunde, dieweil er für die Hinde betete. Aber er wollte die Arznei nicht. Denn er wußte, daß Tugend durch Leiden vollkommen wird; darum begehrte er, daß ihm seine Gesundheit nimmer sollte wieder gegeben sein, alldieweil er lebte. Danach entschlief er selig. Da sprachen viele, daß sie die Chöre der Engel hätten gehört.

20. SEPTEMBER Und der zuvor Placidus hieß und ein Kriegsoberster des Kaisers war, und den Hirsch mit dem Kreuz zwischen den Hörner sah, der kam auf seinem Wege ans Meer, da fand er ein Schiff und hub an, auf ihm zu fahren. Da sah der Herr des Schiffes Placidus' Weib an, daß sie schön war, und begehrte ihrer. Und da er sie hatte hinübergefahren, forderte er von ihnen den Fährlohn; und da sie nichts hatten, davon sie es nehmen sollten, gebot der Herr des Schiffes, die Frau zu halten an des Fährlohns Statt. Als das Placidus vernahm, wollte er in keiner Weise darein willigen. Aber da winkte der Herr des Schiffes seinen Schiffsleuten, daß sie ihn sollten ins Meer werfen, auf daß er also das Weib möchte

haben. Als das Placidus empfand, ließ er ihnen sein Weib, nahm seine beiden Kinder, und ging mit Seufzen und sprach ›Wehe mir und euch, daß eure Mutter einem fremden Manne ist zugefallen‹. Danach kam er fürbaß an einen Fluß.

9. Oktober Und der geheißen ist einer, welcher heftig der Welt flieht, da er sie gänzlich verschmähet, und welcher den Sündern gut ist wider die Trunkenheit ihrer Sünden, den ließ der Präfect sehr mit Fäusten schlagen, und er ward bespieen und verspottet, und mit harten Riemen gebunden, und ward von zwölf Kriegsknechten gegeißelt. Danach ward er, beschwert mit einer großen Last Ketten, in den Kerker gelegt. Des andern Tages ward er nackend auf einen eisernen Rost gebreitet, darunter ein groß Feuer entzündet war. Dann nahm man ihn aus dem Feuer und warf ihn wilden Tieren vor, die man durch langes Fasten hatte wütig gemacht. Darnach ward er in einen Ofen geworfen. Er ward an ein Kreuz geschlagen, da hing er lange in großer Pein; dann ward er wieder herab genommen und ins Gefängnis gelegt. Darnach ward er wieder vor den Richter gestellt, und in neue Pein gegeben. Darnach schlug man ihm mit Beilen sein Haupt ab. Da stund sein Leib alsbald auf, nahm sein Haupt zwischen seine Hände, und trug es zwei Meilen weit.

25. November Und in Deren Namen der Bau der Hoffart fiel durch die Demut, der Bau fleischlicher Lust durch die Jungfräulichkeit, der Bau irdischer Begier dadurch, daß sie alles Irdische verschmähte, diese war von großer Wohlredenheit und besiegte fünfzig Meister der Rhetorik. Da ward der Kaiser zornig und ließ

sie nackend ausziehen und mit Scorpionen schlagen, und darnach in einen finsteren Kerker schließen. Daselbst ließ er sie zwölf Tage ohne alle leibliche Speise. Da gab ein Richter dem wütenden König den Rat, daß er sollte in dreien Tagen vier Räder lassen machen, die mit eisernen Sägen und spitzen Nägeln wären gesäumet; die schwere Pein sollte ihren Leib zerschneiden. Da schalt die Kaiserin den Kaiser um seine große Grausamkeit. Der ward darob gar zornig und gebot, daß man ihr erst die Brüste sollte abzerren, und ihr darnach das Haupt abschlagen. Also führten die Knechte sie aus der Stadt, und rissen ihr mit eisernen Spießen die Brüste aus; darnach schlugen sie ihr das Haupt ab. Darnach rief der König die Jungfrau zu sich und sprach ›Zwar hast du mit deiner Zauberkunst meine Kaiserin zu Tode bracht, dennoch sollst du die erste sein in meinem Palast, wenn du willst zu Sinnen kommen. Oder du sollst noch heute dein Haupt verlieren‹. Sie antwortete ›Vollbring deinen Willen an mir, denn siehe, ich bin bereit‹. Darnach schlug man ihr das Haupt ab. Da floß von ihrem Leibe Milch für Blut.«

4. Dezember

Du Hirte, du Regent, du anderer Gott auf Erden – florentinisches Früchtlein

(In der schweizerischen Stadt Echerlyn hat das calvinistische Wochenblatt »F.a.i.r.l.a.c.k.« seinen Sitz. Über dieses Unternehmen wußte die deutschsprachige Boulevardpresse unlängst delikate Dinge zu berichten. Zwei seiner als besonders strenggläubig geltenden Buchhalter hatten die hauseigene Kundendatei ausgerechnet an den Sargdiscounter E. K. Leim verkauft und den Deal unter Hinweis auf ihre eigene wirtschaftliche Notlage im Nachhinein auch noch zu rechtfertigen gesucht. Die Affaire, für Insider eine Frage von Ehre, Glaube und der reinen calvinistischen Lehre, für alle Besseren aber insgesamt ein Mordsgaudi, hatte dazu geführt, daß mehrere Mitarbeiter das Unternehmen verließen. Manche von ihnen bekannten sich offen zu einem Leben ganz ohne Gott und Calvin, einer aber, der Theologe Thuli Emessaika, mochte so weit denn doch nicht gehen – er wechselte hinüber zu den Lutherischen. Zudem befleißigte er sich – ein besonderes Sakrileg – auch im Verfassen von Romanen, so eines sechsbändigen Kloppers über Leben und Werk des Reformators. – Das vorweg.)

Im vierten Band seines Romanes »Engelsknöchel« erzählt Emessaika davon, wie Luther an der Seite Käthens und einer Schar männlicher Verehrer zu Tische sitzt und über Gleichnisse referiert. Da zieht der Reformator einen finsteren Blick seiner Gemahlin auf sich, als er ein Stück Kreide zur Hand nimmt, mit einer einzigen Armbewegung alles Geschirr zur Seite schiebt und folgende Sätze auf die frisch gescheuerte Tischplatte notiert:

»Sachen und Worte: Philippus [Melanchthon].
Worte ohne Sachen: Erasmus.
Sachen ohne Worte: Martin Luther.
Weder Sachen noch Worte: Carlstadt.«

Fortfolgend nun macht sich der Autor daran, die Schwachpunkte dieser Gleichnisse zu erläutern. Unter anderem zeigt er auf, daß Martin Luther wohl über jedes Ziel hinausschoß, seinen ehemaligen Doktorvater Karlstadt gewissermaßen zum Oberdummen der erlauchten Runde zu erklären. Und das womöglich nur, vermutet Emessaika, weil jener einmal sehr polemisch von sich behauptet hatte, selber bereits seit Jahren Doktor der Theologie gewesen zu sein, ohne jemals einen Blick in die Bibel geworfen zu haben.

Auch das den Reformator selbst betreffende Gleichnis zeuge, so Emessaika, von sträflicher Bescheidenheit. »Sachen ohne Worte« – dies sei ja wohl niemals die Situation gewesen des sprachgewaltigsten Deutschen seiner Zeit. Dessen Wortreichtum zu dokumentieren, zaubert der Autor dann mehr als drei Seiten lang eine Orgie von Beschimpfungen aufs Papier, schwer koprophilen Beschimpfungen, mit denen Luther über die Jahre hinweg allein das Papsttum beschenkte. Den Abschluß dieser Aufzählung stellt ein von Luther überliefertes, von Emessaika leider gegenwartsdeutsch (und ergo verunstaltet) wiedergegebenes Stoßgebet dar, dessen Original so geht:

»Denn ich kan nicht beten/ Ich mus da bey fluchen den aller=höllischen vatter/ vom tiffel hindenraus geborn. Sol ich sagen: Geheiligt werde dein name, so mus ich da bey sagen: Verfluecht, verdamptt, ge=schendet musse werden der name Se. höllischkeit, der eyn verdampter heide ist/ Mer schedlich denn der türke. Ond verfluecht musse werden des Hermaphroditen=bischoffs

namen ond aller bestien/ die deinen namen lestern. Man sol ihnen die züng hintn zum halse rauszerren ond an galken nägeln.
Sol ich sagen: Dein Reich kome, so mus ich da bey sagen: Verfluecht, verdamptt, verstöret musse werden der drekk, den der tiffel in der Kirchen geschissen, verstöret ond verdamptt musse auch werden der scheiss=pfaff vnter alln scheisspfäffen/ dem kein namen noch schmehwort feindselig gnug kunn gesprochen werden.
Sol ich deinen namen reufen, so mus ich da fur reufen: liber Sodomiten=vogt, du Furzesel odder säu zu heissen seist ond Crokodil odder höllendrache.
Sol ich dein reines lied singken, so höret mein Ohr da bey nur das wehschrey eines bärwolfs/ Der heisset eyn ander=son der nidertracht/ ond so höret mein Seel klingken da bey kein wolklang, Ssonnder das hecheln von hundten/ das glittschern von kröten/ odder saus-seln von motten ond schmeiss=flieg/ ond schluepfern von larven ond schlangen ond wurmlin/ ond von anndern schedlins=kirrn.
Sol ich sagen: der du im hymel bist, so mus ich wol da bey blicken des romischen hurnhaus ond mus wehren der wortt des lügenmauls ond lestermauls/ der der hurnwirth über alle hurn=wirthe ist ond eyn rechter lewe ond eselskönig/ dartzu eyn mordsgesell ond statt-halter vom tiffel.
Sol ich dir eyn gebeth tichten, so mus ich da bey hin=fort brullen wider allen gebeths vom satanismus, dem babste ond schlüsseldiepen, so sie erhoret seyndt.«

ORTVS ET ORIGO PAPAE.

Hie wird geborn der Widerchrist
Megera sein Seugamme ist:
Alecto sein Kindermeidlin
Tisiphone die gengelt jn.
Mart. Luth. D.

DIE MUSISCHE NATUR DES RENAISSANCEPAPSTES

»Luci ed ombre. Il Papa dei Medici« lautet der Originaltitel eines 1879 erschienenen Romanes, dessen Autor auf 2 231 Seiten das Leben Leos X. erzählt. Der Verfasser, Gian-Umo Cerbeto, legte damit den zweiten Teil einer 1889 abgeschlossenen Tetralogie vor, die sich auf insgesamt 11039 Seiten mit der Geschichte des florentinischen Patriziergeschlechtes vom frühen fünfzehnten Jahrhundert an bis ins Jahr 1737 beschäftigt. Das Buch gibt eine bösartige Darstellung vom Wirken des Renaissancepapstes und stützt sich auf heute im wesentlichen überwundene Fehleinschätzungen und Klischees. Es ist lediglich zu empfehlen wegen der Fülle des Dokumententeils, der annähernd zwei Drittel des Gesamtwerkes ausmacht. Beachtenswert allerdings – und dies auch nur wegen einer einzigen Passage – ist die 1919 im katholischen Marcus-Verlag zu Krems erschienene Übersetzung mit dem Titel »Licht und Schatten. Der Papst aus dem Geschlecht der Mediceer«. Diese Übersetzung wurde besorgt von einem »Bruder Roan« (Roland?), dessen Identität leider nicht zu ermitteln ist, zumal der einst in Krems (Niederösterreich) ansässige Verlag bereits seit 1956 nicht mehr existiert. In der Übersetzung heißt es:

> »Leo gründete ein eigenes Kollegium zur Herausgabe griechischer Schriftsteller. Auch war er ein Liebhaber alter Handschriften, an denen er sich manche Stunde seiner Amtszeit erfreute. Wo immer er solcher Handschriften habhaft werden konnte, ließ er sich selbige in den Lateranum verbringen und abschreiben.«

Angesichts des moralischen Verfalls der Kirche

Ein Liedlein zu singen auf die Bedeutung des Geldes fürs Seelenheil und auf die kirchlichen Zustände zu Beginn des Jahrhunderts unter den deutschen Stämmen, wußte ein gewisser Friedrich Mecum, genannt: Myconius, früherer Franziskanermönch zu Annaberg und Weimar, dann erster evangelischer Superintendent zu Gotha. Er hinterließ ein gutes Stück Literatur, die »Historia Reformationis«. Aus der Einleitung dieses Autographen rührt das folgende Zitat her:

> »Das Papsttum ist ein solch abscheuliches und scheußliches Tier gewesen, wie es von Paulus und Johannes kaum genug hätte beschrieben werden können. Mit dem Leiden und den Verdiensten Jesu Christi ging man um wie mit leeren Geschichten oder Homers Fabeln. Um den Glauben, womit Christi Gerechtigkeit und Heiligkeit, ebenso die Erbschaft des ewigen Lebens ergriffen wird, war es stille geworden. Christus wurde beschrieben als ein strenger Richter, der alle, die sich nicht mit der Fürbitte der Heiligen und dem päpstlichen Ablaß versahen, verdammen würde. Deshalb setzten sie an Christi Stelle Fürbitter und Heilige ein. Die Jungfrau Maria hatte einen ähnlichen Wert wie die Göttin Diana bei den Heiden; und unentwegt erfanden die Päpste neue Heilige hinzu. Dabei lehrten sie auch, dieselben würden für uns nicht bitten, sofern man sich nicht um sie oder um die von ihnen gestifteten Orden verdient machte. Es wurde auch vorgezeigt, mit welchen Werken man sie für sich gewinnen konnte. Von den gerechten guten Werken aber, die Gott in seinen heiligen zehn Geboten von den Menschen ein-

fordert, wurde nichts vorgetragen. Man hielt sie für wenig wert, erdachte dafür täglich neue Werke, welche den Pfaffen und Mönchen viel Geld eintrugen. Denn wer diese Werke in Menge tat oder erkaufte, von dem hieß es, er habe recht ordentlich gebüßt und sich das ewige Leben wohl verdient. Wer sie aber nicht hoch achte und darüber stürbe, der würde in die Hölle einfahren und ins Fegefeuer gelangen und darinnen so lange brennen und braten und schmoren und räuchern, bis er selbst oder andere an seiner Statt gebüßt hätten. Darum also hielt man diese Werke ungemein hoch, ja höher als das Leben und die Unschuld Christi selbst.
Ähnlich hoch geschätzt war auch das Fasten und die vielfache Wiederholung des Vaterunsers und das Ave Maria, die Rosenkränze, der Mantel Mariä, die Gebete Ursulä, Brigittä, die Psalter und das Horaslesen. Tag und Nacht sollte man ohne Unterlaß singen, plärren, schreien, murmeln, ohne dabei daran zu denken, daß Christus gesagt hatte: Wenn ihr betet, so sollt ihr nicht so viele Worte machen wie die Heiden.
Man sah auch vielerlei Arten von Pfaffen und Mönchen, die sich durch ihre Habite, Zeremonien, Gebräuche, Lebensarten und Fastenrituale unterschieden. Die so hinter den Mauern lebten, sollten allein selig gepriesen werden; ihre Verdienste konnte man, wie sie sagten, erkaufen und anderen zueignen. Und so bekamen die Ordensleute über die Hälfte aller Güter, welche alle vom Papst bestätigt und in seinen Schutz genommen wurden.
Man verbot, Fleisch, Butter und Käse zu essen, und es wurde für eine große Sünde gehalten, wenn man diesen Verboten zuwider lebte. Doch konnte man solche Sünden mit Geld abtragen. Daher entstand auch die

große Anzahl von Feiertagen und Wallfahrten nach Rom, Assisi, Padua, Jerusalem, Saragossa, Compostela, zur heiligen Katharina auf dem Berg Sinai, zum heiligen Michael, nach Aachen, Trier, Vierzehnheiligen, Einsiedeln, Fulda, zum heiligen Wolfgang, daß es endlich der Wallfahrten an Hunderten Jakobskapellen vorbei fast so viele gab, als es Berge, Täler, Wälder, Tiere, Gräser, Fliegen und Bäume gibt; doch auch dieser Beschwerden konnte man sich mit Taxen freikaufen.

Man trug den Klöstern und Pfaffen Geld zu und zu Geldeswert Hühner, Gänse, Enten, Eier, Flachs, Hanf, Wein, Butter, Käse; alles tönte und rauschte mit Gesang und Läuten, es wurde überall und zu allen Zeiten Weihrauch gezündet und geopfert, die Küchen waren wohl und reichlich versehen, und schon gar nicht ließ man es an tapferem Trinken fehlen. Darauf kamen die Messen, die alles wiedergutmachen mußten.

Auch der Unzucht und Hurerei enthielt man sich nicht; Schwester Hürlein und Bruder Büblein führten das Regiment. Doch dies waren nur kleine Sünden, die leicht durch päpstlichen Ablaß behoben werden konnten.

Sie hatten auch neue Sakramente. Die Bischöfe predigten nicht, sondern weihten immer nur Pfaffen, Mönche, Glocken, Kirchen, Kapellen, Bilder, Bücher, Schlösser, Paläste, Kirchhöfe und desgleichen: denn alle diese Dinge bescherten der Klerisei große Einkünfte.

Die Heiligtümer hielt man in besonders hohem Wert. Knochen, Arme und Füße, Schädel, Finger, Zähne wurden in silbernen und goldenen Schachteln verwahrt, unter der Messe aber zum Küssen dargeboten – und auch dieses nicht umsonst. Anbei glaubten die Leute, daß ihnen durch Fürbitten der Heiligen, deren Knochen, Glieder, Häute und Haare sie anrührten, merkliche Hilfe widerfahre.

Der Brüderschaften waren es unzählig viele, da sich gewisse Leute zusammentaten und ihre besonderen Regeln aufsetzten. Sie hatten ihre eigenen Pfaffen, ihre Altäre, ihre Kapellen, Lichter, Rauchfässer und Feiertage, an denen sie zusammenkamen, um Messe zu hören und den Pfaffen zu opfern, wozu stattliche Einkünfte gestiftet wurden; auch hierdurch konnte man seine Seligkeit erwirken und auf den rechten Weg bringen.

In den Klöstern nahm man auch Kinder auf, oftmals gegen den Willen ihrer Eltern, zuweilen auch Eheleute, die ihre Ehegatten verlassen hatten. Die Klostergelübde hießen Gehorsam, freiwillige Armut, Entsagung, Griesgram, Keuschheit. Diese zog man den Leiden Christi vor und predigte öffentlich, sie seien besser als die Taufe. Die ordentlichen Pfarrer hielten selten Messe und das heilige Abendmahl.

In den Städten, Flecken, Schlössern und Kapellen wurden täglich und oft mehrmals am Tage Messen gefeiert, wozu gewisse Priester bestellt und zu ihrem Unterhalt Häuser, Äcker und Einkünfte gestiftet wurden. Die meisten Messen aber wurden den Toten gehalten, auch solchen, die schon vor etlichen hundert Jahren gestorben waren. Indessen waren doch die Lebenden zugegen und legten brav Geld auf die Altäre, welches nicht den Toten, sondern allein den Pfaffen zunutze kam.

Die Menge der Klerisei war so groß, daß allein hiesige Stadt Gotha, welche damals höchstens siebenhundert Häuser zählte, vierzehn Domherren, zweiundvierzig Pfaffen, vierunddreißig Augustinermönche, zwei Terminierer und dreißig Nonnen zu ernähren hatte. Diese hielt man für heilige Leute, weil sie sagten, daß sie für uns den Himmel verdienten. Dabei lebten sie aber so schändlich und unflätig, daß man's in der Welt nicht ärger antreffen wird. Der Ehestand war ihnen zwar verboten, doch weil sie keine Keuschheit hatten, erfüllten sie die ganze Stadt mit Hurerei, Unzucht, Ehebrecherei und sodomistischen Sünden, so daß es furchtbar und abscheulich war. Und doch konnten sie nicht gebändigt und bestraft werden, weil sie allein der päpstlichen Gerichtsbarkeit unterstanden.«

REGNVM SATANAE ET PAPAE.
2. THESS. 2.

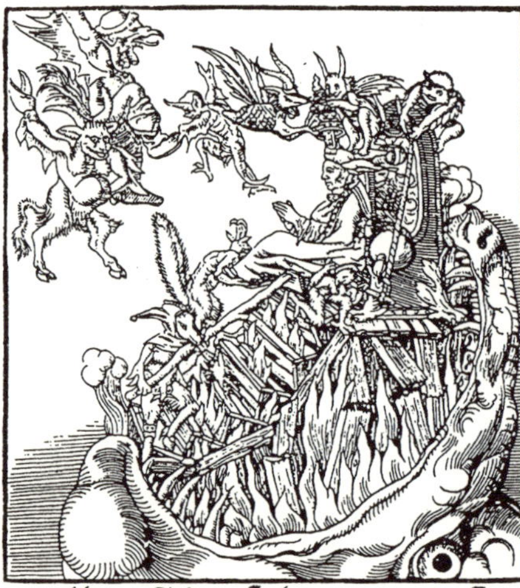

In aller Teufel namen sitzt
Alhie der Bapst: offenbart jtzt:
Das er sey der recht Widerchrist
So in der Schrifft verkündigt ist.
Mart. Luth. D.

Anno 12

Die Stadt der Handlung Luther zu heissen

Hier stand eine Anmerkung! (Roman der Wende, für Gerda Alderfrau)

Hier stand eine Anmerkung, nun nicht mehr, weil einerseits es hier überhaupt keine solchen mehr gibt, sondern nur noch Annotaten, die ähnlich gemeint zwar und doch etwas anderes sind und von der Ziehamme Annotation herstammen, aber viel flotteren Fußes als diese die Aufforderung zu einem Tänzchen riskieren, zum Beispiel tun, soll heißen: Taten anklingen lassen und Attentaten, zudem gelegentlich daherkommen mit hochgekrempelten Ärmeln wie Subotniks, wie losgelassene Männerabende, wie, wahrhaftig: Täter in Not, Lümmel, verrückte Kerle, geführt an ihrer Spitze von einem besonders notorischen Geselln, der in dem Kürzel Anno steckt, ein Schalk, wahrhaftig, überaus reizend anzuschauen mit einer Zahl, seiner Numerierung im Gefolge; jedoch, von alldem ungerührt, will heißen andererseits, andererseits war die Angelegenheit schon damals nicht so aufregend, als sie den ohnehin nur fünf Zeilen hergebenden Stoff bot der ursprünglichen Anmerkung – wir wollen sie hier einmal als Nummer 12 vermerken, weil sie auf die, geschworen und beeidet, haargenau gleiche Textstelle fiel wie die jetzige, ihre Vakanz besetzende 12. Annotat, obgleich jene, zugegeben, in Wirklichkeit den Startplatz 21 auf ihrem Dreß trug, was jedoch nunmehr unwichtig ist und auf den zu schildernden Verhalt keinen Einfluß mehr nehmen wird, also bestenfalls einen räsonierenden Hinweis erlauben könnte auf den Umfang beziehungsweise den seinerzeitigen Aufbau des Buches, dessen Tenor gemäß, anders gesagt, nach dessen Begriffen und Launen jene gewisse, fast wäre es richtig zu sagen: topographische Angelegenheit der alten Anmerkung 12 Gelegenheit hatte, eine muntere Hatz, ja ein Spielchen zu treiben um die Namen vierer, das heißt im Grunde bloß zweier ostdeutscher Orte, nämlich der dort wie hier notdürftig als Aufhänger dienenden »Lutherstadt Wittenberg« und der nur einer Manie zur Vollständigkeit geopferten »Reuterstadt Stavenhagen«, eigentlich aber der »Wilhelm-Pieck-Stadt Guben« und der »Karl-Marx-Stadt«, früher Chemnitz, welche, letztere, heute wieder wie früher heißt und von Einheimischen mit dem Zusatz »vormals Karl-Marx-Stadt« vermerkt wird – ein Umstand, der diesen Satz jetzt nicht etwa durch ein quasi- oder richtiger: durch ein pseudophilosophisches Fahrwasser lotsen soll, in dessen Mündung die Namen ganzer Meere und Länder, ganzer Kontinente stünden, ja komplette Städte selbst, mit allem, was darinnen einmal kreuchte und fleuchte und sich zum Himmel erhob, sondern ein Umstand, der bloß ganz bescheiden an das verschwundene, von der Zeit, soll man wirklich sagen: von der Geschichte? dahingeraffte Vergnügen der ehemaligen Anmerkung 12 erinnern wollte, auf das Verblassen dieses Vergnügens, das, ähnlich herbstlichen Frühnebeln am Mittag, jetzt einfach nicht mehr aufzuspüren ist, von dem sich bestenfalls noch, müde, abgeklärt, mitzuteilen lohnt, daß es sich irgendwie an die Frage knüpfte, warum der auf den Besucher ziemlich ungeneigt wirkenden und nicht einmal in den allerprovinziellsten Reiseführern sonderlich hervorgehobenen »Pieck-Stadt Guben« ein Recht zustand, nämlich das auf ihren ursprünglichen Namen, welches der, wir dürfen es, ewiger, ewig schändlicher Lust am Verwirren lasternd, so sagen: »Chemnitzstadt Karl Marx« offenbar kategorisch verweigert wurde, obwohl diese in den genannten Reiseführern made im Inland zwar auch nicht eben die spärlichen Hochglanzseiten zugewiesen bekam, dafür aber zumindest das Erzgebirge im Rücken hatte und noch immer hat, in dem, wenn hier eine kleine geschwätzige Parenthese gestattet ist, gewiß niemand mehr nach Erz gräbt, das dennoch aus lauter Tradition auch fürderhin »Erzgebirge« heißen wird, wie auch, um die Grenzen des räumlich Möglichen aufzuzeigen, die weiter nördlich gelegene Ostsee nach dem Stand derzeitiger Diskussion vorerst »Ostsee« bleiben wird, was eigentlich schade ist, denn auf das Vergnügen hätten die Täter, Lümmel, verrückten Kerle, die Texter dieser Not gerade noch gewartet, und sei's nur darum, der verflossenen, was meint, der lull und lall gewordenen, den Schnee von gestern fegenden, der in offenbar uralten Witzen sich rekelnden Anmerkung 12 noch einmal ordentlich Wind in die Leinen zu pusten und derart gebläht nun an der ehedem (und im wahrsten Sinne des Bildes) einem Kopfmenschen götzenden Stadt vorbeizusegeln, die, wir wissen, jetzt endlich wieder Chemnitz heißt, das nicht von Chemie kommt, von der wir gerne erführen, warum sie sich eigentlich nicht weiterhin mit dem schon damals unverdienten Namen ziert, was ja nicht weniger Anstand hätte als, sagen wir mal, »Gneisenaustadt Schildau«, ein vermutlich ganz entzückendes, deutsches, und wie entzückend deutsches Provinznest, eine südöstlich von Wittenberg, auf knapp halbem Wege nach der Marx Chemnitz gelegene Posse, die der Anmerkung 12, alias 21, ihrerzeit durch die Lappen gegangen war.

Anno 13

Durfte nicht teilhaben an den Ereignissen

Während 1530 auf dem Augsburger Reichstag über das evangelische Glaubensbekenntnis und die katholische Entgegnung darauf verhandelt wurde, hielt sich der seit neun Jahren unter Bann und Acht stehende Luther aus Gründen seiner Sicherheit auf der Veste Coburg auf, um von dieser vorgeschobenen kursächsischen Bastion aus so nahe als möglich bei Augsburg zu sein und von hier aus sich doch noch an den Verhandlungen beteiligen, sie wenigstens besser beobachten zu können.

Es ließe sich nicht klären, wer aus Luthers direkter Abwesenheit von Augsburg größeren Vorteil zog, die katholische Partei um Kaiser Karl und die römischen Nuntien, die angeblich Luthers Autorität, seine Unnachgiebigkeit, sein storriges Temperament fürchteten, denen tatsächlich aber wohl einfach nicht zuzumuten war, sich mit dem Delinquenten an einen Tisch zu setzen, oder aber die Gesandten Luthers eigener Partei, namentlich der Hauptverfasser der »CA« (der »Leisetreterin«), der ängstliche, für Luther unerträglich kompromißbereite, der vermittelnde, das heißt die dogmatischen Gemeinsamkeiten der beiden konfessionellen Richtungen betonende, ihre Unterschiede verniedlichende Melanchthon, in gewissen Zirkeln »Fraternisör« genannt.

Luther litt in Coburg unter dem Status eines »Zaungastes«. Wenn er auch unmittelbar nach seiner Ankunft auf der Veste am 16. April noch seine Briefe vom »Reichstag der Malztürken« ausgehen lassen konnte, der Dohlen und Krähen vor seinem Fenster, so mußte er in späteren Schreiben bald von Ohrenleiden begleitete schwere Tristessen eingestehen, die bis zu sehr unverblümt geäußerten Suizidgedanken reichten. »Wenn ich wieder heim gen Wittenberg komm, so will ich mich alsdann in' Sarg legen und den Maden einen feisten Doctor zu essen geben«, schrieb er an seine Frau Käthe. (Einige Biographen behaupten, diesen Satz hätte Martin erst am Totenbette zu Eisleben gesprochen.)

Wie bereits vor Jahren auf der Wartburg geschehen – und in gewisser Hinsicht war die Situation ja ähnlich –, setzten auch hier wieder Halluzinationen ein. Erwähnt an dieser Stelle sei lediglich die brennende Schlange, die er beobachtet haben will, welche allerlei tolle Sachen anstellte, dann auf den Acker herabfiel und sich dort in einen flammenden Stern verwandelte. (Und bei Tagesanbruch vermutlich ausging.)

»Woher der Vorname Rürig kommen soll«, schreibt Pïetri Radarsch, »man weiß es nicht. Wahrscheinlich hat ihn sein Besitzer nur angenommen.«

Rürig Jednschnee war Prior des in Erfurt ansässigen Labelletinerklosters. Die vielleicht lesbarste der überhaupt nur vier auffindbaren Lebensbeschreibungen über den erfurtischen Theologen (der nach Auskunft aller vier Autoren mit dem jungen Luther nie zusammentraf) stammt zweifellos aus der Feder des literarischen Sonderlings Pïetri Radarsch. Über dessen Buch »Die Vergessenen« heißt es in einer der üblichen dummdreisten Rezensionen, das Bemühen des Autors, lauter unbedeutende Figuren vergangener Jahrhunderte dem wohlverdienten Schlaf der Geschichte zu entreißen und sie ins grelle Licht unserer Tage zu zerren, nur damit sie hier nun hilflos und fröstelnd herumstünden und nichts mit sich anzufangen wüßten, sei insgesamt irgendwie nicht so recht nachzuvollziehen. (Wie gesagt: dummdreist!)

Zu den uns interessierenden Fragen teilt Radarsch in einer Vorbemerkung des Portraits »Rürig Jednschnee« folgendes mit:

> »Sieht man in Rürig Jednschnee nicht einen mindestens ebenso großen Ketzer, wie in dem späteren Martin Luther, dann tut man ihm Unrecht und vergewaltigt die Geschichte. Als Luther noch in den Kinderschuhen steckte, hatte Jednschnee bereits seine ›Vatikanische Greuel‹ verfaßt, eine böse, satirische Abrechnung mit dem römischen Stuhl.

Sein eigentliches Hauptwerk, die ›Summa‹, schloß der Theologe jedoch erst im Jahre 1509 ab. Man weiß dies aus einem Brief, den er am neunten August 1509 an seinen Freund Johann Maier nach Freiburg im Breisgau sandte, um diesem für die ›Durchsicht‹ des Werkes zu danken.

Also schon 1509 leugnete Jednschnee vehement den Primat des Papstes und die Unfehlbarkeit der Konzilien und verlangte die Abschaffung des Zölibats, welches er für widernatürlich und nicht mit der Heiligen Schrift vereinbar hielt. Zugleich wünschte er die Zurückdrängung des kirchlichen Einflusses auf die Ehe, einer, so der Labelletiner, rein weltlichen Angelegenheit. Weitere Sätze der ›Summa‹ forderten die Abschaffung der Seelenmesse, das Verbot der Wallfahrten und Bruderschaften, die Aufhebung der Feiertage oder ihre Verlegung auf den Sonntag, die Freigabe des Fastens, die Änderungen des Kirchenrechtes und die Abschaffung der letzten Ölung, die ja doch nur auf den eines Apostels unwürdigen Jakobusbrief zurückzuführen sei. Alles Forderungen, die später von Luther fast wortwörtlich wiederholt wurden.

Nun haben wissenschaftliche Forschungen aus dem Anfang des vorigen Jahrhunderts ergeben, daß nicht alle Passagen der ›Summa‹ aus ein und derselben Feder herrührten, und bald war man sich darüber einig, daß Jednschnees Freund Johann Maier womöglich auch ein gewisser Anteil daran zuzuschreiben sei.

Was aber ausgerechnet diesen Johann Maier, der selber gerade erst den Doktor der Theologie gemacht hatte, bewog, im Jahre 1510 seinen Freund zu denunzieren und das Buch nach Rom zu schicken, wo es über kurz oder lang der Verurteilung gewiß war, darüber kann man heute nur spekulieren. Am wahrscheinlichsten ist wohl, daß er und Jednschnee ihr Vorgehen miteinander abgestimmt hatten und ganz bewußt darauf aus waren, Unruhe zu schüren, womöglich gar in Deutschland eine Bewegung zu initiieren, die der vor hundert Jahren in Böhmen ähnlich wäre.

Tatsächlich begann bereits im Herbst 1510 der römische Prozeß gegen den Erfurter Labelletiner wegen des Verdachtes der Verbreitung von Irrlehren, und zu Beginn des darauffolgenden Jahres wurde der Theologe aufgefordert, binnen der üblichen sechzig Tage sich in Rom zu verantworten, was dieser ablehnte.

Die folgenden Monate waren von einem heftigen Streitschriftenwechsel zwischen dem Häretiker und namhaften Theologen seiner Zeit geprägt. Es kam sogar, und gegen den päpstlichen Willen, im Juni 1511 in Erfurt zu einer Disputation zwischen Jednschnee und einem uns heute namentlich nicht mehr bekannten Theologen, die mit Jednschnees Eingeständnis endete: ›Dann bin ich eben Hussit! Leckt's mir!‹

Wenn auch, wie gesagt, der Kontrahent des Erfurters nicht mehr mit Namen zu ermitteln ist, so gilt es doch als verbürgt, daß Johann Maier just zu jener Zeit in der Stadt weilte. Die beiden Freunde waren beobachtet worden, wie sie sich am Nachmittag des neunten Juni in das ›Deutsche Haus‹ am Weidenplan begaben, wo sie sehr ausgelassen miteinander speisten und einen guten Trunk nahmen.

Mitte 1512 nun traf in Erfurt die ›Exsurge, Domine‹ ein, worin Papst Julius II. den überführten Ketzer ultimativ zum Widerruf binnen sechzig Tagen aufforderte. Jednschnee beriet sich in dieser Zeit noch einmal mit Johann Maier, der sich indessen Johann Maier-Eckius nannte, und widerrief nicht. Am dritten Januar 1513 schließlich, als eine seiner letzten Amtshandlungen,

sprach Julius in der Bulle ›Decet Romanum pontificem‹ den Bann gegen den Ketzer aus.
Bevor dieser aber wirksam werden konnte, verstarb Rürig Jednschnee, der nie ein Kostverächter war, am zweiten Februar 1513 an der französischen Krankheit. Seine Beerdigung fand in aller Stille statt, nicht einmal seine engsten Freunde erschienen, auch nicht Johann Maier-Eckius, nun nur noch Doktor Eck geheißen.«

Wie alle Heiligen im Kopf verwirrt

Die aufregendste Geschichte des heiligen Mohren, des Patrons der Infanterie, der aber auch gern gegen Pferdekrankheiten angerufen wird, findet sich in »Merkwürdene Lebensbeschreibungen der Christlichen Märtyrer. Zusammengetragen von Dr. H. J. Vinndeisen«. Der wegen seines literarischen Temperamentes gemeinhin als Exot unter den Historikern abgetane Vinndeisen vermutet, Mauritius sei gar nicht wirklich hingerichtet worden, sondern habe sich freikaufen können unter dem Zugeständnis, nicht mehr öffentlich für die Sache der Christen aufzutreten. (Wir wollten diese Vermutung nicht in den Text aufnehmen, weil sie selbst uns ziemlich gewagt erscheint.)

Vinndeisen meint, statt Mauritius sei dessen taubstummer Sklave Alexios hingerichtet worden. Und er führt dazu unter anderem aus: Mauritius sei schließlich nicht zuletzt auch darum berühmt geworden, weil er in seinen letzten Stunden alle an ihn ergangenen Aufforderungen, sich den unchristlichen Befehlen zu fügen und somit der Hinrichtung zu entgehen, schweigend ausgeschlagen habe. Von der »Legenda aurea« einmal abgesehen, deren wissenschaftlicher Wert als Dokument ein wenig umstritten ist, wird auch in anderen Berichten das beharrliche Schweigen des Mohren vermerkt.

Es versteht sich von selbst, daß die Kirche die Arbeiten Vinndeisens ablehnt. Man hat Mühe, in einschlägigen kirchlichen Nachschlagewerken überhaupt nur einen Hinweis auf das 1924 in Darmstadt in erster und einziger Auflage erschienene Buch zu finden.

DIE PANEGYRISCHEN ŒEUVRES DER HÖFISCHEN BELLETRISTEN

Albrechts triumphaler Einzug in die Stadt Halle läßt sich natürlich auch sehr viel kürzer darstellen, beispielsweise mit Armin Stein, alias H. Nietschmann, einem dieser hallischen Stadtgeschichtseuphoren, dessen 1882 im Waisenhaus-Verlag zu Halle erschienene historische Erzählung »Cardinal Albrecht« mit zwei so ergreifenden wie prägnanten Sätzen beginnt:

> »Das war ein stark Gedränge des Volkes der Stadt Halle am Sonntag Rogate. Als wollte sich die ganze Stadt entleeren: Alt und Jung, Vornehm und Gering, Herren und Knechte.«

Prediger der neuen Lehre

Manchmal konnten einem Seine Churfürstlichen Gnaden schon irgendwie leid tun. Obwohl ihn die Wittenberger Irrlehre im Grunde einen feuchten Dreck interessierte, so fühlte er sich doch fast seine gesamte Regierungszeit über verpflichtet, ganz besonders im nahegelegenen Halle, gegen ihre allzu dreiste Ausbreitung vorzugehen. Zwei heute nur noch in den Schriften einiger kautziger Stadtgeschichtler auffindbare, zu Zeiten des Kardinals jedoch weit über die Stadtgrenzen hinausreichende Affairen zeugen von der unglücklichen Hand, die Albrecht noch bei der geringsten seiner Amtshandlungen, bei der Besetzung geistlicher Ämter, zu eigen war. Gemeint sind die Fälle der Prediger Nicolaus Demuth und Georg Winkler – ein gewiefter Schurke der eine, der andere wohl auch nicht eben Kostverächter.

Magister Nicolaus Demuth war Propst am Kloster zum Neuen Werk, geheimer Rat des Erzbischofs und eifriger Streiter gegen die Wittenberger Reformation. Und als all solches (neben dem hallischen Stadtkämmerer Hans Schönitz) zunächst einer der fleißigsten Informanten Albrechts. Es sind aus den Jahren 1521/22 einige Briefe seiner Feder nach Worms, später nach Mainz überliefert, in denen er den Kardinal detailliert über die frühesten reformatorischen Entgleisungen zu Halle unterrichtete, so auch über die Verehelichungen des Kapellans zu St. Georgen, des Pfarrers zu St. Gertrud, des Doktor Lucas, der Pfarrherr zu Unser Lieben Frauen war, und einiger anderer, minderbedeutender Geistlicher der Stadt.

Ob auch ihn selbst eines schönen Tages anno 1523 der Hormonkoller überkam, ist aus den verschiedenen zur Verfügung stehenden Zeugnissen nicht zu erfahren. Selbst die handschriftlichen und üblicherweise recht aufschlußreichen Annalen des Doktor Creß, eines peniblen Chronisten und Augenzeugen jener Jahre, vermerken in einer spröden Mitteilung lediglich, Magister Demuth selber habe in aller Heimlichkeit und für viele überraschend Kloster und Stadt verlassen, sei evangelisch geworden und zu Torgau in den heiligen Bund der Ehe mit einer Nonne von Zitzenrode getreten.

Dieses allein hätte Albrecht in seiner kommoden Art ja ohne weiteres noch durchgehen lassen können, was allein ihn zutiefst erboste, war der Umstand, daß der Probst, wie Creß anmerkte: »auf etzliche jare zerunk« mitnahm, anders gesagt, bei seinem Abgang von Halle mitgehen ließ, was immer er an Wertgegenständen zu fassen kriegte.

Zwischen dem 21. April und dem 27. Juli des gleichen Jahres nun erklärte sich Demuth in fünf erhalten gebliebenen und – gewollt oder ungewollt – recht ironisch geratenen Briefen seinem einstigen Herrn. Im ersten davon heißt es:

> »Hab auch gar nichts mitgenommen, denn eine kleine Zehrung; die Obligationen des Klosters und das Propsteisiegel wissen E. G.; das andere sind vier silberne Becherlein, drei güldene Kruzifixe, etliche illuminierte Büchlein, wenige hundert Gulden, den Opferstock, sechs silberne Löffel, weniger denn fünfzehn goldener Rosenkränz', verschiedene Preziosen und ein paar andere Dinge. All dieses ist wohl verwahrt. So ich es im Guten nicht erlangen kann, will ich das und alles andere wieder zurückgeben, denn ich bin nie des Gemüthes gewesen, es zu behalten.«

Die städtischen Historiker, sofern sie sich auf die »Halygraphia« des Theologen und Chronisten Gottfried Olearius berufen, schlußfolgerten aus dem Schreiben, Demuth habe diese Sachen gewissermaßen nur als Pfand mitgenommen, um sich eine kleine, bescheidene Pension zum Lebensunterhalt zu ertrotzen, welche der Kardinal ihm im Kloster erwirken sollte. Hierzu heißt es in einem weiteren Brief:

> »So bitte ich, E. K. G. wollen beherzigen den treulichen Dienst, den ich mit Leib und Gut die Zeit meiner Prälatur E. K. G. untertänig geleistet, derweil mein Vornehmen aus keiner bösen Ursache geflossen. Allein das Wort Gottes hat mein Gewissen durchdrungen, so daß ich dieses teuflische Leben nicht länger konnte oder mochte leiden und dulden, wie ich es E. K. G. schon oftmals angezeigt habe. Da ich merkte, daß mich E. K. G. zu absolvieren nicht geneigt sei, hab ich mein Bestes und der Seele Seligkeit bedenken müssen.«

Damit war die Spottlust des Nicolaus Demuth aber noch immer nicht gestillt. In einem der nächsten Briefe an Albrecht erbot er sich sogar an, in dessen weltliche Dienste zurückzukehren, falls der Kurfürst ihn in Erinnerung seiner früheren Treue nur wieder aufnehmen wollte. — Ein Offert, auf das Albrecht anständigerweise nicht einging.

Das weitere Schicksal des weiländigen Propstes verliert sich im Dunkel. Manche Autoren berichten, er habe sich Jahre später mit Prior und Convent des Klosters zum Neuen Werk irgendwie arrangiert, andere sprechen von einem mißlungenen Mordanschlag auf Demuth und erwähnen zwei Mönche zu Wittenberg,

> »die ihn ertödten sollten, und wo sie solches würden glücklich enden, itzlichem hundert Gulden gelobet seien«.

Ein ganz anderer Kerl hingegen war der Kapellan Georg Winkler. Von Albrecht in den frühen zwanziger Jahren aus Bischofswerda zum Domprediger bestellt, hatte auch er frühzeitig schon begonnen, das lautere Evangelium zu predigen. Desweiteren, so heißt es nicht ohne einen gewissen Unterton, habe er sich »ein adliges Fräulein zur Frau genommen, eine nicht mehr ganz junge Dame«.

Man weiß jedoch nicht genau, ob diese beiden harmlosen Verfehlungen allein schon der Grund dafür waren, daß Albrecht ihn im Jahre 1527 dringlichst an seinen Hof nach Aschaffenburg einforderte, wo er einem Verhör unterzogen werden sollte. Denn Winkler hatte sich während des Kardinals Abwesenheit von Halle nicht nur unterstanden, das Abendmahl unter beiderlei Gestalt auszuteilen und die Taufe mit ungeweihtem Wasser zu vollziehen, es waren gegen den Hofprediger auch Klagen ganz anderer Art laut geworden.

Namentlich war es ein gewisser Doktor Johann Krause, einer der städtischen Räte, der den Prediger öffentlich bezichtigte, mit mehreren, mindestens aber acht Eheweibern in unkeuschem Verkehre gestanden zu haben. Unter anderen auch mit Ursula, der Ehefrau Krauses selber.

Zumindest bezüglich der letzteren Vorwürfe dürfte Albrecht wohl Verständnis gezeigt haben: das Auffällige an dem Verhör zu Aschaffenburg war die Milde, mit der er seinem abtrünnigen Prediger hier begegnete, statt ihm ordentlich die Leviten zu lesen. Manche Chronisten fragten sich, warum er ihn überhaupt erst so dringend nach Aschaffenburg bestellt hatte, wenn er ihn doch schon nach kurzem, überwiegend freundlichem Plausch wieder entließ?

Weniger milde als der Bischof erzeigten sich dessen Mainzer Domherren, die Winkler unter mancherlei Vorwürfen noch einige Tage am Main festhielten. Worauf genau diese Vorwürfe sich gründeten, ist nicht bekannt, doch schien der

Prediger davon so beeindruckt gewesen zu sein, daß er seinen Diener vorsorglich anwies, schon ohne ihn wieder nach Halle zurückzureisen. Und zwar mit den so bangen wie ahnungsvollen Worten:

> »Zeuch schon hin, ich muß hie bleiben und vielleicht noch einen Christen machen.«

Bald aber nach seinem Diener durfte endlich auch Winkler abreisen. – Um inmitten eines tiefen Waldes, nur wenige Meilen hinter Aschaffenburg, von vermummten Reitern überfallen und meuchlings ermordet zu werden.

Die Nachricht von dem Verbrechen im Spessart erreichte in Windeseile die Saale-Stadt. Und obgleich es hier wohl kaum jemanden gab, der nicht sofort in Kardinal Albrecht den Drahtzieher des Meuchelmordes sah, war dem Bischof jedoch keinerlei Mitschuld an Winklers tragischem Ableben nachzuweisen. Das mußte sogar Luther einige Wochen später in seiner »Trostunge an die Christen zu Halle über Herrn Georgen ihres Predigers Tod« ausdrücklich eingestehen, was ihm, wie man ihn kennt, nicht leichtgefallen sein wird. – Dafür kamen im Laufe der Zeit noch die verschiedensten Mutmaßungen über den Mordfall auf; doch keine davon brachte die Angelegenheit öffentlich in Zusammenhang mit einem weiteren Unglücksfall jener Tage:

Als der Hofprediger Winkler in Aschaffenburg weilte, war auch eine kleine Schar von acht namentlich bekannten Männern der Stadt Halle abwesend. Unter ihnen der oben bereits vermerkte Doktor Johann Krause, der in dem Rufe stand, ein Hahnrei und eifriger Lutheraner zu sein. Eine alte Handschrift nennt ihn einen »reichen, gelehrten und tapferen Ratsherrn, klug und verständig, Schöppe im Roland«. – Wo Krause und die anderen Bürger sich zur fraglichen Zeit aufhielten und was sie überhaupt in der Fremde zu treiben hatten – man weiß es nicht. Erst zwei, nach einer anderen Quelle vier Tage nach Winklers Tod trafen zunächst Doktor Krause und nach und nach auch die anderen sieben Herren wieder in der Stadt ein. Weil aber des Ratsherrn Ehegemahlin Ursula während der Abwesenheit ihres Gatten von zwei Töchtern entbunden und darüber gestorben war, welchem Schicksal auch die Zwillinge binnen weniger Tage folgten, so geriet der Doktor darüber in schwere seelische Not und Trübsal und war gar so sehr bekümmert, daß er nicht mehr in seinem eigenen Hause schlafen, sondern lieber auf einige Zeit bei Freunden bleiben wollte.

(Zur gleichen Zeit etwa, dies muß der Vollständigkeit halber noch Erwähnung finden, traf ein Befehl des Bischofs in der Stadt ein, der die städtischen Räte und den Amtshauptmann anhielt, dafür Sorge zu tragen, daß das Abendmahl nur noch unter einer Gestalt verabreicht würde und auch die übrigen ketzerischen Moden nicht mehr zum Vorschein träten. Die meisten der Räte verweigerten dem Befehl aus Gewissensgründen den Gehorsam, allein Johann Krause, wenn es um den freien Glauben ging bislang der Mutigsten einer, fürchtete, geistig erkrankt, die Ungnade des Bischofs oder einen ungünstigen Verlauf des Schicksals und nahm acht Tage vor Allerheiligen an einer Kommunion in althergebrachter Gestalt teil.)

Weiterhin heißt es in einer Stadtchronik über Doktor Johann Krause:

»Es quälte ihn sein Gewissen mit nagenden Vorwürfen. Den Freunden, die sich vergeblich bemühten, ihn zu trösten, gab er zur Antwort, er habe böse Taten begangen und Christum verleugnet, der verleugne ihn nun auch vor seinem himmlischen Vater. Er sei verdammt und verloren. – Daraufhin machte er alsbald sein Testament und kehrte in sein eigenes Haus zurück.

Am Tage Allerheiligen begab sich sein Bedienter nach der Kammer, in welcher er allein schlief, und fragte ihn, ob er etwas verlange. Da er ihm mit ›Nein‹ antwortete, fragte dieser weiter, ob ihm etwas mangele, worauf er erwiderte: ›Ja, allzuviel.‹

Der Diener benachrichtigte hievon die erwachsenen Töchter des Kranken, damit sie sich zu ihm hinauf begeben und nach ihm sehen möchten. Wie nun diese vor die Kammer kamen und auf ihr Rufen keine Antwort erhielten, wurde das von innen verschlossene Gemach mit Gewalt geöffnet, wo man denn den Ratsherrn hinter dem Bette todt in seinem Blute liegend fand.

Die gerichtliche Untersuchung erwies, daß er sich sieben tödliche Verletzungen, namentlich mit einem Stoßdegen drei Schnitte in den Hals und mit einem Brotmesser drei Stiche ins Herz und einen in den Nabel beigebracht hatte.«

Inwieweit dieser Selbstmord, sofern es denn einer war, in Zusammenhang mit dem Mord an Georg Winkler stand oder mit der kürzlichen mysteriösen Reise der acht, nun nur noch sieben Getreuen, konnte nie aufgeklärt werden. Eine Untersuchung der Angelegenheit durch den Amtshauptmann Hans von Pack wurde auf Geheiß Albrechts wieder eingestellt.

Wer von Christo abfällt, fällt in die Gewalt des Teufels, so lapidar äußerte sich Martin Luther in einer Auslegung des Galaterbriefes über das traurige Ereignis, von dessen Zusammenhängen er einmal mehr nix verstand.

Anno 18

Die Frucht eines entlaufenen Mönches

Erasmus von Rotterdam wird von seinen vielen Verehrern oftmals als Europäer, gemeint ist: als der erste Europäer bezeichnet. Sein Zuhause war immer dort zwischen Basel, Brüssel, Cambridge, Freiburg, Löwen, Oxford, Paris, Peking, Rom und Venedig, wo sich gerade seine Bibliothek befand. Es heißt, an seiner Tafel Gast gewesen zu sein sei einer hohen, ein Leben lang andauernden akademischen Ehrung gleichgekommen.

Rasl, wie ihn seine engsten Freunde nannten, war nicht nur seiner Gelehrtheit wegen berühmt, auch um seine Phobien allem irgendwie Unreinen gegenüber rankt sich manche Anekdote. Gern zitiert wird aus einem Brief, darin er einem Vertrauten Auskunft erteilte über das Essen, das ihm einmal auf einer seiner vielen Reisen in einer Herberge vorgesetzt wurde:

> »Endlich brachte man etwas völlig Ungenießbares: schmutzigen Brei, Klöße, zum Himmel stinkendes Fleisch, völlig ausgekochte Fische – zum Speien.«

Auch über die Eitelkeiten des größten Genius seiner Zeit (zumindest nördlich der Alpen) sind schon Generationen von Spöttern hergezogen. Eitelkeiten, die sich auf seine äußerliche Erscheinung bezogen. Erasmus litt zeit seines Lebens unter drei körperlichen Makeln, über die unter anderem einige Selbstkarikaturen Auskunft geben, einige flüchtige Skizzen, die in den Anmerkungen zu den Hieronymusbriefen aufgefunden und neben einer Reihe verschiedener Erasmusbildnisse 1987 durch den Berliner Maler Saul C. Chilslic herausgegeben wurden (siehe Abbildungen). In

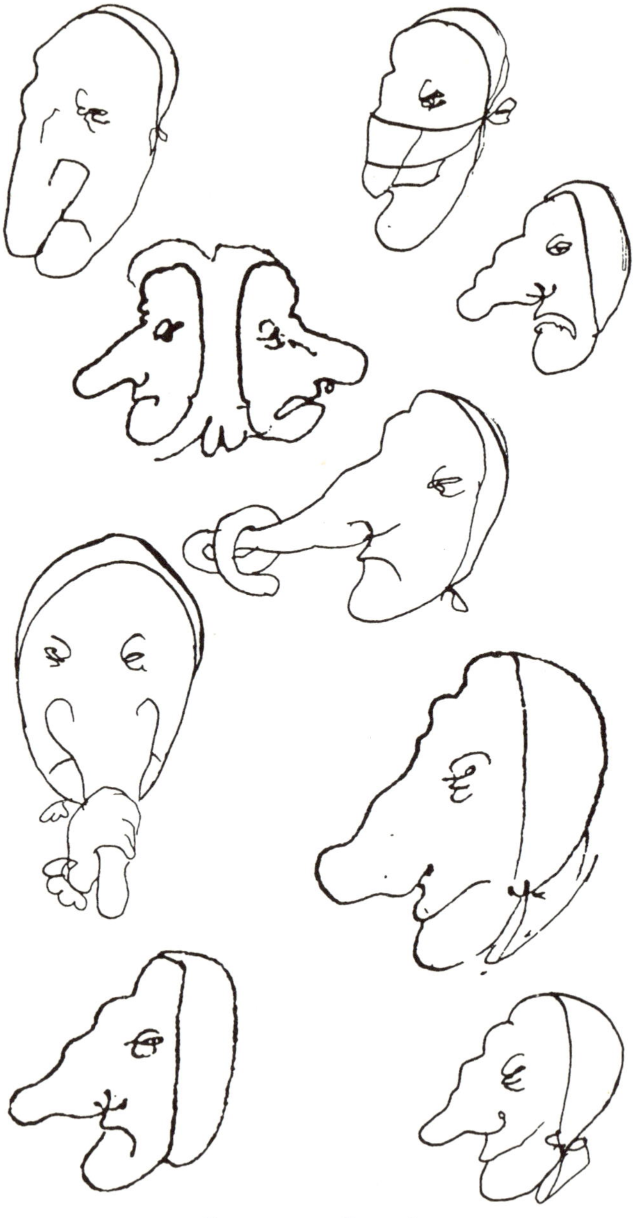

Erasmus von Rotterdam

einem Brief an Thomas Morus beschreibt sich der Gelehrte selbst als eine Creatur mit Flachkopf, Möhrenzinken und Sichelmaul.

Wenn es ihm schon nicht möglich war, seine zu lang geratene Nase und den zu breiten Mund zu kaschieren, so gab er sich doch alle Mühe, wenigstens seinen wie eine Steilküste herabfallenden Hinterkopf in der Öffentlichkeit zu verbergen. So ließ er sich riesige schwarze Barette fertigen, die, außergewöhnlich für seine Zeit, nicht der gewöhnlichen Kopfform folgten, sondern im hinteren Teil gepolstert und hochgebauscht waren. Sie wurden fortan sein persönliches Markenzeichen und begründeten eine neue Mode.

In griechischer und lateinischer Sprache ließ der große eitle Mann auf einigen der Bildnisse, zum Beispiel auf einer durch Quentin Massys geschaffenen bronzenen Münze, den Satz unterbringen: »Das bessere Bild werden Dir seine Schriften zeigen.« – Dem ist nichts hinzuzufügen.

Sich auf einen Brief des Erasmus an Conrad Coclenius beziehend, schuf der deutsche Unterhaltungsschriftsteller Gonter Tumas (auch bekannt geworden durch seine schwülstige Biographie Ludwigs II.) in dem biographischen Roman »ER ROT« ein Rührstück ganz besonderer Güte über die Umstände Erasmus' Geburt. Es heißt darin auf den Seiten 15/16:

> »Seine Mutter Margareth, eine liebliche Maid mit großen braunen Augen, einer makellos weißen Haut und von ebenso makelloser Erziehung, war die Tochter eines Arztes. Von ganzem Herzen liebte sie einen jungen Mann aus der Stadt, dessen Name Gerhardt war. Und Gerhardt liebte Margareth.
> Ohne das Einverständnis ihrer Familien eingeholt zu haben, hatten beide sich bereits heimlich versprochen. Ein schönes Glück waren sie, dem die Welt und das

Leben zu Füßen zu liegen schien. Und so versprochen sie sich einander wußten, so ungeduldig harrten sie ihrer gemeinsamen Zukunft und vertrieben sich die Zeit bis dahin mit Küssen, dem Halten ihrer Hände und dem Verzehr süßer Früchte.
Doch Gerrit war ein Romeo und Margareth eine Julia. Die Eltern des jungen Mannes hatten ihre Gründe, der Verbindung der Liebesleute im Wege zu stehen. Sie befahlen dem Sohne den geistlichen Stand.
In seiner Verzweiflung darüber floh Gerhardt in die Welt hinaus, und als er bereits geraume Zeit in der Ewigen Stadt weilte und noch immer in seinem Schmerz gefangen war und Pläne schmiedete und sie wieder verwarf, da ereilte ihn die Kunde vom plötzlichen Tod der geliebten Margareth. In seinem unermeßbaren Leide darüber vergrub sich Gerhardt in den Glauben an eine göttliche Vorsehung, welcher er bald bereit war, sich selbst zu schenken. Nun doch oder nun gerade: er tauschte das weltliche Leben, das ihn so schwer enttäuschte und ihn in seinem Inneren so leer gemacht hatte, gegen das Leben hinter Klostermauern.
Als Priester kehrte er einige Zeit später in die Heimat zurück und erfuhr erst jetzt von dem Schwindel um Margareths Tod. Margareth lebte. Es ging ihr gut, und sie war in ihrer nunmehrigen Fraulichkeit noch schöner anzuschauen. Jedoch das einstige Versprechen mußte nun uneingelöst bleiben, Gerrit war Priester und zu schwach, den göttlichen Pakt wieder zu lösen. Um so aufopferungsvoller bekümmerte er sich um die Erziehung jenes Knaben, den Margareth ihm in seiner Abwesenheit geboren hatte. – Doch starben Mutter und Vater, noch ehe Erasmus das Mannesalter erreichte.«

Für das Verhältnis Erasmus' zu Luther interessiert sich Gonter Tumas erstaunlich wenig. Lediglich im hinteren Drittel des Buches gibt es eine kleine Skizze über die Entwicklung des Erasmus vom Sympathisanten der neuen Bewegung über seinen Verdacht, daß hier eine Art neuer Scholastik entstünde, bis hin zur schroffen Ablehnung Luthers im Streit um den freien Willen, in dem Erasmus Positionen der Aufklärung vorab besetzte, findet Tumas. Ohne die Freiheit des Willens könne es auch keine Verantwortlichkeit geben. – Der Autor beendet seinen kurzen Ausflug nach Wittenberg bereits nach fünf Seiten mit einem allerdings unverbürgten Zitat:

> »Wenn Erasmus gegen Dich [Luther] schreibt, so nutzt er vielleicht dem Evangelium mehr, als wenn so und so viele Dummköpfe für Dich schreiben.«

Wo genüsslich der Hof gemacht wurde

Wahre Worte!

»Als Maria einmal im Gewürzgarten vor ihrem Hause stand und das Unkraut jätete, da kam ein Soldat des Weges. Sein Name war Pandera. Er hatte einen hochgewachsenen Körper und den Gang einer Wildkatze. Vor dem Garten Marias blieb er stehen, entbot der jungen Frau seinen Gruß und fragte sie, ob sie vielleicht seiner Hilfe bedürfe. Doch da die Schöne ihre Arbeit eben beendet hatte, fand sie Muße, ein wenig mit dem Fremden zu plaudern. Sie sprachen über allerlei Dinge und die Wirkung mancher Kräuter und schauten sich bald tief in die Augen.

Und weil der Römer großen Hunger verspürte, so lud ihn Maria ins Haus ein, setzte ihm Kuchen und Wein vor und fand immer größeren Gefallen an seinen Schultern. Auch sein Appetit nahm mit jedem Bissen zu.

Später ging Pandera wieder seiner Wege, und Maria trug ein Kindlein unter ihrem Herzen.

Aber ihr Gatte war schon ein alter gebrechlicher Mann und, anders als der himmlische Legionär, den gewürzten Speisen seit jeher abhold. Darum bediente Maria sich in ihrer Not nun einer kleinen sündigen Lüge über die Herkunft ihrer Leibesfrucht. Ein Geist aus dem Himmel war's, der ihren Bauch gesegnet, so sagte sie und fügte gegen Josephs Zweifel hinzu (und wie zu seinem Troste): ›Aber berührt hat er mich nicht dabei!‹«

Im üblen Rufe, der erste Kritiker des Christentums, ein dummer Mensch und Jude gewesen zu sein, steht ein gewisser Celsus. Dieser Philosoph aus dem zweiten Jahrhundert nach Panderas Sohn erzählte aber nicht nur unanständige Geschichten, er unterstand sich auch, das Produkt jenes schwülen Nachmittags in Marias Schlafzimmer einen Scharlatan zu nennen, einen Betrüger und Zauberer, der seinen Zeitgenossen mit angeblichen Wundern den Kopf verdrehte und sich für den Messias ausgab, obwohl die Weissagungen der Propheten auf ihn gar nicht zuträfen. Die Anhänger Jesu rief er Verführte, Verblendete, Chaoten und Irre, samt und sonders einem orientalischen Klamauk verfallen.

Je größer die Zahl der Jahrhunderte wurde seit Celsus, desto weniger fanden die Bekenner des Herrn solche Reden lustig.

(Nun hat das alles ganz direkt zwar nichts mit dem Streit zu tun, den einige Dominikaner aus Köln gegen den Gelehrten Reuchlin angezettelt hatten, obwohl.)

SIE SCHUFEN IM AUFTRAG ALBRECHTS UND KASSIERTEN AB

Herrn
Drahti Seglerd
– Seglerd-Verlag –
Lichter Pfad IV
1773 Gutding-Dichterbünden

Lieber Seglerd!

Ob die Verse vorangehn? Und mir? – Wenn Du so direkt fragst: Najein! Und sollte ausgerechnet mir das glücken, so schlichten Fragen ihre schlechten Antworten zu erfinden? Ausgerechnet Tipo Lefzedt, Du weißt ja: ein Schwätzer?

Verlaub mir dessenstatt, Dich eines Briefleins zu ergetzen: an einen Kirchenfürsten, dem es grad das Hohe Lied eines Maecenen dichtet & reimet & schmiedelt; – sehr von gerührt irgendwui.

Nun sind Deine Fragen beantwortet? Wenn nicht teutschlichen Worts genug, umsotrotz vill Vergnügen an Dürers hinreißender Fürsorglichkeit:

»Hochwirdigster durchlewchtigster Hochgeporner Fürstht vnd her. Mein gantz Vndertenig willig Dinst Send ewern Churfürsthlichen gnaden. Mit allem Fleis Foran bereit Gnedigster her awf ewer Churfürsthlichen gued. schreiben vnd begern hab ich E. G. befelch nach gehandelt mit dem Iluministen Niklas Glokenthan vnd dem schrifft settzer Pfottzeleid des Mespuchs halben. Aber der Glokenthan hatz noch nicht gefertigt, vnd sagett mir, er hett noch siben großer materien mit sambt syben der größten busthaben zw machen. Auch wolt er mir kein zeit stimmen wen sy fertig sölten werden. Sagett wo man im nit weiter gelt wolt schiken so müst er aws Nott Narung halben E. G. arbeit lichen laßen vnd andre arweit machen dan er hett kein zerung im haws. Des gleich sagett mir awch der Pfottzeleid vnd awch diser hett key zerung vnd brodt mer. vnd der dürft nit guthen muthes seyn E. C. G. zw schreiben, noch pittn vm gelt, denn hett schon welchs hapt, eber hat nu keins mer üprig dauon. Vnd hetten awch beider hern kein ruhge zeitt mer in iren häusser verpracht veil ymer ville gleupiger da seint vnd geppen kei ruh. Wölln wol bald den Pfottzeleid dafon fertreyppn ausm hausse. Hab darawf weiter nit mit im können handeln dan das Ich jn awff das höchst gepetten er wölle awf das fürderlichst doran machn etc. Ich hab hewer pey zeit e Ich krank ward, E. C. G. ein gesthtochn kupffer darawf E. G. Conterfett angesicht mit samt fünff hundert abtrüken zw geschikt, do fom find Ich in E. C. G. schreiben kein Meldung. Fürcht zweier Ding, erstlich, das solch Conterfett E. C. G. filleicht nit gefellig sey wer mir gar leid, wo Ich mein Fleis nit woll zwpracht hett. Das ander gedenk Ich ob solchs ewren Gnaden nit worden wer pit darawf gnedige Antwort vnd will mich himit ewren Churfürstlich Gnaden als meinem gnedigsten Herrn jn aller vnterteniger Dinstparkeit befolen haben

Ewer Churfürsthtlichen Gnaden
Gantz Vndertheniger
A l b r e c h t D ü r e r
zw Nörnberg 1523 am Freidag nach egidy«

Und falls, liebster Seglerd, es Dir Sorgen macht, ich kann Dich in der Angelegenheit wenigsten teilweise beruhigen:

nach Versicherung eines gewissen Johannes Neudörffers, Zeitgenosse vom Dürer, hat Albrecht sich solche Kunde nicht zweimal kommen lassen, sondern dem Nikolaus Glokkendon für genanntes Missale sofort die prächtige Summe von 500 fl. (wahrscheinlich Goldgulden) geschickt. Von dem anderen, Herrn Schriftsetzer Pfottzeleid, wußte Neudörffer leider nicht zu vermelden, wie die Sache ausging und die Not ein Ende nahm. Aber vielleicht findst Du ja was dazu und kannst es rüberweisen aus der geheimen Bibliothek? Soviel für heut,

Deiner.

Postscriptum: Am 2. Juli, dem Tag, wo, Du weißt es besser, die Dichter auf Luther saufen bei Dir in der Stadt.

Anno 21

Die Manie dieses wahnfriedlichen Kirchenfürsten

Nach Meinung vieler Stadtgeschichtsschreiber hätte Halle in seinen Mauern heute eine der größten Kunstsammlungen Deutschlands beherbergen müssen. Aber die Stadt hatte es anders gewollt. Ihren Bürgern war schon damals weniger an der hohen Kunst gelegen als vielmehr am reinen Wort der reinen Lehre. Sie konnten und wollten ohne das lautere Evangelium lutherischer Prägung einfach nicht mehr sein und keinen Seelenfrieden finden; alles setzten sie daran, ihren katholischen Fürsten irgendwie loszuwerden. Immer dreister, immer verwegener und gegen Albrechts zornige Repressalien und Verbote immer unbekümmerter mühten sie sich, die neue Lehre in der Stadt einzuführen. Insgesamt ein fast zwanzig Jahre währendes Katz-und-Maus-Spiel, das sogar einige Opfer zu beklagen, will heißen: einige Märtyrer zu feiern gab und schließlich mit Albrechts Abgang endete. Die Nase gestrichen voll vom Heiapopeia, packte er seine Sachen und zog sich in seine rheinischen Länder zurück. Sein Nachfolger in den Gewissensfragen hieß Justus Jonas, Jünger Luthers bis in den Tod.

»Seine Sachen packte« ist womöglich zu flapsig gesagt. Der größte Sammler aller Zeiten und Klassen ließ seinen Stiftsschatz sorgfältig auf 54, nach anderen Quellen auf bis zu 137 Pferdewagen verladen und die Fuhre zum Teil nach Aschaffenburg, zum Teil nach Mainz abfahren; die Wirren der nächsten Jahrhunderte verteilten das Heiligtum zwischen Norwegen und Italien über das halbe Europa.

Unter den nach Aschaffenburg verbrachten Dingen befanden sich eine große Anzahl von Portrait- und Altargemälden aller Meister Pinsel, bibliophile Kostbarkeiten aller Meister Federn, Pretiosen der allerköstlichsten Art und ein gewaltiger Sarkophag aus der Werkstatt der Nürnberger Erzgießerdynastie Vischer; nach der Aufschrift zu urteilen, ruhte darin der Körper der heiligen Margaretha.

Ein imponierendes Grabmal; wie einen Baldachin tragen vier Pilaster eine Art Decke, auf der der eigentliche, durch und durch mit Gold überzogene Sarg steht. Die Pilaster entlang ranken sich Arabesken; Graveurarbeiten mit den verschiedensten biblischen Motiven überziehen den Sarg. Auffällig unauffällig aber befindet sich an der unteren Deckplatte ein in der sakralen Kunst eher ungebräuchliches Zeichen: ein Herz, in dem eine Stichwunde klafft, ähnlich den Herzen, die die Verliebten noch heute in Bäume und Parkbänke schnitzen. An dieses Symbol nun knüpfen sich zwei mehr oder weniger bemerkenswerte Geschichten.

Denn der heiligen Margaretha mögen welche Attribute auch immer zugehörig sein, niemals aber ein per Dolchstoß verwundetes Herz. So was hat man ja noch nie gehört; das gibt einem zu denken.

Ob es womöglich gar nicht eine Heilige war, die in dem Behältnisse wohnte? – so fragten sich seit längerem schon nicht nur die Aschaffenburger Stiftsherren, die aber verständlicherweise ganz besonders besorgt. Und ob vielleicht doch etwas an der Geschichte dran war, die man sich in den Straßen von Mainz erzählte und schon im ganzen Erzbistum? Danach nämlich ruhten in dem Kunstwerk nicht die Knochen der heiligen Margaretha, sondern die Gebeine der als Heilige weniger anerkannten Margaretha Riediger, der ersten großen Geliebten des Kardinals. Von ihr berichten Albrechts Biographen: sie soll ein ganz ganz wunderschönes Mädel gewesen sein. Allein der Maler Grünewald hat sie auf mehr denn anderthalb Dutzend Gemälden verewigt, mal als heilige Magdalena in der reichen Tracht eines Ritterfräuleins, mal als deren heilige Schwester Martha in den

Gewändern einer wohlhabenden Bürgersfrau, fast immer aber zu Seiten Albrechts, der selbst am liebsten als heiliger Erasmus posierte.

Die bangen Zweifel der Aschaffenburger Stiftsherren wuchsen und wuchsen, es wurde miteinander disputiert und beratschlagt und manches hochnotdringliche Seminar darüber abgehalten, was man denn nun mit der zweifelhaften Schenkung machen sollte. Eines Mittwochs endlich, längst war der Kardinal selber in den Himmel eingefahren (nach Luthers Dafürhalten anderswohin), aus allen Trumpeten blies bereits die Gegenreformation zum großen Sammeln, da hatten sie einen Plan:

Noch vor Anbruch des darauffolgenden Donnerstages versammelten sie sich in einer kleinen Kapelle im Seitenschiff der Aschaffenburger Stiftskirche, wo der Sarkophag seinen würdigen Platz gefunden hatte. Statt aber nun sich einem andächtigen Gebete hinzugeben und die müden Beine wessen auch immer ruhen zu lassen, wie es deren billigstes christliches Recht gewesen wäre, ließen sie nur ein hastiges Paternoster über ihre dünnen Lippen hecheln und dieselben fragwürdigen Gebeine feinsäuberlich aus dem Behältnis herausklauben; in einem hinteren Winkel des Kirchhofs fand nun das unselige Fräulein Riediger ihre unselige Ruhestatt – verscharrt wie eine räudige Hündin!

Weil momentan aber ein komplettes Skelett als Ersatz nicht vorrätig war, so mußte man sich bei Neubelegung der Sargkammer mit einigen Knochen begnügen, die schon seit ewig in irgendeinem abwegigen Kellergang herumlungerten und eines christlichen Gärtners harrten. Fehlende Teile, insbesondere die Schienbeine und der rechte Unterarm, wurden kurzerhand durch kunstvoll zurechtgeschnitzte Holzstücke ersetzt, freilich so fein gearbeitet, daß jedermann annehmen mochte, es seien tatsächlich die vollständigen Gebeine Margarethas (welcher auch immer), die hier ihre letzte Ruhe gefunden hatten. – Eine wundervolle Komposition.

Damit, sollte man meinen, war vorerst die Schande noch einmal vergessen gemacht. Doch eines hatten die Strategen in ihrem Eifer nicht beachtet. Erst spätere Forschungen brachten es an den Tag: die zusammengeschreinerten Knochen konnten gar nicht als die der heiligen Margaretha durchgehen – sie rührten von einem männlichen Spender her; unangenehm, sehr. Ein Chronist schrieb voller Bitterkeit,

> »daß der Kopf des Skelettes durchaus nichts Weibliches an sich trägt, sondern einen derben männlichen Todtenkopf zeigt, mit einem goldenen Kranze geschmückt.«

Auch unabhängig dieser Panne kann die Entscheidung der Stiftsherren nicht als glücklich bezeichnet werden. Unter gewissen Gesichtspunkten muß man schlicht von einer engherzigen, von Undankbarkeit geprägten Fehlentscheidung sprechen, ohne alle Pietät getroffen.

Denn das verletzte Herz weiß anbei noch eine zweite Geschichte zu erzählen.

Diese führt uns zurück ins Jahr 1525. Vom Freitag nach Exaudi datiert ist ein Brief Luthers an den Kardinal, darin der Reformator die Dreistigkeit besitzt, den Bischof überreden zu wollen, seine Bistümer zu säkularisieren. Luther sah die Ursache des derzeitigen Übels, des Bauernkrieges, im Lotterleben der Mönche, Priester und Bischöfe ganz allgemein, in dem des Kardinals im besonderen. Man kann sich wohl denken, wen er im Sinne hatte, als er unter anderem schrieb:

»Ich hab etlichmal Euer Kurfürstlichen Gnaden bisher mit Schriften bemühet ander Leut halben, itzt werd ich gezwungen, E. K. Gnaden halben zu schreiben und bitt gar untertheniglich, E. K. G. wollt es also annehmen im Guten, so trewlich als ichs meine.
Unter andern Sorgen und Fürnemen, so mich auch bekümmert, diese leidige und grewliche Empörung zu stillen, welche durch den Satan als eine Strafe Gottes erregt wird, ist mir eingefallen, E. K. G. zu ermanen und anzurufen, in großer Hoffnung und Zuversicht, E. K. G. müg und könne, wo sie nur wolle, gar merklich darzu helfen, neben andechtigem Gebet zu Gott, das es beßer würde. Und ist kürtzlich dies die Meinung, das sich E. K. G. in den ehelichen Stand begeben, und das Bisthum zum weltlichen Fürstenthum macheten, und den falschen Namen und Schein geistlichen Standes fallen und faren laßen und sind dies meine Ursachen.
Erstlich, das damit der Straf Gottes zuvor kommen und dem Satan die Ursachen der Empörung genummen würden, denn es ist doch nu am Tage, das der geistlich Stand öffentlich wieder Gott und seine Ehre ist.
Es ist verloren, der geistlich Stand kann nit bleiben, viel weniger wieder zu Ehren kommen. Gott hat ihn angegriffen, er muß hinunter, des und kein Anders.
Auf solche gewaltige tröstliche Verheißung wag es E. K. G. frisch und heraus aus dem lesterlichen unchristlichen Stande in den seligen und göttlichen Stand der Ehe, da wird sich Gott gnediglich finden laßen.
Und wenn gleich solcher gemeiner Nutz deutschen Landes, (den ich hochachte und ein gros christlich Werk ist) E. K. G. nicht bewegte, sollte doch das alleine genug seyn, das E. K. G. ein mennlich Person von Gott gemacht, befinden und bekennen muß: Nu ist's ja Gottes Werk und Wille, das ein Mann soll ein Weib haben,

> Gen: 1 Es ist nit gut, spricht Gott gen 1 das der Mann allein sey, Ich will im ein Gehülffen machen, die umb in sey.
> Wo Gott nu nit Wunder thut, und aus eim Mann einen Engel macht, kann ich nit sehen, wie er on Gottes Zorn und Ungnade alleine und one Weib bleiben müge; Und schreklich ist's, so er on Weib gefunden solt werden im Tod, zum wenigsten, das er doch ernstlicher Meinung und Willens were, in die Ehe zu kumen; denn was wil er antworten, wenn Gott fragen wird, Ich hab dich zun Mann gemacht, der nit allein seyn soll, sondern ein Weib haben sollt: Wo ist dein Weib? Ich rede von einem natürlichen Man; denn welchem Gott Gnade der Keuschheit giebt, laß ich seinen Weg gehen, aber sonst soll sich niemand aus der Schlingen ziehen, das er one Weib seyn und seines Gefallens leben wolt, anderst, denn ihn Gott geschaffen hat.«

Es gibt keinerlei Zweifel darüber, das konnte nur auf die »schöne Riedigerin« gemünzt sein, die, wie jedermann wußte, zu dieser gefährlichen Zeit und schon seit langen Jahren die wichtigste Geliebte des Bischofs war. Zu keiner seiner späteren Mätressen unterhielt Albrecht je wieder eine so innige Beziehung. — Über das mainzische Bürgermädel selbst wird berichtet, daß es in dem Wissen, nimmermals die Gemahlin eines so hochstehenden Fürsten werden zu können, seinen ganzen weibischen Einfluß auf Albrecht benützte, diesen auf seinem katholischen, will heißen: ehelosen Wege zu bestärken und Luthers anmaßende Ermahnung schlicht zu ignorieren. Die Riedigerin habe sogar dem Gewissen des Kardinals das Opfer gebracht, steht etwa in den »Rheinischen Geschichten und Sagen« Niklas Vogts geschrieben, sich ganz aus seiner Nähe zurückzuziehen, woraufhin ihr jedoch das Herz brach und sie alsbald verstarb.

(Was der bisher gemäßigte Albrecht dem Reformator nie verzieh.)

Und tief gerührt von den Argumenten Margarethas, noch mehr beeindruckt auch von ihrer Aufopferung, ließ er jegliche vage Erwägung einer Eheschließung fallen, statt dessen die Tote in den Vischerschen Sarkophag legen und als Heilige verehren.

Ein kleiner katholischer Schwindel, gewiß, der aber noch lange nicht das Vorgehen der Aschaffenburger Stiftsherren rechtfertigte! Immerhin sind es nicht wenige Autoren, die es genau dem selbstlosen Verzicht der Margaretha Riediger zuschreiben, daß die Rheinländer dem Katholizismus erhalten blieben. Bis heute, hört man. Und mag's gar nicht glauben.

STOFF FÜR LIEBESGESCHICHTEN VON SCHÄNDLICHEM BETRUG

Von der Literatur vielmals schon verwechselt wurde die »lange Agnes« mit der »großen Anna«. Beide waren sie Geliebte des Kardinals, doch zu verschiedenen Zeiten. Die »lange Agnes« begleitete den Bischof auf seinen letzten Lebensjahren, die »große Anna« hingegen, die von vielen Autoren erst gar nicht genannt wird, nur zwei heftige und heimliche Monate lang zu Beginn des Jahres 1524. (Heimlich, weil zur gleichen Zeit als ungekürte Nummer Eins die »schöne Riedigerin« das Regiment an den erzbischöflichen Höfen führte.) Zwar war Anna von noch geringerem Stande als Agnes Strauss (oder die Riedigerin), dafür aber wahrscheinlich ein um so größeres Miststück! – Was aus einem kleinen Umstand zu schließen ist, mit dem die Romanze schließlich ihr ruhmloses und für Albrecht etwas mißliches Ende fand.

Man weiß heute nicht mehr, wie und bei welcher Gelegenheit es Anna überhaupt gelungen war, das Herz des Kardinals dermaßen einzugarnen, daß er, Albrecht, wie blind vor Leidenschaft, die so wahren wie hinterlistigen Absichten des Frauenzimmers einfach nicht bemerken wollte. Denn vermutlich war Anna von Anfang an nur darauf aus, den Kardinal zu einer Amtshandlung zu nötigen, zu der er sich unter normalen Umständen niemals hätte hinreißen lassen.

Aktiv mitbeteiligt an diesem Komplott war auch ein gewisser Hans Kunlung, der, obwohl nur ein einfacher Kerl von der Straße, sich unterstand, dem Bischof erpresserische Briefe zuzusenden, in denen es unter anderem hieß, er, Hans Kunlung, werde allen, die es hören wollen, Nachricht geben über des Kardinals Hurenhäuser in Mainz und Halle und über das eines Kirchenmannes unwürdige Treiben, wenn dieser nicht sofort die Anna mit einem gewissen Batzen Geldes versehe und dahin zurück schicke, wo sie von Rechts wegen hingehöre.

Und Albertus hatte allen Grund, die Drohung ernst zu nehmen. Von fast allen seiner übrigen Mätressen unterschied sich die »große Anna« in einem klitzekleinen Detail: sie war verheiratet, Hans Kunlung ihr angetrauter Gemahl.

Nun sind zwar keine Nachweise zu erbringen, daß das nachfolgende Dokument tatsächlich nur auf den erpresserischen Druck der Eheleute Kunlung zurückzuführen wäre, aber alle Zeichen sprechen dafür. Jedenfalls endete die Affaire mit einer, es wurde schon gesagt: Mißlichkeit für den Kardinal, mit der erzwungenen

»Lossagung Görgen Müllers Tochter zu Mufflingen der Leibeigenschaft.

Wir Albrecht etc. etc. bekennen und thun kundt öffentlich mit diesem Brief, da Unser besonder liebe Anna Jorg Müllers Tochter zu Mufflingen, Hansen Kunlung ehlige Hausfraw Uns und Unserm Stifte Meinz mit der Leibeigenschaft zugethan ist, haben Wir sie derselben Leibeigenschaft auf unterthäng Gesinnen und aus bewegenden Ursachen gnediglich erlaßen, thun dies auch hiermit getrewlich in Craft dies Briefs, also, daß sie für ihre Person angeregten Leibeigenschaft nun hiefür erledigt und Uns Unsern Nachkommen im Stift für ihre Person deshalben ferner nit mehr gewärtig seyn soll, ungevärlich. Zu Urkundt aufgedrückten Secret besiegelt, geben und geschehen auf Dienstag nach Sonntag Oculi Ao.1524.«

Anno 23

Stoff für Liebesgeschichten von Blut und Eifersucht

An der Brücke unter dem Giebichenstein vor der Stadt Halle wurde am 21. Juni 1535 um sieben Uhr in der Frühe das Blutsgericht in der Kriminalsache Schönitz abgehalten. Zur Absicherung des Verfahrens waren extra 120 bewaffnete erzstiftliche Hintersassen abkommandiert worden. – Der Angeklagte bekannte sich sofort und in allen Punkten für schuldig, woraufhin die Schöffen des Gerichtes genau so erkannten, wie die fürstlichen Räte es beantragt hatten: Tod am Galgen! Der Delinquent nahm den Spruch mit Fassung entgegen, auf seinem fahlen, von fast einjähriger Haft gezeichneten Gesicht zeigte sich keinerlei Regung. Noch mochte er auf die Gnade seines Herrn und Hirten rechnen, dem er so viele Jahre ergeben gedient hatte. Doch es war ein vergebliches Hoffen: unmittelbar nach dem Urteilsspruch wurde er auf den Galgplatz geführt und aufgeknüpft.

Selten hat ein Ereignis die Gemüther der Stadt so sehr berührt wie dieses; was war geschehn?

Schon die Verhaftung des Hans von Schönitz am 6. September des vorangegangenen Jahres auf der Moritzburg, genauso seine Verbringung auf die Feste Giebichenstein noch am selben Sonntag hatten unter der hallischen Bürgerschaft für großes Aufsehen gesorgt. Ausgerechnet dem geheimen Kämmerer, der sich bislang in der Stadt alles herausnehmen durfte und alle Freiheiten hatte und von seinem Herrn gegen manche berechtigte Klagen immer wieder in Schutz genommen worden war, ausgerechnet ihm sollte jetzt der Strick gedreht werden? – Dabei hatte ihn der Fürst erst zwei Wochen vor der Festnahme in einem Brief seinen »Liebling« genannt, was er gemeinhin nur gegenüber Personen tat, die entweder weiblichen Geschlechtes waren oder ihm aber durch außergewöhnliche Verdienste verbunden. Auch war es noch gar nicht lange her, daß der Kardinal sich zu Regensburg für seinen Günstling und dessen Bruder Anton verwendet und beiden das vom Kaiser persönlich unterzeichnete Adelsdiplom erwirkt hatte.

Was also war geschehn? Der Vorwurf gegen Hans von Schönitz – dieser genoß schon seit 1520 das besondere Vertrauen des Kardinals und regelte, im Besitz einer Generalquittanz, dessen wichtigste Geldgeschäfte – lautete auf Betrug und die Veruntreuung von Geldern. Mit unredlichen und kaum noch zu überschauenden Spekulationen soll der geheime Kämmerer sowohl der Stadt, vor allem aber auch dem Erzbischofe selber erheblichen Schaden zugefügt haben. — Aber daß dieses der wahre Grund der Verhaftung wäre, das wollte kein Mensch in Halle richtig glauben. Jeder wußte, daß der Herr und sein Diener schon seit Jahren sich in Geldangelegenheiten bestens verstanden und miteinander mauschelten, was das Zeug hielt. Als – nur mal eines von vielen möglichen Beispielen: in den mittleren zwanziger Jahren die Stadt für bestimmte »Hand- und Kammerschulden« Albrechts aufkommen sollte und darüber ein Verzeichnis erbat, stellte der Kämmerer seinem Herrn Schuldbriefe, sogenannte Blanketts, über Summen aus, die dieser nach Belieben diktierte.

Noch glücklicher wurde die Kumpanei gegen Ende des Jahrzehnts. Nach den radikalen Plänen des Kardinals veränderte zu der Zeit das ganze hallische Weichbild sein Aussehen, die Stadt glich bald einer einzigen Baustelle. Auf Albrechts Verfügung hin und zum beidseitigen Nutzen übernahm Schönitz zu all seinen bisherigen Funktionen auch noch das neubegründete Bauamt – einen Posten, der ihm nebenher auch die Mittel und Materialien zur Errichtung einer eigenen bescheidenen Behausung abwarf, des mit dem Privileg des Weinschanks versehenen und darum so genannten »Kühlen Brunnens« nahe beim Markt, eines stolzen Schlößchens, heute als einer der ältesten Profanbauten Halles erwähnt.

Wie berechtigt oder wie unberechtigt also Albrechts Vorwürfe gegen seinen Protegé waren und wie erfolgreich die mit der Angelegenheit beschäftigten Räte den bereits vorhandenen immer neue Vorwürfe hinzufügten – es ist aus den Dokumenten nicht herauszufinden, was den Kardinal so wild auf die Verurteilung des einstigen Günstlings gemacht hatte. Man erfährt lediglich, daß zur »scharfen Befragung« des Beschuldigten ein Henker aus Berlin verwendet werden mußte, weil die Justiz bei den Ermittlungen gegen einen so hochstehenden Mann, der in der Stadt eine weitverzweigte Verwandtschaft besaß, kein Vertrauen in die Energie des heimischen Henkers hatte. Der Arbeit des Berliners war es zu danken, daß Hans schließlich nach neun Monate währender Haft am 7. Juni 1535 ein vollständiges Geständnis ablegte.

Weiterhin heißt es, sei der Kardinal dem Gnadenersuchen der Schönitzschen Familie und deren Bitten um ein mildes Urteil mit eisiger Kälte begegnet.

Denn er fühlte sich schwer gekränkt. Nicht aber von irgendwelchen Finanzmanipulationen seines Kämmerers, deren Nutznießer er bislang war, sondern von einer Untreue ganz anderer Art.

Von einer Untreue, die womöglich zurückreichte bis ins Jahr 1528 oder '29, als Hans Schönitz in Albrechts Auftrag nach Italien gereist war, um Einkäufe zu erledigen und irgendwelche geschäftlichen Dinge zu besorgen. Und er war nicht mit leeren Händen zurückgekehrt. Ob er aber gemäß einer Verabredung mit dem Kardinal oder aus eigenen freien Stücken seinem Herrn ein ganz besonderes Kleinod mitgebracht hatte, ist heute ebenso wenig mehr zu ermitteln wie der Name des entzückenden Souvenirs – in den Büchern wird es nur als »die italienische Sängerin« geführt.

Wie auch immer; auf Grund einer anderen und schon länger andauernden Liaison des bischöflichen Genießers konnte das holde Geschöpf aber nicht anständigerweisc auf der Moritzburg untergebracht werden, es mußte unterdessen mit jener freilich außerordentlich komfortabel eingerichteten Kammer im »Kühlen Brunnen« vorliebnehmen, die man in Halle noch Jahrhunderte später »das Bischofsbette« nannte, weil sie einen separaten Eingang aufwies und darum für Albrecht zu jeder Tages- und vor allem Nachtzeit zugänglich war.

Leider existiert von der Italienerin kein Bildnis, so ist es nicht möglich, etwas über ihr Aussehen zu sagen. Sie soll jedoch von so umwerfender Schönheit gewesen sein, der sogar der in den Dingen des Fleisches als eher zurückhaltend bezeichnete Hans von Schönitz nicht zu widerstehen vermochte.

So hat sich bereits ein gewisser Johann Christoph von Dreyhaupt, auf dessen Forschungen fast alle späteren hallischen Stadtgeschichten aufbauen, in seiner »Beschreibung des Saal=Creyses« Gedanken gemacht über das Schicksal des Schwerenöters. Er publizierte als erster die Vermutung, daß dieser

> »... die Thorheit begangen hat, sich mit Erfolg um die Gunst einer schönen Kokotten, einer dem Kardinal sehr werten italienischen Sängerin, zu bemühen.«

Spätere, freiere Chronisten wurden deutlicher. Nach ihnen ertappte der Kardinal seinen Kämmerer und die Schöne bei einem Schäferstündchen im Bischofsbette, wo der Unhold sich aber nicht nur am allerprivatesten Privateigentum des

Kardinals vergriffen, sondern noch dazu frivole Reden gegen seinen Herrn geführt haben soll. So gehabt am Abend des 5. September 1534, einem Samstag; wie gesagt: am Vormittag des 6. September erfolgte Schönitz' Verhaftung. Über das weitere Schicksal der Signorina ist nichts bekannt.

Postscripta: Mit der Hinrichtung des Missetäters aber war die Angelegenheit noch lange nicht ausgestanden, denn sehr bald schon wurde Hans von Schönitz auch als Opfer des Glaubenskrieges dieser Jahre gehandelt, sein Tod gewissermaßen zum protestantischen Märtyrertod erhoben.

Nach einer Äußerung des brandenburgischen Historiographen Nicolaus Leuthinger war Hans nur seiner Lutherischen Neigung wegen einer Hofintrige zum Opfer gefallen. Diese komplett falsche Ansicht (Glaubensdinge spielten in der Sache nun wirklich keine Rolle, nicht einmal im übertragenen Sinne) geht auf Anton von Schönitz zurück, der sich nach Wittenberg geflüchtet hatte, daselbst dem Reformator sein Leid zu klagen und franc und forsch und zur besseren Verzierung seiner Klage das Hohe Protestantische Lied seines Bruders zu dichten.

Der lieblichste Minnesang in den Ohren Luthers! Ohne sich weiter für den wirklichen Sachverhalt zu interessieren, ließ er postwendend mehrere derart grobschlächtig geifernde Flugblätter gegen den Kardinal ausgehen, über die sogar seine engsten Vertrauten ihre Nasen rümpften. – Sein Kurfürst Johann Friedrich sah sich veranlaßt, ihren Urheber ausdrücklich zu verpflichten, ihm zukünftige Schriften dieser Art zur Durchsicht vorzulegen.

Auch der windige Anton selbst betätigte sich schriftstellerisch. 1538 erschien ein »Warhafftiger Bericht Anthonii Schenitz, wie sich die sachen zwischen dem Cardinal von Mainz etc. und seinem Bruder Hansen Schenitz zugetragen, und er vom Cardinal on recht getödtet, und seine güter mit gewalt eingezogen worden«. — »Warhafftiger, gegruntter, kegenbericht des Magdeburgischen Statthalters, wider Anthonii Schenitz jüngst zu Wittenberg ausgegangenen Schandtbuch, wie sich die sachen mit Hansen Schenitz, seines Bruders Rechtfertigung zugetragen« – so und so weiter lautete die durch Doktor Türck, einen geheimen Rat des Kardinals, verfaßte Entgegnung auf Anton, welche Luthern wiederum zu der Bemerkung hinriß: »sie tuercken und beluegen ons, dessen zumm himell rueft.«

DIGNA MERCES PAPAE SATANISSIMI
ET CARDINALIVM SVORVM.

Wenn zeitlich gestrafft solt werden:
Bapst vnd Cardinel auff Erden.
Jr lesterzung verdienet hett:
Wie jr recht hie gemalet steht.
Mart. Luth. D.

Auch wenn's noch so smerzt: gallesüss

Mit der »Neuen Zeitung vom Rhein. Anno 1542« eroberte sich Luther einen Platz unter den großen Satirikern deutscher Sprache. Kurz vor ihrem Erscheinen heißt es bei Luther:

> »Nicht das ich jr hie mit spotte, da behûte mich Gott für, Es thets denn der heilige Geist durch meine Fedder, wie Salomo spricht. Er wird der Spötter spotten, vnd den Elenden gnade geben. Sonst thurft ichs warlich nicht thun, habs auch noch nie gethan, on was mit worten geschehen ist, etc.«

Obgleich das Pasquill nach allgemeiner Sitte zunächst anonym erschien, bestand doch nie der geringste Zweifel über seine Urheberschaft. Selbstverständlich existieren auch zu diesem Text eine ganze Reihe von ›Originalen‹. Die folgende Wiedergabe stellt womöglich einen ganz guten Schnitt her:

> »Mandatt.so weitt sich das Bistumb erstreckt am Rheinstrom, sol auff allen Cantzeln vorkündigt werden, das ihr Bischoff die Reliquien, so S. Chf. G. zu Halle in Sachsen gehabtt, vndt mit großem Römischen Ablas, gnaden vndt privilegien begnadigt vndt bestetigett, hatt er aus mercklichen vrsachen, vndt eingeben des heil. Geistes gen Mentz in S. Martins Kirchen transtuliertt, daselbst sie jahrlich den nehesten Sontag nach Bartholomei, mitt großer Solennitett geehrett sollen werden, mit vorkundigung, was ein jeglichs ist, mitt großer vergebung vieler sunden, auff das die lieben

Rheinländer den armen entblosten Knochen wieder wollten helfen zu Newen kleidern, denn die Röcke, so sie zu Halle gehabtt, seint zurissen, Vndt wo sie lenger zu Halle geblieben, hetten sie daselbst erfrieren mußen. Merck bestendiglich [man sagt auch], das S. Chf. G. viel mercklicher newer pertikeln newlich dazu gebracht habe, die man zuuor nicht gehörtt, den sonderlich gros ablas geben sol sein, Vom ietzigen allerheiligsten Vater Bapst Paulo dem dritten,

Als nemblich

1. Ein schön stucke vom linckern horn Mosi,
2. Drey flammen vom Busch Mosi auff dem berge Sinai.
3. Zwo Feddern und ein Ey, vom heiligen Geist.
4. Ein gantzer Zipffell von der fahnen da Christus die helle mit auffsties.
5. Auch ein großer Lock, vom Bart Beelzebub, der an derselben Fahnen, bekleben bleib.
6. Ssibn wortt vndt ein gantzer Fluech, damitt der Herr den sundenpfall bedecht.
7. Ein halber fluegell von S. Gabriel, dem Ertzengel.
8. Ein gantz pfundt von dem winde, der fur Elias vberrauschet in der huele am berge Oreb.
9. Vier wellen vndt viel hauffen guecht [Gischt] vonn Wässern, doruf Jesu eynherr gingkt.
10. Zwo ellen von dem thon der posaunen auff dem berge Sinai.
11. Dreißig Bombartt [nach ›crepitus‹; Schall] von der paucken Mirhae, der schwester mosi, am Roten meer gehörtt.
12. Drey tropffen blutt vom heuptn des Teuffer, sso beklebn blieb an den schleyern der Salomme, Herodias dochter.

13. Ein groß schwer stucke vom geschrey der kinder Israell, damitt sie die Mawern Jericho niederworffen.
14. Funff schöner heller seiten von der harpffen Dauides.
15. Drey schöner lock haar Absoloms, damitt er an der eichen hangen bleib.

Doch das weiset man nicht fur heiligthumb, sondern zum wunder wie zu Rom Judas strick in S. Peters Kirchen geweiset wirtt. Auch hatt miehr ein sonderlicher gueter freundt in geheim gesagtt, das S. Chf. G. wolle zu solchem heiligthumb bescheiden im testamentt ein gantz quinten von seinem trewen frommen hertzen, ein gantz lott von seiner wahrhafftigen zungen vndt ein halbern blickh von seinem rechts augen, damitt er den warlich glaubb betrachtt. Dazu solle bereitt erlangtet sein vom allerheiligsten vater dem Bapst das, wer solch heiligthumb mitt einem gulden ehren wird, der soll vorgebung haben aller seiner vorigen Sünden bis auff die stund begangen. Vndt alles was er darnach sundigen kan oder mag, Zehen jahr langk, vndt soll ihm alles nicht schaden zur Seeligkeit. Das ist ja große gnade, vor nie erhörtt des sich Männiglich wol zu frewen hatt.«

Anno 25

Ein stück Bitterkeit, ein Befehl, ein Penalty eines Reformers

»Auf einem Epitaphium des Hammermeisters Oelpörg zu Alteneßing bei Kehlheim, auf welchem die aus acht Personen bestehende in Relief dargestellte Oelpörgische Familie vor dem auferstehenden Heilande kniet, erhebt sich der Hausvater aus dem Grabe und ruft ihnen zu ›kumbt alle hernach Anno 1567‹.«

Das und vieles mehr teilt Tomacz Lipsig mit, der von Beruf Nekrologist ist. In der Bibliographie seines Text-Bild-Bandes »Opus postumum« führt er mehr als siebzig Titel von Büchern an, die sich auch alle nur mit den letzten Worten mehr oder weniger bedeutender Personen befassen. Die fünfundzwanzig originellsten der Titel heißen:

»Nekrotisferse«
»Grabessinnen«
»Unter Eichen«
»Wehes Leid«
»Gast im Club vereinter Dichter«
»Friedhof in Kleinhennersdorf«
»Wo gestorben wird sind Schwäne«
»Letzte Worte, wirklich letzte«
»Nachklang«
»Das blieb«
»Gottesworte«
»Hinterlassen«
»Vor der Flut«
»Nachgelässe«
»Vollgaskurven«
»Steinmetzliebe«
»Lied Schluß Aus«
»Letzter Abhang«
»Letztes Singen«
»Wer zuletzt sagt«
»Dernier cri«
»Himmelsworte«
»Todesorte«
»Dunkel Sehnen«
»Melancholie«

Obwohl es also Bücher dieses Genres bereits so viele gibt wie Tote im Meer, es kommen immer neue hinzu. – »Solange gestorben wird«, lautet darum auch der Untertitel des »Opus postumum«, das das Zeug zum Longseller hat.

Was nun den Kardinal Albrecht betrifft, so hat Lipsig, ein gebürtiger Böhme, nicht unrecht, wenn er im Vorwort etwas richtigstellt. Nämlich, daß dessen genialisch wirkendes Mainzer Epitaph »Alle Hernach« in Wirklichkeit gar nicht ›auf seinem eigenen Mist gewachsen‹ war, sondern sich nur an einen mittelalterlichen Brauch hielt. Denn den Nachkommenden im Dahingehen noch ein paar schnelle Flüche zuzurufen gehörte zum guten Ton. Sie konnten auch lauten: »Mir nach!« – »Kommpst du?« – »Bis gleich!« – »An Himmelfahrt!« – »Auch ir!« – »Kummt bald!«

»Wir harren Dein!« – Im Namensregister seines Werkes nun führt Tomacz Lipsig genau 1 111 verstorbene Personen an. Von den meisten davon werden nur die Grabinschriften wiedergegeben, aber es gibt auch viele kleine verbürgte und unverbürgte Anekdoten. In drei Fällen machte es sich für den Autor erforderlich, halbe Biographien zu erzählen. (Nur jeweils die hinteren Hälften, versteht sich.)

Insgesamt besteht das Œuvre aus fünf Kapiteln, was für jedes der letzten Jahrhunderte eines ergibt. Das sechzehnte wird genau von 223 Verstorbenen bevölkert, also, vielleicht wegen der Pest, von überdurchschnittlich vielen. Und natürlich kann hier eine Leseprobe aus dem Buch nur lächerlich winzig ausfallen:

»Papst Alexander segnete – als neunfacher Vater – das Zeitliche, weil er das Gift nahm, das er einem anderen zugedacht hatte.

Leo Decimus ging, wie der Mohn dahinwelkt, sagen die Dichter. Er schlich sich ein, wie ein Fuchs, er regierte als Löwe, wie ein räudiger Hund ist er krepiert.

Das sagen die Leute auf den Straßen von Rom. Für den Empfang der Sakramente blieb ihm keine Zeit mehr.
Hadrian hielt die päpstliche Würde für das größte Unglück seines Lebens. So steht es auf seinem Grabstein. Vor der kurzen Zeit als Papst war er Erzieher eines deutschen Kaisers. – Und auch darüber nicht glücklich.
»Ich bin der reiffe dreck, sso ist die welt das Weite arschloch, darum seindt wir wohl zu scheiden.« Der Papst von Wittenberg war gerade verreist. Er schrieb noch einen Satz auf: »Wir sind Bettler, das ist wahr.« Dann fluchte er gegen Rom und starb mürrisch und an Arterienverkalkung. [Siehe auch Anno 27.]
Melanchthon war glücklich, von der Tollwut der Theologen erlöst zu werden. Das gestand er einem Bekannten auf dem Sterbebett. Es könnte auch heißen: von den tollwütigen Theologen, denn er sprach es auf Latein.
Kaiser Karl litt an der Gicht und dem Plan einer Autobiographie. Er dankte ab und frömmelte seinem Ende entgegen. In einem Kloster bei San Yuste.
Sickingen fiel. Bauchschuß. Kein Wort mehr. Drei Tage lang nicht. Dann tot.
Und Hutten? Der König der Dichter, der Liebling der Götter, die ihn straften? – Verstummt. Verlassen und verraten von den Genossen gegen Rom. Verraten und verschmäht von den Freunden gegen die Dunkelmänner. Der französischen Plage unterlegen; allein auf einer Insel in der Schweiz. Von niemandem geliebt. Er verstummte einfach. Er starb in einer Badewanne. Nach achtzehn Stunden in einer Badewanne.«

An allen Linien gescheitert, rundherum verbittert

»Nachdem Reverendissimi toter Körper fast schier zu schmecken anfing, also, daß er wohl nicht länger zu behalten war, so wurde beschlossen, Seiner Kurfürstlichen Gnaden Tod am andern Tag in einer Predigt publicieren zu lassen.«

Das zitiert ein gewisser Moesehengst von Sachsen aus den Domkapitelschen Protokollen. Und zwar angelegentlich des Umstandes, daß Albrechts Tod, ebenso wie zu Halle seinerzeit der seines Vorgängers im Amt, für einige Tage geheimgehalten wurde.

Moesehengst, ein Lyriker des letzten Jahrhunderts, der sich in seiner Kunst nicht verstanden fühlte, verfaßte voller Verzweiflung auch siebzehn Biographien Albrechts. Eine mitreißender als die andere. Mindestens drei davon enden mit folgenden, historisch betrachtet und für Moesehengst kühnen Sätzen:

»Der gesammte Clerus und die Mönche sämtlicher Klöster von Mainz waren auf das mit der großen Glocke gegebene Zeichen im hohen Dome zur Absingung der Vesper zusammengekommen. Hierauf begaben sie sich zusammen in die kurfürstliche Residenz St. Martinsburg, wo die Leiche ausgestellt war und nun das feierliche Leichenbegängniß, dessen Zug die Mendikanten Ordensmönche eröffnet hatten, unter dem Geläute aller Glocken begann; nach diesen folgte der Domicellar Reinhard von Dienheim, das große Kreuz tragend; diesem waren die Domicellaren, dann die sämmtlichen Stiftsgeistlichen und das Domkapitel gefolgt, dann

Mainzer Bürger in schwarzer Kleidung mit brennenden Kerzen, nach ihren Bruderschaften geordnet, hinter diesen eine Reihe von Schülern ebenfalls mit brennenden Kerzen. Dann folgte die Leiche, von einem schwarz sammtnen, mit goldenen Tressen besetzten Bahrtuche bedeckt, und von adeligen Hofbeamten in schwarzen Mänteln getragen, und begleitet zu beiden Seiten von einer Reihe ebenfalls adeliger Hofbeamten mit brennenden Fackeln; zwei Domvikare mit Weihrauchfässern gingen des üblen Geruches wegen fortwährend um die Leiche und räucherten.
Nach der Leiche kam der Dompfarrer; dann der Domdechant Adam Küchenmeister von Gamburg, der Oberhofmeister, der Marschall, der Vitzthum, der Kanzler und die geheimen Sekretarien; dann der Rektor der Universität mit den Doktoren, Licentiaten und Magistern; der Magistrat mit dem sämmtlichen Dienstpersonale; die Baccalaureen und die Studenten; dann folgte eine Reihe von Bürgern; zuletzt Frauen aus allen Ständen und nach denselben geordnet.
Im hohen Dome angelangt, wurde die Leiche in der Mitte des Chores niedergesetzt, hierauf von dem Franziskaner-Guardian eine Leichenrede gehalten, dann die Leiche in die dort bereitete Gruft eingesenkt. Acht Tage später wurden die feierlichen Exequien, zu welchen alle Prälaten der Stiftskirchen des Erzstifts eingeladen worden waren, celebrirt.
Sehr bemerkenswerth erscheint hiebei der große Leichenschmauß, der nach Beendigung dieser Exequien in dem an's Deutsche Haus anstoßenden neuen Präsenz von St. Peter gegeben wurde, und an welchem nicht nur das ganze Domkapitel, der Vitzthum, der Universitätsrektor mit den vier Dekanen und dem Pedell, dem Stadtrathe, die sämmtlichen Justiz- und Kameral-

Collegien und das übrige Beamtenpersonal, sondern auch sämmtliche Glöckner und Sakristane und der Schrifftsetzer Pfottzeleid Antheil genommen hatten. Aus den Mittheilungen des Gudenus-Dickenglantz ist zu entnehmen, daß dieses Todtenmahl bestand aus: ›Hühnerbouillon mit Melissenblättern und Majoran, rosmaringewürzter Biersuppe mit Leberknödeln, in Zitronenbutter gedünsteten Muscheln, verschiedenen Fisch- und Fleischpasteten mit und ohne Muskatnuß, Erbsensuppe mit Ingwer, gebratenem Kürbis mit Liebstöckel und Feldkümmel, Dorschleber auf Gurkenscheiben und Salbeiblättern, einer Suppe aus Karauschen und frischen Meeresfrüchten, Burgunderschnecken in Weinblättern, basilikumversetzter Schweinezungensuppe, Brieseln zu früh geborener Kälber, Morcheln in saurer Sahne mit Lauch und gerösteten Zwiebeln, Trüffeln in Waldbeeren eingelegt, Schweinebauch in Gelee mit schwarzem Senf, gebackenen Schweinsfüßen in Thymian und Lorbeer, gebratenen Rehkeulen auf grünem Salat, in Kapernbrühe gekochtem Zander, Rindsnieren in Rotwein und Nelken eingelegt, Rindfleisch in einer pikanten Brühe, am Spieß gebratenen Lämmern mit Waldkräutern, geschmorter Lammkeule auf heißem Knoblauchpüree und Dill, Kaninchen mit Backobst, in Fichtenreisig und getrockneten Brennesseln geräuchertem Aal mit frischem Chicorée, auf Heilbuttfilets und Petersilie servierten Muränen, mit Krebs- und Langustenfleisch gefüllten Flundern, Stör am Spieß, Hecht in durchwachsenem Speck, Forelle und paniertem Blumenkohl, gebackenen Garnelen in Milchsoße, gegrilltem Barsch mit Fenchel gefüllt, Hühnern in einer gelben Kerbelbrühe mit Stutenmilch und dunklem Zwieback dazu, Lendenschnitten zu gebratenen Steinpilzen und Bärenlauch, Ochsen-

schwanz mit glasierten Zwiebeln und Porree, Wildbret mit rotem und weißem Pfeffer und fein abgeschmeckter Raute an Spinat, von Wacholderdrosseln umlegtem Fasan mit Mandelfüllung, gekochten Krebsen in Bürzelkohl, gekochter Scholle mit Anchovisbutter, Hammelbraten zu Zwiebelmus mit Minzsoße, syrischen Heuschrecken von Walliser Blindschleichen garniert, einer gelben Weinbrühe zu Froschschenkeln und Sellerie mit feingeriebenen Pistazienkernen, gebratenen Hühnern mit Äpfeln und Kastanien gefüllt, Kälbern, nur leicht angebratenen Gemsrücken an gehäckselter Bibernelle, gespickten Hasen in Hagebuttensoße mit Lavendel gewürzt, kurzgekochten Schwalben- und Wachteleiern an gepökelter Gänsekeule und anderen Vögeln in Rotweinbrühe, Dörrfisch zu Safranbrot, Hering in Sauerampfer, Käse mit Brunnenkresse und Schnittlauch, macisversetztem Obstsalat, Schinkenrollen mit blauem Meerrettich, zimtgepuderten Kardamomplätzchen, Eis am Stil, Aniskeksen, Dresdener Mohnstollen mit Rosinen und süßem Guß, bitterem Mandellikör, Kümmelschnaps, gebackenen Birnen in Quittenmark mit eingetröpfeltem sibirischen Honig, Vanillegebäck, cum optimo vino, optimo vino‹.
Nach dem Leichenschmause wurde aus dem von Albrecht hinterlassenen Privat=Mobiliar=Eigenthume eine sehr reiche und prächtige Garderobe an die Juden in Frankfurt verpfändet. Das Verzeichnis derselben enthielt 15 Roketröcke, dann 15 sogenannte Pfaffenröcke (im Verzeichnis so genannt), dann 10 Leib= auch Reitröcke und Mäntel von Sammt, Atlas, Seide theils schwarzer, theils rother Farbe und zum Theil mit prächtigen Hermelinpelzen verbrämt. So daß am Schluß nur noch einige Schulden bei den Juden zu Bingen bestünden.«

Nie werde ein Toter mehr beklagt werden, denn der Kardinal, so unsäglich viele Gläubiger werde er sterbend um das Ihrige bringen, hatte Luther schon zu Lebzeiten des Bischofs vorausgesagt.

HIC OSCVLA PEDIBVS PAPAE FIGVNTVR.

Nicht Bapst: nicht schreck vns mit deim bann
Und sey nicht so zorniger man
Wir thun sonst ein gegen wehre
Und zeigen dirs Bel vedere.
Mart. Luth. D.

LUTHER, AUF DEN LETZTEN QUALVOLLEN METERN

Es ist ja furchtbar! Jeder weiß es anders! Jeder will es besser wissen! Der eine sagt so, der andere so. Und am Ende weiß man bald überhaupt nicht mehr, wem man glauben soll.

Einerseits ist Tomacz Lipsig als gewissenhafter Rechercheur bekannt, der sich selten einmal einer Ungenauigkeit überführen läßt, warum also ausgerechnet dann, wenn er über Luthers »stilles, glaubensfreudiges« Ende berichtet?, andererseits war Lipsig am frühen Morgen des 18. Februar in Eisleben natürlich nicht zugegen. — Das aber war Justus Jonas, der Prediger von Halle, der bereits eine Stunde nach dem Hinscheiden des Reformators seinem Kurfürsten (nach Weimar) den unten aufgeführten Rapport erstattete.

Zum dritten aber ist auch diese Meldung bei weitem nicht vollständig, wie wiederum dem später abgefaßten »Bericht von Lutheri Absterben« des ebenfalls am Sterbebett anwesenden Mansfelder Pfarrers Michael Cölius zu entnehmen ist, auf dessen Grundlage wir uns erlauben [in eckigen Klammern] den Brief des Jonas in höchst eminenten Punkten zu vervollständigen:

> »Uns beiden, magister Michael Celius, prediger zu Mansfelt, und mir Jhonas, hat unser aller liber vatter doctor Martinus Lutherus alle abend dise drey wochen durch gute nacht gegeben, offt mit disen wortten: ›doctor Jhonas und herr Michl, bettet für unsern herr Got, das im mit seiner kirchen und sachen wohl gehe, das Conzilium zu Trident *(eröffnet im Dezember 1545, Anm. d. Verf.)* zürnet ser.‹
> Aber gestern mittwochs nach Valentini den 17. Februarii [befand er sich unwohl und] ist er aus bedencken des

fürsten von Anhalt und grafen Albrechts, auch uff unser bitten und vermhanen, den fürmittag in seinem stüblein bliben, zu den handln nit gangen, im stüblein aber ausgezogen seiner beinkleider im scheublein umbher gangen, hat je zu zeiten zum fenster hinaus gesehen und gebett, so emßig, das wirs auch, die bey ime in der stuben gewesen, gehört, doch imer ist er frölich gewesen, hat je zu zeiten ein wort hören lassen: ›doctor Jhonas und herr Michl, ich bin hie zu Eisleben geborn und getaufft, wie wenn ich hie bleiben sollt?‹ Gedachts nechtsverschinen mitwochs aber hat er dannoch nit in seinem stüblein, sondern daniden in der großen stuben [Mittags-]malzeit gehalten, vil und von schönen sprüchen in der schrifft über tisch gereth, auch in gemeinen einst oder zwir gesagt: ›Wann ich meine liebe landsherrn die grafen vertrag, und wils Got dise reiß ausricht, so wil ich heimzihen und mich in den sarck schlaffen legen und den würmern den leib zu verzeren geben.‹

[Gegen Abend jedoch fing er an zu klagen, es drücke ihn auf der Brust, aber nicht zum Herzen, und begehrte, daß man ihn mit warmen Tüchern reibe, worauf das Drücken nach seiner Versicherung nachließ und er wieder mit seinen Freunden im unteren Zimmer speiste und heiteren Sinnes bemerkte: ›Alleinsein bringt nicht Fröhlichkeit.‹ – Nach dem Abendessen schlief er auf seinem Ruhebettlein von neun bis zehn Uhr. Als er erwachte und in seine Kammer ging, sprach er: ›Walt's Gott, ich gehe zu Bett.‹ – So er aber über die Schwelle trat, sprach er mit lateinischen Worten: ›Vater, in deine Hände befehle ich meinen Geist.‹]

Ungeverlich ums eilfe ist er eingeschlaffen, geruhet mit natürlichem schnauben. Darnach, gnedigster herr, umb ein hor in der nacht hat er den [alten, vieljährigen, treuen] diner Ambrosium [Ruthfeld] und mich doctor Jhonas aufgeruffen, erst dem diner gesagt, ›mach das stüblein warm‹, als der diner aber geeylt und das stüblein albereit warm gewesen, hat er zu mir gesagt: ›O herr Got, doctor Jhonas, wie ist mir so ubel, mich druckts so hart umb die prust, o ich werde zu Eisleben bleiben.‹

In dem ist Ambrosius und wir alle zugelauffen, ihm aus dem beth geholffen [worauf er sich ohne Unterstützung in sein Stüblein begab und auf der Schwelle die angeführten lateinischen Worte wiederholte]. Als er ins stüblein kommen, ist er noch einmal umbher gangen, darnach aber warme tuecher begert, haben wir eylendts bede erzt in der stat, doctor [Ludwig] und mgr [Wild] lassen aufwecken [deren Beistand der Kranke am Abend zuvor nicht hatte zulassen wollen], welche auch eylendts komen, dergleichen m. g. h. graf Albrechten lassen wecken, welcher bald mit der grefin gelauffen komen [ebenso Stadtschreiber Drachstädt und seine Ehefrau], aquavite und des doctors [Luther] erzney und alles versucht. [Während man Luthern aber zu erquicken versuchte, sprach er: ›Lieber Gott, mir ist so weh und angst, ich fahr dahin.‹ Da trösteten ihn Jonas und Cölius und sprachen: ›Reverende Pater, rufet euren lieben Herrn Jesum Christum an, unsern Hohenpriester, ihr habt einen großen guten Schweiß gelassen, Gott wird Gnade geben, daß es besser wird.‹ Hierauf antwortet er: ›Ja, es ist ein kalter, toter Schweiß, ich werde meinen Geist aufgeben, denn die Krankheit mehret sich.] Da hat der herr doctor angefangen zu betten: ›Mein himlischer vatter, ewiger barmherziger Got, du hast mir deinen lieben sohn unsern herrn Jhesum Christum offenbart, den hab ich gelert, den hab ich bekant, den liebe ich, und den ere ich vor meinen lie-

ben heylandt und erlöser, welchen die gotlosen verfolgen, schenden und schelten, nim mein selichen zu dir!‹ In dem reth er in die drey mal: ›In manus tuas commendo spiritum meum, redimisti me deus veritatis. Ja also hat Got die welt geliebt.‹
In dem, gnedigster herr, als die erzt und wir die beßten Sterckung braucheten, begunste er ein mal stil zu schweigen, als süncke er dahin, und auf unser hefftig ruffen und rutteln nichts zu antworten. In dem aber, als die grefin und die erzte ime aquavite einstreichen, begunste er wider zu antworten, doch schwechlich, her Michl Celio und mir doctori Jhonas jha und neyn, und da wir ihm beide einschrieen und fragten: ›Allerliebster vatter, ir bekent ja Christum den sohn Gottes, unsern heylandt und erlöser‹ [›Reverende Pater, wollet ihr auf Christum und die Lehre, wie ihr gepredigt, beständig sterben?‹], sprach er noch ein mal, das man hören kunth, eben stark: ›Ja.‹
Darnach war im stirn und angesicht kalt, und wie hart man rief, ruttelte und mit taufnamen nennet ›doctor Martine‹, antwortet er nicht mer, that ein sanfft adem [Odem] holen und seuffzen, mit gefalten in einander geschlagen henden, und genedigster herr, das wir mit betrübten herzen und vilen threnen klagen, ist also in Christo entschlaffen ungeverlich zwischen zwei und dreien in der nacht gegen den morgen.«

Wie es dann mit dem toten Reformator weiterging, ist in groben Zügen aus einer der vielen Festschriften zu einer der vielen evangelischen Jubelfeiern zu erfahren, in der es unter anderem heißt:

»Am 19. Februar wurde er in einen zinnernen, zu Eisleben gegossenen Sarg gelegt und Mittags zwei Uhr in die Hauptkirche zu St. Andreä getragen, und es folgten der Leiche Fürst Wolfgang von Anhalt, sämmtliche Grafen von Mansfeld, Graf Johann Heinrich von Schwarzburg, das Frauenzimmer (die Gemahlinnen und Töchter der Fürsten und Grafen), der Adel und eine große Menge Volks. D. Jonas hielt ihm die Leichenpredigt, und 10 Bürger bewachten die Leiche über Nacht. Tags darauf um 1 Uhr führte man die Leiche ab, welche von den vorgenannten Personen bis vor das äußerste Thor mit vielen Thränen begleitet wurde. Unterwegs hat man fast auf allen Dörfern geläutet, und ist Mann, Weib und Kinder zugelaufen, und haben Zeichen eines ernstlichen Mitleidens gegeben. Als man nach 5 Uhr nahe an die Stadt Halle kam, sah man der Leiche weit über den Steinweg Manns- und Weibspersonen mit sehr lautem Wehklagen und Weinen entgegen kommen; im Stadtthore aber empfingen die Kirchendiener, der Rath und die ganze Schule die Leiche mit gewöhnlichen Leichen-Ceremonien, wobei das Gedränge so groß war, daß man etliche Male halten mußte, und erst halb sieben Uhr durch das Moritzthor über den alten Markt in die Kirche zu U. L. Frauen kam, wo man das Lied: Aus tiefer Noth schrei ich zu dir, mit kläglichen, gebrochenen Stimmen mehr heraus weinte, als sang. Am andern Morgen wurde die Leiche aus Halle unter Begleitung derer, die sie eingeholt, und mit Geläute aller Glocken wieder abgeführt. Des Mittags kam man zu Bitterfeld an, wo die churfürstlichen Abgeordneten die Leiche, samt den zwei Grafen und Uebrigen empfingen, und sie des Abends nach Kemberg brachten. Die beiden Grafen von Mansfeld begleiteten den Zug mit ohngefähr 45 Pferden von Eisleben bis an das Elsterthor zu Wittenberg, wo man am 22. Febr. ankam. Bei dem Thor standen auf churfürstlichen Befehl der Rector, Professores und die ganze Universität, der Rath und die ganze Bürgerschaft; die Prediger und Schule gingen vor der Leiche einher mit christlichem Gesang. Vor der Leiche ritten die churfürstlichen Abgeordneten und beide Grafen, ohngefähr in die 65 Pferde. Gleich auf den Leichenwagen folgte seine Hausfrau, Katharine, mit etlichen Matronen, auf einem schlechten Wagen, darauf die drei Söhne, ingleichen sein Bruder Jacob Luther, und seiner Schwester zwei Söhne, Georg und Ciliax Kaufmann, Bürger von Mansfeld, und andere von der Freundschaft folgten. Darnach kam der Rector Magnificus mit etlichen jungen Fürsten, Grafen und Freiherrn, die auf der Universität studierten, ferner D. Gregorius Brück, Philipp Melanchthon, D. Justus Jonas, D. Pomeranus, D. Creuziger, D. Hieronymus und die Anderen, der Stadtrath, der ganze Haufe der Studenten, die Bürgerschaft, desgleichen viel Bürgers-Weiber, Matronen und Jungfrauen, viel ehrlicher Leute Kinder jung und alt, alle mit vielem Wehklagen und Weinen, und in solcher Menge, daß Viel bekannten, sie hätten dergleichen in Wittenberg nie gesehen. Als man die Leiche in die Schloßkirche gebracht, und dem Predigtstuhl gegenüber gesetzt, hielt D. Pomeranus nach einigen Trauergesängen eine Leichenpredigt, aber mit solche tiefe Bewegung, daß er wegen großer Betrübnis und Vergießung vieler Thränen nur Weniges sprechen konnte. Nach derselben hielt Melanchthon im Namen der Universität eine lateinische Trauerrede, worauf die Leiche von etlichen . . .«

Einverstanden; es reicht!

Bilder von grimmigen Rittern nach verlorener Schlacht

Von wegen einsame Felsschluchten, Felder der Ehre! Die von Oroë Landkerl herausgegebenen »Urfehde-Urkunden« zeigen, wie es wirklich war. – Das traurige Lied aufs traurige Ritterdasein, geminnet von:

»Winfrid Runkel von Rübstein

Ich Winfrid Runkel von Rübstein zu Rübwiesn Bekhenn offentlich mit dem Brief. Nachdem mir darumb das ich gemeins Bundts zu Schwaben offentlich Verclert unnd verkundt Aechter Landtfriedbrecher unnd desselben Bundts beschediger, wieder den Landtfrieden gehaust gehoft, geatzt getrenekt, enthalten selbs mit gritten bin, hilff gethan unnd fürgeschoben hab, zu pillicher straff Itzt angezeigter verwurkung von gemeinen Stenden des Bundts zu Schwaben meine Schlösser unnd sitz Waltmanshofen, Spätzberg am Bach unnd Utenhofen außgebrendt unnd zerriessen, unnd darzu meine gutter eingenommen, die mir nochmals Ine Standt unnd werdt, wie die Itzt gefunden, auf mein unnd anderer meiner Herren unnd freundt unnd des Edlen Adelbert von Mörnfeld underthenig hochfleissig bitt, unnd bezahlung Tausent Gulden Reinisch an erstattung gemeines bundts aufgelauffens Schadens, wiederumb eingeben unnd zugestelt sein. Und darzu ich gnediglich auß sorgen gelassen, unnd wiederumb zu gemeins bundts Huldigung genomen bin. Das ich das alles unnd jedes zu velligem gnügen, unnd underthenigem fleissigem Dank angenomen, unnd mich umb solcher erzeigter gnaden willen daruf verpflicht verbunden unnd verschrieben hab, und thun das hiemit wissentlich in crafft ditz briefs.

Nemlich das ich noch meinen erben samentlich od sonderlich das obberurt überziehen, außbrennen unnd zerreissen gemelter meiner Schlosser unnd sitz, unnd einnemen meiner gütter unnd derselben nutzung, und was in unnd mit solchem allem unnd yeden, auch gegen meiner Person von wegen gemeins Bundts fürgenomen, geubt unnd begangen ist, gegen gemeinen Stenden des Bundts samentlich od sonderlich od denen si Inen zu versprechen steen, unnd so darunder gehandelt haben, Iren nachkomen unnd erben, In argem od unguttem, hinfuro ewiglich durch uns selbs noch Jemandt andern von unsernt wegen, nit andern äffern noch wehren, weder mit noch one recht keine clag haben, furnemen noch gewinnen sollen noch wollen, Darzu soll unnd will ich mein leben lang, unnd gleichs Heino Runkel, mein ältesten son, umb keinerlej sachen willen, gegen den Bundtstenden, gemeinlich od sonderlich, mit der that furnemen, handeln noch zu thun gestatten verschaffen od verwilligen, auch wieder sie zu thetlicher Handelung, niemandt hausen hofen noch furschieben, gantz in kein weiß, Sonder gemeiner Bundtsstende schaden warnen, unnd fromen werben unnd furdern, Unnd ob ich ausser halb obberurter billicher empfangener straff, derhalben ich mich aller forderung entlich verziehen hab, über kurtz od lang, zu gemeinen Stenden des Bundts gemeinlich oder sonderlich, oder denen so Inen zu versprechen steen, Ir nachkomen unnd erben Spruch od Vorderung hete od gewinne, Worumb das were, das soll unnd will ich nit anderst suchen noch fürnemen dan mit ordenlichem rechten, unnd in den gerichten, darin ein Jeder nach des heiligen Reichsordnung gehring ist, unnd sie darüber mit auslendischen Gerichten unnd sachen, nit dringen noch beschweren one geverde, das alles unnd Jedes wahr, steet, unnd vhest zu halten, hab ich obgenanns Winfrid Runkel von Rübstein, mit treuen an Aydts stat zugesagt, unnd zu warem urkhundt mein eigen Insiegell, offenlich ann diesen brieff gehangen, dartzu den mit eigener Handt underschrieben, unnd mit vleiß erbetten, Graf Kukutz vom Kukutzbergk, Amptman zu Rodenfels meinen freundtlichen lieben vettern, Das ehr sein eign Insiegell, darunder Ich mich auch verbindt zu haltenn was obsteet, auch onn diesen brief, Doch Im unnd sein Erben on schaden, gehangen hat, Auff den Eilfften tag des monats Juny, Nach cristj unnsers lieben Herrn geburt, funftzehenhundert, unnd Im Sieben unnd zweintzigsten Jarenn.«

So! Nicht anders. Nur Schmach war's, nur Schande, nur Beschämung war's ein lustig raufend Ritterleben lang! Von wegen einsame Felsschluchten, Felder der Ehre.

TIAREN WIE AM LAUFENDEN BAND

Eine in gewissem Sinne putzige Entdeckung machte die Anglistin Gertraude Falkenier, eine persönliche Freundin des Lyrikers Charles Bukowski. Zu Besuch bei Buk hatte sie einmal Gelegenheit, in alten abgelegten Manuskripten zu kramen, die inmitten leerer Zigarettenschachteln, Tablettenpackungen, Bierbüchsen und sonstigen Unrats in einer Ecke der Küche vor sich hin wohnten. Dabei stieß sie auf die ursprüngliche Fassung eines der schönsten Gedichte des großen deutschstämmigen Amerikaners: »Am Fußende die Amsel steht«.

Als sie Charles bei dieser Gelegenheit fragte, wie es zu einer zweiten Fassung gekommen war, stand sie plötzlich einem irritierten, beinahe grimmig wirkenden und sehr, sehr alten Mann gegenüber und hatte den Eindruck, daß es kein Versehen war, daß dieser mit dem linken Barfuß genau in jene Bierflaschenscherbe trat, die er bereits zwei Tage zuvor mit dem rechten erwischt hatte. Er brümmelte einige unverständliche Flüche vor sich hin und lehnte es dann unter Hinweis auf die Schmerzen ab, überhaupt etwas zu sagen.

Es ist Frau Falkenier zu danken, daß sie sich damit nicht zufriedengab. Bei einem weiteren Besuch vier Jahre später gelang es ihr, das Schweigen des Dichters zu brechen.

In der ursprünglichen Fassung besagten Gedichtes war old man Buk einige Zeilen lang in relativ unverschlüsselter Form auf die Babylonische Gefangenschaft eingegangen, ein Thema, das ihn einer Laune wegen (so sagte er) eine Zeitlang interessierte. – Wenn Gertraude Falkenier fortan auch beschwor, jene Fassung in den Skripten gefunden zu haben, so wollte sie freilich nicht ihre Hand dafür ins Feuer legen, daß die Geschichte, die Charles ihr nun auftrug, wirklich der Wahrheit entsprach. Sie selbst äußerte den Verdacht, Buky »Elefantenbein« habe an jenem Nachmittag vielleicht etwas zu heftig mit Mister John Barleycorn disputiert.

Danach nämlich seien eines Wintermorgens zwei Zivilisten vor seiner Tür gestanden, um ihm ein Geschäft vorzuschlagen. Es waren Sekretäre eines in der Nähe residierenden archbishop. Das Geschäft nun habe darin bestanden, daß, wenn der Autor bereit sei, jene Stelle des Gedichtes zu streichen oder zu ersetzen, er zwei Kisten Jack Daniels (siebzehnjährig), 600 Dosen Porter und 250 Gratiswetten auf einer Pferderennbahn zu Los Angeles erhalte. Noch ehe der Wortführer zu Ende gesprochen hatte, war sein Begleiter bereits beauftragt, die Präsente hereinzutragen.

Leider würde es den Rahmen sprengen, beide Fassungen des ziemlich langen Gedichtes hier vollständig wiederzugeben. So muß es genügen, nur einmal (und in deutscher Übersetzung) die entsprechenden Passagen gegenüberzustellen.

Fassung A:

»in zehn Jahren werde ich heilig sein und fast gut
in zehn Jahren werde ich gut sein, am Fußende die
Amsel steht; der Pope hinter mir
liest die Messe in ein Megaphon – ein Papst
und noch ein Papst fluchen in der Bar, Frankreich
sitzt abseits mit einer kleinen Bulle unter der Robe.«

Fassung B:

»in zehn Jahren werde ich grau sein und fast tot
in zehn Jahren werde ich tot sein, am Fußende die
Amsel steht; die Frau hinter mir
trocknet ihre Schlüpfer an der Heizung – China
und Rußland fluchen in der Bar, Frankreich
sitzt abseits mit einer kleinen Klinge in der Tasche.«

Lustvollpollutiös und nicht ohne engstliche Erwartungen vom Weltenuntergang

Das heutige, atheistische ›Sinnbild‹ des Weltenendes, gleichsam die Metapher des 20. Jahrhunderts – der Atompilz. In unermüdlicher Verzweiflung schrieb ein großer Künstler, ein Christ, immer wieder dagegen an. Sie nannten ihn »Kleiner Gottfried«. – Hier eines seiner Bilder. Wir wollen nichts dazu sagen, außer vielleicht: es rührt uns, ja, es rührt uns zu Tränen:

und dort voll Strahlen steh.
blühn, O laß mich glühn, Biß ich von hinnen geh,
Sucht. Dein mildes Blutt Bewässert gutt. O laß mich
den Platz, Und pflantz' in mich die Frucht, Und deiner Liebe
mich Dir! Bereite Dir Du Seelen – Latz! In meinem Hertzen selbst
Als Du, mein Kindlein, meine Zier! Ach nimm mich mir, und gib
und hier auf Erden, Soll niemand seyn und niemand werden,
auserkohrnes GOTTES-Lamm / Mein Alles dort,
Mein schönster Himmels-Bräutigam / Mein
Mein Eigenthum / Mein Seelen-Ruhm /
Mein Steig,
Mein Zweig,
Mein Theil,
Mein Heil,
Mein Raum,
Mein Baum,
Mein Port,
Mein Hort,
Mein Heg,
Mein Weg,
Mein Brot,
Mein Todt,

Die Feuer des HErrn kommen über Nacht / wie die Flammen
Babylons / die er gezündet hat.
Ps. 401/61

Anno 31

Eine unangenehme und unangenehm riechende Krankheit

Kiwi Margwelaschulli ist ein halbgeorgischer Schriftsteller, der in Berlin lebt und deutsch schreibt. Er selbst bezeichnet sich nicht als Autor, sondern als Ontotextologen; eines seiner Bücher heißt »Eben im Ontotext«. Margwelaschulli unterscheidet die Buchweltmenschen bzw. Buchpersonen, das sind Figuren in Büchern, von den Realpersonen, den Lesern der Bücher. Aus dem Wechselverhältnis der beiden Personengruppen beziehen die Texte ihre Spannung. Denn den Realpersonen ist es vergönnt, mittels ihrer durch Lektüre angeregten Phantasie in die Buchwelt einzutreten und die Buchpersonen von den ihnen vorgegebenen Wegen wegzuführen. In einem Text beispielsweise läßt er zwölf Realpersonen auftreten, die zufällig die Namen der Apostel tragen und gehört haben, Herodes wolle unschuldige Kinder ermorden lassen. So ziehen sie denn in die Buchwelten des Matthäus und des Marcus und bemühen sich vergeblich, das Furchtbare zu verhindern.

In einer Parodie des ebenfalls in Berlin lebenden Autors Peete ›Wiskas‹ Swaflzinngeck wird diese Methode aufgegriffen, allerdings ist es hier genau umgedreht. Eine Buchperson tritt aus ihrer Buchlandschaft heraus und mischt sich in die Handlungen der Realwelt. Swaflzinngecks Parodie trägt den Titel »Das Vermächtnis des Kiwi Fracastoro – nach Girolamo Margwelaschulli«:

»Es war einmal eine Buchperson, die Siphilidis zum Namen hatte. Siphilidis arbeitete als Hirte und wohnte in einem Gedicht, das auf einem sehr, sehr alten Pergament stand. Weil er als Hirte nicht ausreichend zu tun hatte, verfiel er dem Müßiggang, hielt unanständige

Reden und beleidigte die Ohren der Götter. Selbstverständlich mußte er dafür bestraft werden, was alsbald auch geschah.
Eines Tages jedoch faßte Siphilidis einen unheilvollen Plan. Um dem Grimm der Götter zu entgehen, trat er aus der Buchwelt seines Gedichtes, schließlich sogar aus dem sehr, sehr alten Pergament heraus und lief geradenwegs in die Realwelt hinein. Er wußte, daß die Götter ihm nicht folgen konnten. Hier, in der Realwelt, ließ er sich mit den Realpersonen ein und fiel vorerst nicht weiter auf. Auch sonst schien er sich recht wohl zu fühlen, weshalb er bis heute nicht zurückkehrte.
Was zu bedauern ist.«

Anno 32

Seit vier Jahrzehnten wagen sich Schriftsteller daran

Noch vor unserem 1964 im Anbauverlag Döbeln/Leisnig erschienenen Erstlingswerk, einem dünnen Büchlein mit dem etwas flapsigen Titel »Tante Platonia« – ein, zugegeben, unerträglich jugendliches und, Gott sei frank, fast in Vergessenheit geratenes Stück Eitelkeit –, war es zuerst der in Bologna lebende Germanist Gabriele Lenzo-Centi, der 1949 in seinem Buch »La scuola delle nipoti e dei cognati« in zunächst noch eher spaßiger Form aufmerksam machte auf den Zusammenhang zwischen Scholastik und Verwandtschaftskunde.

Schlagzeilen machte Lenzo-Centi in den frühen fünfziger Jahren wegen zweier kirchenrechtlicher Verfahren, die der Vatikan gegen ihn und drei Publikationen seiner Feder angestrengt hatte und die der Autor beide verlor. Noch 1956, am 8. November, wurde er exkommuniziert und erst glatte zehn Jahre später, am 15. 11. 1966, wieder in die kirchliche Gemeinschaft aufgenommen, nachdem er die ziemlich frömmelnde Lebensbeschreibung »Graf Albrecht von Bollstädt« (d. i. A. Magnus) veröffentlicht hatte. Seither sind ein knappes Dutzend weiterer Bücher von Lenzo-Centi erschienen, die sich durchaus noch mit der Problematik der »scuola« beschäftigten, jedoch deren Witz und Schlagkraft nicht mehr erreichten. Nebenher betätigt sich der »Gestutzte«, wie er in der LAA genannt wird, am Vatikan als Übersetzer und Dolmetscher.

(Zitiert nach Lexikon Absonderer Autoren – LAA –, das nebst Lenzo-Centi auch Männer wie Opwalliger, O'Connell, McKeath, Abteuff, Fuppsen, Lipsig und viele, viele andere, in herkömmlichen Nachschlagewerken oftmals nicht vertretene Autoren aufführt und, nebenbei, auch unsere oben genannte »Tante Platonia« als »frühreif« erwähnt.)

Aber nix genaues weiß man nicht. Die Lebensumstände des Johann Scotus Eriugena, korrumpierten Namens auch Erigena geheißen, liegen sehr im dunkeln, ein Umstand, der der Kunst (wie auch den wildesten Spekulationen) die größten Freiräume schenkt.

Nach manchen älteren, freilich nicht sehr wissenschaftlichen, also freieren Quellen, geriet der in Irland geborene Gelehrte nach ausgedehnten Reisen durch den Orient um die Mitte des neunten Jahrhunderts nach Paris, wo er, als einer der wenigen fundierten Kenner des Griechischen, an der Hofschule Karls des Kahlen Philosophie und Theologie unterrichtete. Wie viele der späteren Mystiker deutete er die Schöpfung als Emanation, als die Ausfließung des Unvollkommenen (der Kreatur) aus dem Vollkommenen (Gott). Weil er sich selbst des Heterodoxen seiner Gedanken nie ganz bewußt war, so verstand er auch gar nicht den verbissenen Eifer, mit dem ihn bald seine orthodoxen Gegner an den Kragen wollten. Nach der Verurteilung seiner Lehre auf den Synoden der fünfziger Jahre (Valence, Langres), wurde er von Alfred dem Großen, dem Feind aller Dänen und König der meisten Angelsachsen, nach Oxford berufen und zog sich bald, noch immer aufs Heftigste angefeindet, an eine Klosterschule nach Malmesbury zurück. – Und wurde, wie auch Thomas Hobbes in seinen Memoiren bezeugt, daselbst endlich von aufgehetzten Schülern mittels Messern, Federkielen, Eisengeräten (und was Schüler noch so bei sich führen) erstochen, und zwar heimtückischerweise ausgerechnet beim Pinkeln.

Andererseits wies Barthélemy Hauréau, Journalist, Bibliothekar, Publizist, bereits Mitte letzten Jahrhunderts nach, oder meinte nachgewiesen zu haben, daß der alte Ire gar nicht mehr nach Oxford und Malmesbury gelangte, sondern in Paris verblieb, wo er ziemlich friedlich starb. (Die geheimen Lesehallen am Vatikan mögen wissen, wie es stimmt.)

Und die Kunst ist über solch kleinliches Gezänk sowieso erhaben. Der englische Regisseur Rojh Poser errichtete dem Scholastiker mit seinem Filmepos »joscoter i retocsoj« ein monumentales Denkmal, einen mehrstündigen Streifen, in dem die sehr farbig und sehr plastisch dargestellte Abschlachtung des Eriugena die mit Abstand meisten Meter für sich in Anspruch nimmt – fast ein Viertel des Filmkunstwerkes.

Auch der Dokumentarfilmer Pépé R. Klokov nahm sich vermutlich des tragischen Schicksals Eriugenas an. Seine überwiegend schwarzweiß gedrehte Dokumentation über Schülerrevolten in aller Welt plus Japan wird immer wieder von einer bestimmten, in vergilbten Farbtönen gehaltenen, darum sehr suggestiv wirkenden Spielfilmszene unterbrochen. Wieder ist es ein Lehrer, der von seinen Schülern massakriert wird. Zwar ist nicht zweifelsfrei zu entnehmen, daß es sich dabei um den mittelalterlichen Scholastiker handelt, aber die Musi – da fragt man sich: wer sonst?

Anno 34

An den Haaren herbeigezogene Betrachtungen über Aristoteles

Dem Weltbild des Aristoteles nach ist Gott ein immaterielles, unveränderliches Wesen, reine stofflose Form, eine einzige denkende, ganz und gar in Vernunft aufgehende Seele ohne Leib. Sein Tun ist nicht Handeln, sondern Denken, und zwar Denken seiner selbst. Weder ist er der Schöpfer der Welt, noch hat er das Leben eigentlich erschaffen. Er ist der absolute Quell aller Bewegung, die ohne Anfang und ohne Ende und alles Leben ist. Die von ihm bewirkte Bewegung ist so ewig, wie, ein ruhender Zustand reiner Geistigkeit, er selbst es ist. – In seiner Eigenschaft des selbst unbewegten Bewegers ist der Gott Aristoteles' wie das Schöne, wie eine Blume, ein Bild, wie das zu Begehrende, Anziehende, welches still, ohne selber in der geringsten Bewegung zu sein, die Seele des Angezogenen, des Begehrenden, des Betrachters, des Pflückers und Bewunderers in Unruhe versetzt, in Bewegung.

Obwohl aber die Gottheit des Aristoteles die eines Heiden ist, für den zudem die Schöpfung oder der zeitliche Beginn, das Entstehen der Welt, kein Thema war, obwohl nicht einmal die Vorstellung des Gottlosen von der Unsterblichkeit mit der des Christentums übereinstimmte, hat genau dieser Heide das christliche Denken über so viele Jahrhunderte geprägt. Die Scholastik ist ohne ihn nichts. Beinahe nichts.

Keiner der Gründe, die die Theologen späterer Jahrhunderte für den Einfluß Aristoteles' auf das christliche Denken des Mittelalters anführten, wenn sie am Ende sogar noch auf Allgemeinplätze, wie den Ordo in der Weltsicht des Philosophen oder das Teleologische, das Zweckgebundene seiner Betrachtung, zurückgriffen, überzeugt. – Ewe Ramml-kopf dagegen, ein, wie bereits sein Name verrät, verwegener Barbar, veröffentlichte in den siebziger Jahren im »Vlaksen«, einer Feuilleton-Zeitschrift, eine Reihe von Miniaturen über verschiedenste philosophische Modelle, unter der Überschrift »Hierarchie« auch einen Text über die Seelenlehre Aristoteles':

> »Alles Leben ist Bewegung! Das Prinzip allen Lebens ist die Seele! Denn die organische Natur baut sich auf der anorganischen Natur auf!
> Manche halten die Seele für ein ausschließlich menschliches Erbstück – vermessen! Jede Küchenmamsell weiß es: noch die kümmerlichste Hundeblume, die sie am Rande einer Wiese pflückt, ist beseelt. Noch die kümmerlichste. – Die unterste Stufe des organischen Lebens ist das Pflanzliche, weshalb die niedrigste Stufe der Seele die vegetative ist. Zwar besitzt eine Hundeblume kein Herz, also keinen sichtbaren Lebensmittelpunkt (der, nebenher, kein Lebensmittelpunkt ist), aber sie ist, anders als ein Stein, als irgendein beliebiger Gegenstand, in der Lage, sich zu ernähren, zu wachsen, sich fortzupflanzen. (Was aber, so könnte man fragen, ist mit jenem von der See ans Ufer gespülten Stück Holz, einer Schiffsplanke, weiland ein Baum, eine Pflanze? Besitzt auch dieses Seele? – Nein. Jedenfalls keine, die noch lebt. Denn unsterblich ist, wenn überhaupt, nur die höher entwickelte Denkseele des Menschen, von der gleich zu sprechen ist, deren Eigenschaften die Griechen mit dem Wort ›nus‹ bezeichneten. Und diese dann auch nur, wenn sie noch einmal ganz spezielle Kriterien erfüllt.)
> Die mittlere Stufe des organischen Lebens, somit die mittlere Stufe der Seele, ist mit dem sichtbaren Lebens-

mittelpunkt, dem empfindenden Herzen, erreicht, mit dem Tier, das über die Begabung des sinnlichen Wahrnehmens, des Begehrens, Ablehnens verfügt, Lust und Unlust kennt, Gedächtnis hat und sich willkürlich von einem Ort zum anderen bewegt. All solches läßt sich beispielsweise an einem Esel beobachten, der lustig, fressend über eine Wiese spaziert und auf die eine oder andere Hundeblume herabschaut (was nicht wertend gemeint ist). Die Seele eines Esels besitzt also neben den vegetativen auch sensitive Qualitäten.

Ein noch höher entwickeltes Tier als der Esel und damit auf dem höchsten Podest des organischen Lebens stehend, folglich auch mit der höchstentwickelten, nämlich einer Seele begnadet, die über die vegetativen Kräfte einer Hundeblume und die sensitive Begabung eines Esels hinaus qualifiziert ist – der Mensch, ein vernunftgeleitetes Wesen, ›ein geselliges Tier‹, das sprechen kann. (Was sich von einer Wiesenblume wirklich nicht und von einem grasenden Esel nur sehr bedingt behaupten läßt.) Wie die Pflanze, so vermag auch er sich zu reproduzieren und zu ernähren. Wie der Esel, so kann auch er sich – woher der Begriff ›peripatetisch‹ kommt – von einem Ort zum anderen bewegen, sinnlich begehren und wahrnehmen und ein Herz vorweisen. Jedoch unterscheidet er sich von Esel, Känguruh und jedem beliebigen anderen Gewächs in wesentlichen Punkten. – Er weiß sich besser zu benehmen, weil ihm sittliche Gesinnung nicht abgeht. Er kann Schach spielen und die wichtigsten seiner Termine einhalten, weil er die Gabe des vernunftgesteuerten Wollens hat. Er besitzt Verstand genug, das Material seiner Sinne zu beherrschen, zu kontrollieren und denkend zu kanalisieren. Er unterscheidet die Möglichkeit von der Wirklichkeit, Materie von Form, Leib von Seele,

Potenz von Akt. Er verfügt über Bewußtsein und eine subtile Tugendordnung, die – nach der Mitte zwischen den Gegensätzen strebend – es ihm beispielsweise erlaubt, sparsam zu sein statt verschwenderisch oder geizig. Seine denkende Seele macht ihn Gott ähnlich. Doch der Gottheit gleich kann er nicht werden: wie Ballast hängen seine pflanzliche und seine tierische Seele an ihm.

Gott ist ein reines Vernunftwesen, wie das Tier ein bloßes Sinnenwesen ist. Das Verbindende zwischen beiden ist der Mensch, der denkende Mensch. – Doch gibt es eine Feinheit, einen Sonderfall in dieser Hierarchie, das ist der Philosoph [der Scholastiker]. Weil seine denkende Seele naturgemäß am stärksten ausgeprägt, sie zu größeren und gewagteren Sprüngen aus ihrem Leib heraus befähigt ist als die eines sonstigen Menschen, so kann er sich auch nicht auf einer Stufe mit jenem befinden, er steht der Gottheit noch ein Stückchen, man könnte sagen: einige ›nus‹ näher. Daraus ergibt sich: der Philosoph ist noch mehr Halbgott, als es der Mensch sowieso schon ist. Das weiß er selber am besten, wenn er seinen Aristoteles gelesen hat, den er folglich liebt und einige freche Säkula im Okzident unterzubringen sich mühte.«

VON ARISTOTELES SPRACH ALS DEM SCHALKHAFTIGEN HEIDEN

Zwar Aufsehen, aber nicht so sehr den Zorn der Kirche, erregte unmittelbar vor Luthers Novemberthesen der italienische Philosoph & Peripatetiker Petrus Pomponatius (»P. P. P. P.«), als er unter Hinweisung auf die Lehren des Aristoteles die Unsterblichkeit der Seele in Frage stellte und schließlich als ein Ammenmärchen abtat, eigens von den Religionsstiftern erfunden, ihren sich nach Lohn und Strafe sehnenden Anhängern einen Anreiz für gutes Benehmen zu schaffen.

In der berühmt gewordenen Predigt »Pietro Pomponazzi und die Religion« der Theologin Lotte R. Hallor heißt es dazu auf den Seiten 123/127:

> »Wenn aber nun die Religion wesentlich auf der Unsterblichkeit der menschlichen Seele beruht, so können die Äußerungen des Pomponazzi nur als Häresie ungeheueren Ausmaßes verstanden werden. Oder man muß die Religion als einen einzigen großangelegten Betrug annehmen. Folglich und konsequenterweise geht der Bologneser Gelehrte in seiner Provokation noch einen Schritt weiter. Natürlich und in jedem Falle sei die Religion ein Betrug. Denn da es neben dem christlichen auch noch das mosaische und das mohammedanische Gesetz gebe, so müssen entweder alle drei Gesetze falsch sein oder aber mindestens zwei davon, was immer darauf hinauslaufe, daß die Mehrheit einem Affen aufgesessen sei.«

»habe ich ihn auf erhaltene Nachricht kurz vor seinem Tode durch ein freundliches Schreiben getröstet und geheißen, guten Mutes zu sein, sich auch vor mir nicht zu fürchten; allein sein Gewissen und des Papstes Unwillen haben ihm wohl den Rest gegeben«,

behauptete Luther, nachdem Tetzel im Hochsommer 1519 an Gram Pest Bitterkeit Lues Trotz Hexenschuß Debilität Darmverstopfung Migräne Neid Zahnschmerzen Krebs Schwindsucht Suff Gastritis Treppensturz schmutzigen Fingernägeln Herzversagen Mandelentzündung Heuschnupfen Blutvergiftung Gefäßverengung schlechter Luft Hirnschlag Grätze Blinddarm überlagerter Leberwurst und einer himmelherrgotts gottsverdammten potzfickramenten vermaledeiten höllenschlündigen abgrundtiefen verfluchten Wut darüber gestorben war, daß der verhaßte widerwärtige teuflische dreiste größenwahnsinnige und dreikäsehohe wittenbergische Aufruhrstifter gegen den Einspruch der theologischen Fakultät von Leipzig und gegen den Protest des Merseburger Bischofs und anderer Autoritäten zu einer Disputation zwischen eigentlich und ursprünglich nur dem hochverehrten Doktor Johann Eck und dem Wirrkopf Andreas Karlstadt in letzter Sekunde noch nach Leipzig eingeladen worden und schamloserweise in Begleitung zweier Rollwagen voller bewaffneter Studenten und einiger Wittenberger Elemente in allerletzter Sekunde tatsächlich auch angereist war; zu einer Disputation, deren Eröffnung fast genau am selben Tag stattfand, an dem einige Tagesreisen westwärts zu Frankfurt am Main ein lange andauerndes, unwürdiges, nicht nach dem Geschmack des heiligen Vaters geratenes Wahlhickhack seinen krönenden Abschluß und damit das Hl. Reich Deutscher Nation nach dem bereits vor geraumer Zeit dahingegangenen seligen und guten Maximilian einen neuen Kaiser gefunden hatte; zu einer Disputation, der die Altenburger Zwillingsbrüder Alf und Peet Brothgier noch 400 Jahre später auf eine ganz eigene Art ihre Aufwartung machten, als sie sich einer kleinen überlieferten Anekdote über den während seiner Leipziger Auftritte fortwährend mit einer kleinen weißen an seinem Rock angebrachten Nelke spielenden Reformator erinnerten und sich, wie sie schrieben, ganz spontan entschlossen, ihr 1912 in Ravensburg erschienenes und seither als Bestseller auf dem Index stehendes und in mindestens siebzehn Auflagen und in mindestens ebenso vielen Sprachen gedrucktes, eine Latte von einhundertundneunundneunzig Tricks zur »psÿchologischen Irrmachung« eines Gegners aufbietendes »Schwartzbuch« für Falschspieler einem gewissen M. L. zu widmen und darüber hinaus als ganz besondere Extrareverenz die Möglichkeit, mit einer am »Revers angestäckten« Blume oder einem ähnlichen Gegenstand zu spielen, als Nummer drei hinter erstens dem leisen Pfeifen oder Brummen oder Singen oder Summen einer beliebigen Melodei und zweitens dem Gegeneinanderrollen zweier Glaskugeln oder Holzkugeln oder Metallkugeln oder Kugeln aus einem anderen Material in der verschlossenen rechten oder linken Hand placierten, ergo noch vor unnötigem Hin- und Zurückwippen mit dem Oberkörper und genauso unnötigem Schlagen eines beliebigen Taktes mit den Fingerkuppen auf den Tisch oder mit den Füßen auf den Boden oder mit dem Kopf gegen eine Wand, obwohl letzteres dem Gegner auffallen könnte und darum besser zwischen »Treppensturz« und »schmutzige Fingernägel« mit auf die riskanterweise nicht alphabetisch, sondern nach Anlaß eingeordnete Karteikarte

»Toter Tezl – sexzig Jahr« gehört, die unmittelbar vor einer steht, auf der Martinus gegenüber des Kurfürsten Hofkaplan und Georgius und Geheimschreiber und Spalatinus und Bibliothekar über das Leipziger Allerley resümiert,

»Hussens Lehre habe ich schon vorgetragen, ohne es zu wissen, Gott, wir sind ja alle Hussiten, ohne es zu wissen, Paulus, Augustinus, Staupitz, ich und alle sind wir Hussiten; ich weiß ja vor Staunen nicht, was ich denken soll – Hussusmária!«

Nachschlagewerke vergessen nicht, ihn Bakkalar zu nennen

Die vielleicht bedeutendste, vor allem aber die lesbarste Biographie Occams entstammt der Feder des irischen Dramatikers und Romanautoren Ben O'Connell und erschien in erster Ausgabe 1924 in Dublin. Bereits zwei Jahre später besorgte der mit O'Connell befreundete Lyriker N. Jochtal die Übersetzung des Buches, welches 1927 unter dem Titel »Wo Rauch ist, ist Feuer« auf dem deutschen Markt erschien. Diese Biographie zeichnet sich insbesondere aus durch die Einfachheit und Übersichtlichkeit, in der O'Connell das komplizierte Lehrmodell Occams darzustellen vermochte. Das Werk endet im Deutschen nach 379 Seiten mit einem langen Dialog zweier nicht ganz zufälliger Passanten, der gewissermaßen den Inhalt des Buches noch einmal und zwar in sehr bildlicher Form wiedergibt. Die letzten Zeilen dieses Dialoges wie des gesamten Buches lauten folgendermaßen:

»– Es brennt.
– Wo?
– Da vorn.
– Wo?
– Sehn Sie den Rauch?
– Was raucht denn da?
– Ich weiß nicht.
– Könnte was passiert sein.
– Wo?
– Da vorn, wo es raucht.
– Man weiß es nicht.
– Nein, weiß man nie.
– Es brennt.
– Wo?
– Wo??
– Ja.«

Anno 38

Der Kopf seine Hand und seine Hand seine Augen

Der Wortschöpfer, Rabelais-Übersetzer, Mainzer und Antischolastiker Johann Fischart (gest. 1590) hat der Scholastik und ihren spitzfindigen Problemstellungen einen ganzen Gedichts-Zyklus (wie wir heute sagen) gewidmet, in dem natürlich auch Occam einige Zeilen abbekam:

»Dann je der Arsz ist viel verwandt
der Nasen, wie solchs ist bekanndt,
hats schriepen ein gelarter Mann,
der Okkämm sich wol heiszen han
dans Hirns Purgierhausz ist die Nasz,
das Gsäsz bekompt dem Magen basz,
die Nasz hat Rotz, der Arsz hat Dreck,
und ist doch keines nie kein Schleck,
sagt Okkäm von em Engelland,
und uffschriebts nit mit seinern Hand,
mits Knie er on die Fedder langdt,
und um der Wort ir Sinnen bangdt.«

Anno 39

Das geschaffene Nichts im Ungeschaffenen

An Bord der sowjetischen Rakete Sojus und unter Aufsicht des Sowjetbürgers Pavel Bykow flog der Oberst und Fliegerkosmonaut Siegmund Jähn als erster Deutscher ins All. Ob Siggi Jähn wirklich die Karikatur war, als welche ihn fortan so ungewollt wie penetrant die ostdeutsche Propaganda verkaufte, mögen wir nicht beurteilen. (Westdeutsche Nachschlagewerke weigern sich ziemlich konsequent, ihn überhaupt nur zu erwähnen.)

Soweit bekannt ist, gab es ursprünglich drei deutsche Anwärter für die Mission. Unter ihnen auch der Physiker und Genosse Dr. Klaus-Herbert Waltow, der heute als Experte auf dem Gebiet der Klimaforschung gilt, aber nach eigenen Angaben eigentlich Philosoph werden wollte. Waltow ist einer der Wissenschaftler, die schon sehr frühzeitig auf die Abnahme des Ozongehaltes in der Stratosphäre aufmerksam machten; weit bevor es in Gebrauch kam, prägte er bereits das Wort »Ozonloch« (»osonis chwreli«). In einer Aufzeichnung des staatlichen georgischen Fernsehens, in der die drei deutschen Kandidaten vorgestellt werden sollten (sie durfte später nicht ausgestrahlt werden), leistete sich Waltow folgendes auf Tauler bezogenes Bonmot:

> »Das von Menschen geschaffene Nichts ist das Ozonloch. Das von Menschen ungeschaffene Nichts ist das All. Dieses geschaffene Nichts könnte in einer Weise in jenem ungeschaffenen Nichts aufgehen, vor der uns der von Menschen geschaffene Gott bewahren möge.«

Solcherart Späße waren aber den ostdeutschen Verantwortlichen für kosmonautische Angelegenheiten (die natürlich davon erfuhren) nicht geheuer. Ergo gab es nur noch zwei Bewerber um eine Fahrkarte an Bord der sowjetischen Rakete.

Warum der andere ausschied, entzieht sich unserer Kenntnis. Siegmund Jähn jedenfalls wurde nach seiner Rückkehr aus dem All zum Generalmajor befördert.

Wir können allerdings nicht sagen, wieviel so was bedeutet.

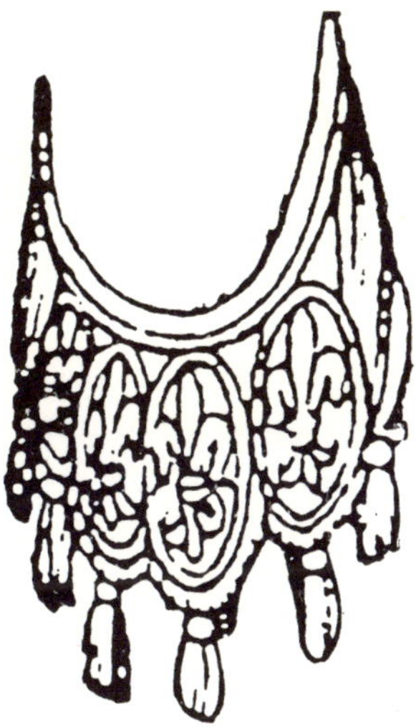

Anno 40

Und pflegte sie auf seine Art

Das erste, was man, die üblichen Lexika vergleichend, über Johann Karl August Musäus erfährt, ist, daß Johann Karl August Musäus im Verkehre mit Johann Wolfgang von[1] Goethe, Johann Gottfried von[2] Herder, Johann Arthur[3] Schramm und Christoph Martin Wieland stand.

Das zweite, was man über Johann Karl August Musäus erfährt, ist, daß er Vorläufer der Brüder Jacob Ludwig Carl Grimm[4] und Wilhelm Carl Grimm[5] war und die »Volksmärchen der Deutschen« herausgab. Und daß selbige »ironisch getönt« sind.

1 Seit 1782 (»von«).

2 Ab 1802 (»von«).

3 Wahrscheinlich nicht geadelt.

4 Nicht mit Kolonialwarenhans verwechseln! Siehe unter: »Volk ohne Raum«.

5 Siehe Fußnote zu Jacob Ludwig Carl Grimm.

Das dritte, was man über Johann Karl August Musäus erfährt, ist, daß Johann Karl August Musäus gegen den von dem Engländer Samuel Richardson vertretenen herrschenden Zeitgeist war. Nämlich gegen übersteigerte Empfindsamkeit. Nämlich in Form des »Deutschen Grandison«.

Was man nicht erfährt, ist, daß Johann Karl August Musäus auch eine Biographie des Kaisers Maximilian I., Sohn Friedrichs III., geschrieben hat, die den Titel »Maximilian« trägt. Der Glanzpunkt der Biographie über Kaiser Maximilian ist, wie er, bevor er Kaiser wurde, seine Frau Maria von Burgund[6] mißverstand. Johann Karl August Musäus widmet dem Ereignis allerdings nur elf Worte. Allerdings nur acht verschiedene. Allerdings haben die es in sich.

»Du süsses Stück
fick fick fick fick!«
»Ach, das thut wehe.«

6 Und sehen Sie mal: Burgund soll eine der stadtreichsten Gegenden in Europa gewesen sein.

Ein letztes Bulletin

Daß Maria damals schwanger geworden war, muß Musäus entgangen sein. Sonst hätte sein Text in der Angelegenheit vermutlich noch immer bloß elf Worte gehabt, aber nun neun statt acht verschiedene. Denn richtig wäre gewesen:

»Du süsses Stück
fick dick fick fick!«
»Ach, das thut wehe.«

Und Pardon, das mit Schramm in der letzten Nummer war welch ein Illtum; muß man eingestehn, bleibt einem nix walter ulbricht. Zum einen heißt Arthur Schramm bloß Arthur und nicht wie fälschlich angenommen Johann Arthur, zum zweiten kann es wohl gar nicht stimmen, daß Musäus mit Schramm bekannt war, Jokalaus mit Arthur, denn Arthur lebte ja in einer ganz anderen Zeit und noch dazu im Erzgebirge. Man sagt in Annaberg-Buchholz, aber genau weiß es keiner. Doch sie hätten, bestimmt, miteinander im Verkehre gestanden, denn auch Arthur Schramm hat ganz wunderbare Sachen geschrieben.

»Goethe, Schiller, Arthur Schramm
sind die besten, die wir hamm.«

Oder:

»Rechts ein Baum, links ein Baum,
zwischendurch ein Bach – ach!«

Oder:

»Mitten im Wald ein Ofenrohr,
nu stellt Euch mal die Hitze vor.«

Oder:

»Der Fichtelberg ist steil – ski heil.«

Oder:

»Der Keilberg ist noch steiler – ski heiler.«

Oder frei nach Johann von's Schmerzensreiger:

»Der Bergmann aus der Grube kriecht
Glück auf, der Sozialismus siegt!«

Oder:

»Mit Hund und Katz und Mann und Frau
erreichen wir das Weltniveau.«

Tel Aviv (und Pardon ist unser Lieblingswort), so ist das Leben, eben: Das Letzte war nicht direkt von Arthur Schramm. Das stand auf einem Transparent am Bahnhof von Glaubitz, auf der Strecke zwischen Zeithain und Nünchritz.

Pardon auch: genaugenommen ist es tautologisch, von der Beigabe einer Mitgift zu sprechen. Genauso hätte es heißen können: unter Beigift einer Mitgabe.

Tatsächlich war die Doppelbedeutung von »gift« im Sinne von einerseits Gabe (donum) und andererseits Gift (venenum) den Dichtern schon immer für ein Wortspiel gut. Ein frühes Beispiel findet sich bereits bei Walter von der Vogelweide, der davon spricht, daß die Constantinische Schenkung (die gift Constantins) der Christenheit zum Verderben (zum gift) geworden sei.

Ein späteres Beispiel hingegen liefert Freiherr von Logau, wenn er in seiner knappen Art schreibt:

»Desz Weibes grosze Gifft ist recht des Mannes Gifft,
die nicht den Leib so sehr, als seine Freiheit trifft.«

Bündig, knapp und frei nach Karl Kraus könnte man auch sagen, das Wort Mitgift habe einen Beigeschmack von Wahrheit.

Anno 43

Es waren zwey Könnickskinde

Ein Musikwissenschaftler mit dem putzigen Namen Senfratte behauptet, seiner Kayserlichen Majestät Cammermusicus Hans Leo Haßler (gest. 1612), der in Nebenberufen auch Pfandleiher, Musikautomatenbauer, Geldwechsler und Berggutbesitzer war, habe die Worte der »Könnickskinde« einem Volkslied entnommen. – Dieses ist sehr zu bezweifeln. Selbst wenn, wie Senfratte glaubt, Haßler von Roseneck den vorgefundenen Text »fundamental« überarbeitet hat, so sind doch seine historischen Hintergründe zu komplex, als daß sie zum Gemüth volkstümlicher Weisen paßten.

Wir vermuten hingegen, daß Lied und Text im Auftrag Haßlers kaiserlichen Gönners Rudolf II. von Habsburg entstanden, welcher, wie belegt ist, sich in mehreren Schriften mit dem Leben seines Ahnen Maximilian beschäftigte und u. a. in einem Brief (an Christoph Fugger) ankündigte, »der Schmach des Altvorderen ein deftes Klagmal« (Denkmal?) errichten zu wollen. Wir zumindest wüßten nicht, wo selbiges abgeblieben sein könnte, wenn nicht in den Strophen der »Könnickskinde«.

Teilen allerdings kann man mit Senfratte die Verwunderung über Haßlers testamentarische Verfügung, ausgerechnet dieses eine Lied aus seinem »Zweetn Lustgarten neuer teutscher Gesäng« zu entfernen, was bereits Anlaß zu heftigsten Spekulationen bot. Hier aber nun die älteste Haßlersche Version dieser Rarität:

»Es waren zwey Könnickskinde/=
die hattns eynandr wol liep/=
sie heiszten sich Gretl vnd Karlche/=
eyn engleyn dess eyn, des andern eyn diep/=
eyn engleyn dess eyn, des andern eyn diep.

Sie fasztten sich zudn händen/=
vnd wolltn von sich nimmr lan/=
in eyns gebunden sid lützelnen lenzen/=
zwey Seelen warns, die den Hymmel schon han/=
zwey Seelen warns, die den Hymmel schon han.

Da kumpt in Charls bosze gedancken/=
vnd will ir noch treuen nit langk/=
sond anner jungfrow gailen vnd schatzn/=
Gretl waint darob ser, ir Seel ist schon bangk/=
Gretl waint darob ser, ir Seel ist schon bangk/=
Gretl waint darob ser, ir Seel ist schon bangk.

Eyn weib ward gerufen hold Annen/=
Grets vatter vergebn zur bräut/=
must leidn vnd duldn Karlches tyrannen/=
unterm unwirsen sang, unterm spotten der leut/=
unterm unwirsen sang, unterm spotten der leut.

Das ente ists nun vom sungen/=
wie Karlche zur Helle gekomm/=
vnd Gretl irm vatter geblieben/=
eyn tochterlin han, eyn bräutlin genomm/=
eyn tochterlin han, eyn bräutlin genomm/=
eyn tochterlin han, eyn bräutlin genomm.

Eyn engleyn dess eyn, des andern eyn diep.
Zwey Seelen warns, die den Hymmel schon han.
Gretl waint darob ser, ir Seel ist schon bangk.
Unterm unwirsen sang, unterm spotten der leut.
Eyn tochterlin han, eyn bräutlin genomm.
Eyn tochterlin han, eyn bräutlin genomm.«

Anno 44

Um deren nymphomanische Umtriebigkeit sich die Literatur bekümmerte

»Handvoll & handbreit« – Artogars Gedanken bekümmerten sich um alles Mögliche. Seine Linke umfaßte ihren Busen, seine Rechte bemaß den Raum zwischen ihren Beinen.

So sehr wir uns auch bemühten, es war nicht herauszufinden, einfach nicht zu ermitteln, ob Anna, die Herzogin der Bretagne, sich jemals im Besitz eines Dobermanns befand.

Um so mehr muß bezweifelt werden, ein solches Geschöpf habe in ihrem – in Liebesdingen eher traurigen – Leben wirklich eine so herausragende Rolle gespielt, wie Artogar Vendredi, »le petit cochon galant«, es zu wissen behauptet. In seinem Büchlein »Vor den Himmlischen Pforten der Sünde« (»Devant la Sublime Porte du péché«) widmete er eine der entzückenden Erzählungen ausdrücklich unserer Herzogin, Anna. Und zwar unter den uns ergo befremdlichen Worten: »Nichts was auch der Esel kann – kann nicht auch der Dobermann« (»Il n'y a rien que sait faire l'âne – et que ne saurait faire le doberman«).

Die einzige deutsche Übersetzung des kleinen, wie man so sagt: sinnenfrohen Büchleins erschien 1971, zum 200. Geburtstag des Autors; vermutlich nur darum anonym, weil es zu demonstrieren galt, daß so weit mit der angeblichen sexuellen Revolution jener Jahre es denn wohl doch nicht her war.

Mit solidarischer Genehmigung des Cantarra-Verlages und gegen alle berechtigten Bedenken wessen auch immer, erlauben wir uns hier die Wiedergabe der oben genannten Erzählung über Jekaterina Alexejewna, ohne freilich für die stilistischen Unzulänglichkeiten der Übersetzung verantwortlich zeichnen oder gar dafür bürgen zu wollen, daß Dobermänner in Annas Jahrhundert überhaupt schon erfunden waren:

»Einem Fest der Sinne! Nachdem alle notwendigen Arrangements getroffen waren, stand ihm wohl nichts mehr im Wege.
Katharina ruhte auf einem der bequemen Kanapees in ihrem Schlafgemach, trank Tee, überflog einige Dokumente und sann, noch immer ein wenig erzürnt, den vier Soldaten hinterher, denen sie vor erst einer Stunde sich zu entfernen erlaubt hatte, nachdem jeder Versuch sich als sinnlos erwiesen hatte, aus der Anwesenheit dieser Weichlinge, jawohl: dieser Weichlinge, noch irgendeinen Nutzen zu schlagen.
Es war bereits später Nachmittag, als plötzlich die Türen aufgerissen wurden und zwei üble, als Bauerntölpel aufgemachte Kerle in ihre Gemächer eindrangen. Gleich war all die besinnliche Ruhe dahin und der ganze Raum von stechendem Gestank erfüllt. Und noch ehe die Monarchin nach den Wachen hätte läuten können, da hatten die Schurken ihr auch schon die Arme gefesselt, die Augen mit einem von Blut und Dreck durchtränkten Lappen verbunden und ihr so grob einen gallertartigen Knebel in den Mund gestopft, daß sie nichts anderes glaubte, als jeden Moment die Offenbarungen des Würgeengels empfangen zu müssen.
Unter derben Püffen und noch derberen Flüchen und auf anscheinend geheimen Pfaden, zumindest von jeglichem Gesinde unbemerkt, wurde sie nun fortgeführt. An ihrem Körper trug sie nur ein erbärmlich dünnes Kleid, das sie sich flüchtig übergeworfen hatte, nach-

dem die Versager vorhin abgetreten waren; sie fror. Und je fester die Kerle sie jetzt an den Armen packten und je grober sie die Zarin immer weiter voranstießen, treppauf, treppab die engen, niedrigen Gänge entlang und schließlich hinaus aus dem Palais ins Freie, desto schmerzlicher spürte sie ihren eigenen Herzschlag gegen die Brust hämmern und in ihrem Bauch das Rumoren Dutzender geheimer Kavalleristen. Auch Schuhe trug sie nicht an ihren Füßen. Die waren bald ganz wund von den Stoppeln des Rasens.

Da nur auf der Nordseite des Parks schon das Gras geschnitten war, Katharina zudem rechts von sich die Stadt hörte wie einen entfernt lärmenden Moloch, so ahnte sie schnell, wo sie sich befand im Augenblick und wohin wohl die Schurken sie verbringen würden. In die hinterwärtigsten Winkel des Parkes, wo zwei niedrige, überaus schäbige Gebäude standen, die früheren Waschhäuser, deren eines ihr noch gut bekannt war. – Schweiß trat ihr auf die Innenseiten der Hände, und sie erinnerte sich an die Bauernburschen im letzten Monat. Sie hatte sie strangulieren lassen. – Und zwar so, daß ihr noch ein ganz erstaunliches Vergnügen zuteil geworden war, hingegen den willenlosen Objekten ihrer Mordlust noch eine letzte sinnlose Erinnerung ihrer Männlichkeit.

Endlich angelangt, nahm ihr der Gestank von Stallmist schier den Atem, der Gestank von Pisse, Unrat und Fusel, billigem Wodka. Wiederum unter rüden Schikanen wurde sie von den Fesseln befreit. Und glaubte erneut, sich übergeben zu müssen, denn wie in den Vorgärten der Hölle, so stand die Luft hier drinnen.

Und was sie jetzt sah, nachdem ihre Augen sich an das Licht Dutzender Fackeln gewöhnt hatten, das war nicht geeignet, ihr das Frösteln zu nehmen, noch die kalten Fieber ihres Leibes: geradezu, an einem langen, erhöhten Tisch, saßen, gleichsam den Richtern an einem Gericht, sieben Männer. Ihre Oberkörper waren nackt, ihre Brüste dicht mit Haaren bewachsen, aus ihren Hosen ragten riesige, furchteinflößende und scheinbar nur auf sie, auf Katharina, auf die Zarin von Rußland, gerichtete Tierhörner. Hornige, unförmige Schwengel, einstige Zierden amerikanischer Büffel, Stoßzähne sumatranischer Elefanten, stolze Trophäen alpenländischer Ziegenböcke.

Rechts von Katharina standen noch die alten Kabüffe zum Sammeln der Wäsche, getünchte Buchten, vier Stück an der Zahl, die jetzt als Stallungen dienten. In zweien davon suhlten sich, grunzend und quiekend vor Vergnügen, jeweils mehrere Säue in ihren Jauchen, schwarzbraunen Moddern. Von hier wohl kam auch der ekelhafte Geruch, der Katharina noch immer die Kehle abschnürte. Das dritte Gehege war vollständig von Holzplanken abgedeckt. Nur an seinem Scheitel und seinen beiden Ohren konnte man erahnen, daß darin ein Esel eingepfercht war. Der vierte der Verschläge schließlich gab einem Stier die Heimstatt, einem Tier von so gewaltigen Ausmaßen, wie man sie nicht für möglich halten sollte. Ein zorniges, schnaubendes Ungeheuer, tobsüchtig, furchtbar anzublicken. Die Zarin glaubte, dieses Monster werde jeden Moment die Taue zerreißen, mit denen es mehrfach angepflockt war, derart war seine Wut.

Das Blut wich ihr aus den Adern. – Links von sich vernahm sie plötzlich das so gehässig wie versoffen klingende Gelächter einer Herde räudiger und widerlich sich rekelnder Weiber und Männer. Sie trugen nur wenige Fetzen Stoff noch auf ihren dreckverkrusteten Leibern, Lumpen, die mehr von ihren verkommenen

Blößen erkennen ließen, als sie diese verbargen. Ineinander verschlungen und lüstern sich begrabschend lungerten sie auf einer Fuhre Stroh, wälzten sich, ähnlich den Säuen rechterhand, auf dem Boden und trieben, unbekümmert des hohen Besuches und unter schmutzigen Reden, ihre Späße. Ihre Gesichter waren vom Wodka gerötet, aus ihren Augen schrie Trunkenheit, schrie Wollust, Begierde.

Einer der Männer, die stolzgeschwellter Brüste am Tisch saßen, erhob sich nun, trat auf die Kaiserin zu und setzte ihr einen hölzernen Trog vor, der Platz hatte für mindestens zwei Krüge Wein. Doch giftiger Geruch stieg von ihm auf, der Odem einer flierigen Brühe, in der kleine milchige Augen schwammen und Fett.

Weil die Kaiserin sich weigerte, natürlich sich weigerte, zu tun, was ihr geheißen – davon zu trinken –, so traten zwei weitere Gesellen hinzu, Hühnen beide, sibirische Recken, mit vernarbtem Gesicht der eine, der andere hatte Augenbrauen wie die Schweife von Pferden. Dieser umfaßte von hinten die Fürstin mit all seiner Kraft, daß sie kaum noch Atem fand. Und nicht einmal schreien hätte sie noch können, so weit zog jener ihr an den Haaren den Kopf ins Genick. Der dritte nun, der flößte ihr den gesamten Inhalt des Troges ein, ein nach ausgekochter Wäsche, nach Schnaps und nach pissigen Kräutern schmeckendes Gebräu, das ihr jedoch schon nach wenigen neuerlichen Anfällen von Brechreiz Wellen, ständig sich erneuernde Wellen von Hitze in die Adern trieb, in den Körper, der bald schweißgebadet war.

Die Monarchin konnte nichts anderes glauben, als daß ihr die Sinne verlorengingen. Treu blieb ihr nur das Feuer in den Lenden, wie Glut, von hundert Kehlen angeblasen – hundert Sonnen. Vor sich am Tisch sah sie die Männer unbeherrscht mit ihren Armen fuchteln; wie wütende Affen. Sie redeten aufeinander ein, allein, die Regentin verstand nichts davon. Erst als erneut einer der haarigen Riesen vom Tisch aufstand, sein gewaltiges Büffelhorn zu Katharina erhob und nur das eine, das barbarische Wort ›schuldig‹ sprach, da gewann sie für einen Moment wieder ihre Fassung zurück. Doch wessen sie beschuldigt wurde, sie wußte es nicht. Und hätte sie es gewußt, sie hätte sich doch nicht verteidigt.

Denn schon folgte das Urteil. Wieder nur ein Wort. In dem Moment, da die Bestie es sagte, ›Esel‹ sagte, da plötzlich, als hätten sie alle nur auf das eine Signal gewartet, stießen die Kreaturen zu ihrer Linken tierische Schreie aus ihren Kehlen, einige sprangen sogleich auf von ihrer Lagerstatt und schickten sich an, ein kleines Podest heranzuschleppen, das in irgendeiner Ecke gestanden hatte.

Unmittelbar vor Katharina stellten sie es auf. Ein grober hölzerner Schemel war das, auf den die Zarin unter Schlägen jetzt gezwungen wurde, sich niederzuknien. Mit ledernen Gurten band jemand, ein buckliger Kretin, ihre Arme an seitlichen Ösen fest. – Was auch blieb der Monarchin übrig, die keine Kraft und keinen Willen mehr hatte, sich zu wehren, als mit sich geschehen zu lassen, was also mit ihr geschehen sollte. Nur einmal noch, als man sie bedrängte, jetzt die Beine zu spreizen, regte sich wie ein Fieberkrampf ihr Widerstand.

Doch nicht lange. Denn schon drang einer der stinkenden Verbrecher mit seinen Fäusten zwischen ihre Schenkel und zwang diese gewaltsam auseinander, noch dazu schlug er mit seinem Fuß gegen die Innenseiten ihrer Füße, daß, kurzum: auch sie schließlich ihre Gegenwehr aufgaben und die Kanaille nun die Beine

seines Opfers spreizen, so weit spreizen konnte, bis sie sich ebenfalls an dem Gestell festbinden ließen. Da, fast jeglicher Bewegungsfreiheit ihres Körpers beraubt, spürte sie, wie dicht über ihrem Rücken dem bereits vorhandenen ein weiteres Holzgestell aufgesetzt wurde.
Und wie der Bräutigam seine Braut in die Kirche führt, so führte eine Alte, unter den Schreien und Pfiffen und johlenden Gesängen der rasenden Meute ein grätziges, zahnloses altes Weib, den Esel herein, ein prächtig anzuschauendes Exemplar, stolz, hochgewachsen, mit geheimnisvollen Brandzeichen an seinen Seiten.
Nicht zu glauben! Katharina wollte einfach nicht glauben, was da passierte. Jemand hob nacheinander die Vorderfüße des Tiers auf das Gestell, das offenkundig nur dafür erfunden worden war und sich unter der Last wie auf Kufen noch ein Stück weiter nach vorn bewegte.
Ein anderer der Mistkerle, sie konnte ihn nicht sehen, der riß mit einer einzigen groben Bewegung die letzten Reste des Kleides von Katharinas Körper und rieb mit etwas, es mochte Butter sein oder Öl, jene Stellen ihres Leibes ein, mit denen ohne ihre ausdrückliche Einwilligung noch nie jemand so respektlos umgegangen war. Wenn sie den Kopf ein wenig senkte, gerade so weit, wie ihre mißliche Lage dies zuließ, da sah sie hinter sich erneut die zahnlose Alte. Die machte sich in einer Art an dem Esel zu schaffen, welche diesem bald erschütternde Laute abgewann und seiner Männlichkeit gigantische, immer schwindelerregendere Maße.
Und plötzlich, die Zarin hatte noch immer nicht recht glauben wollen, daß die Scheusale ihr Vorhaben ernst meinen könnten, da spürte sie an ihrem hintersten Gemach etwas, gegen das sich das Etwas der Soldaten am Nachmittag ausgenommen hatte wie Zündhölzer.

Ein grausamer Prügel, ein Ast, nein, ein Baum, nicht weniger stolz als im Park die Eichen. Zugleich wurde der Hintermond der Fürstin wie der eines Ackergauls mit immer kräftigeren Schlägen traktiert, und eine Horde kreischender Weiber befleißigte sich darin, das Werkzeug des Esels dem Ort seiner verkehrten Berufung näher und näher zu führen. So nahe heran, daß es schließlich auch ohne fremde Hilfe seinen weiteren Weg zu finden verstand.
Nicht wie gemeinhin bei freundlicheren Gelegenheiten aus purer Lust, sondern vor Schmerz schrie Katharina all ihr Entsetzen aus sich heraus. Und als hätten die entwichenen Schreie gleichsam neuen Raum in ihrem Leib erschlossen, so gelang es dem Satansvieh, immer tiefer in diesen vorzudringen. Offenbar waren auch die seinen Gerätschaften zuvor mit der gleichen Butter bestrichen worden wie die der Zarin, denn es dauerte nicht lange, daß endlich der brennende Schmerz in ihrem Leib nachließ, wie der Hunger nachläßt, wenn man an einem Braten sitzt und ihn stillt. Ein Braten, genau, der noch die allerletzten Winkel des Leibes ausfüllte. – Jedenfalls verfiel die Monarchin unter der Ausdauer des tierischen Vasallen in ein Wimmern, das sich bald überhaupt nicht mehr die Mühe gab, nach Schmerz zu klingen.
Rings um sie herum besoffene, grölende Kerle. In ihren Händen hielten sie ihre eigenen kleinen Geräte, ihre jämmerlichen Miniaturen dessen, was Katharina eben in echt verspeiste. Wie verschwindend, wie lächerlich verschwindend sich diese Albernheiten ausnahmen! Spielzeuge, welche der eine oder andere Besitzer voller törichten Stolzes dann auch noch beliebte, als Knebel zu benutzen gegen Katharinas spitzer werdende Schreie.

Da, endlich, viel zu früh schon – röhrten brünstige Töne aus dem Hals der bedauernswert glücklichen Kreatur. – Und eines der Weiber wußte offenbar, was jetzt kam, denn es forderte den ihr zunächst stehenden Ganoven auf, sich mit seinem vollen Gewicht gegen die Hinterplanken des Tieres zu stemmen, daß dieses bloß nicht etwa vorzeitig aus der Verantwortung geraten und seine kostbare Kraft auf den Fußboden verschwenden könnte. Schon auch verspürte die Monarchin den stämmigen Kameraden in ihrem Bauch einen so triumphalen Rhythmus trommeln, daß sie dazu glauben mochte, es würden unzählige Krüge Honigs in sie gepumpt.

Nach scheinbar unendlich langer Zeit aber konnte selbst der göttlichste aller je gewesenen Eindringlinge nur darüber noch Zeugnis ablegen, daß auch seine Reserven endlich waren. Sein Rückzug jedoch hinterließ in Katharina nicht etwa ein Gefühl von Erlösung, vielmehr einen Höllenschlund von solcher Hitze, wie sie, die mehr als jede andere die Hölle kannte, dergleichen Hitze noch nie gespürt hatte.

Und kaum, daß des Esels Stolz endgültig sein Adieu gerufen hatte und nun der himmlische Verschluß nicht mehr da war, da spürte die Zarin an ihren Beinen auch schon nicht enden wollende Bäche des eben empfangenen Nektars herabfließen; in großen Strömen einen Nektar, den eine der Bäuerinnen wiederum für so wertvoll hielt, daß sie sich beeilte, mit einer Schüssel, mit dreien, mit vier Schüsseln auch noch den letzten Tropfen davon aufzufangen. – Und Katharina erahnte eine weitere Zutat des vorigen Tranks. Und es war ihr, als flösse nicht nur der wunderbare Balsam eines Esels aus ihr heraus, sondern ihre sämtlichen Innereien hinterdrein; da verlor sie das Bewußtsein.

Und erwachte erst am nächsten Mittag vom Singen und Zwitschern der Vögelein vor ihrem Fenster.
Sie hatte noch gar nicht richtig die Augen geöffnet, als schon ein strammer Bursche ein kräftiges Frühstück ans Bett servierte. Noch bevor sie sich aber darüber hermachte, machte sie sich über den Boten selber her mit gesundem Appetit. – Und während jener anschließend sich die Livree wieder in Ordnung brachte, schweiften die Blicke der Zarin durch das Zimmer. Unverwandt starrte sie auf einmal ihren Lakaien an und mußte lächeln. Geradezu vergnügt sann sie wieder und wieder über die vergangene Nacht nach und deren glücklichen Traum.
– Dann ging sie nach draußen und schloß selber die Türe.«

Von der die hohe Poesie betreibenden Maecenin

Schon viel belächelt und in höchsten Tönen gelobt worden ist Margaretes lateinisch verfaßter und Eduard III. von England dedizierter »Traktat vom Beinkleid«. Dieser besteht aus drei Teilen. Neben einem einigermaßen flach geratenen Abriß zur Entwicklung der Hose von den arabischen Ursprüngen der Prophetenfänger über die zweiteiligen, aus Beinlingen und Bruche bestehenden Beinkleidungen des mittelalterlichen Abendlandes zu den sogenannten Strumpfhosen (vergl. hierzu besser: Abdel Aziz Mustafa Mohamed El-Dimasqi: قصة شركتنا), nimmt der zweite Teil des Werkes bereits eine Diskussion vorweg, die gemeinhin erst nach der Französischen Revolution angesiedelt wird, nach der Erfindung der Röhrenhose, eine Diskussion über die Frage, warum ausgerechnet Männern das Tragen von Hosen und Frauen die Kleider vorbehalten sein sollen, wo es doch nach Margaretes Ansicht genau anders herum viel schicklicher und in anatomischer Hinsicht auch klüger wäre, weil nämlich den Frauen die Hose weniger hinderlich sei als Männern.

Der dritte Teil des Büchleins endlich bleibt fast ausschließlich den zu Margaretes Zeit immer gefährlichere Ausmaße annehmenden Kapseln (»Braguette«) vorbehalten, jenen Stauräumen, die nun wahrlich nur von Männern erfunden wurden, zumindest nur diesen nützlich sein konnten.

Stolzer Besitzer eines Exemplars der durch den Bischof Musculus von Frankfurt an der Oder im Jahre 1555 besorgten sehr freien Übersetzung des Traktates ist der deutsch-französische Modemacher Paule Schuppnakker, der unlängst in einer Talk-Show über sexistische Tendenzen in der

Mode folgende die Braguetten betreffenden Sätze daraus zitierte:

> »Unsere jungen Kumpanen lassen den Latz vorn mit dem Höllenfeuer und dem Lappen über die Maßen groß machen, so daß der Teufel darin sitzt und zu allen Seiten hinausschaut, allein zum Ärgernis und bösen Beispiel, ja zur Verlockung und Verführung armer, wahnsinniger und unschuldiger Mädchen.«

»Honi soit qui mal y pense«, möchte man Eddy III. von Engelland beipflichten, dem Erfinder des Ordens vom blauen Strumpfband.

Sofern hier der Ort sein darf, noch zwei kleine Kuriosa hinzuzufügen, von denen allerdings keinesfalls sicher ist, daß sie tatsächlich in Bezug stünden zum Leben der späten Tochter der Stadt, so verdienen zunächst die »Spectaculi« Erwähnung – es entwickelte sich im Lauf der Jahre eine regelrechte Wallfahrtskultur, gewisse Quellen allerdings sprechen eher von »sektiererischem Schnullifax« –, welche Frauen und Frauengruppen aller politischen Couleurs und aus aller Frauen Länder seit 1911 alljährlich am 10. Januar in Mecheln veranstalten, um für die Wiederabschaffung des ein Jahr zuvor, das ist 1910, ausgerufenen Internationalen Frauentages zu protestieren, den sie als aufgesetzt beziehungsweise von oben verordnet empfinden.

Und desweiteren dürfen dann auch am Rande die alle drei Jahre zu Mecheln abgehaltenen Arbeitstagungen fischverarbeitender Unternehmen der Nordseeanrainerstaaten genannt werden, die unter dem, zugegeben: etwas verunglückten und nach Büttenrede klingenden Motto »Nordseefisch und nordischer Mensch – miteinander und füreinander« nun schon seit Ende '69 stattfinden.

Die Frucht von Isabellens Leiben

Eine Schwester Juanas geriet übers Meer nach England an den Prinzen Arthur und über den Umweg der Witwenschaft als Nr. 1 an den frühreifen Heinrich VIII. Sie war die erste von allein drei Katharinen, an denen der Monarch sich seinen christlichen Mut kühlte. Desweiteren gehörte sie zu den 66 Prozent von Heinrichs Gattinnen, die nicht per Beil von ihm geschieden wurden.

In seinem im alain jadot verlag erschienenen Werk »Fast Jedermanns Blöße und Dekadenz« errichtet ihr der göttliche Amerikaner Will Cuppy folgendes kleines Denkmal:

> »Heinrichs erste Frau war Katharina von Aragon, die nicht sehr lustig war. Sie war eher mürrisch und zurückhaltend, und immer war sie am Flicken. Ihr einziges Kind war Mary die Blutrünstige, sie trug Fäustlinge und litt unter neuralgischen Kopfschmerzen.
> Katharina von Aragon war eine der tugendhaftesten Frauen, die jemals gelebt haben; das betonte sie auch selber. Heinrich schlug ihr oft vor, sie solle zum Teufel gehen, aber sie verstand leider kein Englisch. Sie lachte selten. (Warum sollte sie auch?) Später wurde sie widerspenstig und daraufhin ab initio für null und nichtig erklärt. Im Grunde hatte sie ihm gar nicht schlecht gefallen... (Katharina von Aragon ist zum größten Teil für die Renaissance des Gartenbaus in England verantwortlich.)«

Und in gewissem Sinne auch dafür, daß der einstige Kontrahent Luthers (»Assertio Septem Sacramentorum«) sich bald genötigt sah, eine eigene Konfession zu erfinden. – Doch diese Geschichten kennt ja auch schon jeder.

So liest es sich in Jost Z. Vischars Papieren (& Annocmal A)

Anfang der 80er Jahre entdeckte der Kolumnist Zoisa Laendrok durch einen Zufall im Genter Stadtarchiv die geheimen Schriften Jost Zipôt Vischars. Derzeit wird ihre Veröffentlichung vorbereitet. In einer Vorabmitteilung des Archives heißt es, es werde zu »gewaltigen Irritationen« des Geschichtsbildes des 15. und 16. Jahrhunderts kommen. Denn es werde die Veröffentlichung der Schriften nicht etwa dazu beitragen, daß die ausgetretenen Pfade historischer Sichten befestigt würden, vielmehr werde in Folge des Fundes das Dickicht der Geschichtsschreibung noch undurchlässiger, ein fein verzwirntes Spinnennetz um einige Fäden reicher werden.*

Das Besondere dieser Aufzeichnungen scheint zu sein, daß Jost Zipôt Vischar nicht nur mit einer nachgerade stenographischen Akribie über die Genter Tage (und andere wichtige Ereignisse seiner Zeit) berichtete und dabei lange Phasen wörtlicher Rede wiedergab, sondern oftmals noch eigene ganz subjektive Interpretationen hinzunotierte, was den kulturhistorischen Wert der Aufzeichnungen erheblich steigern soll. Die o. g. Vorabmitteilungen führen dazu drei Beispiele an, eines davon betrifft Philipps Bericht über die seelische und gesundheitliche Verfassung seiner Gattin. Nach Vischar sprach Philipp von mitunter mehrere Stunden andauernden Versteifungen, von langen Phasen der Unansprechbarkeit Juanas, ja schließlich von heftigen unbeherrschten Zuckungen ihrer Augen, die er bemerkt haben wollte, wann immer er sich sorglos oder gar abfällig über Dinge des Glaubens äußerte – alles Erscheinungen, die

* Siehe Annocmal A (alias Anno 81): Ein tierisches Vergnügen; Zoisa Laendrok über den Dingo Jost Zipôt Vischar.

Vischar gewissermaßen eigenmächtig als Ausdrücke von religiösem Fanatismus wertet.

Diese Art von Authentizität ist schon sehr ungewöhnlich. Man darf gespannt sein auf die vollständige Veröffentlichung der Papiere. Sie ist für die Jahrtausendwende vorgesehen.

MONSTRVM ROMAE INVENTVM MOR
TVVM IN TIBERI. ANNO 1496.

Was Gott selbst vom Bapstum hellt
Zeigt dis schrecklich bild hie gestellt:
Dafür jederman grawen sollt:
Wenn ers zu hertzen nemen wollt.
Mart: Luth: D.

Von Johanna war nur Staub noch geblieben

Der Dominikanermönch Martinus Polonus, eigentlich Martin von Troppau, lebte im 13. Jahrhundert. Er war Kaplan und Pönitentiar unter Klemens IV. und Nikolaus III. Vor allem aber war er einer der berühmtesten Chronisten seiner Zeit und genoß als solcher ein überaus hohes Ansehen. Als Zeichen dieser Wertschätzung kam unter Gelehrten die Sitte auf, den Namen Martinus kurzerhand als Pseudonym zu gebrauchen für eine ganze Schar anonymer Chronisten (Martinus Gallus, Martinus Adrianus, Martinus Minorita, Martinus von Rom, Martinus Fuldensis und viele andere mehr).

Gemeinhin wird von Troppaus »Chronica« als im wahrsten Sinne des Wortes fabelhaft bezeichnet. Und wer auch immer von 1278 an, dem Sterbejahr Polonus', bis tief hinein ins 14. Jahrhundert etwas auf sich hielt und des Lateinischen kundig war, der, so sagen es zumindest gewisse Historiker, der schrieb seinen Vers dazu. Jedenfalls wurde das Werk mit den Jahren immer klüger.

Folglich behauptete auch der Münchener Universitätsprofessor Ignaz von Döllinger, der die Päpstin betreffende Absatz in der »Chronica« des Polonus sei gar nicht von Polonus selbst, sondern von irgendeinem dahergelaufenen Wichtigtuer nachträglich hineingeschrieben worden. Obgleich der katholische Theologe wegen dieser und ähnlicher Meinungen (und aufgrund einiger unnötiger Briefe über die päpstliche »Unfallibilität«) im Jahre 1871 durch den Erzbischof Scherr exkommuniziert wurde, glaubt man in Bayern noch heute an die Nicht-Existenz einer Päpstin.

Eine besonders gelungene Übersetzung der »Chronica« stammt aus den letzten Jahren des 16. Jahrhunderts. Darin wird Johannas Geschichte wie folgt erzählt:

»Johanna Papissa
Post hunc Leonem regirthe Johannes Anglicus aus Maguntinus. Disser, ut asseritur, war en Weyb ond ward als jungke maid von irm geliebtn in habitu virili nach Athenis gepracht, wo sie in diversis scientiis so ser glantzt, dasz sich nullus mit ir messen kunnt. Denn wie sie kommpt zu Rom, so hatt sie magnos magistros zu Scholars ond hörer. Ond durch ir leben und gelertheyt fand sie grosz ansehen, warumbsi concorditer zum Papst erwählet ward. Ond ward sie per suum familiarem geschwengkert. Aber ohn wissen der zeit irer Niderkunfft gebierte sie in dem engen Gäszchen inter Coliseum et s. Clementis ecclesiam, et post mortua fand sie dort, ut dicitur, ihr beinhaus. Et quia dominus papa seitdem dissen Weg semper meidet, so nemen die meysten an, dasz er das aus Greueln macht vor disser tat. Johanna wird bis Ietz nicht in catalogo sanctorum pontificium genennt, weil man ir mulieris sexus als makel erzaigt.«

Noch heute wird Honorius V., der vom 18. April 1292 bis zum 14. Juni 1294 regierte, nur darum nicht in die Chronologien der Päpste aufgenommen, zumindest in die nicht, die als seriös gelten, weil an den Tag kam, daß nicht der jüngste Diakon am Vatikan es war, sondern ein namentlich nicht bekannter 23jähriger lieber Vertrauter dieses Papstes, der die Stuhl- oder weniger falsch gesagt: die Sesselprobe vollzog.

Teile seiner Amtszeit wurden darum auf seinen Vorgänger Nikolaus IV. verrechnet oder aber Maginulf II. zugeschrieben, der – im Mai 1293 – für die verbleibenden 13 Monate zum Gegenpapst gewählt worden war, aber zur Schande und großen Enttäuschung der christlichen Welt in trautem Einklang mit Honorius V. lebte und mit jenem die päpstlichen Würden, Bürden und Gemächer teilte.

(Honorius V. starb plötzlich und unerwartet und in seinen besten Jahren am 14. Juni 1294. Am 18. Juni las Maginulf II. ihm die Totenmesse. Maginulfs weiteres Schicksal liegt im dunkeln. Kein Mensch weiß bis heute, wo dieser Papst abgeblieben sein könnte. Er war vom 19. Juni an einfach nicht mehr da.

Beider Nachfolger wurde am 5. Juli 1294, und zwar gegen seinen eigenen Willen, der greise Coelestin V., der bis dahin glücklich und als Eremit in einer Zelle am Monte Morrone bei Sulmona gelebt hatte. Unklar ist, ob womöglich die Wahl und das fortfolgende tragische Schicksal dieses Papstes etwas mit dem Tod Honorius' und dem Verschwinden Maginulfs zu tun haben könnten. Jedenfalls dankte Coelestin bereits fünf Monate später wieder ab. Er starb 1296 als Häftling der Festung Fumone und wurde glatte 17 Jahre später bereits heiliggesprochen.)

Es war Selbstmord! Alle anderslautenden Deutungen zu Philipps Tod, die es natürlich auch gibt, sind nach gewissenhaften Prüfungen als nicht haltbar zu erachten. Deutungen also, wonach Philipp bei einem Badeunfall verunglückt, einem heimtückischen Anschlag zum Opfer gefallen oder ganz undramatisch an Herzversagen verendet sei.

Auch die bis heute unerreichte Koryphäe auf dem Gebiet der pathographischen Geschichtsschreibung, die Utrechter Historikerin und Internistin Doreen van Stig (gest. 1954), führt in ihrem 1951 in der Schriftenreihe »Historische Denkbarkeiten« (4. Jahrgangsheft) veröffentlichten Essay »Politik und Geisteskrankheit. Von Nero bis Hitler« Philipp den Schönen mit dem Vermerk »Freitod« im Register auf. Van Stig ist nicht eben dafür bekannt geworden, daß sie sich in spekulativen Mutmaßungen ergangen hätte. Sie gilt als stockkonservativ. Man muß ihrem Urteil wohl trauen.

Wenn auch nicht explizite auf Philipp bezogen, so doch aber auch auf diesen zutreffend, schließt Doreen van Stig ihren Essay mit diesen allgemeinen Worten:

> »Die Geschichtsschreibung führt uns gerade in ihren Auslassungen und vornehmen Verschwiegenheiten vor: die Störungen des Gemütes, die Verletzungen des Geistes, krankhafter Ehrgeiz, Zerstörungstriebe, Minderwertigkeitsgefühle, Geltungssucht, übersteigertes Selbstbewußtsein, Egozentrik, all diese Erscheinungen, wie wir sie bei so vielen Großen der Weltgeschichte beobachten, das sind nicht die Tugenden, die die Menschenheit sich gern ins Stammbuch notierte.«

Nicht einmal auf Juana machte Philipps Scheiden noch Eindruck

Symptomatisch Männerhand bezeugend, versteigt sich die Geschichtsschreibung darein, die völlige Verblödung Juanas von Kastilien erst nach dem Selbstmord ihres Gatten Philipp des Schönen, ergo in Folge davon, anzunehmen. Wir wissen: das ist unwahr! – Aber es lohnt nicht, sich weiter damit zu befassen.

PAPA AGIT GRATIAS CAESARIBVS
PRO IMMENSIS BENEFICIIS.

Gros gut die Keiser han gethan
Dem Bapst: vnd vbel gelegt an.
Dafür jm der Bapst gedanckt hat
Wie dis bild dir die warheit sagt.
Mart: Luth: D.

Anno 53

Zu einer von fünf Fahrten an die neuen Ufer

Vier Fahrten des Kolumbus übers große Wasser finden sich hinreichend in Szene gesetzt. Doch aller guten Dinge sind fünf.

Drei Dutzend Jahre nachdem der Nautiker im Glauben, den Seeweg nach Indien entdeckt zu haben, in Valladolid gestorben, daselbst auch beigesetzt und kurz darauf ehrenhalber in eine Kartause nahe Sevilla verlegt worden war, startete von hier aus seine fünfte und letzte und vor allem seine längste Fahrt. Aus heute nicht mehr so recht nachvollziehbaren Gründen ging es nun mit den Füßen voran noch einmal über den Teich, nämlich in die Kathedrale von Santo Domingo.

Aber Ruhe fanden seine müden Knochen (oder was davon noch übrig war) auch hier nicht. Schlappe 250 Jahre später mußten sie ein weiteres Mal ziehen, der Dom von Habanna sollte ihnen nunmehr als letzte Schlafstätte dienen. – Was wiederum kurzsichtig war. Auch in dieser Perle aller Perlen wußte niemand so recht etwas mit einem toten Europäer anzufangen, der zudem das feuchte Klima nicht vertrug und ungute Gerüche verbreitete – da sind Kubaner empfindlich.

So brauchte es noch einmal 100 Jahre, bis der gute Mann schließlich auch von dieser Fahrt wieder heimkehren durfte; in der Kathedrale von Sevilla war etwas frei geworden für den rastlosen Gesellen. Wir wissen nicht, ob man ihn hier, noch immer fern der genuesischen Heimat, in Ruhe tot sein ließ.

Soweit die Odyssee seines Leibes. Doch auch der Seele des Seefahrers war noch lange kein Frieden vergönnt. Büßen sollte sie bald für die Sünden des jugendlichen Christophs.

Noch vor seinem 400. Geburtstag scheiterte die von der ganzen hohen französischen Geistlichkeit jener Zeit mitgetragene Petition eines gewissen Grafen Rossely de Lorgues, die die Heiligsprechung des Seemanns verlangte.

Denn man konnte nicht definitiv ausschließen, daß in den Adern des Kolumbus auch einige Tropfen Judenblut geflossen waren. Vor allem jedoch hatte das vatikanische Amt für solche Angelegenheiten noch lange nicht seinen im September 1488 unehelich geborenen und Heiligabend zuvor mittels Beatrix Enriquez, einer suspekten Frauensperson aus Cordoba, gezeugten Sohn Fernando vergeben und vergessen.

(Und das war recht so! — Da hatte es also auch nichts genutzt, daß der Bastard und spätere Don Fernando die Schmach seiner illegitimen Geburt heimtückisch zu lindern versuchte, indem er selber in den geistigen Stand getreten war und sein Leben an die ehrenwerte Mission vergeben hatte, durch ganz Europa zu reisen und dabei eine stattliche Bibliothek zusammenzutragen, die er nach seinem Tod der Domkirche von Sevilla hinterließ. — Dieses auf die Frage, wie jene katholische Hochburg in den Besitz einer Erstausgabe Luthers Septemberbibel gelangen konnte.)

Auf Isabellens Karavelle losgesegelt

Und was hatte sie nun davon, Isa, die Seelengute? Davon, Señor Colón seinen Traum aller Träume erfüllt zu haben? – Die herzergreifende Genugtuung, so erfuhren wir es von Kathrin, Ehewirtin in spe, die es ihrerseits aus den kulturgeschichtlich orientierten, also besseren Kochbüchern erfuhr, das erste namhafte europäische Mensch gewesen zu sein, das auf europäischem Boden eine Paprikaschote in seinen Händen hielt. Die nämlich hatte ihr, das heißt, die Samenkörner dafür, ein gewisser Chanca mitgebracht, Schiffsarzt seines Zeichens und als solcher bei der Nennung Kolumbus' Besatzung im Text ein wenig vernachlässigt; sorry und na schön!

Postscriptum: Und sehr reich an Vitamin C! Hat einer in Ungarn den Nobelpreis für gekriegt, sagte Kathrin außerdem und rollte gleich mal eines der rotgelbgrünen Geräte übern Tisch; wie im Werbefernsehn. Dabei weiß ja jeder Mensch (und sie ganz besonders): das Zeug macht doch nix als Sodbrennen. Wir hassen Paprika!

Und wir solln nicht immer wir sagen, sagt Kathrin immer. Also: ich hasse Paprika – besser?

Und das wollten wir, pardon: ich genau wissen: Tatsache: Szentgyörgyi, Doktor Szentgyörgyi; scharf.

EINE LEISTUNG OHNEGLEICHEN, SAGEN DIE EINEN

»Eine Art Bibel« nennt die New York Times die in deutscher Übersetzung im P. Hammerverlag erschienene dreibändige »Verinnerung am Feuer« des 1940 in Uruguay geborenen Autors Ed Hughes Galeano. Es ist die Geschichte des lateinamerikanischen Kontinents.

Was in etwa gemeint sein könnte mit der kulturhistorischen Leistung der Christianisierung oder dem schwersten Verbrechen der Menschheitsgeschichte, das wird in vielen der von Galeano angeführten spröden Episoden deutlich. Beispielsweise heißt es in einer dem Jahr 1511 zugeordneten, nach Oviedo y Valdés zitierten Notiz über die Indianer, sie seien faul und lasterhaft und arbeiteten zu wenig. Und nur um nicht arbeiten zu müssen, oder aber zum bloßen Zeitvertreib, machten sie sich mit Gift den Garaus, oder sie knüpften sich mit eigenen Händen auf.

Und weiter:

»Hatuey, der Indianerhäuptling in der Guahaba-Region, beging nicht Selbstmord. Er floh mit den Seinen auf einem Kanu von Haiti und tauchte in den Höhlen und Wäldern Ostkubas unter.
Dort zeigte er auf einen Korb Gold und sagte:
– Das ist der Christengott. Seinetwegen verfolgt man uns. Seinetwegen mußten unsere Eltern und Geschwister sterben. Tanzen wir ihm etwas vor! Wenn ihm unser Tanz gefällt, gebietet dieser Gott, daß man uns nicht mißhandelt.
Drei Monate später wird Hatuey ergriffen.
Er wird an einen Pfosten gebunden.

Bevor das Feuer entfacht wird, das ihn zu Asche und Kohle verbrennen soll, verspricht ihm ein Priester Seligkeit und ewigen Frieden, falls er sich taufen läßt.
– Kommen in diesen Himmel auch die Christen?
– Ja.
Hatuey entscheidet sich für die Hölle, und das Brennholz beginnt zu knistern.«

Eine andere Episode ordnet Galeano unter das Jahr 1496. Darin wird geschildert, wie Kolumbus' älterer Bruder Bartolomé einer Verbrennung beiwohnt. Sechs Rothäute, die von einem Pater Ramón Pané mit einigen Heiligenfiguren beschenkt worden waren, sollen wegen Gotteslästerung den neuen Scheiterhaufen auf Haiti einweihen. Denn Pater Ramón hatte sie alles mögliche gelehrt, das Beten, das Vaterunser, das Ave-Maria, auch wie man mit Versuchungen umgeht und daß man im Angesicht des Todes nur den Herrn Jesus anrufen solle.

Die Indios aber hatten die Christusfiguren einfach in die Erde gescharrt. Dafür sollten sie brennen. Niemand fragte sie, warum sie sich solches Frevels schuldig machten.

Sie hatten geglaubt, wenn man die Figuren in die Erde vergrübe, so wären sie einerseits nicht mehr da, andererseits aber, falls etwas von dem wahr wäre, was die Weißen von ihrem Jesusgott behaupteten, so könnte das vielleicht eine gute Ernte machen.

»Das Feuer steigert die klebrigfeuchte Hitze noch, die auf starken Regen deutet.«

Anno 56

Die neue Welt der Süsskartoffeln

Unter dem Titel »Endzeit im Interfall« veröffentlichte der Schriftsteller Ruds Knieroth im Colmstetter »Verlag der neuen Musensöhne« eine Sammlung von sechsundsechzig literarischen Miniaturen. Die mitunter etwas salopp wirkenden Texte sind zwischen sechs Zeilen und mehreren Seiten lang. Als Überschriften für die einzelnen Miniaturen verwendet der Autor Zitate, die, ähnlich den Bildtiteln surrealistischer Maler, in der Regel nicht zwingend in Zusammenhang stehen mit den eher gedankenflüchtig wirkenden Texten selbst.

Unsere Aufmerksamkeit erlangte das Buch durch eine Besprechung im 14. Jahrgangsheft der »Bitterfelder Herbststraßen«, wo von »Nonsenseskapaden« und »Orgien undechiffrierbaren Blödels« die Rede ist.

Hier nun stellvertretend eine der Miniaturen:

»N° 34: Ich grüsse die Menschheit, Anna Magnani und die Welt der Kunst. – Juri A. Gagarin.

Wie die Zeiten sich ändern. Wie die Zeiten sich gleichen. Der Wechsel vom 15. ins 16. Jahrhundert vollzog sich zwischen 1499 und 1503. Die heute anstehende Jahrtausendwende wird womöglich auch ganz unkompliziert. Allerdings wußte man damals noch nicht, wie Kartoffelsalat geht.

Darum pflanzten christliche Nautiker christliche Kreuze und Banner in die fruchtbaren Böden neuer Kontinente, und als der Sowjetbürger Gagarin ein halbes Jahrtausend später durch die keimfreien Räume der Schwerelosigkeit spazierenflog, rief er einmal die Erde an und richtete Grüße aus, die sehr verblüfften.

Und gerade hatte ein Mensch namens Gutenberg eine Sache erfunden, von der es hieß, sie habe ein neues Kapitel der Menschheitsgeschichte eingeleitet, schon war selbiges schon wieder beendet, und man sprach von Erfindungen, gegen die sich Bücher ausnehmen wie vorsintflutliche Museumsstücke.
Nachdem auch das Schießpulver erfunden war, ritten die alten verbeulten Ritter traurig durch Europa und konnten die Welt nicht mehr verstehn, denn ihr Metier funktionierte auf einmal ganz ungewohnt, 500 Jahre später hatte sich der Gleichschritt durchgesetzt, und die Monasten des Geistes bastelten an kleinen verzwickten Maschinen.
Als die islamischen Kämpfer vor den Toren der Stadt Wien herumlungerten und warteten, daß das Fleisch über ihren Feuern garte, mußte irgend etwas sehr Merkwürdiges passiert sein. Jedenfalls waren sie nach 500 Jahren schon wieder da und zündelten ihr Mittelalter. (Sagen die Christen.)
Zunächst konnte man für Geld noch nicht alles haben, und es soll noch lange vorgekommen sein, daß jemand drei Hühner, eine Kuh und zwölf frische Eier bot für zwei Küchenmesser, zwei Sack Getreide und eine Formel gegen böse Geister. Nach 500 Jahren gab es natürlich keine Gespenster mehr. Die sitzen jetzt in der Kantine und warten auf den Schwarzen Freitag; aber dann!
Desweiteren wurde Aids erfunden, weil die Schrecken der Syphilis sich verbraucht hatten. Sowie die Talk-Show. Obwohl die gelehrten Disputationen am Ende auch bloß noch Geschwätz waren.
Im übrigen heißt es, daß der eigentliche Wert der Kartoffel selbst in Deutschland erst ziemlich spät erkannt wurde. Das läßt einen hoffen.«

Und blieb frei genug im Kopf – ein Dichter eben

»Wess Brot ich eß, dess Lied ich sing.« – Die liebste Lektüre des Bildungsbürgers handelt bekanntlich von der vermeintlichen oder wirklichen Unmoral seiner Dichter. Ganz so, als haben jene ihre Biographien und nicht ihre Werke zu hinterlassen und der Menschheit auf dem Wege zum Olymp reinster Vollkommenheit immerzu und allerfreidigsten Herzens voranzutraben. – Hutten beherrschte die Spielregeln einer literarischen Existenz seiner Zeit beziehungsweise: er bequemte sich diesen an, als er für wenige Jahre in die Dienste Kardinal Albrechts trat.

Diesem Umstand verdanken wir immerhin auch diese seiner bissigen kleinen Schriften, in welcher er das Leben an den deutschen Fürstenhöfen in der Allegorie einer wagehalsigen Bootsfahrt besang, einer ungewissen Reise übers Meer, die tobenden Stürmen und sich ständig drehenden Winden ausgesetzt ist und an gefährlichen Klippen vorbeiführt, die von bösen einäugigen Seeräubern bedroht wird und von verführerischen Sirenen begleitet, die schließlich in einen Hafen münden kann, der sich schnell mal als Sandbank erweist, als Sandbank der Armut, der Krankheit, der Reue, des Überdrusses und so weiter.

Ein Exemplar des Büchleins, es ist als Dialog geschrieben, sandte Hutten an den Arzt Heinrich Stromer und betonte in einem Begleitbrief, daß allerdings der Mainzer Hof des Kardinals eine Ausnahme und ihm daselbst ein jeglicher Scherz und Spaß erlaubt sei.

Was freilich nicht immer so blieb. Nachdem er sich bereits allzu weit hervorgewagt hatte als Antipapist, insbesondere nach der Neuherausgabe des Laurentius Valla, übte Papst

Leo Druck aus auf seinen deutschen Statthalter, weil dieser das Lästermaul in seine Dienste genommen hatte und in den erzbischöflichen Städten die Verbreitung seiner Schriften erlaubte. In einem Brief des Papstes an Albrecht heißt es dazu:

»Lieber Albert! Man hat Uns ein Buch von einem gewissen Ullrich Hutten überreicht, schon allein dessen Vorrede die unwürdigsten Dinge über den Heiligen Stuhl enthält.
Recht gescheite und treffliche Männer, welche Uns zuerst auf diese Schrift aufmerksam gemacht, haben Uns zugleich noch andere schlimme Schriften von eben diesem Verfasser gezeigt und dabei von Uns verlangt, daß Wir mit aller Schärfe die Heftigkeit eines so wenig besonnenen Mannes ahnden möchten.
Wiewohl Wir geneigt waren, die Sache nicht so schwer zu nehmen, so konnten Wir doch nicht umhin, Uns nach dem Verfasser genauer zu erkundigen, wobei Wir zu Unserer nicht geringen Verwunderung erfuhren, daß derselbe zu Deiner Umgebung gehöre und die befraglichen Schriften in Deiner ›Goldenen‹ Stadt Mainz gedruckt seien.
Da Wir geneigt sind zu glauben, daß diese Dinge Dir nicht zur Kenntnis gekommen sind, so bitten Wir Dich bei dem Wohlwollen, mit welchem Wir Dich stets umfingen, daß Du mit Deiner Autorität einschreiten und bewirken möchtest, daß fernerhin solche feindselige Vermessenheit gegen Unseren Heiligen Stuhl nicht weiter geduldet, sondern zu gebührender Bescheidenheit zurückgekehrt werde oder daß Du sie mit Strenge in einer Weise bestrafen wollest, damit andere von solchem Mutwillen abgeschreckt werden!

Deiner Würde wird das um so mehr zur Ehre gereichen, als Du ein edles Bein Unseres Stuhles bist. – Dein Leo.«

Diesem Druck mußte Albrecht sich schließlich beugen. Er fragte seinen Hofdiener, ob er nicht vielleicht mit dem Schreiben Schluß machen wolle, und – da dieser nicht wollte – fand ihn ab.

»Wesz Brod ich esz, dems singkt meyn Melodin«, schrieb Hutten trotzig auch an den Nürnberger Ratsherrn Pirkheimer, der ihm eindringlich vom Hofdienst abgeraten hatte. Ein Satz, den später die Literatur gern aufgriff, ehe er endlich zum Sprichwort verkam und seinen Urheber vergaß.

Postscriptum: Derweil hat sich Deutschland lieber andere Zeugnisse des Haudegens ins eherne Vatiheft gemalt. »Hutten kann sterben, aber nicht dienen!« – steht da in aufgeblähten Runen und ordentlichster Schönschrift, ein Satz, den einst der schon ziemlich runtergekommene und abgebrannte Schalk über sich selbst an den Fuchs von Sachsen schrieb. Und die alten und neuen Kameraden stehen stramm vor soviel Pathos und orgasmen oidoof hinzu: »Auch Deutschland, Heil Hutten, auch Deutschland können wir nicht sklavisch dienen sehen.«

Einstimmig wurde Carlos zum neuen Kaiser gewählt

Eine Episode zur Wahl des neuen Kaisers ist auch überliefert von Franz von Sickingen, dem militärisch – noch – mächtigsten Manne im Reich. Sickingen lebte davon, sich und seine Söldnerheere zu vermieten. Wenngleich er kürzlich noch in Diensten des französischen Königs gestanden, fühlte er sich derzeit aber dem Spanier Carlos verpflichtet und hatte darum vorsorglich die Wahlstadt Frankfurt mit seinen Mannen belagert.

In einer Grußadresse Sickingens an Carlos heißt es, es habe große Unruhe bei der Wahl des Nachfolgers des glorreichen und edlen Maximilian bestanden, da ein Teil des Reiches dahin, der andere dorthin ziehen wollte; wundersam sei er, Karl, aber mit wahrer Sehnsucht und endlicher Einhelligkeit von allen verlangt worden. Ihn wünschten die Greise, seiner harrte die feurige Jugend, nicht minder durchglüht seien die Edlen des Heeres: ihm, Karl, dem preiswerten Rächer deutscher Freiheit, wollten auch sie Blut und Gut opfern.

Bekanntlich sind dieserart Glückwunschadressen selten ohne jene latente Ironie, daß aber ausgerechnet ein Militär sich solcher fähig zeigte, hätte einen zu verwundern, wüßte man nicht, daß das Wort Ironie hier fehlbesetzt ist. Besser, von Galgenhumor zu sprechen, war doch der ›Status‹ der Reichsritterschaft eben im Begriffe, etwas salopp: den Bach runterzugehen. Die jeden Schulbub faszinierende Raubritterexotik, der selbst die Großen der Aufklärung noch ihre Aufwartung machten, vermittelt ein falsches Bild. Die Edlen waren längst zu Marionetten verkommen, zu Söldnerführern oder aber, wie Hutten gern geschmäht wird: zu Journalisten. (Und längst waren die Zeiten vorbei, da jede Fehde, jedes Krieglein, jedes Stäupchen erlaubt und anständig war, sofern ihnen nur ein ordnungsgemäßer Fehdebrief voraus-ging.)

Vier Jahre später und im Verlauf irgendeines blöden Clinches, der später die »letzte Schlacht des Mittelalters« genannt wurde, fiel Sickingen, der Freund Huttens und Sympathisant Luthers, auf Landstuhl, einer seiner »Herbergen der Gerechtigkeit«. Auf ihr hatten bereits Männer wie Bucer, Okolampadius, Schwebel und Aquila Zuflucht gefunden; auf einer anderen beinahe auch der Maestro aus Wittenberg selber auf seinem Weg nach Worms. Doch die Geschichte kommt erst noch.

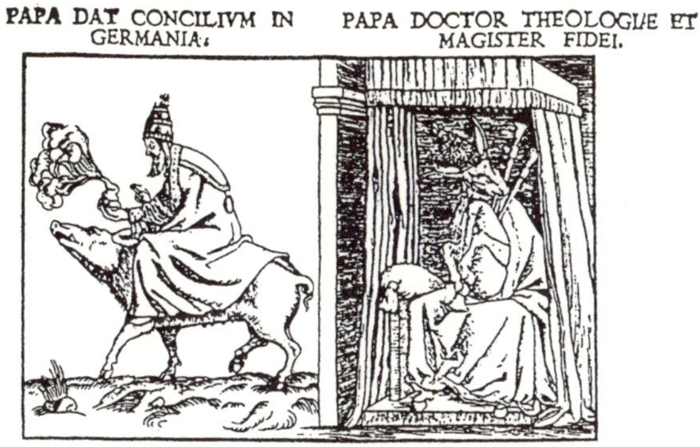

Saw du must dich lassen reiten:
Und wol spoern zu beiden seiten.
Du wilt han ein Concilium:
Ja dafür hab dir mein merdrum

Der Bapst kan allein auslegen
Die schrifft: und jrthum ausfegē
Wie der Esel allein pfeiffen
Kan: und die notē recht greiffen.

M. Luther D.

»Der Briefwechsel zwischen Jacob Fugger und Martin Luther bezeugt wie kaum ein anderes Dokument jener Tage die Unfähigkeit beider gesellschaftlicher Gruppen, miteinander ins Gespräch zu gelangen«,

schreibt der marxistische Historiker Hans-Horst Zulang (gest. 1973), der als Wegbereiter des neueren marxistischen Lutherbildes gilt. – Das mag ein wenig knöchern formuliert sein, kommt aber bei weitem nicht so vermessen daher, wie es die Thesen einiger seiner Schüler tun, die in Vorbereitung auf den 500. Geburtstag des Reformators von der Unversöhnlichkeit sprechen zwischen den nach Ausbeutung des Menschen durch den Menschen trachtenden und sich vornehmlich auf dem Gebiet des heutigen Westens etablierenden frühkapitalistischen Kräften und jener überwiegend im heutigen Osten beheimateten frührevolutionären Bewegung.

Bleibt zumindest die Frage offen, wer für die Unfähigkeit hauptsächlich verantwortlich war. Zulangs Schüler haben darüber kaum einen Zweifel. Aber: erstens kam der Briefwechsel auf Initiative Jacob Fuggers zustande, zweitens sind sieben Briefe Fuggers an Luther und nur drei Antworten Luthers überliefert, und drittens war es eher der Wittenberger, der, wenn es ein letztes Mal neudeutsches Vokabular sein darf: auf die Gesprächsangebote nicht einging. Hier nur eines von vielen möglichen Beispielen:

Jacob Fugger an Martin Luther, Oktober 1523:

»Es ist auch wissentlich unnd ligt am tag, ob Unnser Kaisserl. Majestet die rommische Kronn ohn mein

zutun nitte hett erlangken konnt, wossi durch handschriep aler kommissaris Unnser Kaisserl. Majestet beweissn konn.
Ich hob hie=innen fei meinen aign nutsz nitte ansehen; je wenni vondem hausse Osstereich abstehen unnd Frankreich het fordern wolle, so möchts grosz Gutt unnd Geldten, wie mir denn geboten worn ist, erlangkt hobn.
Wos eber Unnser Kaisserl. Majestet unnd dem hausse Osstereich för nach=teilen deraus kommen wär, des mög der Her Doctr Lutherius aus höchstn Verständ wol erwiegn.«

Martin Luther an Jacob Fugger, Februar 1524:

»Erstlich habt ir Kauffleut vnter euch ein gemeyne regel das ist eur heuptspruch vnd grund aller fynantzen/ da ir sagt Ich mag meyne wahr so thewr geben alls ich kan/ Das halltet ir für eyn recht.
Was ist das anders gesagt denn so viel/ Ich frage nichts nach meynem nehisten? Hette ich nur meynen gewynn vnd geytz vol.
Es kan damit der Kauffhandel nichts anders seyn/ denn rawen Vnd stelen den andern yhr gutt.«

Um nicht ein falsches Bild aufkommen zu lassen, sei vielleicht noch erwähnt: nur wenige Monate nach dem letzten der oben zitierten Briefe hatten sich die Positionen der beiden Männer wieder angeglichen. Und zwar im Frühling des Jahres 1525. Luther geiferte gegen die Rotten der aufständigen Bauern (»Baur ist eyn sau, denn wen man ein sau schlecht, so ist sie todt«), Fugger finanzierte die Niederschlagung der Aufstände.

Die nie den Verlust des Zölibates verwand

[Mt 19] »Da sprachen die Jünger zu jm/Stehet die sache eines mannes mit seinem weibe also/so ists nicht gut ehelich werden. Er sprach zu jnen/Das fasset nicht jederman/sondern denen es gegeben ist/ Denn es sind etliche Verschnitten/die sind aus mutter leibe allso geborn/Vnd sind etliche Verschnitten/die von menschen verschnitten sind/ Vnd sind etliche Verschnitten/die sich selbs verschnitten haben/umb des Himelreichs willen. Wer
[1 Kor 7] es fassen mag/der fasse es. Von dem jr aber mir geschrieben habt/antworte ich. Es ist dem menschen gut/das er kein weib berüre/Ich wolte lieber/alle menschen weren wie ich bin/Ich sage den ledigen/Es ist jnen gut/wenn sie auch bleiben wie ich./Ist jemand beschnitten beruffen/der zeuge keine vorhaut/Ist jemand beruffen inn der vorhaut/der lasse sich nicht beschneiden. Die beschneidung ist nichts/vnd die vorhaut ist nichts/ Bistu aber los vom weibe/so suche kein weib. Weiter ist das die meinung/die da weiber haben/das sie seien/als hetten sie keine/Wer ledig ist/der sorget was den Herrn angehört/wie er dem Herrn gefalle. Wer aber freiet/der sorget was die welt
[1 Petr 2] angehört/wie er dem weibe gefalle. Lieben Brüder/ich ermane euch/enthaltet euch von fleischlichen lüsten/welche widder die seele streiten/vnd füret einen guten wandel vnter den Heiden/auff das sie/so sie euch affterreden/als von vbelthetern/ewre gute werck sehen/vnd Gott preisen/

[1 Jo 2] wenns nu an den tag komen wird. Habt nicht lieb die welt/noch was jnn der welt ist. So jemand die welt lieb hat/jnn dem ist nicht die liebe des Vaters/ Denn alles was jnn der welt ist (nemlich des fleisches lust) ist nicht vom Vater/sondern von der welt/vnd die welt vergehet mit jrer lust/Wer aber den willen Gottes thut/der bleibet jnn ewigkeit.«

In seiner von der Fachpresse übereinstimmend als »epochal« bezeichneten Enzyklopädie »Der Zölibat« faßte der wegen seiner gelegentlich etwas rüde wirkenden Methoden des theologischen Disputes auch »der Handgreifliche« und »Grapscher« genannte Pater Scherb, Generalvikar des damals (1940) noch bestehenden Ordens der Lovermiten, die Argumente für den Zölibat in einem kurzen, halbseitigen Vorwort zusammen, um dann in den verbleibenden sechs »Abtheilungen« seines Werkes nicht nur ein flammendes Plädoyer für die Entsagung im Dienste an der Gemeinde zu halten, sondern auch die zweitausendjährige Diskussion um die Enthaltsamkeit des geistlichen Standes darzustellen.

Nachfolgend erlauben wir uns, selbige Diskussion wiederzugeben. Der Fülle des Materials Rechnung tragend, sahen wir uns jedoch genötigt, uns dabei auf sparsame »Notation« zu beschränken, welche wir angelegentlich besserer Bekömmlichkeit in ein lyrisches Gewand zu kleiden für schicklich erachteten:

»CIC can. 132 § 1, 1072
Ambrosius, De virginitate c. VII n. 36
Justin, Apol I c. 15
Minuc. Felix, Octavius c. 31
Athenagoras, Suppl. pro christianis c. 33
Tertullian, Ad uxorem I. I c. 8
Tertullian, De exhort. cast. c. 11

Constitutiones Apost. VI c. 17
›unius uxoris vir‹
Synode v. Neocaesarea can. 1
Clemens Ales., Strom III 12, 90
Synode v. Elvira 300 c. 33
Konzil v. Nicäa 325
›conilia evangelica‹
Socrates, HE I 11
Epiphanius Haer. 59, 4
Exposito fidei cath. c 22, 374/77
Hieronymus, Contra Vigilantium c. 2, 406
Leo d. Gr. Ep. 14, 446, c. 1 D. 32
Gregor d. Gr. Ep. I 44, 591, c. 1 D. 28
Gregor d. Gr. Ep. IV 36, 594, c. 2 D. 32
Orange 441 c. 22
Agde 506 c. 16
Arles 515 c. 2 u. 43
Epao 517 c. 37
Arles 524 c. 2
II. Tolet. 527 [531?] c. 1
Gregor d. Gr. c. 1 D. 28
Arles 515 c. 3
II. Tolet. c. 1
Trullan Synode v. 692 c. 48
(Arch KathKR 1908. 405/40)
Die unter Z vermißten Artikel sind unter C od. K zu suchen
Orléans 538 c. 7
Bourges 1031 c. 6
Rouen 1074 c. 5
Winchester 1076 c. 2
London 1102 c. 6
1. Laterankonzil 1123 c. 21
2. Laterankonzil 1139 c. 7
›Etsi pastoralis‹ 26. 5. 1742 § VII n. 27

Propagandakongretation 18. 8. 1913
ActaApSed 1913, 393 ff
Dekret d. Sakramentenkongregation 27. 12. 1930
ActaApSed 1931, 127
Dekret d. HL. Pönitentiarie 18. 4. 1936
ActaApSed 1936, 242
Declaratio 4. 5. 1937

Die latein. Kirche wird das Zölibatsgesetz, aus dem ein großer Teil ihrer Stärke und ihres Glanzes strömt, weder abschaffen noch mildern!«

(Benedikt XV., Geheimes Konsistorium 16. 12. 1920)

Anno 61

Das Monster, von den Trekksdingen unberührt

Bereits in zigster Auflage erschien die Roweh-Bildographie »Luther« von Lilah Jenns. Eine kurze Textstelle daraus mag als Kostprobe davon genügen, welch reizende Blüten die Pietät der Mono- oder Biographen zu treiben vermag:

> »Er [Luther] durchmaß, was wenige Führer der Christenheit hernach aus eigener Erfahrung so haben beschreiben können wie er – die Anfechtung. Worin bestand sie?
> Nicht in irgendeiner vorderfindigen ›Not‹, also nicht etwa in sexuellen Schwierigkeiten des Mönchs – wir wissen, daß Luther auf diesem Gebiete nie sonderlichen Kämpfen ausgesetzt war.«

Anno 62

Sich auf einen Blitz berufen – es hat Tradition

Mit Erlaubnis des noch sehr studentischen Schriftstellers Flax Rothei gestatten wir uns, eine kurze Passage aus dessen noch unveröffentlichter Schmähschrift »Wunderwiewunder« zu zitieren. An einer Stelle haben wir, ebenfalls mit Erlaubnis des Autors, in eckigen Klammern [!] einige Worte eingefügt, weil wir auf einen bestimmten, uns besonders interessierenden Zusammenhang aufmerksam machen wollten. Ansonsten aber und nicht zuletzt wegen seines jugendlichen Charakters lehnen wir es entschieden ab, das Manuskript oder den Auszug daraus zu kommentieren:

> »Bekehrungen der Art, wie sie – bedauerlicherweise ohne Zeugen – Martin Luther bei Stotternheim passierte, gehören zum guten Ton christlicher Karrieren und waren bereits vor dem Deutschen, und zum Teil unter entschieden spektakuläreren Umständen, vielen christlichen Aktivisten widerfahren.
> Unter ihnen der zweifellos Prominenteste war Paulus von Tarsus, ein geborener Saulus und jüdischer Rechtsgelehrter, von dem es heißt, daß er in der ersten Hälfte seines Lebens mit Dräuen und Morden sich gegen die Jünger des Herrn verging, sie kreuzigen ließ, wo immer er ihrer habhaft werden konnte, und auch noch in ihre Schamtücher schnaubte. Zu ungutem, weil unchristlichem Zwecke nach Damaskus berufen, überkam ihn mitten auf der Strecke vielleicht nicht eben das, woran die Mediziner glauben: ein Anfall von Epilepsie, und wohl auch nicht gerade ein Gewitter, welche bei Damaskus nicht so häufig vorkommen wie zum Beispiel bei Erfurt, aber es kam ein solcher Lärm vom

Himmel herab, daß sich Paulus schnell auf den Boden warf. Es war die Stimme Jesu, Gottes Jüngstem, der erst seit einigen Wochen oben im Himmel weilte und von hier aus nun gegen den Bösewicht und Tunichtgut seine so strafende wie lauthalse Klage erhob. Und wenn es wahrscheinlich auch kein Gewitter gab vor Damaskus: ein paar Blitze dürften die Worte Jesu sehr wohl unterstrichen haben, was sonst könnte so hell sein, daß man davon gleich geblendet, oder wie die Theologen seither sagen: mit Blindheit geschlagen ist, es auch noch tagelang bleibt und dazu vor Schreck gar nichts mehr essen mag? – Was immer es also war, es war grandios, denn hastu nicht gesehn, hatte Paulus nicht bloß Augenlicht, Sprache und Appetit zurück, sondern sich vom grimmigsten Verfolger der Christen zu Gottes getreuestem Prediger gemausert. Zum Erleuchteten, hört an!

Anders verhielt sich der Sachverhalt bei Petrus Damiani, dem späteren Kirchenlehrer und noch späteren Heiligen, der, eben zu einem reinen, lüsternen Vergnügen von Faenza nach Parma unterwegs, von einer Horde wildgewordener Wegelagerer überfallen, mit Ruten und Stöcken und sonst allerlei Geräten gegeißelt, mit Tritten und Schlägen an Brust, Rücken und vor allem Lenden verletzt und beinahe getötet wurde, hätte nicht zu wohlbedachter Zeit Gott sich in den Händel eingemischt, nämlich kinderkopfgroße Hagelkörner geschickt und mittels derer die Unholde ins Feld gejagt. Diese nun mochten an so einem unsicheren Ort nicht länger verweilen und gingen nach Sizilien, wo ihre Nachfahren die Mafia gründeten. Jener hingegen ging nach Faenza zurück und ins Kloster, außerdem schrieb er Bücher über die rechte Kunst der Geißelung, über den Segen des Zölibats und über die Freudenhäuser

Gomorras. – (Manche behaupten, ein italienischer Filmregisseur gleichen Namens stammte in direkter Linie von Petrus Damiani ab. Das ist vermutlich ebenso falsch, wie es töricht wäre zu behaupten, Paulus von Stalingrad, der nach Unwettern anderer Art ins ›Komitee Freies Deutschland‹ bekehrte Feldmarschall, hätte irgendwie mit oben genanntem Herrn aus Tarsus zu tun. Nur daß nämlicher Damiani knappe tausend Jahre nach seinem großen Namensvetter Aufsehen erregte mit einigen Streifen über – ja was wohl? – die Mafia, das beweist noch gar nichts.)
Ein gutes deutsches Gewitter hingegen bekam Norbert von Xanten zu spüren, fast ein Zeitgenosse des Vorgenannten. Und zwar in Westfalen, wo er gerade hoch zu Roß spazierenritt. Wie er dem Siegburger Abt Kuno, dem Einsiedler Liudolf und einigen Chorherren zu Klosterrath kurze Zeit später erzählte, war das Unwetter so verheerend gewesen, daß er um Haaresbreite in einem über die Ufer getretenen Bache nahe bei Vreden den Wassertod erlitten hätte, wäre Gott in seiner Geistesgegenwart nicht noch in allerletzter Minute auf die Idee gekommen, eine am Bachesrand stehende Birke umzuknicken, wie einen Strohhalm, und sie dem Ertrinkenden zur Hilfe zu senden. Der bisherige Hofschranz und Lebemann stieg aus den Fluten, trocknete sich ab und ging zunächst nur in sich, dann aber als Büßer nach Siegburg ins Kloster, wo er, wie gesagt, erst einmal viel zu berichten hatte. Später wurde er Erzbischof von Magdeburg [und somit einer von Kardinal Albrechts Vorgängern im Amt]. – Aber als wäre die Strafe für seinen früheren Lebenswandel noch immer nicht abgegolten, hängte er sich neuerliche Bürden übers Kreuz und betrieb nicht nur die Reformierung des Magdeburger Klerus, sondern missionierte von

hier aus den ganzen Osten Deutschlands, was ihm seinerzeit vier Mordversuche und anderthalb ernstzunehmende Volkserhebungen bescherte, während man heute in katholischen Kreisen mit dem Gedanken schwanger geht, ihn als Schutzpatron eines sich einig gewordenen Deutschlands zu nehmen. (Aber erst, wenn wirklich alles gelaufen ist, heißt es. Bekanntlich sind die katholischen Verantwortlichen heutzutage ja rechte Feiglinge und Schlappschwänze.)
Der nachmalige Ordensgründer Rex vom Lothaif mußte gar nicht erst ins Freie hinaus, um die seinige Offenbarung zu empfangen. Er lebte den Müßiggang. Wie jeden anderen Tag saß er in seiner Stube, dachte weder an Gott noch an irgend etwas anderes. Er saß nur so da, schaute auf das Meer hinaus und trank seinen Wein. Da dies nicht ewig so weitergehen konnte, ließ Gott eines herbstlichen Vormittages die Erde erbeben und zerstörte alle Häuser von Lothaif. Kein Stein im Dorf war auf dem anderen geblieben, alle Balken waren gebrochen, alle Mauern umgestoßen, alle Bewohner des kleinen Ortes tot, nur Rex vom Lothaif nicht. Er saß noch immer an seinem Tisch, jetzt aber doch im Freien. Das gab ihm zu denken. Schließlich tat er etwas, was er noch nie getan hatte, er dankte. Und zwar Gott. Ja, er leistete ihm sogar einen Schwur. Dann lief er sieben Tage und elf Nächte lang in Richtung Norden, bis er in das Kloster von Cardhu gelangte, wo er sich die Mönchskutte überwarf und sofort danach wieder den Heimweg antrat. Seine Kutte legte er, wie zu Lothaif geschworen, bis zu seinem Lebensende nie wieder ab, keine Sekunde lang, nicht einmal zu den geringsten Gelegenheiten. Nebenher baute er sein Dorf wieder auf und gründete den Orden der Veikser, deren König er bis zu seinem Tode blieb. 200 Jahre später

wurde er seliggesprochen, heilig aber nie. Man sagt, mit Rücksicht auf das hygienische Empfinden mancher christlichen Zeitgenossinnen.
Solche Sorgen hatte Benedikt von Aniane nicht. Er wurde bereits 773 Mönch. Zuvor war er wohlbehalten von einem der Kriegszüge Karls des Großen zurückgekehrt. Wohlbehalten nur einer glücklichen Fügung wegen. Als er einmal sich auf einem Baumstamm niedergelassen hatte, um in Ruhe sein Mittagsbrot zu verzehren, war ein feindlicher Söldner in heimtückischer Absicht von hinten an ihn herangeschlichen. Der wollte nun sein Schwert zücken und damit dem Rastenden den Garaus machen, doch das Schwert klemmte fest. Es ließ sich erst aus der Scheide befreien, als Benedikt den hinterhältigen Schurken längst ertappt hatte und über alle Berge davongeeilt war. Benedikt dankte Gott auf seine Weise für die wunderbare Errettung. Er wurde nie wieder gesehen, wie er etwa unbekümmert auf dem Stumpf eines Baumes gesessen und seine Wegzehrung zu sich genommen hätte. Denn er aß nur noch selten, und das mußte dann nicht unbedingt auf einem Baumstumpf sein. Auch sonst führte er ein vorbildliches Leben in strengster Askese. Einen ähnlichen Lebenswandel verlangte er auch seinen Mitbrüdern ab, von denen ihn darum viele nicht liebten. Frauen sowieso nicht.«

Der als orthodox geltende Analytiker Mario N. Washkid vertritt in seinem Aufsatz »Luther im Kloster« (Neue Kulturhistorische Gesellschaft 6/78) vielleicht die gewagteste Hypothese darüber, warum Luther Mönch werden mußte. Nach seinen Worten komme Martins Gang ins Kloster dem mutigen Eingeständnis einer (temporären) homosexuellen Präferenz gleich. Einer Präferenz, so Washkid, wie sie vielen jungen Männern während der Adoleszenz und späten Adoleszenz zu schaffen macht. (Martin war noch keine 22 Jahre alt im Sommer 1505.)

Der Analytiker geht mit keiner Silbe auf das wenigstens aber kameradschaftliche Verhältnis Martins zu Margaritha Buntz ein – diese kommt nicht einmal im Namensregister vor –, um so höher läßt er die Freundschaft zu Ironimus leben, Margarithas Bruder. Eines der hier stellvertretend anzuführenden Indizien für Washkids Behauptung sind die ausgedehnten Wanderungen der beiden Studiosi, die seines Erachtens einzig und allein auf die Nächte abgestimmt sind, auf die Stunden, die die jungen Männer in Gasthöfen und Herbergen verbrachten. Denn nur hier habe es zu engeren Kontakten unter den Gefährten kommen können, weil das Bursenleben zu Erfurt allerstrengster Aufsicht unterlag.

Die selbstmörderische Askese, der sich der Jungmönch gleich nach Eintritt ins Kloster unterwarf, resultiere aus Anfechtung und Scham seiner sexuellen Gelüste und aus Enttäuschung nach womöglichen »weiteren Versuchen dieser Art«, einer Art, von der er sich recht bald »verabschiedete« – nämlich nicht erst zwanzig Jahre später mit der

Ehelichung der aus Nimbschen davongelaufenen Nonne Katharina von Bora.

Washkid kommt zu dem Schluß, Luthers sexuelle Ausrichtung in seinen frühen Jahren habe nicht generell dem gleichen Geschlecht gegolten, sondern eben nur dieser einen Person, Ironimus, die »zufällig« gleichen Geschlechtes war. Diese Person war nicht auswechselbar, sie konnte von keinem der Mitbrüder ersetzt werden, insofern sei Martins Gang ins Kloster übereilt gewesen! (An einer späteren Stelle seines Aufsatzes widerspricht sich der Autor selbst, wenn er behauptet, auch die überaus innige Beziehung Martins zu seinem Ziehvater, dem Ordensvikar Johannes von Staupitz, sei von »homosexuellen Elementen« geprägt gewesen, jedoch nicht über ein platonisches Niveau hinausgelangt.)

Beeindruckend an Washkids Aufsatz ist vor allem dies: er hält sich streng an eine Reihe von Briefen Luthers und vor allem an zahlreiche Passagen in den Tischreden.

– Selbstverständlich wurde der Autor trotzdem heftig angegriffen wegen seiner so wahnwitzigen Unterstellungen. Am fundiertesten vielleicht in der Entgegnung seines Kollegen Gezier-Bezoar (»Bloße beruhigte Körper« – NKhG 8/78), wo es, für Gezier-Bezoar ungewohnt schroff, heißt, Washkid sei dem unwürdigen Versuch erlegen, seine infantile Luthereuphorie und einen erschreckend unprofessionellen Freudenthusiasmus zusammenzubringen. Es gehe nicht um die Frage schwul oder nicht schwul, zu diskutieren sei viel mehr das heftige Autoritätsbedürfnis, dem der Student verfallen war. Dazu heißt es dann:

> »Erst die strenge Erziehung im Hause seines Vaters, der nach außen hin einen rechtschaffenen Bürger abgab und jeden Verstoß gegen seine eigenen bürgerlichen Werte ahndete, nun auf einmal das lose lotternde Leben im vorhumanistischen Erfurt – ein solcher

Bruch mußte zwingend zu seelischen Konflikten des jungen Mannes führen. Zu Konflikten, die ihm niemand abnehmen konnte, die nicht mit anderen Menschen zu teilen waren. Und die zur innerlichen Ablehnung des leiblichen Vaters ebenso führten wie zur Erschütterung Martins jugendlichen Wertesystems. Nur ein radikaler Neuanfang konnte einen Weg aus dieser Krise aufzeigen, nur die freiwillige Anbindung an eine neue Autorität konnte helfen. Ein neuer Vater – Gottvater!

Doch die Sache hatte einen gewaltigen Hahnenfuß. Die alte und die neue Autorität, der leibliche und der göttliche Vater – worin unterschieden sie sich? In nichts! Vater Hans war Gott. Selbstgefällig. Von selbstgerechter Bürgerlichkeit. Absolut. Unantastbar. Und Gott? – Ein zorniger, ein jähzorniger alter Bergmann; bloße Willkür. Herrschsüchtig und strafend, immerzu strafend.

Nein, Martin hatte nicht zu ringen mit sexuellen Deviationen, wie es uns Herr Washkid weismachen will, seine Konflikte waren anderer Natur, es war das Ringen um Gott, ein Prozeß, an dessen Ende nicht die von Bora stand, sondern das Wort Gnade.

Und das ist ganz falsch: nicht sofort, wie der ›Anal-Lytiker‹ wissen will, nein, nicht sofort nach seiner Aufnahme bei den Augustinern verfiel Martin Luther einem hysterischen, einem asketischen Irrwahn. Ganz im Gegenteil, der Teufel und ergo auch der des Fleisches war weit, weit weg in jenem ersten Jahr. Nicht Martins Sexus bestimmte seine Aufnahme unter den Patres und Fratres, sondern ein ihm bis dato unbekanntes Wir-Gefühl, so man will eine Geschwisterlichkeit im edelsten Sinne des Wortes. Das war die grundlegende Erfahrung der ersten Klostermonate, die

Gemeinsamkeit einer Idee, zu deren größtem Prediger sich Martin in den folgenden Jahren entwickelte. Auch gegen die monastischen Brüder.
Es mag ja vielleicht sein, daß diese Entwicklung begleitet wurde von gelegentlichen Pollutionen – ja und?«

ADORATVR PAPA DEVS TERRENVS.

Bapſt hat dem reich Chriſti gethon
Wie man hie handelt ſeine Cron.
Machts jr zweifeltig: ſpricht der geiſt Apoc.18.
Schenckt getroſt ein: Gott iſts ders heiſt.
Mart: Luth: D.

Eine andere Erklärung des Anfalls

Heute ist nicht mehr herauszufinden, welcher Teufel den Vorstand des Erfurter Domvereins geritten haben mag, als er ausgerechnet dem landweit bekannten Bac Huhns den Auftrag erteilte, den Festvortrag zum 400. Geburtstag Luthers zu halten. Der Autor hatte bereits eine Reihe sehr bemerkenswerter Biographien geschrieben (über J. Kannegießer, W. Stompff, J. Schluntzig und A. Mumm, seinen musizierenden Großvater), welche allesamt von der Kritik als schlüpfrig und anrüchig bezeichnet, aber trotzdem verrissen worden waren. Man warf ihm vor, nicht Biographien zu schreiben, sondern immer nur Unrat und Schmutzwäsche anzuhäufen, weniger die Taten und Ideen seiner Objekte als deren Unterleiber zum Gegenstand seiner Recherchen gemacht zu haben.

Der am 9. November 1884 (!) gehaltene Vortrag löste Tumulte aus. Statt die üblichen beschaulichen Töne anzuschlagen und die großen Etappen auf dem Leidensweg des Reformators nachzuzeichnen, wie sich dies für eine Festveranstaltung geziemt hätte, hatte sich der Autor einmal mehr gerade um jene ›verborgenen Bereiche‹ in Luthers Biographie bekümmert, die Bac Huhns' Jahrhundert gewöhnlich nicht wahrhaben wollte und darum lieber unterschlug.

Nach Angaben des Referenten war Martin am Vorabend der Primiz durch einen seiner Klostergefährten jener Brief Margaritha Böttchs zugespielt worden, der ihn schon zur Profeß hätte erreichen sollen. (Wie dieser Mitbruder in den Besitz der Zeilen gelangt war oder was ihn autorisierte, das lange vorenthaltene Schreiben zu übergeben, darüber findet sich in Huhns' Rede keine Mitteilung.)

Der Brief gilt als verschollen. Von seinem Inhalt weiß auch der Autor lediglich aus einigen Anspielungen in den Tischreden. Nach diesen informierte Margaritha den Novizen über die Geburt ihres Sohnes Jan, dessen Zeugung einige Monate vor Margarithas überstürzter Eheschließung erfolgt sein mußte. In einer Zeit also, da Margaritha und Martin eng miteinander verkehrt und mitunter bereits als Paar gehandelt worden waren. Weiter heißt es in Bac Huhns' Rede:

»Nur eine Nacht nach Lektüre des Briefes, gerade als der junge Priester die Messe lesen will, da erzeigt er sich nicht als Herr seiner Sinne. Er fällt zu Boden und ist ganz aus der Verfassung gebracht und ruft immer nur die gleichen Worte: ›Ich bin es nicht! Ich bin es nicht! Non sum!‹
Und keiner der Zeugen vermag den Sinn dieser Worte zu erkennen. So will man heute fragen, was, um Gottes Erbarmen, was ist er nicht? Ist er nicht rein genug, Gott unter die Augen zu treten? Ist er nicht gläubig, hat er den Glauben verloren? Oder ist er nicht der Vater des kleinen Jan Böttch?«

Anno 65

Die Quelle ständiger Verzweiflung

In einem Sündenverzeichnis der ganz eigenen Art listete Martin Luther viele der Dinge auf, welche der Priester vor und während der Messe ganz besonders zu beachten hatte. Als er das Verzeichnis 1522 drucken ließ, mochte er sich womöglich daran erinnert haben, wie ihn noch vor so wenigen Jahren die meisten der angeführten Gefahren fast um den Verstand gebracht hatten und wie er seinerzeit unter wahren Todesängsten schier zu krepieren glaubte.

Tatsächlich konnte er beim Verfassen der kleinen Spottschrift auf Aufzeichnungen aus seiner frühen Klosterzeit, insbesondere aus den Monaten nach der Primiz zurückgreifen und sich dabei sogar weitgehend die Mühe ersparen, diese zu überarbeiten. Er brauchte diese Aufzeichnungen bloß ins Deutsche zu übersetzen und konnte sie dann pur übernehmen; aus dem Jahre 1522 stammen vermutlich nur die beiden letzten Absätze des Blattes.

»... denn das ist sunde, wenn eyn nonne anrührt das altar=tuch, das sie pallam nennen, odder eynen kelch angreifen;
sunde ists in eynem ongeweihten mess=gewand Messe hallten, odder sso eyner ohn manipel zum altar geht;
sunde ist, wenn der Priester etwa den altardiener ruft onnd eyn wort vnter der still=messe mit im spricht;
sunde ists, wenn eyner im kanon fehlt odder etwas in eym wort gestammert hett;
sunde ists, sso eyner die Hostie anrührt, vnd ob im schon die nott dringt dazu onnd es im inwendig am gaumen beklebt, vnd er es ablosen wollt, dess ist eyne

so grosze sund, das man im das lebende ffleisch abschaben musz, womit er es hat berührt.
Keyn sunde, es sey ehebruch odder todtschlag, ist sso schwer vnd hoch geacht unnd gehalten, als die, wenn eyner das wortleyn ›Enim‹ hett ausgelassen;
der gleychen sunde ist auch eyne, wenn eyner ungefehrlich eyn tropfen wasser hett eyn geschlungen, der ist den tag des Sacraments unwirdig gewest.«

Anno 66

Zwei Beichtväter und vier Drucker (& Annocmal B)

Vielleicht ist es an dieser Stelle erlaubt, in aller gebotenen Bescheidenheit einmal zu verweisen auf unsere unlängst erschienene kleine und eigentlich ganz unverfängliche Schrift »Zimmet und die deutsche Milchspeise – ein humorvoller Exkurs«, die uns – auch dies in allergrößter Bescheidenheit – einen beachtlichen literarischen Erfolg und viel wohlwollende Aufmerksamkeit durch das Feuilleton eintrug. In einem Abschweif über die Würzgebräuche vor der Erfindung des Zimtes (und ähnlich raffinierter Zutaten) gelang uns der Nachweis, daß Luthers oftmals geäußerter Spott über die Kräutergärten der Frau Melanchthon nicht so vordergründig Ausdruck geschmäcklerischen Übermutes oder gar einer Verwegenheit war, sondern angesichts seines gewaltigen Arbeitsvolumens auf der Mitte des Weges lediglich den literarisch kühn, nachgerade chevaleresk wirkenden Vorwurf »schade um die zeit« meinte.*

Dem von uns wirklich nur nebenher zitierten Satz, Luther, der einst zwei Beichtväter und später in Wittenberg vier Drucker verbrauchte (was nicht einmal stimmt, es waren mehr als dreißig Stück und diese in zwölf Städten), habe für die Aufzucht von Kräutern und Gewürzpflanzen keine Zeit übriggehabt, verdanken wir nicht bloß einige Popularität, sondern die Aufspaltung unserer Leser in solche, die in uns eine Koryphäe in Sachen Luther sehen, und in solche, die uns – wir wagen zu behaupten: nur aus lukullischer Kleinkariertheit – für einen Scharlatan halten.

* Siehe Annocmal B (alias Anno 82): Baster Fuppsen beneidet Annrosa Marienbreeg & Scarlad Isokot & trifft V. »Äf« Laim an.

Mit dem grössten Hunger (& Annocmal C)

»Dichter – Zwischen Bauchweh und Psychose, fünf historisch-psychiatrische Studien«, so der etwas umständliche Titel eines Buches von Widlug Wonneratt. Der Autor, ein gelernter Psychiater, der der Welt unter dem Pseudonym Ruth Neowatzl auch die beiden gnadenlos heiteren und indessen komplett vertonten Gedichtbände »Scheingespräche, dazu im Dämmer« und »Ein Abendlied, ohne Quatsch« verschenkte, zeichnet in seinem zuoberst genannten und zwischenzeitlich in dritter Auflage erschienenen Werk aus medizinischer Sicht die Portraits fünf großer Gestalten der deutschen Literatur.* Neben Luther sind das Goethe, Novalis, Nietzsche und Grabbe.

Luther fand angeblich Einlaß in die erlauchte Runde wegen der (angeblich) hohen Bedeutung seiner anderthalb Dutzend Kirchenlieder (!). Vermutlich aber eher darum, weil er sich so vorzüglich für dieses Genre eignete. (Es gibt wohl keinen Verrückten dieser Welt, über den mehr pathographiert wurde als über Luther.)

Das Vergnügliche an der Lektüre Wonneratts ist die unsentimentale, die überaus prägnante Art, seine Objekte abzuhandeln. Über Luthers Klosterjahre heißt es:

> »Wer es nötig hat, unentwegt die unsinnigsten Bagatellen und Kleinigkeiten zu beichten, der hat mit großer Wahrscheinlichkeit ganz andere Dinge zu verschweigen. – Das Bild Luthers zwischen 1505 und 1513 stimmt genau überein mit dem hinlänglich bekannten Bild des religiösen, neurotischen Masturbanten.«

* Siehe Annocmal C (alias Anno 83): Blefi Wonnram dumpft im Gretl'berg vor sich hin und trinkt Tee.

Am Ende des Textes faßt Wonneratt Luthers psychischen Habitus, der nun allerdings auch das Wartburg-Pathmos mit einschließt, in folgende lyrische Worte:

»Das Gepräge der Depressionen erinnert an einen manisch-depressiven Mischzustand, der neben Depressionen auch Angst, poikilothyme Unstabilität und Elemente von Exaltationen enthält. Daneben sind sexuell-neurotisch gefärbte Dysthymien mit hektisch-emotionalem Erethismus und die Neigung zum Halluzinieren zu beobachten.«

Anno 68

Ein finster Wolcke fur sein Angesicht

Im Jahre 1545 leitete Luther den ersten Band der Wittenberger Gesamtausgabe seiner lateinischen Schriften mit einer autobiographischen Vorrede ein, in der es über das Turmerlebnis heißt:

»Wiewohl ich als untadeliger Mönch lebte, verspürte ich doch unruhigen Gewissens, daß ich vor Gott ein Sünder sei und daß ich mich nicht darauf verlassen könnte, durch meine eigne Genugtuung versöhnt zu sein. Ich liebte nicht nur nicht – ich haßte den gerechten Gott, der die Sünder straft. Nicht gerade mit stummer Lästerung, sicherlich aber mit unermeßlichem Murren entrüstete ich mich über Gott und sprach: als ob es nicht genug sei, daß die elenden Sünder, die auf ewig durch die Erbsünde verloren seien, mit aller erdenklichen Not durch das Gesetz der zehn Gebote bedrückt wären, habe Gott noch durch das Evangelium Schmerz auf Schmerz hinzugefügt und durch das Evangelium selbst uns seine Gerechtigkeit und seinen Zorn angedroht. So tobte ich in meinem wilden und verwirrten Gewissen und bemühte mich ungestüm um jene Stelle bei Paulus, von der ich brennend gern gewußt hätte, was St. Paulus wolle.

Bis Gott sich erbarmte und ich, der ich Tag und Nacht nachgedacht hatte, den Zusammenhang der Worte begriff, nämlich: Gerechtigkeit Gottes wird offenbart in dem, was geschrieben steht: der Gerechte wird aus Glauben leben. Da fing ich an, die Gerechtigkeit Gottes zu verstehen, durch die der Gerechte als durch ein Geschenk Gottes lebt, nämlich aus Glauben heraus.

Und daß dies der Sinn sei: daß durch das Evangelium Gerechtigkeit Gottes offenbart werde, nämlich eine passive, durch die Gott uns in seiner Barmherzigkeit durch Glauben rechtfertigt, wie geschrieben steht: der Gerechte soll aus Glauben leben. Hier spürte ich, daß ich ganz neu geboren sei und daß ich durch die geöffneten Pforten in das Paradies selbst eingetreten sei, und da erschien mir von nun ab die Schrift in einem ganz anderen Licht. Ich eilte durch die Schrift hindurch, wie es mein Gedächtnis hergab, und verglich in anderen Wörtern die Analogie, daß nämlich das Werk Gottes das ist, das Gott in uns tut, die Kraft Gottes, durch die er uns mächtig macht, die Weisheit Gottes, durch die er uns weise macht, die Stärke Gottes, das Heil Gottes, die Ehre Gottes.
Und so sehr ich vorher die Gerechtigkeit Gottes gehaßt hatte, so viel mehr nun hob ich dieses süße Wort in meiner Liebe empor, so daß jene Stelle bei Paulus mir zur Pforte des Paradieses wurde.«

Anno 69

Der kräftigste Schub seiner theologischen Karriere

In dem Bestseller »Junge. Mann. Und Luther. Eine psychoanalytische Studie«, erschienen 1958 in New York (indessen mehrere deutsche Übersetzungen), geht der Autor E. Hamburger E. der Frage nach, warum es wenigstens aus psychoanalytischer Sicht falsch ist, den genauen Ort des Turmerlebnisses mit Stillschweigen zu übergehen.

> »Aber gerade weil sie psychiatrisch von Belang ist, verdient die Frage nach dem Schauplatz des Erlebnisses Erwähnung. Der genannte Ort dient einem bestimmten physischen Bedürfnis, dessen emotionale Bedeutung verborgen bleibt, solange ihm ohne Schwierigkeiten entsprochen werden kann. Luther litt jedoch zeitlebens an Obstipation und Harnverhaltung. Von den möglichen physischen Ursachen und Folgen dieser Anlage abgesehen, hängen die Vorgänge an sich mit der Tätigkeit des Zurückhaltens und Ausscheidens zusammen. Bei trotzigen Kindern zeigt sich dies besonders deutlich.
>
> Wer gegen diese möglicherweise unreinen Umstände bei Martins Erleuchtung Einspruch erhebt, leugnet, daß bei einem echten emotionalen und spirituellen Erlebnis Körper und Seele total mit einbezogen sind. Den Gelehrten wäre es freilich sehr viel lieber, wenn das Geschehen sich dort abgespielt hätte, wo sie selbst ihre gedanklichen Offenbarungen erlangen – vor dem Schreibtisch. Luthers Äußerung, daß er sich anderswo befand, legt es nahe, daß in diesem schöpferischen Augenblick die Spannung tage- und nächtelanger Meditation in eine Erleichterung umschlug, die sein ganzes

Sein erfaßte; und niemand, der Luthers private Bemerkung gelesen hat, kann daran zweifeln, daß die Gesamtheit seiner Person immer auch seine Eingeweide umschloß.
Eine Erleuchtung, das heißt ein plötzlicher innerer Lichtstrom, ist stets mit den Begriffen der Reinigung, des Von-sich-Abwerfens, des Abstoßens verbunden. Es stände völlig im Einklang mit Luthers Freimut in diesen Dingen, wenn er dieses Abstoßen in rückhaltlos physischer Ausdrucksform erlebt und berichtet haben sollte. Die ›cloaca‹ blieb für ihn – manchmal schmerzhaft, manchmal quälend und zugleich auch als Wahnvorstellung – aktuell, als sei sie ein ›schmutziger Grund‹, in dem man den Teufel trifft, wie man Gott im ›Seelengrund‹ begegnet, in dem das reine Sein erschaffen wird.«

Überall auf heiligem Boden, solange Gott Begleiter ist

Dieser Unanständigkeit schmettert der große und breitgewachsene Romancier Tassmat Mothertritt in seinem Epos »Voyeurismen« nur einen Satz entgegen. Aber was für einen!

»An manchen Örtern würde ich lieber allein sein.«

(Anschließend mokiert sich der Autor noch siebzehn Seiten und drei Zeilen lang über die Unsitte mancher Haushalte, aus Gründen der Platzersparnis und Unterbringung von zum Beispiel Regalen, Waschmaschinen, Bidets, Duschkabinen, Fußbecken, Schleudern, unartigen Kindern, Staubsaugern, Perückenständern, Spiegeln, Teppichklopfern, Arzneikästen, Grünpflanzen, getragenen Schlüpfern, Katzenfreßnäpfen, Sprüchen, Gasthermen, kitschigen Klopapierhaltern, Liebhabern und anderen unnützen Gerümpels die ordentlichen Klotüren durch liederliche Vorhänge zu ersetzen.)

Gedichte über die Schönheit beim Defäkationsprozess

Das Buch des Psychiaters Peter Jacob Springer heißt mit vollem Titel: »Feld und Welt, Bauch und Seele, eine Studie zur Geschichte und Krankengeschichte Martin Luthers«. Durch irgendeinen für den Autor unglücklichen Zufall muß es in die Hände Fén Oldadlers, des gewalttätigsten aller Verreißer, geraten sein, dessen Temperament noch keines seiner Opfer ohne Blessuren überstanden hat.

Normalerweise beschränkt sich Oldadler auf die Besprechung von Reiseliteratur, derer er selbst auch schon einige Bände veröffentlichte. Doch Springers Buch muß ihn so sehr beeindruckt haben, daß er einfach nicht anders konnte, als es genüßlichst in den achten Himmel zu heben. In der Sonntagsbeilage der »Lanzpreuer Bergwelt« zitiert Oldadler zunächst jene Stelle, wo Springer auf den Ort des Turmerlebnisses zu sprechen kommt und auf Lyriker, die ihre ergreifendsten Gedichte auf dem Klo »empfingen«, um dann folgendes zu bemerken:

> »Wiewohl, wiewahr, wie treffend! Wie genau recherchiert! Jetzt ist mir doch gleich alles klar: die Herren Lyriker schreiben beim Kacken. Fresse auch, so was hätte man sich ja gleich denken könn! Vor allem die schönsten ihrer Gedichte über Felder und Fraun und was noch alles. Und Wälder und den ganzen Scheiß. Beim Defäkationsprozeß! – Ja, was man so alles erfährt, wenn man nur alt genug wird und schon lange an den Tetrapapp-Buttermilchbusen glaubt. Und mir, dem, trotz aller pillenskandierten Abführschweißperlen jedes Mal, nur selten ein schöner Prozeß glückt, bestenfalls das eine oder andere glückliche Stück Prosa

kommt da noch raus, folglich, lieber S., folglich!, mir sprichts – muß mans wohl noch geheimhalten? – directamente ausm Verdauungcanale grande!«

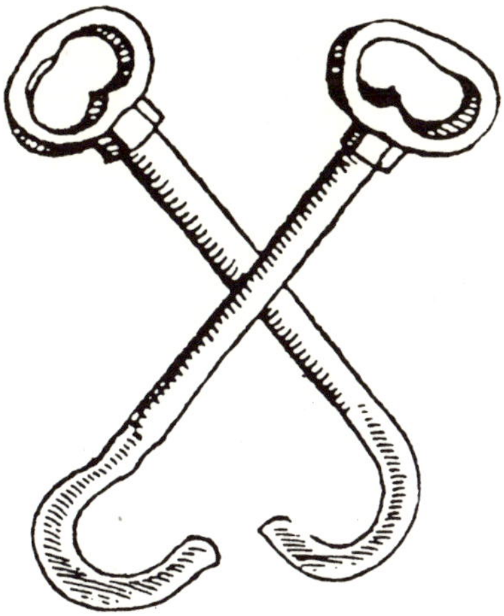

Der steht als Dr. Luther vor Gott und der Welt

Dem bereits in einer früheren Annotat zu den Bildnissen des Desiderius Erasmus genannten Berliner Maler und Sammler Saul C. »Clacci« Chilslic ist zu danken für die Überlassung eines Dokumentes, das sich seit mehreren hundert Jahren im Besitz seiner, Chilslics Familie befindet. Es handelt sich hierbei um ein von Luther beschriebenes Blatt Papier, eigentlich eine Art Schmierzettel, auf dem sich in sehr eindrucksvoller Weise nachvollziehen läßt, über welche Stationen (»dulos«, »captivus«, »eleutheros«, »Eleutherius«) es zur Änderung des Namens Luder in Luther kam.

Darüber hinaus bietet das Schriftstück noch eine ganz wunderbare Rarität. Nämlich einen Fünfzeiler aus der Feder Martin Luthers. Das Besondere daran: es ist die Originalfassung eines Textes, den der Reformator später radikal veränderte, und zwar gewissermaßen in eine andere Jahreszeit ›transkribierte‹. Bislang bekannt ist der Fünfzeiler in folgender Fassung:

»Der Sommer ist hart für der Tür
Der Winter ist vergangen
Die zarten Blumen gehn herfür;
Der das hat angefangen
Der wird es auch vollenden.«

Beim Vergleich der beiden Fassungen (siehe Abbildung) und ihrer Intentionen könnte man leicht in Betrachtungen verfallen über die Zunahme einer verhängnisvollen Schwere in Luthers Denken und Dichten. Während sich in der Originalfassung noch die Welt erneuert, ja explizite von einem Neuanfang die Rede ist, läuft die spätere Version recht direkt auf Vollendung (auf das Ende der Welt?) hinaus. Hätte das Dokument bereits der Pathographie zur Verfügung gestanden, so hätte man heute sicherlich manchen zusätzlichen Exkurs verfolgen können über Luthers schwankende Gemüthslage.

Chilslic, jüngster Sproß eines Dessauer Pastorengeschlechts, hat zwei chirographische Gutachten erstellen lassen, um Zweifel an der Echtheit des Papiers auszuräumen. Beide Gutachten bestätigen, daß es sich um die Handschrift des Reformators handelt. Daher schien eine nochmalige Prüfung vor der Veröffentlichung des Blattes nicht erforderlich zu sein. Schließlich macht es ja keinen Sinn anzunehmen, jemand hätte das Zeugnis gefälscht – es wurde noch nie veröffentlicht! Seine Erstveröffentlichung an dieser Stelle erfüllt uns darum auch mit einem gewissen Stolz.

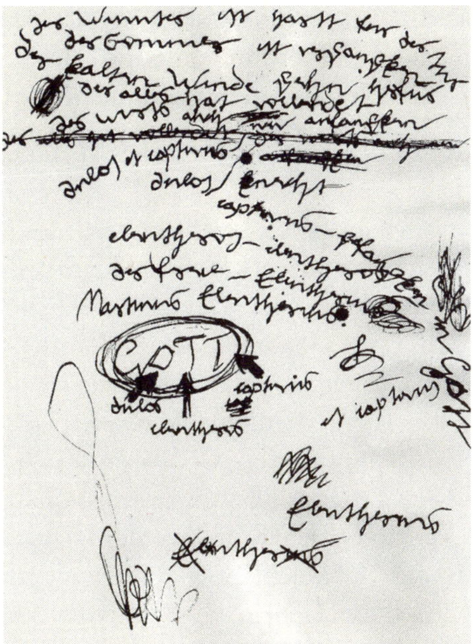

Luther-Handschrift

»Es endsbrichd unserem Weldpilt, tie Keschichde in ihrem opjegdiven, dadsächlichen Verlauf, in ihrer kesamden Tialegdig zu erfassen. Sie als eine Keschichde von Glassengämbfen zu versdehen peteuded geine Einenkunk, sontern reale Einsichd in ten Kank ter Tinke. Tie sozialisdische Teudsche Temogradische Rebuplig, ter ersde Sdaad ter Arpeider unt Pauern auf teudschem Poten, isd ter rechdmäßike Erpe tes revoludionären Gambfes ter Arpeiderglasse unt ter anteren temogradischen Gräfde keken Gabidalismus unt Griek, tes revoludionären Hantelns ter Pauern, ter Hantwerger, ter Keisdlichen, ter Indelegduellen unt Günsdler, ter Ankehöriken tes Pürkerdums, gurzum aller, welche tie kesellschafdliche Endwigglunk vorankeprachd hapen.«

(E. H. auf der Konstituierung des M.-L.-Komitees)

Aus einem bisher unveröffentlichten Brief des Vorstandes des Architektenverbandes des Bezirkes Erfurt an den Vorsitzenden des Staatsrates der Deutschen Demokratischen Republik, den Ersten Sekretär des Zentralkomitees der Sozialistischen Einheitspartei Deutschlands und Vorsitzenden des Nationalen Verteidigungsrates der Deutschen Demokratischen Republik, den Genossen Erich Honecker, anläßlich dessen Ernennung zum Ersten Vorsitzenden des Staatlichen Martin-Luther-Komitees der Deutschen Demokratischen Republik (welche notwendig geworden war, als der gesetzmäßige 500. Geburtstag des ersten großen Repräsentanten der frühbürgerlichen Revolution auf deutschem Boden anstand):

»Darüber hinaus wollen wir Dich bitten, Deinen ganzen Einfluß geltend zu machen, wenn es darum geht, mit falschen und überkommenen bürgerlichen Vorstellungen über den deutschen Reformator endlich einmal Schluß zu machen. Besonders liegt uns, den Angehörigen der technischen Intelligenz, hierbei am Herzen, die falsche Einschätzung überwinden zu helfen, Martin Luther sei in technischen Fragen unbegabt und an ihnen uninteressiert gewesen.
An einem Beispiel wollen wir Dir erläutern, was uns zu diesem Appell an Dich bewegt.
Als der erste große revolutionäre Sohn der deutschen Geschichte, der Reformator Martin Luther, von den reaktionären Kräften nach Worms in die Hochburg der römisch-deutschen Reaktion zitiert worden war, da machte er in unserer Bezirkshauptstadt Erfurt zum letzten Male auf dem Gebiete unserer heutigen Deutschen Demokratischen Republik einen Zwischenhalt. Bevor er von hier aus die Grenze in eine ungewisse Zukunft überschritt, da war es dem Reformator ein Bedürfnis seines aufrichtigen Herzens, in seiner alten Augustinerkirche noch einmal einige Worte an das werktätige Volk seiner Zeit zu richten. Das Volk war aber nun so zahlreich erschienen, daß ein dichtes Gedränge herrschte und sich kein freier Platz mehr im Raum befand. Noch während der Reformator sprach, da hörte man plötzlich das Knarren der Empore, und es war zu befürchten, daß diese der Last so vieler begeisterter Menschen nicht standhalten würde.
Da unterbrach Martin Luther seine Rede für einen Moment und forderte alle auf der Empore Versammelten zum Stillstehen auf. Wenn nur alle still stünden und sich nicht bewegten, so sagte der Reformator, dann würde ihnen auch nichts passieren und die Empore

nicht beschädigt werden. Und wie wir alle wissen, passierte dann ja auch nichts.
Während unseres letzten Verbandstreffens, lieber Genosse Erich, haben wir, die Architekten des Bezirkes Erfurt, ausführlich über diesen Fall diskutiert und sind zu dem einstimmig gefaßten Entschluß gelangt, daß es dem falschen und veralteten bürgerlichen Geschichtsbild entspringt, zu glauben, Martin Luther sei in technischen Fragen inkompetent gewesen. Denn nur jemand mit einem soliden technischen Sachverstand, der sogar auch über Kenntnisse der Statik verfügt, konnte so souverän diese gefährliche Situation meistern und damit Blutvergießen vermeiden und Menschenleben retten. Es ist die feste Überzeugung unseres gesamten Kollektives, daß auch diese, unsere Erkenntnisse, unserem neuen sozialistischen Lutherbild endlich Rechnung tragen müssen. So wollen wir Dich noch einmal bitten, lieber Genosse Erich Honecker, dafür Sorge zu tragen, daß bei der dringend notwendig gewordenen Korrektur des alten bürgerlichen Lutherbildes auch die von uns vorgebrachten Erkenntnisse die ihnen gebührende Berücksichtigung finden.«

Martin vom rechten Weg abzubringen

Auf dem Weg nach Worms, nicht mehr weit von der Reichsstadt entfernt, erhielt Martin Luther eine dringende Nachricht zugespielt. Ritter Franz von Sickingen, Ritter Ulrich von Hutten, der Dominikaner Martin Bucer und noch jemand anderes beschworen darin den Reformator, von dem gefährlichen Unterfangen bloß die Finger zu lassen und statt vor den Kaiser zu treten, lieber zu ihnen rauf auf die Ebernburg zu kommen, wo er ihres Schutzes gewiß wäre und in besserer Gesellschaft.

Martin dankte kühl und lehnte ab. Es war ihm wichtiger, seine Sache vor dem Reich zu vertreten und gegebenenfalls das Martyrium zu erleiden.

Zu diesem Vorfall, insgesamt natürlich nur eine kleine Randbemerkung wert, existieren nun drei Interpretationen.

In den Tischreden verbreitete Luther selbst eine davon: Danach sei er auf das Angebot nicht eingegangen, weil dahinter kein geringerer als Busenfeind Albrecht stecken konnte, der die Sache nur darum eingefädelt habe, damit die dreiwöchige Geleitfrist verstriche und man danach des Ketzers endlich habhaft werden und ihm ungestraft das Fell über die Ohren ziehen könnte.

Das ist eine notorische oder milder gesagt: eine polemische Lüge. Einmal mehr mußte Albrecht nur als Prügelknabe herhalten. Denn tatsächlich war der Kardinal in Worms mit ganz anderen Dingen beschäftigt. Wie Moesehengst der Sachse, Albrechts vorzüglicher Biograph, in einem »Beitrag zur Reformationsgeschichte« nachwies, wußte der Kardinal zum betreffenden Zeitpunkt überhaupt nichts von der ganzen Angelegenheit und hat erst viel später, nämlich indirekt durch Luther selbst, davon erfahren.

Die Geschichtsschreibung setzte der Darstellung des Reformators darum auch eine modifizierte Fassung entgegen. Nicht Albrecht, so hieß es bald, sondern dem kaiserlichen Beichtvater Glapion sei es gelungen, die besorgten Freunde übers Ohr zu hauen. Nämlich ihnen weiszumachen, Martins Feuertod zu Worms sei eine längst beschlossene Sache und nur er, Glapion, könnte vielleicht noch das drohende Unheil abwenden. Denn er habe dem Ketzer im Auftrag des Kaisers eine »geheime Eröffnung« zu machen. Weiter hieß es, der Theologe Bucer sei gläubig genug, der Dichter Hutten naiv genug und der Soldat Sickingen etwas ganz anderes gewesen, dem Geschwätz des kaiserlichen Beichtvaters auf den Leim zu gehen. Nicht anders ließe sich ihre aufgeregte Nachricht an Luther verstehen.

Jedoch ist heute bekannt, daß auch diese Darstellung Fehler hat. Wie schon Albrecht, so trat auch Glapion in der Sache überhaupt nicht in Erscheinung.

Wenn aber weder der Kardinal noch der kaiserliche Beichtvater gewissermaßen als Strippenzieher in Frage kommen, wer dann? Und warum konnte Luther es nicht dabei bewenden lassen, daß die drei Adressanten der Einladung aus eigenen Stücken gehandelt hätten? – Weil sie es aus eigenen Stücken nicht taten? Weil es tatsächlich jemanden gab im Hintergrund? Jemanden, den Martin für unwürdig hielt? Der verschwiegen werden mußte? Der in seinen Berichten keinen Platz verdiente? Der nicht vorkommen sollte? Der aus bestimmten Gründen kaschiert, am besten durch einen anderen ersetzt werden mußte? Durch Albrecht zum Beispiel, durch Glapion! – Wer aber könnte das gewesen sein?

Zuerst war es der Militärhistoriker und Sickingen-Experte Bighan Wollfigg, der 1912 in der Aprilausgabe ausgerechnet der alten »Heeresrundschau« dem Geheimnis auf die Spur kam. Jahrzehntelang hatte Wollfigg sich mit Sickingens Kriegerbiographie beschäftigt und dabei am Rande eine für seine Zwecke eher unwichtige, für die zivile Lutherforschung um so entzückendere Entdeckung gemacht. Ihr Name: Rita Böttiger. Ein Frauenzimmer, das mit dem jungen Luther bekannt gewesen sein soll. Franz persönlich hatte sie in Erfurt aufgetrieben und überredet, für ein paar Tage mit auf die Ebernburg zu kommen. Damit sie ihm und seinen Freunden bei dem Versuch beistünde, Martin vom rechten zwar, aber selbstmörderischen Wege abzubringen, kurz: sein Leben zu retten.

Diese Entdeckung kam seinerzeit unter Eingeweihten einem mittleren Erdbeben gleich. Es dauerte nicht lange, bis man auch den korrekten Namen der Frau herausgefunden hatte. Der war nicht Rita Böttiger, sondern Böttch, Margaritha Böttch, geborene Buntz.

Da man indessen auch weiß, daß Martin Luther kurz vor Antritt seiner theologischen Karriere im Jahre 1505 sich geschworen hatte, die einstige Gefährtin und große Enttäuschung seines Lebens nie und unter keinen Umständen jemals wieder anzusehen, ja, daß er sich ihretwegen überhaupt nur hinter Klostermauern verkrochen hatte, so kann man sich vorstellen, wie ihm zumute war, als ihn nach so vielen Jahren ihre Einladung erreichte. Noch dazu gerade auf dem Weg nach Worms. Und irgendwie versteht man die sture und prompte Antwort, die er zeit seines Lebens auf die Frage gab, wie die Sache mit der Einladung auf die Ebernburg sich denn nun verhalten hatte. Ganz einfach: Albrecht war's! Seine Cardinallische Höllischkeit war's! Der Furz von Mainz war's!

Und es bleibt Sache der Psychologen, auszuloten, warum er ausgerechnet dem verhaßten Kardinal eine so schändliche Rolle andichtete, die in Wirklichkeit nicht schändlicher, sondern allerbester Absicht seine ehemalige Freundin spielte.

Postscripta: – Bis noch ins Jahr 1981 hinein wurde unter einer Glasvitrine des Erfurter Heimatmuseums ein von Wollfigg ausfindig gemachter Brief ausgestellt, den Margaritha unter dem 12. April 1521 von der Ebernburg aus an ihren sechzehnjährigen Sohn Jan geschrieben hatte, um ihm mitzuteilen, daß sich ihre Abreise nach Erfurt um vier Tage verzögern werde. Unklar ist, ob dieser Brief wirklich aus dem Museum gestohlen wurde. In gewissen Kreisen glaubt man, er sei in Vorbereitung des Lutherjubiläums von 1983 aus quasi politischen Gründen ›entfernt‹ worden. Und zwar so weit, daß er seither nicht mehr auffindbar ist.

Eindeutig falsch hingegen ist die von der Frankfurter Oberfeministin Irma Chier-Karniccel vertretene Behauptung, während Luther als Schutzgefangener auf der Wartburg weilte, sei auch Margaritha Böttch dort aufhältig gewesen und habe den Reformator inspiriert zu einer Schrift mit dem Titel »De votis monasticis iudicium«. Nachweislich aber befand sich Margaritha zu jener Zeit wieder in Erfurt, wo Ende Juni 1521 ihre Mutter und kurz nach Erscheinen des genannten Büchleins ihr Gemahl verstarb.

NACH WORMS SCHON SEINES LEBENS SICHER?

Diese Annotat hat zwei Stellen im Text; zwei zu verbrotzelnde Gelegenheiten, auf die aber nur einer in Frage kam, ein Junggebliebener, wahrhaftig, wild und schroffen Strichs seine dänemarkige Butter zu schmieren.

1. Nach dem Wartburg-Pathmos; oder nach Worms schon?

... daß Martin Luther besser gestorben wäre – so kömmt es auf der vorletzten Seite des ersten Kapitels dahergeplaudert. Und bloße gesmägglerische Wägungen gaben den Ausschlag, auf diese unfrumme Empfehlung nicht weiter einzugehen, vielmehr sogar die folgenden Sätze a. a. O. auszusparen:

»Jedenfalls hätt er nicht fett werden dürfen. So wenig wie Jan Hus fett werden durfte oder Hieronymus von Prag noch fetter, als er es ohnehin schon war. Und von einem gemächlichen

2. Und ist sich seines Lebens sicher

... ziemlich sicher sogar, weil er gute Freunde oben hat; da oben und da oben welche, die verzeihn einem schon mal ein vorlautes Wort. – Und wenn man heute bloß sagt, sagen wir mal, daß das Deutsche der Inbegriff des Selbstgerechten sei, Mittelmaß, so kann einem das ganz flott schon wieder paar auf die Finger einhandeln. Aber wenn man sagt, Luthers Protestantismus sei eine urisch deutsche Angelegenheit, da wird sich kaum wer dran stoßen, da sind die womöglich noch stolz drauf. Und sagt man schließlich, er, Luther, habe die Mittelmäßigkeit überhaupt erst erfunden, so setzt das ratzbatz was

Sterbeln kann gar keine Rede nicht sein; erhobenen Heuptes dem Henker in sein hämisches Antlitz hätte er blicken, einen süßen Garaus hätte er erbitten sollen, den Opfertod zu Worms – oder besser erst nach der Wartburg.«

hinter die Ohren, wenn man sich nicht beeilt, irgendwo das Weite zu finden; sagen wir mal: in den geräumigen Speisekammern Voltaires etwa:

»Die Papisten genießen Gott, die Calvinisten genießen Brot, die Lutheraner Brot mit Gott.«

Blaß und kränkelnd anzuschauen und von heftigem Gemüth, zuweilen vergnügungssüchtig bis zur Verzweiflung; voll Energenie: ein wildgewordenes Arbeitsvieh, ein wildgewachsener Aszet, sagt man, an dem vier, fünf, sieben Heilige verlorengingen – Sören Kierkegaard:

»Luther hat doch unberechenbaren Schaden angerichtet, weil er nicht Märtyrer wurde. Teils ist es eine eigene Sache, daß einer, der in dem Grad als Mann Gottes gezeichnet ist wie er, in gemütlichem Umgang mit anbetenden Bewunderern und Anhängern endet. Das Schale kann sich so leicht durchsetzen. Ordentlicherweise pflegt es deshalb auch der Fall zu sein, daß das Leben eines solchen Mannes, so lange er lebt, so gefahrvoll ist, daß das Schale nicht durchkommen kann; und wenn er dann von einem gewaltsamen Tod weggerissen wird, dann ist wieder die Fadheit vermieden. Anders bei Luther. Wenn er auch einige Jahre seines Lebens das Salz war, so ist sein späteres Leben nicht frei vom Schalen, wofür die Tischreden ein Beispiel sind: ein Mann Gottes, der in biederer Gemütlichkeit von bewundernden Anbetern umgeben sitzt, die glau-

ben, wenn er nur einen Farz läßt, dann ist es eine Offenbarung oder die Folge einer Eingebung.
Luther hat, auf halbem Wege Halt machend, den Münzfuß des Reformators herabgesetzt und dadurch in späteren Geschlechtern dieses Pack, diesen verfluchten Haufen von netten, herzlichen Menschen gezeugt, die auch gern ein klein wenig Reformator spielen wollen, item hat er in seinem späteren Leben die Mittelmäßigkeit akkreditiert. Ihr Heros war Luther. Aber von dem Augenblick an, wo die Mittelmäßigkeit eingeführt ist, bedarf es nur noch der Mittelmäßigkeit – und damit sind wir, über alles Maß, im Protestantismus gesegnet worden.«

Anno 76

Ein Feldherr ist er und aufmarschieret, seinen Text zu trumpeten

> »Der Luther der vierziger Jahre war eben nur noch ein schwierig zu behandelnder, mit allem unzufriedener Greis, nicht mehr der umsichtige Feldherr von ehemals«,

heißt es beschwichtigend in einer der vielen Lutherbiographien und stimmt so nicht. Denn ein umsichtiger Feldherr, der überlegt und kalkulierend seine Sache verfolgte, der war Martin ganz bestimmt nicht, nie, auch dann nicht, als er zu Worms vor Kaiser und Ständen stand und volles Rohr sein Liedlein trumpetete. Es mag ja sein, zugegeben, daß sich im Laufe seines Lebens seine Manieren etwas abnützten, aber in der Zügellosigkeit seiner Kampfeswut war er sich von seinen ersten Auftritten an bis in seine letzten Tage hinein treu. Auch in seinem Spätwerk, auf das die Beschwichtigung des Biographen abzielt, einem kleinen, um das Jahr 1545 entstandenen Reigen von Holzschnitten, blieb er der alte Haudegen, deftig und unbeherrscht, wie er es all die Jahre des Kampfes, ganz besonders auch in den Tischreden, war. »Die scharpffen gemelde sullt den Leyen, so nicht lesen kondten, des Antichrists wesen und grewel fürbilden wie der Geyst Gottes in der offenbarung Johannis die rote Braut von Babilon hat abcontrofactirt, und M. Johann Huß sein sach in bilder fasset, darin er den Herrn Christum und den Antichrist allen leuten fürstellet.«

Die mit Versen versehenen und signierten Zeichnungen stammen wahrscheinlich aus der Werkstatt Cranachs des Älteren, doch wohl nicht alle. Luther selbst bezeichnete sie als sein Testament, als den Abschluß seines Kampfes gegen Rom. Sehr zum Leidwesen der protestantischen Lutherforschung (und sehr zur Freude der katholischen) gilt heute als erwiesen, daß Martin die Blätter nicht nur bestellt und in Auftrag gegeben, sondern auch bis ins Detail hinein selber entworfen hat. Womöglich sind sie gar in seinem Studierzimmer, nämlich nach seinen präzisen Anweisungen skizziert worden.

[S. 246] Erstes Bild: »Geburt« — Ein breit grinsendes Teufelsweib mit behaarten Armen, Hängetitten, Schmerbauch und breit auseinandergespreizten Beinen, deren eines als Pferdefuß, deren anderes als Vogelkralle endigt, gebiert, man muß es wohl deutlicher sagen: scheißt, selbst mit den Händen nachhelfend, fünf Kardinäle in die Welt. Die drei Erinnyen mit ihren Schlangenhaaren nehmen sich des Papstkindes an. Alekto wiegt es und scheucht ihm die Fliegen weg, Megäre ammt es, und Tisiphone, die dritte Furie im Bunde, lehrt es laufen. – Die Lutherforschung ist sich bis heute uneins darüber, ob der werfenden Teufelin ein dicker Zopf über den Rücken fällt oder ob das ihr mächtiges Rückgrat ist, was sich auf ihrem Rücken so auffällig hervorhebt.

[S. 252] Zweites Bild: »Höllenrachen« — »Ist eine Hölle, so ist Rom darauf gebaut« lautet ein häufig in den Tischreden vorkommendes Wort Luthers. Wie die Illustrierung des Satzes wirkt dieses Blatt, es gehört wohl zu den schönsten der Sammlung. Einziger Streitpunkt unter den Lutherforschern ist die Frage: Stellt es den Abstieg des Papstes in die oder seine Hervorbringung aus der Hölle dar? Wegen der Fülle der dargestellten Details lohnt es sich vielleicht, die Zeichnung einmal etwas genauer zu betrachten: von unten her züngeln Flammen aus dem weit aufgesperrten, schnaufenden, womöglich ein Nilpferd karikierenden Höllenrachen herauf. Der päpstliche Thron und die zu ihm hinaufführende Treppe sind zusammengebrochen. Lauter kleine und große Teufel bemühen sich, den Papst aufrecht zu halten. Unter ihnen einer in der Gestalt eines bocksfüßigen und mit sonderbaren Geschlechtsteilen ausgestatteten Eichhörnchens, das sich wie ein Stiefelknecht gegen die Füße seiner Heiligkeit stemmt. Ein anderer Teufel, schweinsköpfig, mit übergezogener Narrenkappe, stützt mittels einer Stange die den Kniekehlen des Papstes untergeschobene Querbohle, welche zusätzlich von einer mit Raubvogelkopf und Krallen versehenen Bestie auf den Schultern gehalten werden muß und schließlich noch von einem dritten, wieder etwas größer geratenen Teufel an einem über die Rücklehne des Throns gelegten Tau hochgezogen wird. All die Bemühungen scheinen aber vergeblich zu sein. – Der Papst selber zeichnet sich durch seine debil wirkende Unbeweglichkeit und riesige Eselsohren aus. Auf einem davon hockt ein geflügeltes und irgendwie keß dreinblikkendes Teufelchen und setzt dem Papst die Tiara auf oder ab, von deren Spitze der Dampf frischen Kots hochsteigt. Ein weiterer, fliegender Teufel hilft seinem Kollegen, die übergewaltige Tiara zu halten. Noch drei zusätzliche tiergestaltige Kreaturen schweben durch die Lüfte, am auffälligsten unter ihnen eine mit Mönchstonsur, dem Kopf eines Raubvogels und viel zu groß geratenen Siebenmeilenstiefeln an den Füßen.

[S. 295] Drittes Bild: »Galgen« — Den Altgläubigen ihre Zungen von hinten aus den Hälsen zu reißen und anzunageln – ganz offenkundig eine der liebsten Vorstellungen des Reformators. (Seine auf die Römlinge bezogenen Henkersgelüste standen an Grausamkeit den Foltern der »Legenda aurea« in nichts nach. Noch friedlich köchelte sein Temperament, wenn er bloß sich wünschte, Papst und Kardinäle würden zusammengebunden, mit Steinen beschwert und ins Meer geworfen. Oder es würden ihnen die Häute über ihre lebendigen Leiber gezogen und bei Ostia ins Feuer gegeben ...) – Die hier peinlichst betroffenen Herren, deren Seelen sich eben diverse Teufelchen annehmen, sind von links nach rechts: mit der Mozetta über den Schultern und dem vor ihm baumelnden Kardinalshut, der wie ein Freßtrog ausschaut: Erzbischof Albrecht von Mainz, natürlich; dann, an seinem Spitzbart gut zu erkennen: Otto Truchseß von Waldburg, der »Bauernschlächter« genannte Bischof zu Augsburg; im Talar: der katholische Theologe und frühere Humanist Cochläus (der sich fünf Jahre später weidlich rächte für die Missetat und die erste Lutherbiographie schrieb – man kann sich denken, wie); und schließlich, die seine Zunge wird eben noch festgenagelt: in all seiner Pracht ein Papst, vermutlich ist es Paul III.

[S. 306] Viertes Bild: »Bann« — Der Kampf zweier Naturgewalten widereinander. Nämlich seitens des Papstes die Feuerflammen und Meteorgestein ausspuckende Bannbulle, seitens der beiden Bauern gewaltige Stürme hermachende Furze. Die Personen sind erneut: Kardinal Albrecht rechts des Papstes, Truchseß von Waldburg linkerseits. Der

Name des Papstes ist hier definitiv zu bestimmen, nämlich anhand des mit den heraldischen Lilien verzierten Baldachins, des Wappenzeichens der Farnese, aus welchem Fürstengeschlecht Paul III. abstammte, der im bürgerlichen Leben Alessandro Farnese hieß und von Luther darum gemeinhin (und etwas herbeigeholt) Farzesel genannt wurde.

[S. 358] Fünftes Bild: »Papstesel« — Wie der Antichrist vom Abgrund heraufsteigt, so stieg – am ehesten heute mit der guten Nessie von Loch Ness vergleichbar – zu Zeiten Alexanders VI. ein grauenhaftes Ungeheuer aus den Wassern des Tibers, ein Scheusal, das die Römer einige Jahre mit Gesprächsstoff versorgte. Auch Martin hatte davon gehört. Mit Phantasie und Spottlust machte er im Laufe der Zeit den »Papstesel« daraus, geradezu seine Lieblingsmetapher für den Pontifex. Doch man muß das Bild für mißlungen halten. Abgesehen einmal von Pferde- und Krähenfuß, Eselskopf, Elefantenrüssel, Schuppenhaut, Arschgesicht und dem (wie ein Materie gewordener Furz) hintenraus kriechenden Hahn oder Drachen, ist die Eselin, wie sie da, ganz Grazie, am Ufer des Tibers steht, Engelsburg und die Torre di Nona im Rükken, doch zu schön, nachgerade aufreizend mit ihren wohlgeformten Brüsten, ihrem kleinen entzückenden Bäuchlein, in ihrer vornehmen Haltung, der eleganten Art, in der sie die linke Hand auffordernd nach vorn hält – eine verwunschene Prinzessin, zweifellos; sehr sexy.

[S. 363] Sechstes Bild: »Konradin« — Papst Klemens IV. mit der Tiara auf dem Kopf, aus der oben angeblich Satan rausguckt, welcher aber eher wie ein armes verängstigtes Füchslein aussieht. – Eben ist Klemens dabei, Konradin, den »letzten Hohenstaufer«, hinzurichten (welcher zuvor versucht hatte, das staufische Erbe in Italien wiederzugewinnen und dabei von Karl von Anjou geschlagen und in einem für das Mittelalter ungewöhnlichen Schauprozeß zum Tode verurteilt worden war). »Wie dis bild dir die warheit sagt.« – Dieser Satz Luthers unter der Zeichnung kann bestenfalls ironisch gemeint sein, denn im Grunde stimmt an ihr nichts. Klemens hatte zwar den Bann über Konradin verhängt, und es war ihm wohl auch mehr als recht, daß jener hingerichtet wurde und er damit das leidige Stauferproblem vom Halse bekam, aber nicht er, sondern Karl von Anjou zeichnete für die Exekution verantwortlich. Und außerdem ist zu bezweifeln, daß Konradin einen Bart trug und so ausgeprägte Gesichtszüge hatte, wie das Bild es weismachen will. Er stand bei seiner Hinrichtung zu Neapel im siebzehnten Lebensjahr – ein Kind noch. »O Mutti, welche Sorgen ich dir wieder bereite« waren seine letzten Worte.

[S. 375] Siebtes und achtes Bild: »Sauritt« und »Sackpfeiferesel« — Wie der Esel nach der Möhre, so geht die Sau nach einem Haufen Scheiße, den der Papst ihr mit der Linken vor die Nase hält, während er die Rechte segnend emporhebt. Mit der Sau wird nach Meinung einiger Forscher die lutherfeindliche Partei dargestellt, die meisten anderen sind sich jedoch darüber einig, daß sie das vom Papst eingelullte und genasführte kaiserliche Deutschland symbolisieren soll. – »Wir wollen dich lehren, wie du sollst mit deinen deutschen Säuen ein Konzil begehren vom römischen Stuhl«, droht Papst

Paul III. Kaiser Karl V. in Luthers Schrift »Wider das Papsttum zu Rom, vom Teufel gestiftet« – Anderswo findet sich ein Hinweis darauf, welchen tieferen Sinn der Kot in der Hand des Oberhirten macht: »Rath, wie einer ein saw reiten wollt, daß sie ihn nicht beißt? Antwort: er nem einen dreck in seine Hand, sodann die saw den schmeckt, so beißt sie den reuter nicht.« Etwas unklar äußerte sich der Reformator noch kurz vor seinem Tod über das Bild: »Ich hab den Bapst mitt den boesen bildern sehr erzurnet, O wie wird die Saw den burtzel regen, vnd wen sie gleich mich Toedten, so freßsen sie den dreck, so der Bapst in der hand hatt.« – Rechts des Doppelbildes sitzt der Papst unter einem Zelt in seinem Lotterbett und spielt die Sackpfeife dazu.

[S. 381] Neuntes Bild: »Fußtritt« — Die Kunstwissenschaftlerin Hildegard Zimmermann vermutete in den »Mitteilungen der Gesellschaft für vervielfältigende Kunst« (Wien 1925, Nr. 4), daß dieses Kampfbild nicht von Cranach dem Älteren, sondern Cranach dem Jüngeren herstammt. Tatsächlich unterscheidet sich die Zeichnung sowohl stilistisch als auch vom Format her von den übrigen Bildern. Doch ist sie zu schön, um nur darum hier ausgespart zu werden. Allein schon die Darstellung des Göttlichen, seine besonders hohe Tiara, die in Falten herabfallende Alba, das weite Pluviale und die außerordentlich hervorgehobenen Manipeln machen ihren kulturhistorischen Wert aus. – Alexander III. (mit vier Stückern hielt er den einsamen Rekord an Gegenpäpsten) ist eben dabei, es dürfte die Zeit nach dem Frieden von Venedig sein, dem am Boden liegenden und um

Hilfe schreienden Barbarossa brutal gegen die Halsschlagader zu treten. Und das tut er recht so! (Mindestens drei der Gegenpäpste sind dem Deutschen zu verdanken. Und bloß das Massaker, welches einige Zeit zuvor die kaiserlichen Heere in Mailand angerichtet hatten, würde die Demütigung schon rechtfertigen.)

[S. 391] Zehntes Bild: »Tiara« — Man kann sich wohl jeden Kommentars enthalten. Die päpstlichen Schlüssel als Dietriche! Als Diebeshaken! Die Tiara als ... – Schwammdrüber! Sonderbarerweise schürte dieses Bild wie kein anderes die Diskussion über die geistige Urheberschaft der Zeichnungen. »Es ist ja verständlich«, heißt es dazu in einer protestantischen Festschrift, »daß die Unflätigkeit, ja Scheußlichkeit einiger Bilder auf unserer Seite die Neigung erweckt hat, Luthers Anteil an der Bilderreihe einzuschränken.« – Einer der Mitherausgeber der Weimarer/Braunschweiger Lutherausgabe, Gustav Kawerau, hatte die Zeichnungen unter »Verse zu Cranachs Spottbildern« registriert und damit bissigen Protest seitens katholischer Lutherforscher geerntet: »Es sollen also hier, wie es scheint, die Bilder ganz Cranach zugeschrieben, Luthers Anteil daran aber verschwiegen werden. Bedeuten Kaweraus Methoden ein Programm für die Weimarer Ausgabe?«

Und ein Lutherpathograph aus den zwanziger Jahren charakterisierte das Alterswerk des Reformators so:

> »Die Bilder stehen ganz auf dem Niveau der bolschewistischen Christentumskarikaturen unserer Zeit, sind aber gröber, weniger raffiniert, geschmackloser, häßlicher, gemeiner, unflätiger und unanständig.«

Anno 77

Nichts, gar nichts mag er widerrufn

Während wir in der HO-Gaststätte Seeblick unseren Kräutertee genossen, über das Leben nachdachten und von Zeit zu Zeit auch den heimlichen Kameraden zu Rate zogen, einen Flachmann vom Kaliber nullfünf, der den strengen Blicken der Kellner verborgen unterm Tisch harrte, vernahmen wir vom Nachbartisch her das Streitgespräch mehrerer historisch interessierter Kumpane. Einer von ihnen behauptete, als Hitler mit den Seinen in die Sowjetunion einmarschierte, war der alte Mistkerl im Kreml davon derart gerührt, daß er sieben Tage lang sich in sein Kabinett einschloß, mit niemandem sprechen wollte und es sich schlechtgehen ließ. – Es können auch neun oder elf oder bloß fünf Tage gewesen sein; der Kamerad bei Fuß hob sich schon ziemlich leicht an. Jedenfalls wäre das eine tolle Geschichte.

Und wie es der Bierdunst fügte, kam wiedermal eins aufs andere. Der zweite Kumpan nämlich wußte darauf mitzuteilen, daß Martin Luther im heißen Frühjahr des Jahres fünfundzwanzig zwar lauthals den Foltertod Thomas Müntzers herbeisehnte, sich aber, als seine Wünsche schließlich erhört waren, drei Tage lang in seiner Zelle einschloß, mit niemandem sprechen wollte und es sich merkwürdig gehen ließ. – Oder fünf oder neun; dem Kameraden unter der Bank ging langsam, aber sicher der Geist aus. Jedenfalls auch eine tolle Geschichte.

Als wir schließlich beschlossen hatten, zum Abschluß des Abends uns noch einen Tee pur zu genehmigen (Kostenpunkt zwei), nachdem sich unser Kamerad endgültig empfohlen hatte und nicht das geringste Tröpfchen mehr hergab, da klopfte ein dritter der Kumpane seinem Vorredner auf die Schultern und hub zu folgendem Vortrag an:

»Weiß es doch ein jeder! Daß Du zu Worms vor der Reiche gestanden bist, Dank habe dafür der deutsche Adel, dem Du das Maul also wohl bestrichen hast und Honig gegeben! Denn er wähnte nicht anders, Du würdest mit Deinen Predigten böhmische Geschenke geben, Klöster und Stifter, welche Du jetzt den Fürsten verheißest. So Du zu Worms hättest geschwankt, wärest Du eher erstochen vom Adel worden denn losgegeben! Weiß es doch ein jeder! Schlafe nur sanft, Du Fleisch von Wittenberg, Vater Leisetritt, kirrer Gesell! Ich röche Dich lieber gebraten in Deinem Trotz durch Gottes Grimm. Du bist ein Eselsfleisch und wurdest langsam gar und ein zähes Gericht Deinen Milchmännern. Weiß es doch ein jeder! Du tückischer Kolkrabe, Doktor Lügner! Du ließest Dich nach Deinem Rat gefangennehmen und stelltest Dich gar unleidlich und warfest mit Unrat umher, als wäre Dir großes Unrecht geschehen. Wer sich auf Deine Schalkheit nicht verstünde, schwüre wohl bei den Heiligen, Du wärest ein frommer Martin. Ein Schalk hätte nicht besser gekonnt der Welt in den Arsch husten und noch keifen und sagen: Kampf war's wider den Teufel! Weiß es doch ein jeder! Die armen Mönche und Pfaffen können sich nicht wehren, darum hast Du sie wohl zu schelten. Aber die gottlosen Regenten soll niemand richten, ob sie schon Christum mit Füßen treten! Doch da Du die Fürsten gescholten hast, kannst Du ihnen wohl wieder Mut machen, Du neuer Papst! Du schenktest ihnen Klöster und Kirchen. Da sind sie mit Dir zufrieden! Und ihr Schutz ist Dir gewiß! Weiß es doch ein jeder!«

Innwendig aber voll boser Brunst

1525. Im Grunde ist alle Arbeit getan; der Frühling der Reformation dahin. Endlich auch hat Martin die Kutte abgelegt. Er steht auf dem Gipfel seines Ruhms, doch glücklich ist er nicht. Der Kurfürst ist gestorben. Der Schutz, den er Martin gab, war der Schutz, den Martin ihm gab, davon ist Martin überzeugt. Denn wer am meisten gläubt, der wird am meisten schützen.

Durchs Thüringer Land tobt der Krieg. Die Rotten marschieren schon auf Halle zu, auch Wittenberg ist dann nicht mehr weit. Das Mansfeldische steht in Flammen, Seeberg ist erreicht, der süße See, nur wenige Meilen sind es noch bis an die Saale. Plündernd und sengend ziehn sie heran, Satane, Säue, Verführte, Bestien. Martin war viel unterwegs, hat vieles gesehen. Greuel über jedes Maß. Ihm hat man die Schuld zugeschoben an allem, doch er ist der letzte, der das gewollt hätte. Ein Christ ist niemandem untertan. Ein Christ ist jedermann Untertan. Die Ordnung muß bleiben. Ob die Horden bis Wittenberg kommen werden? Wird er sterben durch die Lanze eines Rebellen? In seinem 42. Jahr? Er schreibt ein kleines Büchlein, schimpft, wütet, tobt, geifert, will Blut fließen sehn, Köpfe sollen rollen, ein grausames Gericht soll es geben. Ob sie bis Wittenberg kommen werden?

Zwei seiner Brüder sind gestorben, nur er könnte den Namen weitergeben, schrieb Vater Hans. Aber er will kein Weib, er will am liebsten tot sein. Doch soll man nicht vor den Herrgott treten ohne ein Weib an der Seite. Er schreibt an den Kardinal. Sein Stand ist wider Gott, man muß es ihm sagen. Das Amt soll nicht Familie sein, die Ehe ist die beste Schutzwacht der Keuschheit. Soll er Albrecht ein Zeichen geben? Er schreibt an Rühl, den Rat des Bischofs. Wenn der Fürst frage, warum denn der Luther sich selbst keine Frau nehme, wenn er schon jedermann dazu ermahne, schreibt er, so solle er sagen, der Luther trabte gerne voran, wenn Albrecht das eine Hilfe wär. Und es habe der Luther sich bisher nur gefürchtet, er sei nicht tüchtig genug. – Aber vom Kardinal kommt kein Wörtlein zurück.

Die Bauern sind geschlagen, bei Frankenhausen gestoppt, Müntzer ergriffen, der Folter gegeben. Man haut ihm den Kopf ab. Es geht Martin nah, einen Tag lang wird er von niemandem gesehn. Dann schreibt er ein letztes Mal gegen den Schwarmgeist, den Stifter der Unruh. Als wäre die Folter für diesen zu milde gewesen. Die Zunge reißen hätten sie ihm sollen, noch grausamer foltern hätten sie ihn sollen, so lange, bis er alles gesteht, gesteht, daß seine Lehre vom Teufel gestiftet ist. Bruder Thomas – wie die Welt doch ein Tollhaus ist, vor fünf Jahren noch hatten sie Freunde sein wollen.

Er muß ein Zeichen setzen. Ein Zeichen für das Leben. Ein Zeichen für den Tod, für den Tag des Jüngsten Gerichts. Wo ist dein Weib? wird Gott einst fragen.

Fast auf den Tag genau sind es zwanzig Jahre, Stotternheim, der erste Tag bei den Augustinern. Und jetzt erst weiß er: man kann den Hunger ertragen, die Fesseln eines Gefangenen kann man ertragen, aber nicht die bösen Träume, die einem das Gemüt irr vor Schuld werden lassen. Und vor Scham. Die Träume, die so viel Angst machten vor jeder Messe. Denn stärker als alle Herren dieser Welt – die Begierde des Fleischs. Ob er Ironimus treffen wird im Himmel? Ironimus, der ohne Weib fortging?

Er muß sich eine Frau nehmen, es sind genug da, die Nonnen von Nimbschen; ein gottgefälliger Räuber hatte sie aus ihrem Kloster entführt. Neun Stück wohnen bei ihm, manchmal hat er schon Späße gemacht über die Weiber. Daß der

Tod besser wäre als Impotenz. Eine davon muß er nehmen. Welche? Es ist ihm egal, Hauptsache Nonne, das reizt den Satan heraus. Und seine Statthalter in Rom. Zwei der Frauen kämen für Martin in Betracht, eine Dritte soll nach Nürnberg heiraten, so ist es beschlossen. Obwohl, wie es scheint, sie ganz und gar nicht glücklich ist damit. Weiber! – Nie kann man wissen, woran man ist. Immer macht jene bestimmte ihm Augen wie sonstwas, gurrt und tut und tut. Ihr Name ist Katharina. Eine von Bora, wer weiß.

Bugenhagen ist da, Jonas und Cranach. Mit Cranach kann man am ehesten spaßen. Nicht ich heirate sie, sagt Martin, Kätchen mich. So herum ist's richtig. – Es ist der Dreizehnte, ein guter Tag für den Bund fürs Leben. So schwer wird's nicht werden, sagt Cranach, nur Mut.

Am 27. ist die Feier. Auch Mutter ist da und Vater. Weißt du noch, fragt Vater Hans und meint die Primiz in Erfurt. Und mach mir bloß nicht die Ehe des Joseph, fügt er hinzu, nächstes Jahr will ich den Enkel sehn. – Und Albrecht, der Mistkerl, woher hat er's nur so schnell erfahren? – Hat fünfzig Gulden geschickt, ein Hochzeitsgeschenk, angeblich, für seine entlaufene Nonne.

Das Leben geht weiter, Philippus ist ein trüber Gesell. Die Lehre solle man nicht geringer halten, hat er geschrieben, nur wegen eines Fehltritts ihres Meisters. Und Erasmus? Lacht sich ins Fäustchen, sagt, die Tragödie laufe jetzt zur Komödie aus.

Ein Jahr darauf wird Martins erster Sohn geboren, er tauft ihn Johannes; Cranach, Jonas und Bugenhagen sind die Paten.

Im schwarzen Kloster, das selig Friedrich ihm schenkte, als es leer und verödet war und alle einstigen Brüder ausgezogen, erblüht fortan das, was die protestantische Geschichtsschreibung das Urbild des evangelischen Pfarrhaushaltes nennt. Anders gesagt: Käthe führt das Regiment,

Martin lädt des Abends Freunde zu Tisch und betreibt die Umdichtung des jungen Luther durch den alten. Kein Thema bleibt ausgespart, keine Zote außen vor, am häufigsten ist vom Teufel die Rede und vom Kampf wider diesen: »Ich will lieber vom Teufel sterben, denn vom Kaiser oder Papst, so sterbe ich doch durch einen großen Herrn«, sagt Martin voller Respekt und weiß darüber hinaus Mittelchen zu verraten gegen Magister Diabolus: »Er schlefft vilmer bey mir denn meyne Kethe, die besten kempff, die ich mit yhm gehabt, hab ich in meynem bett gehabt, an meyner Kethen Seyten. Man muß yhm in seyne lange Nase furzen, daß er beschemt davon schliche.« – (Katharina soll ihr ganzes eheliches Leben über darunter gelitten haben.) – Und am 30. Februar 1540 kommt es zu einer ersten ernsthaften Ehekrise im Hause Luther. Aus einem harmlosen Anlaß, einem Disput über den Polygamieskandal des hessischen Landgrafen, entwickelt sich folgendes Streitgespräch zwischen den Eheleuten:

Martin: »Es wird noch dahin komen, das ein man mer weib wirt nemen.«
Käthe: »Das glaub der Teufel!«
Martin: »Ursach, Kethe, ein weib kan ein Jar nur ein kindt tragen, aber der eheman merere zeugen.«
Käthe: »Paulus saget: Jeder habe seine eigene frau.«
Martin: »Sein eigene, aber nicht ein eigne, das steht bei Paulo.«
Käthe: »Ehe ich das gestatte, geh ich lieber ins Kloster zurück und lasse euch alle kinder alleyn.«
Martin: »Will das weyb gehn, laß gehn, es kumme die magdt.«
Käthe: »Ei, Herr Doktor, das ist zu grob.«

EYN WURTZIG FFOTZFFLEISCH MIT SCHLAMPERNDEN TZITZEN

Pardon auch! – Gewissermaßen ist die Verwendung schmutziger Worte in schongeistigen Texten Kunst. Soll heißen: es nicht tun kann jeder. Gleichwohl, der Möglichkeiten, das Allerweltsgeheime des Weibes (wie auch des braven Exerzisten) zu umschreiben, scheinen es schier Fabelhafte.

Zunächst jedoch soll noch jemand zu Wort kommen, der als über jeden Verdacht erhaben gilt, etwas aufgesessen zu sein, das woanders als Verbalerotik annonciert wird.

In dem von F (wie Forschel) bis G (wie Gefolgsmann) reichenden, eingangs vornehmlich noch von Meisterbruder Jacob versorgten vierten Band des Grimmschen Wörterbuchs steht in Spalte 42:

»FOTZE: f. ein unhübsches, gemiedenes wort, bei dem die sprachforschung doch manches zu erwägen hat. für die vorstellung des zeugens und entleerens gibt es auszer den natürlichen, derben namen zahlreiche euphemismen und umschreibungen, die den ausdruck verhüllen oder sogar hervorheben. welcher von diesen drei arten sie angehören, fällt bei alten, in unvordenklichem gebrauch gewesenen benennungen zu sagen schwer. den derben wörtern weicht die anständige rede aus, vom volk aber werden sie, wo es sein musz, nicht gescheut, von freien, ausgelassenen dichtern wissentlich gesucht.

ein beispiel der verhüllung ist das ganz unverfängliche wort ding, wodurch das weibliche wie das männliche glied gemeint sein kann (2,1164), und nicht anders stehn das lat. res, it. cosa, fr.chose. auch wicht galt wol im gleichen sinn, wie sich durch bösewicht oder schelm für penis bestätigt. man erinnere sich der 3,1120 berührten verwendung von es thun, le faire, wo der blosze artikel oder das verbum allein schon das, worauf es abgesehen ist, bezeichnet.«

Hierzu folgen nun handfestere Einlassungen. Unter anderem in Spalte 43 über den Gebrauch des Wortes Ding (bei gleichzeitiger Umschreibung des Selbigen) ein Bonmot Martin Luthers:

»drei ding sind nicht zu settigen und das vierde spricht nicht es ist gnug. die hell, der frawen verschlossen mutter, die erde wird nicht wassers sat und das fewr spricht nicht, es ist gnug.«

So ermunternd die Auskünfte Jacob Grimms auch sind, so enttäuschend, was die eigentliche Fachliteratur mitzuteilen hat. Nichts über das Ding, was wir nicht schon über es wüßten, weiß der führende deutsche Sexuologe Bergünth Hunngold im etymologischen Teil seines »Pornographischen Wortschatzes« zu sagen, um uns freilich um so großzügiger zu entschädigen, wenn er aus dem Zyklus »Synonymmel« des Berliner Dichters Papierzeh-Forleck das Gesangsstück »Otzen« zitiert, das aus urheberrechtlichen Gründen hier jedoch nur in sparsamen Auszügen wiedergegeben werden darf:

»Scheunengatter, Haupteingänge
Humsen, Dille, Fose, Beff
Pfeffermeese, Bonbonniere
Mosch & Öfen – Puderdosen.

(. . ., . . .)

Spalt & Stall, Tor & Türe
Balaleikas Zithern, Trommeln
Faß & Loch, Topf & Düse
Mandolinen, Flöten, Röhren.

Wassermühle, Käsetasche
Futterale, Schlammkanal
Schlüssellöcher, Opferstöcke
Wundertüten, Höhlen – Rammen.

Stoßlock, Acker, Perlentruhe
Girlitz, Grotte, Kuckucksnest
Glocke, Feige, Schosa, Schraube
Fleischgefäß & Sektpokal.

Ratschenspindel, Rillen-Pritsche
Mörser Buschen Fud & Bletze
Bundeslade, Goldschatulle
Engelsmäuler – Paradais.

(. . ., . . .)

Mausi, Mäuschen, Katz' & Mieze
Öhr & Öhrchen – Apparat
Basmeichel, Rachaime, Punzel
Opferwege, Kellergang.

(. . ., . . .)

Armaturen, Duschkabine
Passionsblümel – Honigmünder
Schlitzenkammer, Sahnetasse
Tulpenhaine, Büsche: Büchsen.

Schützenbefze, Spielbank, Dose
Distelritze, Dattelpflaum'
Orgelschreff & Scherbenpipi
Dotschenscharte – Muff & Messe.

(. . ., . . .)

Klunten Klemsen Klatten Klonten
Koffer Kerben, Kisten Kippen
Zangen Zwicken, Zwetschken Zuzzeln
Pümpel Pressen Infernale!«

Anno 80

Drauf steht ein Tintfass zur Not

Viele der beschwerlichen Reiseberichte der Autorin Berdna N. Werg verdanken ihren besonderen Reiz einem merkwürdigen Umstand: die Verfasserin empfindet sich als zutiefst reisefaul, ja, sie nennt sich die Reisefaulheit in Person. Zudem behauptet sie, niemals eine ihrer abenteuerlich detailknapp geschilderten Reisen tatsächlich unternommen zu haben; es sei denn sitzend an ihrem Arbeitstisch. – Aber das glaubt ihr keiner.

»Fahrt im Kopf« – so der Titel einer Schlüsselerzählung Berdna N. Wergs, darin sie über ihre Methode des »historischen Reiseberichts« schreibt: »Meine Straßen waren die Bücher, meine Raststätten Bibliotheken, in den Nächten schlief ich bei alten Karten und Pergamenten, des Morgens nährte mich wieder Schrift und ein aufgebackenes Honigbrot.«

Nach dieser mir – inpunccto Honigbrot: unvertrauten Methode verfaßte Frau Werg auch eine zweibändige »Geschichte der Keks-Stadt« (Wurzen), die ganz manierlich geratene »M-A-N« (Mansfelder Annalen Neu), sowie die »Thüringer Wanderungen I–IV«. – Im dritten Band der letztgenannten »Wanderungen« verweilt die Schriftstellerin mehr als vierzig Seiten lang auf der Wartburg und findet hieselbst Locus und Gelegenheit zu einer »Chronik vom Fleck«. Darin heißt es:

> »Die allererste Version der (noch) heute gebräuchlichen Legende um den Tintenfleck, da der mannhafte Junker Georg mit dem Tintenglas nach dem Teufel warf, diese befindet sich in einer Art Reiseführer, der Merianschen Länderbeschreibung von Obersachsen, Anno 1650.

Jedoch schon weit früher, bereits gegen Ende Luthers eigenen Jahrhunderts, verbreitete Jo. Georg Plötlmann jr., der Sohn eines ehemaligen Tischgenossen des Reformators, eine andere Version um einen Tintenfleck. Danach soll Luther (nicht hier auf der Wartburg, sondern im schwarzen Kloster zu Wittenberg) Besuch bekommen haben von einem wißbegierigen und verdächtig klugen jungen Manne in Mönchskleidern. Zwischen beiden habe sich nun ein Disput um das Für und Wider Luthers Rechtfertigungslehre entsponnen, in dessen Verlauf Martin erkannte: das war kein Mönch, der da mit ihm so gelehrt zu disputieren verstand, nein, nur der Teufel weiß seine Argumente so wohl zu setzen: das mußte der Teufel sein. Und als dieser, zur Rede gestellt, sich nun enttarnt sah, da geriet er darüber in große Wut, ergriff das Tintenfaß vom Schreibtisch des Theologen und warf damit nach diesem.

Diese Version bestätigt uns auch eines der Meisterlieder Hans Deisingers aus dem Jahre 1602, in dem es singt: ›Der teuffel wirfft nach D. Luthern ein Dintenfass‹. Doch erst 1698 wird wieder die Wartburg zum Ort der Handlung. Da weiß eine Schrift (von Jo. Michael Koch) zu vermelden: ›an der Wand dieses Stübgens aber ist ein grosser Dinten=Fleck zu spüren, welchen der Teufel hinterlassen hat, da er nach Luthern mit dem Dinten=Fass geworfen.‹

Weitere hundert Jahre später, das ist 1792, als bei den Gelehrten schließlich doch die Gewißheit obsiegt hatte, nicht der Teufel, sondern Martin Luther könnte die Sache mit der Tinte angefangen haben, da gab der Herzogliche Cammerrath Carl Salomo Thon das Treiben eines Katholiken zu Protokoll, nämlich des Castellans Anton Foche. Der war dabei beobachtet worden, wie er mittels einer Tinktur aus Ochsenblut und

schwarzer Farbe dem ›protestantischen Schandmal‹ zu neuerlichem Ansehen verhalf.
Zur gleichen Zeit etwa tauchten aber von aufgeklärterer Seite her auch Vermutungen auf, es sei gar nicht der Teufel gewesen, gegen den der Reformator herzog, sondern bloß eine Fliege, die Martin so lange vor dem Gesicht herumsurrte, bis er die Nerven verlor und mit dem erstbesten Gegenstand auf seinem Schreibtisch nach ihr warf, eben mit dem Tintenglas.
Der Vollständigkeit halber muß an dieser Stelle noch vermerkt werden: Tintenflecke verzierten nicht nur die Wände der Wartburg und des wittenbergischen Klosters, auch die Veste Coburg, auch Luthers Landgut in Zülsdorf bei Leipzig und auch einige Gebäude der Stadt Eisleben vermochten ihre ganz eigenen Tintenflecke vorzuweisen. Und fast versteht es sich nunmehr von selbst: auf der Wartburg, wie auch an den anderen Orten, da gab es nicht nur den einen Tintenfleck, nein, es gab unzählige davon. – Man möchte sich Martin Luther als einen Mann vorstellen, der allabendlich mit hochgezogenen Schultern und geducktem Kopf und ganz düster und grimmig dreinblickend durch die Gänge und Räume der Burg spionierte, dabei in seinen Rocktaschen ganze Batterien kleiner Tintenfässer befingerte, von denen er je nach Gefahrenlage und Laune gegen vermeintliche oder tatsächliche Eindringlinge Gebrauch machte. (Auch will einem in dem Zusammenhang ein köstlicher Zeichentrickfilm aus längst verflogenen Kindheitstagen nicht aus dem Sinn, wo das Teufelchen der Großmutter die Pfannkuchen fortraubte und nun von deren Geburtstagsgästen gejagt wird, wo es sich dann seiner Verfolger erwehrt, indem es diesen hin und wieder einen der Pfannkuchen zwischen ihre Beine und anderswohin wirft.

Wenn das süße Mus der Pflaumen/ oder schwarzes Tintennaß/ das bestimmt ist für den Gaumen/ oder sonst für dies und das/ plötzlich auf ein Auge fällt/ dann verfinstert sich die Welt./ Was besonders schmerzlich ist/ wenn's geschieht aus Hinterlist.)
Aber wir wollen an dieser Stelle nicht weiter an den Mären und Mythen stricken, sondern abschließend noch vermerken, was unser sprödes und aufgeklärtes Jahrhundert über den Tintenfleck zu sagen weiß: ›Zwar existierte in Luthers Leben der Teufel, er war das Böse schlechthin, und zwar hat Luther das Böse auch mit Tinte vertrieben, aber was heißt das anderes als: durch Schreiben?‹«

Anno 81, 82, 83

(finden gleich hernach statt als Annocmale A bis C)

Wie gesagt: in den Monaten »Zember-Januar-Febru«, in nur sieben Wochen also, übersetzte Luther das Neue Testament, welches wenig später zu Wittenberg als »Septemberbibel« veröffentlicht wurde, noch vor Oktober 1522. Da die sogenannten Klappentexte in jener glücklichen Zeit noch nicht erfunden worden waren und sowieso sich niemand bemüßigt fühlte, über wessen Haarfarbe und Geburtsjahr auch immer gewichtige Auskünfte zu geben, erschien die erste Ausgabe der Septemberbibel gleich ganz ohne Nennung des Übersetzers.

Nun sind bekanntlich viele der Schriften, Pamphlete und dünneren Büchleins des Reformators (wie auch anderer quirliger Pasquinos der Jahre) zunächst anonym hinaus in die kleine Welt gegangen, doch angesichts dieses unglaublichen Wurfes darf man das Verschweigen des verantwortlichen Athleten ruhig noch einmal bemerkenswert nennen. — Obwohl das jetzt & hier eigentlich Jacke wie Sonnenschirm und Horst wie Bulette ist, denn eigentlich soll dieser Ort ja nur der folgenden Erklärung dienen:

Pardon! Die Annotaten einundachtzig bis dreiundachtzig wirst du, leidlicher Leser, hier vergebens suchen. Die Herren genießen bereits ihren Feierabend und ergeben sich privaten Machenschaften. Sie haben ihre Uniformen abgelegt und tragen nun familiäre Anstaltskleidung, Nikis plus legere Nietenhosen zum Beispiel oder an Knien und Ellenbogen schon ziemlich ausgebeulten Envauadrill. Wenn du, seltentreuer Leser, sie so in diesem Aufzug anschaust, was du nach unserer Berechnung an dieser Stelle bereits getan haben dürftest, so wirst du dir deinen Teil denken können und ahnen, warum sie sich nunmehr »die Annocmalen« heißen. (Nocmalerweise ist es gar nicht nötig, es gleich noceinmal so zu sagen, doch euchzuliebe, Leser&innen, seisdrum: sie heißen »A«, »B« und »C«.) Und wurden, anders als achtzig brutsverwandte Annotaten, nicht getränkt an den Brüsten der Klio, sondern – Schakale, Resteverwerter, rechte Aasgeigen – sparten das Ihre den Kindern des Fräuleins vom Sauerbrot ab. Oder trefflicher ins Bild gesetzt: sie benahmen sich so, wie eines uns persönlich bekannten Individuums heimlicher Zwillingsbruder, welcher vierunddreißig Jahre im Rücken des »Großen« unerkannt für Schmerzen sorgte, schließlich aber doch geortet, dem Skalpell ausgesetzt und frisiert wurde und seither in einem Reagenzgläschen auf dem Schreibtisch des hinterbliebenen Bruders ein haariges zwar, aber im Grunde ziemlich sorgloses Dasein fristet.

Und so, wie wir ja selber finden, Durchhalter, Leser, daß jene unappetitliche Angelegenheit nichts auf dem Schreibtisch eines, wie wir verbürgen, rechtschaffenen Handwerkers zu suchen hat, so gestehen wir auch ein: eigentlich hätten wir die drei oben genannten Herren, drei Klopse, wahrheftig, lieber als Klappentexte verbraten, jedoch in solchen wünscht der neomediävistische Zeitgeist wohl lieber Konkretes zu erfahren, zum Beispiel, ob jemand, sagen wir mal, im Jahre dreiundfünfzig oder fünfundfünfzig das abnehmende Licht der Welt erblickte. Ergo: Klops ist was Klops war wird Klops bleiben: wie gesagt.

Annocmal A (Anno 81)

Das Dickicht der Geschichtsschreibung ein fein verzwirntes Spinnennetz (Aus Anno 48)

(Für Ändie und die Enthebung der Tag-und Nachtgleichen; in Liebe)

In dem Wochenblatt »F.a.i.r.l.a.c.k.« installierte Zoisa Laendrok, der Verfasser auch einer »Alternativen Kulturgeschichte neuer Zeit«, eine sehr eigenwillige Kolumne mit dem Titel »Tierische Vergnügen«. Darin zeichnet er die, eingestanden: literarisch sehr überhobenen Portraits einiger bereits in seiner »Kulturgeschichte« vermerkter Chronisten, Autoren historischer Belletristik und dergleichen anderen Getiers. In der Nummer 91/16 schuf er Maximilians Hofschreiber Jost Zipôt Vischar ein entzückendes kleines Denkmal, auf welches wir an dieser Stelle einfach nicht verzichten mochten:

»Der Z.vischar ist ein Habsburger Dingo, der außer dem Ruf, ein Herdenfeind zu sein, mit seinem australischen Pendent noch den gedrungenen Wuchs teilt, welcher bei dem Z.vischar allerdings erheblich fragiler gegliedert ist. Er fürchtet sich vor Haushunden, weicht ihnen jedoch meistens nicht rechtzeitig genug aus und versucht dann, sich aus der Affäre zu ziehen, indem er seinen Gegner in ein anspruchsvolles Fangspiel zu verwickeln sucht, wofür er immer kompliziertere Regeln zu entwickeln weiß. Der Plan seiner Pfade, die er sich im Dickicht der Geschichtsschreibung anzulegen pflegt, erinnert aus der Vogelperspektive an die Form eines fein verzwirnten Spinnennetzes. Trifft der Z.vischar auf einen sogenannten Möchtegern-Guru, überfällt er diesen mit einem barocken Gebell, um ihn im Fall einer Niederlage als Delikatesse mit extravaganten Gewürzen aus den Regionen seiner Träume zu verspeisen. Die übriggebliebenen Knochen solchen Mahles sortiert er in Hunderte Fächer, um sie der Nachwelt zu erhalten.«

Annocmal B (Anno 82)

Verwegenheit auf der Mitte des Weges, literarisch kühn, nachgerade chevaleresk (Aus Anno 66)

(Mit Kuß und neigendzu nötengewundner und immerhin Solidariogefucks)

Seinen zu Berlin leb-& dichtenden Dichterfreunden Annrosa Marienbreeg, Scarlad Isokot & V. Laim dichtete der ebenso dicht bei Berlin lebende Dichter Baster Fuppsen dieses rhythmische Gevers:

»ich beneide annrosa marienbreeg//wegen seiner coolheit, ich zitiere ihn selber:/›Ich bin durchaus bereit,... /diese Arbeit („semmlmel‘, judasgewerg 4/LXXVIII)/als Schreibübung zu bezeichnen ... /Wenn ich damit überhaupt etwas wollte,/außer mir selbst einige vergnügliche Stunden zu bereiten,/dann bestenfalls, für diesen Aspekt des Literaturunterrichts/zu plädieren.‹ vergnüglich geritten ist 1/2 geschrieben, aber//neid durchzuckt mich auch wegen seiner chevaleresken kühnheit/nachgerade literarischen middle-of-the-road-verwegenheit/Et also werde ich ihn abermals zitieren (eingeschirrt hat er diesmal auch selber):/›(ein bißchen sex ist immer gut für eine story!/Literatur hat zu unterhalten!‹, schade um den sex/was hat er wohl, ich darf gar nicht darüber nachdenken/würde es wohl auch kaum können, selbst wenn ich dürfte//davon ab beneide ich andererseits scarlad isokot/wegen seiner arschabwegigkeit, bedauere jedoch mich/wegen meiner grassierenden beliebtheit, bzw. beliebigkeit/Et der dessenthalben unterbleibenden reflektion, bzw. umgekehrt/Et was das äf anbetrifft, verehrter dreikäsehoher laim/kann ich natürlich anfügen, daß wir unsererzeit um keine der frauen in verruf zu bringen/sie taktvoll als ›otzen‹ umschrieben/das wollt ihr doch wohl hören//›Alles lasse ich runter-seiben!‹ – baster fuppsen, ernie«

Annocmal C (Anno 83)

Scheingespräche, dazu im Dämmer ein Abendlied, ohne Quatsch (Aus Anno 67)

(Blasnquarker Heuptmarschall Blefi Wonnram stinksängisch & plauaugs gegeignet; per Handschlag)

Widerung:
Die sich gerrn autorritiert gleubt, Gretl'berger Gärten zu meliorieren, ich denks Hazi Milchmad zurükk für die sinnendliche Woltat:

»Wir tranken heiss Tee und lösten dabei
Gespräche ohne Quatchen.
Dazu ein Lied im Abenddämmerchein
– Rampenlicht und Klatchen.

dibeldumpf dumpf dumpf
dibeldumpf schrumpf schrumpf
ich bin zu chön zum Chlausein.«